Languedoc Roussillon

Südfrankreich

Marianne Bongartz

Gratis-Download: Updates & aktuelle Extratipps der Autorin

Unsere Autoren recherchieren auch nach Redaktionsschluss für Sie weiter. Auf unserer Homepage finden Sie Updates und persönliche Zusatztipps zu diesem Reiseführer.

Zum Ausdrucken und Mitnehmen oder als kostenloser Download für Smartphone, Tablet und E-Reader.
Besuchen Sie uns jetzt!
www.dumontreise.de/languedoc-roussillon

short.travel/ndmb8

DU
Reise-Taschenbuch

Unterwegs in Languedoc & Roussillon

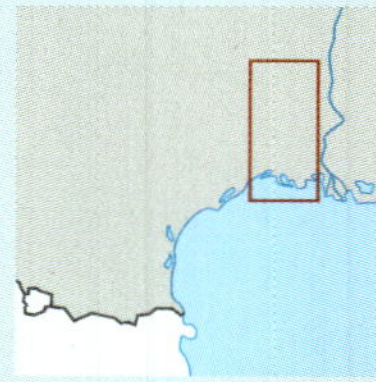

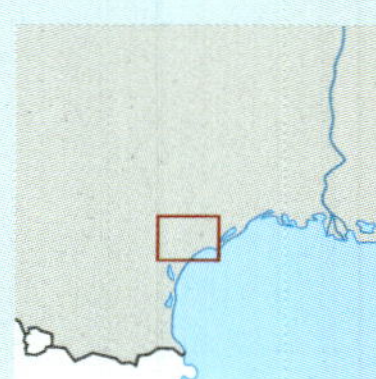

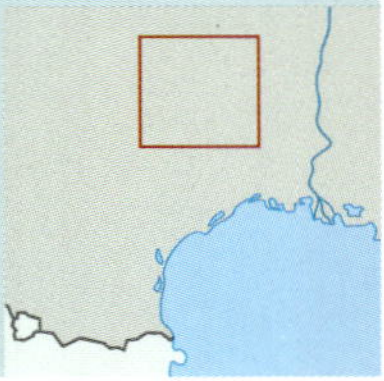

Auf Entdeckungstour

Karten und Pläne

s. hintere Umschlagklappe

▶ Dieses Symbol im Buch verweist auf die Extra-Reisekarte Languedoc & Roussillon

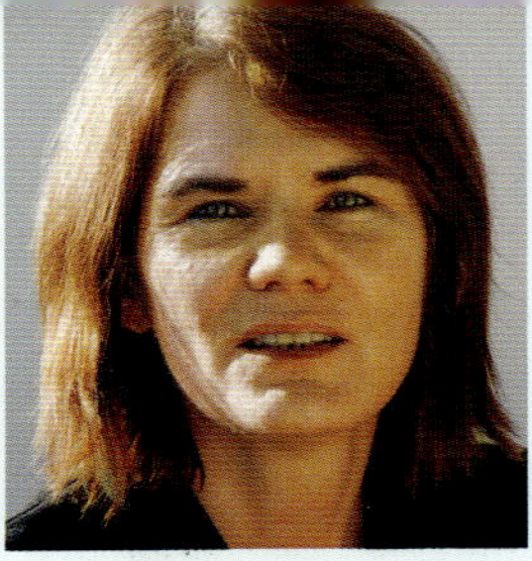

Liebe Leserin, lieber Leser,

seit vielen Jahren sind das Languedoc und Roussillon meine zweite Heimat, und so vergesse ich manchmal, dass hierzulande längst nicht jeder diese Region im Süden Frankreichs kennt. Dabei braucht sie sich keineswegs hinter ihrem prominenten Nachbarn Provence zu verstecken. Abseits der durchorganisierten Ferienzentren am Mittelmeer können Sie hier Landschaften von zuweilen ungezähmter Schönheit sowie Schätze aus einer 2000-jährigen Geschichte entdecken – ein halbes Dutzend UNESCO-Welterbestätten sprechen für sich!

Was mich von Anfang an besonders begeistert hat, ist die Vielseitigkeit der Region. Unterwegs auf schmalen Landstraßen überraschen beinahe nach jeder Kurve neue Eindrücke. In den Hügeln hinter den schier endlosen Sandstränden kämpft das frische Grün der Weinreben mit dem staubigen Grün der Garrigue um die Vorherrschaft. Verwegene Schluchten und bizarre Felsformationen setzen dramatische Akzente auf weitläufigen, einsamen Hochebenen, über die sich vom Wind glatt gebürstete Granitgipfel recken. Während manche Dörfer im Hinterland anmuten wie aus der Zeit gefallen, wachsen in der dynamischen Metropole Montpellier futuristische Neubauten in den Himmel. Römische Bauwerke konkurrieren mit mittelalterlichen Burgen und romanischen Abteien. Ob ich nun mit dem Auto über Land bummele, in die Pedale trete oder zu Fuß unterwegs bin – auch nach Jahren entdecke ich immer wieder Neues!

Als Genießer erleben Sie im Languedoc und Roussillon Tafelfreuden nicht nur bei zahlreichen Sterneköchen, sondern auch bei einer Table d'hôte, wo authentische Küche und ehrliche Landweine auf den Tisch kommen. Falls sich die Gelegenheit bietet, sollten Sie unbedingt bei einem Dorffest an den geselligen Essen unter freiem Himmel teilnehmen. Und wenn man in einer urigen Probierstube mit Blick aufs Wasser frische Austern und dazu einen fruchtig-spritzigen Picpoul schlürft, kann man sich sprichwörtlich wie Gott in Frankreich fühlen.

Ich wünsche, dass auch Sie das Languedoc und Roussillon ins Herz schließen. Und dann ist eines gewiss: Wir werden uns wiedersehen im Süden Frankreichs.

Marianne Bongartz

Olargues spiegelt sich im Wasser des Jaur

Leser fragen, Autoren antworten

Languedoc & Roussillon – meine Tipps

220 km Küste – und was sonst?

Ihren Anfang nimmt die Küste des Golfe du Lion im Marschland der **Camargue,** ihr grandioses Ende finden die Sandstrände am Fuß der Pyrenäen in den Felsen der **Côte Vermeille.** Von den Stränden bis zu den karstigen Hügeln des Hinterlandes erstreckt sich ein endloses Meer von Reben. In die Karstlandschaft haben Flüsse tiefe Schluchten und atemberaubende Felsenkessel gefräst. Zu den Höhepunkten zählen die **Gorges de l'Ardèche** und die **Gorges du Tarn** sowie der **Cirque de Navacelles.** Nicht minder unwegsam, aber dicht bewaldet sind die Täler der **Cevennen.** Auch unter der Erde war das Wasser nicht faul; Höhlenfans haben die Qual der Wahl, ein Muss ist der **Aven Armand.** Wie ein Balkon erheben sich über die Hügel die Hochebenen der Causses, bewacht vom kahlen Haupt des **Mont Lozère.** Hochalpinen Charakter haben die **Pyrenäen** mit Gipfeln von knapp 3000 Metern Höhe.

Welche Sehenswürdigkeiten sollte man anschauen?

Die **Caverne du Pont d'Arc** bewahrt in Form von naturgetreuen Nachbildungen die ältesten menschlichen Malereien für die Nachwelt. In den Festungsstädten **Aigues Mortes** und **Carcassonne** wird man an mittelalterliches Schlachtengetümmel erinnert und Burgen wie **Peyrepertuse** erzählen von den grausamen Kreuzzügen gegen die Katharer. Während beispielsweise **Villefranche-de-Conflent** Vaubans Militärstrategien veranschaulichen, zeugt die Schleusentreppe von **Fonseranes** bei Béziers von der Genialität des Pierre-Paul Riquet. **St-Guilhem-le-Désert** am französischen Jakobsweg sowie die Klöster am Fuß der Pyrenäen, allen voran **St-Martin-du-Canigou,** beeindrucken mit romanischer Architektur und Steinmetzkunst. Der **Pont du Gard** und der **Viaduc de Millau** faszinieren mit 2000-jähriger Brückenbaukunst.

Sehenswürdigkeiten und Städte

Was bieten die Städte?

Vielseitig sind auch die Städte im Languedoc und Roussillon. Während man in **Nîmes** auf den Spuren der Römer wandert, kann man in **Montpellier** die Entwürfe von Pritzker-Preisträgern entdecken und in **Perpignan** der katalanischen Seele nachspüren. Die Hafenstadt **Sète** überrascht mit ihrem Sinn für moderne Kunst. Malerisch – im wahrsten Sinne des Wortes – ist **Collioure** im tiefen Süden. Das heitere Flair des Midi ist in den Provinzstädtchen **Uzès** und **Narbonne** zu spüren, insbesondere an Markttagen.

Lohnt ein Kurztrip?

Mit dem Flieger ist man in wenigen Stunden in **Montpellier,** eine der dynamischsten Städte Frankreichs. Hier kann man durch die Altstadt und das postmoderne Viertel Antigone flanieren und auf der Place de la Comédie mediterranes Lebensgefühl inhalieren. Die Auswahl an Unterkünften und Restaurants ist groß, das Nachtleben atemlos. Busse fahren zum Klosterdorf **St-Guilhem-le-Désert** in den Gorges de l'Hérault ebenso wie zum **Etang de Thau,** wo man die Geheimnisse der Austernzucht lüften kann. **Sète** lohnt ebenso einen Besuch wie das römische **Nîmes,** beide sind bequem per Zug zu erreichen. Einen Ausflug an den **Strand** und zur **Cathédrale de Maguelone** kann man sogar mit dem Fahrrad unternehmen.

Das Caroux im Haut-Languedoc ist ein ideales Wanderrevier

Ein guter Standort?

Eingefleischte Stadtmenschen werden sich in **Montpellier, Nîmes, Sête** oder **Perpignan** wohlfühlen, von wo aus man mit Bus und Bahn die Umgebung erkunden kann. Wer lange Tagestouren nicht scheut, kann von einem zentral gelegenen Ort aus erste Eindrücke in der gesamten Region sammeln. Gut geeignet sind die Hafen- und Badeorte am **Etang de Thau,** wo die nächste Autobahnauffahrt nicht weit ist und der Etang oder das nahe Meer Entspannung nach längeren Besichtigungsfahrten garantieren. Von hier aus kann man aber auch den Hèrault bis hinauf ins Haut-Languedoc sowie die Küsten zwischen der Camargue und Gruissan näher kennenlernen. **Collioure** tief im Süden lohnt zwar immer einen Besuch, weniger überlaufen sind allerdings **Céret** oder **Prades,** zudem günstiger gelegen für die Erkundung des Roussillon bis hinauf in die Pyrenäen. Die Corbières lassen sich von **Lagrasse** aus durchkämmen. Im Lozère und den Cevennen bieten sich **Mende, Florac** oder **Meyrueis** mit guter Infrastruktur als Standorte an. Im reizenden **Uzès** sollte man Quartier beziehen, um das Département Gard zu bereisen. Wer tiefer in die Region eintauchen, sportlich aktiv werden und auch mal am Strand faulenzen möchte, benötigt mindestens drei Wochen Zeit.

Tipps für Aktivurlauber

Languedoc und Roussillon sind das ideale Ziel für Aktivurlauber. Neben **Fernwanderwegen,** die die gesamte Region durchziehen, findet sich von der Küste bis hinauf in die **Cevennen,** zum **Mont Lozère** und in die **Pyrenäen** ein engmaschiges Netz von **Rundwegen.** Wer ohne weite Anfahrten ein abwechslungsreiches Wanderangebot sucht, dem sind vor allem die **Terrasses du Larzac** im Hérault, das **Caroux** im Haut-Languedoc, die **Montagne de la Clape** am Meer bei Narbonne und die **Côte Vermeille** zu empfehlen.

In den letzten Jahren hat die Region ihr **Radnetz** stark ausgebaut und viele sogenannte *voies vertes* angelegt. Sie erlauben es, auch das hügelige Hinterland oft ohne große Anstrengung mit dem Rad zu durchstreifen. Besonders reizvoll sind die Pisten in der **Camargue** bei Vauvert, um den **Etang de Thau** und den **Etang de Bages** sowie die Treidelpfade am **Canal du Midi** und der Passa Païs im **Haut-Languedoc.** Insbesondere die Hügel hinter dem Küstensaum bieten sich für individuelle Radtouren auf ruhigen Nebenstraßen an.

Wenn es im Juli und August dann zu heiß für schweißtreibende Bewegung ist, locken **Ardèche, Tarn, Hérault, Orb** und **Aude** mit **Kanufahrten.**

Die schönsten Strände

Der mit Abstand weitläufigste Dünenstrand findet sich an der **Pointe de l'Espiguette.** Aber auch auf den Lidos zwischen den Etangs und dem Meer stört keine Bebauung das Badever-

Natur-Highlights und Aktivurlaub

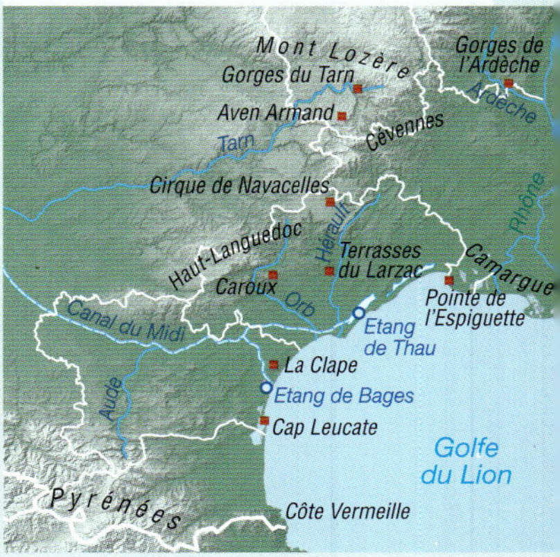

gnügen. Die schönste Kulisse bieten die Felsbuchten an der **Côte Vermeille,** während Windsurfer ihr Eldorado am **Cap Leucate** finden. Wer mit kleinen Kindern reist, wird die seichten Strände und das warme Wasser im **Etang de Thau** schätzen, der zudem ein Hotspot fürs Kitesurfen ist.

Lohnt eine Bootstour auf dem Canal du Midi?

Auch die deutschsprachige Presse hat darüber berichtet: Der Platanenbestand am Canal du Midi ist bedroht. Ganz gewiss wird der Kanal mit dem Abholzen der alten Bäume auch seinen Charme einbüßen, aber dennoch lohnt das Abenteuer einer Bootsreise, bei der man wunderbar entschleunigen kann. Wer nicht auf dem Kanal unterwegs ist, kann seine idyllischen Häfen und die Schleusen, die immer ein Schauspiel bieten, auch mit dem Auto oder Fahrrad ansteuern.

Ist es im Sommer überlaufen?

Während der Schulferien im Juli und August sucht fast jeder Franzose einen Platz an der Sonne. Die absolut heiße Phase dauert vom 14. Juli bis zum 15. August. Unterkünfte an der Küste – ob Hotel, Apartment oder Campingplatz – werden oft schon bei der Abreise fürs nächste Jahr gebucht. An den Ferienwochenenden gilt auf den Autobahnen grundsätzlich: »Rien ne va plus«, der Verkehrsfunk meldet nur noch »rouge« oder »noir«. Aber auch unter der Woche sind die Straßen von und zu den Stränden dicht. Im Hinterland dagegen hält sich der Trubel einigermaßen in Grenzen, umlagert sind natürlich auch dort die touristischen Highlights.

Anlegemanöver an der Hafenmole von Mèze im Etang de Thau

Dem Winter entfliehen?

Selbst an der französischen Mittelmeerküste kann das Thermometer unter den Gefrierpunkt fallen. Schnee und Frost sind zwar die Ausnahme, keineswegs aber Regen – durchaus auch heftig. Genauso gut kann es im Winter tagsüber 15 °C und wärmer sein bei blauem Himmel – perfektes Wetter zum Wandern oder um auf einer Caféterrasse in der Sonne zu dösen. Die meisten Ferienzentren an der Küste sind außerhalb der Saison verlassen, ein Quartier sollte man daher in etwas größeren Orten oder in den Städten im Küstenhinterland suchen.

Gibt es ein quirliges Nachtleben?

Die Städte – insbesondere Montpellier, Nîmes und Perpignan – sind mit zahlreichen Bars, Kinos, Theatern und Konzertsälen bestens für das Nachtleben gerüstet. Auch in den Ferienorten an der Küste kommen Nachtschwärmer auf ihre Kosten – außer Bars und Diskotheken öffnen in der Urlaubszeit die Luna Parks (Rummelplätze) ihre Tore. Überall finden während der Saison Nachtmärkte, Konzerte und diverse Abendveranstaltungen statt. Geht der Sommer zu Ende, werden in

Im Herzen von Montpellier – die Place de la Comédie

vielen Dörfern – vor allem im Hinterland – nach dem abendlichen Apéro die Bürgersteige hochgeklappt.

Wie flexibel sind die öffentlichen Verkehrsmittel?

Die Region hat in den letzten Jahren viel unternommen, um den öffentlichen Nahverkehr mit unschlagbar günstigen Fahrpreisen und zusätzlichen Linien attraktiv zu machen. Von einem festen Standort aus kann man so die Umgebung gut erkunden. Je weiter es ins Hinterland geht, desto träger wird allerdings der öffentliche Nahverkehr. Eine Rundreise mit Bus und Bahn ist mühsam – vor allem die Busfahrten sind sehr zeitraubend.

Was tut sich in der Region?

Es ist beschlossene Sache: Frankreich führt eine Gebietsreform durch und reduziert die Anzahl seiner Regionen. So muss das Languedoc-Roussillon 2016 mit der Nachbarregion Midi-Pyrénées fusionieren. Als Kapitale der neuen Superregion setzt sich voraussichtlich Toulouse gegen Montpellier durch. Wie die Region heißen wird und wo Touristen zukünftig Informationen über das Reisegebiet finden, wird sich erst zeigen.

Mein ganz persönlicher Tipp

Wer so richtig in die Traditionen des Midi eintauchen möchte, muss sich unbedingt eine **Course camarguaise** (s. S. 116) ansehen – am besten in einem der kleinen Dörfer in der Camargue. Bei dieser unblutigen Variante des Stierkampfs wird dem Stier kein Haar gekrümmt. Hinterher sollte man den *bandido* nicht verpassen, bei dem die Stiere durchs Dorf getrieben werden. Ebenso tief in den Traditionen der Region sind die **Joutes nautiques** (s. S. 79) verwurzelt, die den Canal Royal in Sète besonders während der Fête de St-Louis in ein buntes Schlachtgetümmel verwandeln. Nicht minder unterhaltsam sind diese Fischerstechen in Mèze, Agde oder Palavas.

NOCH FRAGEN?

Die können Sie gern per E-Mail stellen, wenn Sie die von Ihnen gesuchten Infos im Buch nicht finden:
bongartz@dumontreise.de
info@dumontreise.de
Auch über eine Lesermail von Ihnen nach der Reise mit Hinweisen, was Ihnen gefallen hat oder welche Korrekturen Sie anbringen möchten, würden wir uns freuen.

Place de la Comédie – sehen und gesehen werden, S. 131

Pointe de l'Espiguette – baden und beachen, S. 123

Lieblingsorte!

Ecluses de Fonseranes – Spektakel an den Schleusen, S. 170

Bar des Templiers – wie im Kunstsalon, S. 236

Abbaye de Fontfroide – Einkehr im Kloster, S. 206

Place aux Herbes – Marktbummel in Uzès, S. 96

Auf der Comédie in Montpellier einen Kaffee schlürfen, in Uzès über den bunten Wochenmarkt schlendern, an den Ecluses de Fonseranes die Manöver der Skipper beobachten oder in der Bar des Templiers in Collioure zwischen unzähligen Gemälden den Abend ausklingen lassen. Die Eleganz des Kreuzgangs in der Abbaye de Fontfroide ebenso bewundern wie die robuste Bauweise der Ferme Caussenarde. In den Dünen am Leuchtturm von Espiguette in der Sonne faulenzen oder durch die alpine Bergwelt der Pyrenäen wandern. Immer wieder erstaunt die Region durch die Vielfalt ihrer Landschaften, Architektur und Atmosphäre. Einige Orte üben eine ganz besondere Faszination aus, ihr Besuch ist jedes Mal aufs Neue ein wundervolles Erlebnis.

Les Etangs du Carlit – Bergseen und schneebedeckte Gipfel, S. 257

Ferme Caussenarde d'Autrefois – eine Reise in die Vergangenheit, S. 276

Schnellüberblick

Von Béziers ins Haut-Languedoc
Von der Kathedrale in Béziers blickt man hinab auf den Orb und den Canal du Midi, der sich durch das Weinland des Biterrois und Minervois Richtung Westen schlängelt. Über den Rebhügeln ragen die Berge des Haut-Languedoc auf, ein grünes Paradies für Sommerfrischler und Aktivurlauber. S. 162

Pays Cathare und Pays Narbonnais
Über die Ebene der Aude erhebt sich Carcassonne mit imponierender Zinnenkulisse. In den ruppigen Corbières tragen Burgruinen auf steilem Fels sowie mittelalterliche Abteien die Stigmata der Katharerfeldzüge. Nahe am Meer lockt Narbonne, einst älteste Kolonie Roms, mit mächtiger Kathedrale und provinziellem Charme. S. 188

Roussillon und Pyrenäen
In Perpignan wähnt sich der Reisende schon fast in Spanien. Südlich der Stadt findet die Sandküste in den Felsen der Côte Vermeille ihr grandioses Ende. Keine Autostunde von den Stränden entfernt laden die alpinen Pyrenäentäler zum Wandern und Skifahren ein. Am Fuß des Canigou warten romanische Klöster auf Entdeckung. S. 220

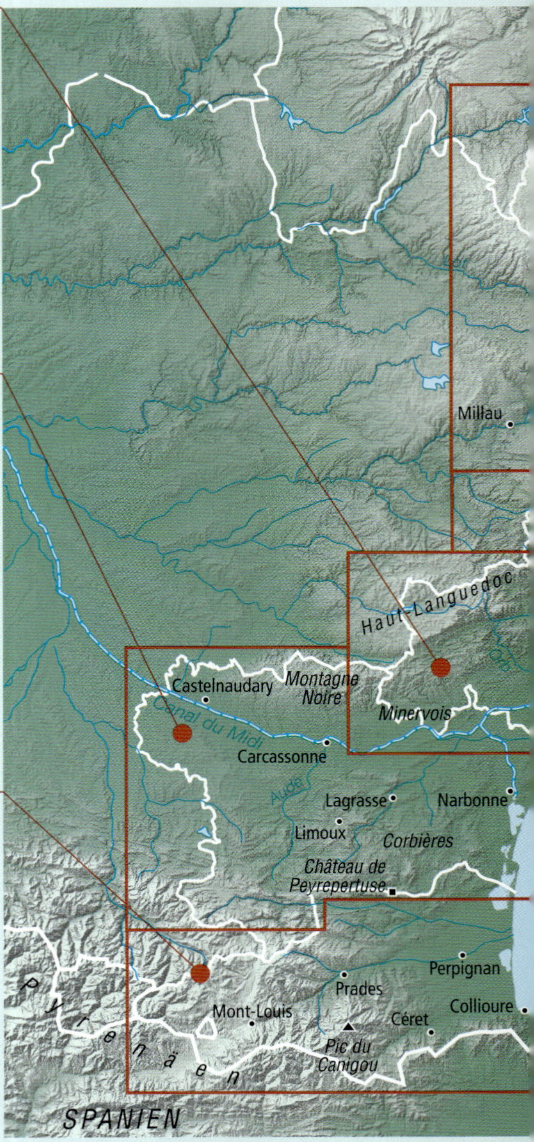

Lozère und Cevennen
Von herber Schönheit zeigt sich die dünn besiedelte Bergregion um den Mont Lozère. Naturfreunde schwärmen von den unendlichen Weiten der Causses und der wild romantischen Felswelt der Gorges du Tarn. Die zerklüfteten Täler der Cevennen waren seit jeher ein Zufluchtsort für Aufständische und Freigeister. S. 258

Zwischen Ardèche und Camargue
Im Sommer ist die atemberaubende Schlucht der Ardèche das Ziel der Kanusportler. In den Hügeln der Garrigue laden der Pont du Gard und das traditionsreiche Nîmes zu einem Streifzug durch die Antike ein. In der Camargue Gardoise lebt der Mythos der schwarzen Stiere und weißen Pferde weiter.
S. 86

Montpellier, Küste und Hinterland
Montpellier gibt sich selbstbewusst, schick und dynamisch – hemdsärmelig dagegen ist das Gehabe der Hafenstadt Sète. Der Etang de Thau ist als Mekka der Austernzucht bekannt. Im Hinterland sorgen die Schlucht des Hérault mit dem Klosterdorf St-Guilhem-le-Désert und der Cirque de Navacelles für Spannung. S. 126

Reiseinfos, Adressen, Websites

Die Caféterrassen in Perpignans Altstadt sind bis spät in die Nacht gut besucht

Informationsquellen

Infos im Internet

Die meisten Fremdenverkehrsämter und Hotels, viele Sehenswürdigkeiten und Sportveranstalter haben eine eigene Homepage. Die Websites stehen außer in Französisch oft auch in Englisch und Spanisch, seltener in Deutsch zur Verfügung. Bei der Suche im World Wide Web entfallen die im Französischen üblichen Akzente.

www.rendezvousenfrance.com
Die Homepage von ATOUT France beantwortet u. a. reisepraktische Fragen und stellt Links zu den Regionen her (u. a. Deutsch).

www.frankreich-info.de
Das umfangreiche Frankreich-Portal ist von Deutschen für Deutsche gemacht, u. a. mit Forum.

www.destinationsuddefrance.com
Die regionale Tourismusagentur stellt das Languedoc-Roussillon unter dem Markennnamen Sud de France vor. Dazu gibt es einen Veranstaltungskalender, eine Restaurant-, Hotel- und Campingplatzsuche sowie die Möglichkeit zum Download von Broschüren (u. a. Deutsch).

www.laregion.fr
Die Regionalbehörde veröffentlicht politische, wirtschaftliche und kulturelle Beiträge (Französisch).

www.audetourisme.com
Portal des CDT Aude (Fremdenverkehrsamt des Département Aude): Narbonne und die Küste, Carcassonne, Canal du Midi, Corbières und Katharerburgen (Französisch, Englisch).

www.tourismegard.com
Portal des CDT Gard: Nîmes, Uzès, Pont du Gard, Rhônetal, Petite Camargue und Cevennen (Französisch).

www.herault-tourisme.com
Portal des CDT Hérault: Montpellier, Béziers, Sète, Etang de Thau und die Küste, Hérault-Tal, Haut Languedoc, Minervois (u. a. Deutsch).

www.lozere-tourisme.com
Portal des CDT Lozère: Mende, Aubrac, Margeride, Mont Lozère, Cevennen, Causses und Gorges (Französisch).

www.tourisme-pyreneesorientales.com
Portal des CDT Pyrénées Orientales: Perpignan und die Sandküste, Collioure und die Côte Vermeille, Pyrenäen mit Cerdagne, Conflent, Vallespir, Capcir (u. a. Deutsch).

www.midilibre.fr
Onlineauftritt der Regionalzeitung mit Infos aus allen Départements sowie zahlreichen Blogs (Französisch).

www.fraclr.org
Informationen über die zeitgenössische Kunst und Ausstellungen in der Region (Französisch).

www.languedoc-wines.com
www.coteaux-languedoc.com
www.vinsduroussillon.com
Vorstellung der Appellationslagen im Languedoc bzw. Roussillon.

Informationsstellen

ATOUT France
Die Französische Zentrale für Tourismus stellt vielfätiges Informationsma-

terial über Frankreich und seine Regionen im Internet (s. o.) zur Verfügung. Wer Fragen hat oder Broschüren anfordern möchte, schreibt eine Mail (info.de@rendezvousenfrance.com, info.at@rendezvousenfrance.com, info.ch@atout-france.fr) oder wendet sich per Brief bzw. Fax an das Büro in Deutschland (Postfach 100128, 60001 Frankfurt a. M., Fax 069 74 55 56).

Sud de France Développement

Die Prospekte der Tourismusagentur des Languedoc-Roussillon sind ebenfalls im Internet (s. o.) zu finden.

Informationen vor Ort

Informationen über die Départements Gard, Hérault, Aude, Pyrénées Orientales und Lozère erteilt das jeweilige **Comité Départemental du Tourisme (CDT).** Auf ihren Websites (s. o.) kann man die Veröffentlichungen einsehen, online bestellen oder herunterladen.

In nahezu jedem Dorf findet man ein **Office de Tourisme (OT)** bzw. ein **Syndicat d'Initiative.** Immer mehr Orte stellen touristische Informationen fürs Smart Phone bereit oder verleihen GPS-gesteuerte audiovisuelle Führer. Für ein bequemes Kennenlernen der Städte empfiehlt sich auch die Fahrt mit den **Touristenbähnchen.**

Lesetipps

Alphonse Daudet: Briefe aus meiner Mühle. Erzählungen aus dem südfranzösischen Leben am Ende des 19. Jh.

Lion Feuchtwanger: Der Teufel in Frankreich. Ergreifende Schilderung der Zustände in den Internierungslagern in Südfrankreich.

Jean Carrière: Der Sperber von Maheux. Ein Bauernleben in den Cevennen zu Beginn des 20. Jh.

Jean-Claude Carrière: Le vin bourru. Der international renommierte Drehbuchautor erinnert an seine Kindheit in Colombières-sur-Orb (leider nur auf Französisch und antiquarisch).

Thomas P. Fischer: La Belle Joujou. Liebe, Genuss und Gaunereien in Marseillan am Etang de Thau – die richtige Strandlektüre (nur als Kindle Edition).

Lisa Fittko: Mein Weg über die Pyrenäen. Erinnerungen 1940/41. Die Autorin und ihr Mann verhalfen Verfolgten des Nazi-Regimes in Cerbère zur Flucht nach Spanien.

Michèle Gazier: Die Blaumerle. Ein Einwanderer aus Algerien erschleicht sich das Vertrauen eines Ehepaars, das zurückgezogen in Uzès lebt. Doch der vermeintliche Betrüger bereichert das einsame Leben der alten Leute.

Philippe Georget: Dreimal schwarzer Kater – Ein Roussillon-Krimi. Inspektor Gilles Sebag muss mitten im heißen Perpignaner Sommer zwei rätselhafte Vermisstenfälle klären.

Ernest Hemingway: Der Garten Eden. Die ersten Szenen des Romans um ein frisch vermähltes Paar spielen 1946 in Le Grau-du-Roi, damals noch ein verschlafenes Fischerdorf.

Ian McEwan: Schwarze Hunde. Der Ich-Erzähler ergründet, woran die Ehe seiner Schwiegereltern Bernard und June zerbrach. Seine Reise führt ihn ins Nachkriegsjahr 1945 und zum Cirque de Navacelles.

Claude Simon: Die Trambahn. Erinnerungen des Literatur-Nobelpreisträgers an seine Jugendjahre in Perpignan.

Kurt Tucholsky: Ein Pyrenäenbuch. In seinen Reiseimpressionen schildert Tucholsky u. a. den Aufstieg zum Canigou.

Birgit Vanderbeke: Die sonderbare Karriere der Frau Choi. In einem Dorf bei Uzès ereignen sich einige seltsame Todesfälle. Der Verdacht fällt auf Frau Choi, Besitzerin eines koreanischen Restaurants.

Wetter und Reisezeit

Ein Platz an der Sonne

Laut Statistik scheint an der französischen Mittelmeerküste an 300 Tagen im Jahr die Sonne. Doch in den Cevennen, im Haut-Languedoc, in der Montagne Noire und in den Pyrenäen sind Regentage auch im Sommer durchaus keine Seltenheit. Direkt am Meer steigt die Quecksilbersäule im **Juli** und **August** auf Rekordhöhen von weit über 30 °C, und zeitweise liegt eine lähmende Schwüle über dem Land. Für eine Erfrischung sorgen Mistral bzw. Tramontane. Mit schöner Regelmäßigkeit fegen diese kräftigen kühlen Nord- und Nordwestwinde von den Bergen herunter und putzen den Himmel blank.

Die schönsten Reisemonate sind **Mai/Juni** und **September/Oktober.** Sie eignen sich gleichermaßen für einen Aktivurlaub wie für Entdeckungsfahrten. Während die touristische Infrastruktur voll funktionsfähig ist, sind die sehenswerten Ziele noch nicht überlaufen. An der Küste ist es am Tag mit über 20 °C angenehm warm. Im Mai erreicht das Meer Badetemperatur und hält diese bis in den Oktober. Die Strände sind, abgesehen von den Wochenenden und Feiertagen, nur mäßig besucht, und man kann seinen Platz an der Sonne frei wählen. Allerdings können vor allem im Oktober heftige Gewitter mit sintflutartigen Regenfällen die Urlaubsfreude trüben.

Im **März** und **April** sind stabile Schönwetterperioden mit milden 15–20 °C in der Küstenebene keine Seltenheit, während die Berggipfel der Pyrenäen noch eine dicke Schneehaube tragen. Zwischen **November** und **Februar** ist es an der Küste mit durchschnittlich 12 °C mild, aber regnerisch. Die Touristenzentren am Meer sind verwaist, außerhalb der Städte schließen viele Unterkünfte und Restaurants, Sehenswürdigkeiten sind nur eingeschränkt geöffnet. Hochsaison haben hingegen von etwa Dezember bis in den März die Wintersportzentren in den Cevennen und Pyrenäen.

Einen **Wetterbericht** findet man im Internet unter www.meteofrance.com.

Klimadiagramm Sète

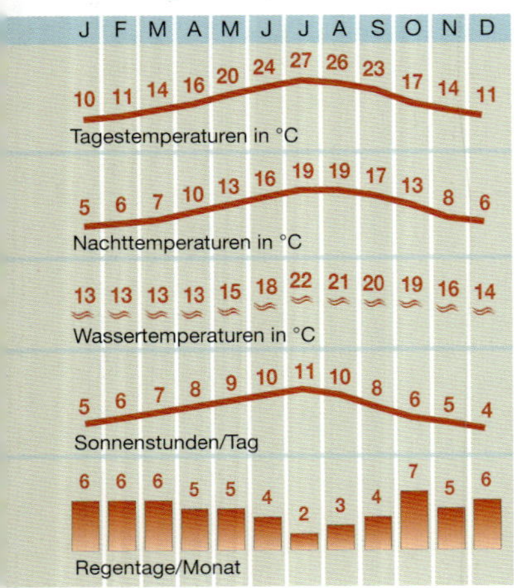

Hochwasser

Die mit den Herbststürmen einhergehenden Hochwasser sind im Languedoc ein bekanntes Naturphänomen, da der poröse, nach dem Sommer ausgetrocknete Kalkboden den Regen nicht speichern kann. So lassen kurze, aber kräftige Niederschläge selbst kleine Rinnsale in kürzester Zeit zu reißenden Flüssen anschwellen. Schilder mit der Aufschrift *»Route sub-*

Am Strand sorgt der Eismann für Erfrischung

mersible en temps de pluie!« warnen entlang der Flussufer vor plötzlicher Überflutung der Straßen. Ungeachtet dieser Warnhinweise sind immer wieder Menschenleben zu beklagen.

Hochsaison

Wer nicht an die Schulferien gebunden ist, sollte im Juli und August keinen Urlaub am Meer planen: Verstopfte Straßen, überfüllte Strände, ausgebuchte Hotels und Campingplätze und dazu Preise auf Höchstniveau sind während der Hauptsaison im Midi so selbstverständlich wie blauer Himmel und Sonnenschein. Allerdings finden während dieser Zeit die ausgelassensten Feste statt. Selbst die kleinsten Dörfer bieten ein umfangreiches Unterhaltungsprogramm. Die Sehenswürdigkeiten und Freizeitattraktionen sind vielerorts durchgehend geöffnet. Wenngleich nun auch im Hinterland die touristischen Highlights stark frequentiert werden, kann man hier abseits der Touristenpfade einen relativ ruhigen und naturnahen Urlaub verleben.

Kleidung und Ausrüstung

Je nach Neigung kommen Badeutensilien, Wanderausrüstung oder Fahrradkleidung in den Koffer. Schickere Garderobe ist für den Besuch gehobener Restaurants oder Diskotheken angesagt. Auch wer einen reinen Badeurlaub im Sommer plant, sollte einen warmen Pullover, lange Hosen sowie leichte Regenkleidung einpacken. Sonnenschutz benötigt man am Meer ebenso wie in den Bergen. Langärmelige Oberteile und beinlange Hosen empfehlen sich gleichermaßen als Schutz gegen UV-Strahlen und gegen Insektenstiche. Sandalen aus Kunststoff leisten an felsigen Stränden und an kiesigen Flussufern gute Dienste. Für den Stadtbummel und Besichtigungstouren sind bequeme Laufschuhe unverzichtbar.

Anreise und Verkehrsmittel

Einreisebestimmungen

Ausweispapiere

Bürger der EU und der Schweiz können mit gültigem Personalausweis nach Frankreich reisen. Kinder und Jugendliche brauchen einen eigenen Ausweis. Motorisiert Reisende sollten außer Führer- und Kfz-Schein die Grüne Versicherungskarte mitführen, für Österreicher und Schweizer ist sie Pflicht.

Zollbestimmungen

Innerhalb der EU sind Genussmittel für den Eigenbedarf in folgenden Mengen prinzipiell zollfrei: 800 Zigaretten, 400 Zigarillos, 200 Zigarren, 1 kg Tabak, 110 l Bier, 90 l Wein (davon max. 60 l Schaumwein), 20 l Alkohol bis 22 % vol., 10 l Spirituosen, 10 kg Kaffee. Wer einen Abstecher nach Andorra unternimmt und dort günstig einkauft, sollte die wesentlich niedrigeren Freimengen unbedingt beachten, da in Frankreich häufig Zollkontrollen stattfinden – auch abseits der Grenze (Info unter www.douane.gouv.fr). Bei Einreise in die Schweiz sind die Freimengen begrenzt auf 1 kg Fleisch, 1 kg Butter, 5 l Öl, 250 Zigaretten/Zigarren oder 250 g Tabak, 5 l Alkohol bis 18 % vol. und 1 l über 18 % vol., wobei der Wert aller Waren auf 300 CHF begrenzt ist.

Reisen mit Hund und Katze

Hunde und Katzen müssen mindestens drei Monate alt und nachweislich gegen Tollwut geimpft sein. Diese Impfung darf nicht länger als ein Jahr zurückliegen. Der EU-Heimtierpass oder ersatzweise der Impfausweis ist mitzuführen. Eine Chip-Kennzeichnung oder gut lesbare Tätowierung der Tiere ist ebenfalls vorgeschrieben.

Anreise

... mit dem Flugzeug

Nach Montepllier (www.montpellier.aeroport.fr) fliegen Ryanair ab Frankfurt/Hahn sowie EasyJet ab Euro Airport Basel-Mulhouse, im Sommer Lufthansa ab München und Frankfurt a. M. sowie Germanwings ab Düsseldorf. Zudem verbindet Ryanair von April bis November Düsseldorf/Weeze und Béziers (www.beziers.aeroport.fr). Weitere Direktflüge aus Deutschland und Österreich gibt es nach Marseille, Toulouse oder auch Barcelona.

... mit der Bahn

Mehrmals täglich verkehrt der **TGV** zwischen Paris (Gare de Lyon) und dem Süden (Nîmes 3 Std./Perpignan 5 Std.). Die obligatorische Reservierung und den Zuschlag erhält man bis kurz vor Abfahrt an den TGV-Automaten im Bahnhof. Von Lille aus besteht eine direkte TGV-Verbindung nach Nîmes/Montpellier. Ab Straßburg und Mulhouse gibt es ebenfalls Direktverbindungen (www.voyages-sncf.com, www.sncf.com/fr/trains/tgv).

... mit dem Auto

Die Benutzung der französischen Autobahnen ist gebührenpflichtig. Die Fahrt in den Süden kostet je Strecke bis zu 60 € (Info: www.aprr.fr). An den Mautstellen *(péage)* kann man meist nur noch an Automaten bezahlen – entweder mit Bargeld oder mit Kreditkarte *(carte bancaire)* ohne Eingabe der Geheimnummer.

Von Luxemburg bzw. Saarbrücken führt die A 31 schnurstracks gen Süden. Bei Beaune bzw. Lyon treffen die A 36 von Mulhouse und die A 42 von Genf auf die *Autoroute du Soleil*

(A 7). In Orange wechselt man auf *La Languedocienne* (A 9).

Die gebührenfreien Abschnitte (Metz/Nancy, Lyon, Montpellier) sind meist stark befahren. An den *péages* in Lyon und Montpellier staut sich der Verkehr regelmäßig. Meiden sollte man die Wochenenden während der Ferien im Juli/August sowie die verlängerten Wochenenden an Ostern, um den 1. und 8. Mai, an Christi Himmelfahrt, an Pfingsten, um den 14. Juli und an Allerheiligen.

Verkehrsinformationen: Im Radio auf FM 107,7 oder im Internet unter www.bison-fute.equipement.gouv.fr.

ADAC-Notruf: Tel. 0049 89 22 22 22.

Verkehrsmittel vor Ort

Bahn

Nahverkehrszüge (TER) fahren mehrmals täglich auf den Hauptstrecken Nîmes–Perpignan und Narbonne–Carcassonne sowie auf den Nebenstrecken Nîmes–Alès, Nîmes–Grau-du-Roi und Béziers–Bédarieux. Fahrpreis in der Regel 1 €. Auskunft: Tel. 36 35 (0,34 €/Min.), www.voyages-sncf.com oder www. tersncf.com.

Bus

In den größeren Städten gibt es einen Busbahnhof *(gare routière).* Die Verbindung auf den Hauptstrecken ist werktags gut, sonntags verkehren weniger Busse. Die Orte im Hinterland sind per Bus meist nur ein- bis zweimal täglich zu erreichen. Mit günstigen Fahrpreisen wird der Umstieg auf öffentliche Verkehrsmittel gefördert. Infos zu den Départements unter: www.edgard-transport.fr (Gard); www.herault-transport.fr (Hérault); www.aude.fr, www.keolisaude.com (Aude); www.cg66.fr, http://bus1euro.cg66.fr (PO), http://lozere.fr, www.autocars-lozere.com (Lozère).

Auto fahren

Verkehrsregeln

Die Höchstgeschwindigkeit liegt innerorts bei 50 km/h, auf Landstraßen bei 90 km/h (80 km/h bei Nässe), auf Schnellstraßen bei 110 km/h (100 km/h), auf Autobahnen bei 130 km/h (110 km/h). Vielerorts überwachen fest installierte Radargeräte die Geschwindigkeit. Die Alkoholgrenze beträgt 0,5 Promille. Es besteht auf allen Sitzen Anschnallpflicht. Wer in einen Kreisverkehr einfährt, muss Vorfahrt gewähren *(Ceder le Passage).* Das Schild *Toutes Directions* weist Durchreisende durch Städte und Dörfer.

Bußgelder: Die Geldbußen für Verkehrssünder sind drastisch und werden auch grenzüberschreitend eingetrieben.

Bei einem Unfall: Grüne Versicherungskarte und Auslandsschutzbrief vereinfachen die Einigung mit dem Unfallgegner. Unbedingt ein internationales Unfallprotokoll mitführen!

Parken

In den großen Städten parkt man bequem in den zentral gelegenen, ausgewiesenen und meist überwachten Parkhäusern. In der *zone bleue,* erkennbar an den blau markierten Bordsteinen, darf nur mit Parkscheibe geparkt werden. Ein gelber Streifen am Straßenrand bedeutet absolutes Halteverbot.

Tanken

Das Tankstellennetz ist dicht. Jedoch findet man nach 19 Uhr und an Sonntagen oft nur Selbstbedienungszapfsäulen, an denen man mit Bankkarte und Pin bezahlt. Benzin *(essence),* Biotreibstoff *(biocarburant, SP95-E10)* und Diesel *(gazole)* kosten ähnlich viel wie in Deutschland. Als Alternative zu Biosprit wird oftmals nur Super Plus 98 angeboten.

Übernachten

Im Languedoc-Roussillon findet man Unterkünfte für jeden Geschmack und jeden Geldbeutel – vom Schlosshotel über Gästezimmer bis hin zum Zelt auf dem Campingplatz. Wer in erster Linie Sonne und Strand, Trubel und Nachtleben sucht, reist in die Urlaubszentren am Meer. Hier überwiegt die Unterbringung in Ferienwohnungen und auf Campingplätzen. Trotz des großen Angebots muss man für die Ferienmonate Juli und August frühzeitig reservieren. Im Hinterland findet man – zumindest abseits der touristischen Hauptattraktionen – auch kurzfristig eine Bleibe. Einen guten Überblick über das Beherbergungsangebot geben die Broschüren der regionalen Tourismuszentralen.

Hotels

Eine landesweite Hotelsuche ist im Internet unter www.hotel-france.com möglich. Verlässliche Hotel- und Restaurantempfehlungen geben die Führer von Michelin (www.viamichelin.de) und Gault-Millau (www.gaultmillau.fr) auch online. Auf die in Frankreich landesweit übliche Kategorisierung von Hotels mit einem bis zu fünf Sternen kann man sich nur bedingt verlassen.

Ein gutes Preis-Leistungs-Verhältnis sowie eine solide Ausstattung bieten in der Regel die meist familiär geführten Häuser des Hotellerieverbands **Logis de France,** die am gelbgrünen Kaminsymbol zu erkennen sind (www.logishotels.com). Im Verband der **Relais du Silence** werden ausschließlich exklusive Häuser mit gutem Restaurant aufgenommen, die besonders ruhig und landschaftlich schön gelegen sind (www.relaisdusilence.com). Allerhöchsten Ansprüchen genügen die Häuser der Verbände **Châteaux et Hôtels de France** (www.chateauxhotels.com) und **Relais & Châteaux** (www.relaischateaux.com).

Die größeren Hotels bieten ein Frühstücksbuffet internationalen Standards an. Viele Unterkünfte halten es jedoch mit Pulverkaffee, Baguette, Butter und Marmelade traditionell französisch. Wenn dafür 8 € oder mehr berechnet werden, empfiehlt es sich, zum Frühstücken in die nächste Bar einzukehren, wo es oftmals auch Croissants oder Sandwiches gibt. Es ist auch nicht unüblich, zum Espresso oder Milchkaffee ein Stück Baguette oder Kuchen vom Bäcker zu verzehren.

Die französischen Betten sind heutzutage besser als ihr Ruf, und normale Kopfkissen liegen meist im Schrank bereit. Die Franzosen unterscheiden zwischen einem Zimmer mit zwei Betten *(chambre à deux lits)* und einem Zimmer mit einem französischen Bett

Zimmerpreise

In diesem Buch wird der jeweils günstigste Zimmerpreis angegeben. In der Hauptsaison können die Unterkünfte doppelt so teuer sein. Bei der Vorabbuchung im Internet gibt es oftmals Rabatte. Alleinreisende zahlen häufig den vollen Zimmerpreis. In Städten und Touristenorten addiert sich auf den Zimmerpreis eine kleine Kurtaxe *(taxe de séjour)*. In Hotels mit gutem Restaurant lohnt sich meist das Halbpensionsangebot, in der Hochsaison ist es mancherorts obligatorisch. Das Frühstück *(petit déjeuner)* im Hotel ist meist nicht im Zimmerpreis inbegriffen.

Les Fleurines – ein uraltes Gehöft auf der Causse de Sauveterre empfängt Gäste

(chambre avec un grand lit), das meist preiswerter ist.

Ferienhäuser und Ferienapartments

Das Angebot an Ferienhäusern und -apartments ist insbesondere an der Küste, wo diese Art der Unterbringung überwiegt, immens groß. Wer nicht bereits zu Hause gebucht hat, erhält vor Ort beim Office du Tourrisme eine Liste der Vermieter. Außerhalb der Hochsaison ist es dann kein Problem, eine den Vorstellungen entsprechende Unterkunft zu finden.

In Frankreich gehören viele private Anbieter von Beherbergungsbetrieben der Vereinigung der **Gîtes de France** an. Auf der Website www.gites-de-france.fr kann man nach einem passenden Objekt suchen. Bis zu fünf Ähren *(épis)* klassifizieren die Unterkünfte aufgrund ihrer Lage und Ausstattung. Auch **Clévacances** vermittelt landesweit Ferienhäuser und Ferienwohnungen von Privatanbietern. Gebucht werden kann direkt beim Vermieter oder über Clévacances (www.clevacances.com). Die Klassifizierung der Objekte erfolgt mit einem bis zu fünf Schlüsseln *(clé)*. Daneben offerieren verschiedene **Reiseveranstalter** Ferienhäuser und Ferienwohnungen in ihren Katalogen und im Internet (u. a. www.interchalet.de). Online vermarktet www.fewo-direkt.de eine große Anzahl an Mietobjekten.

Gästezimmer (Chambres d'hôte)

Die Unterbringung im Gästezimmer erfreut sich immer größerer Beliebtheit,

Bienvenue à la ferme
Unter dem Label mit der gelben Blume empfangen Landwirte und Winzer in ganz Frankreich Besucher. Ihr Angebot reicht vom Verkauf hofeigener Produkte *(produits fermiers)* und deren Verkostung *(goûter)* über die Bewirtung am Gästetisch *(ferme auberge)* bis hin zur Unterbringung auf einem Campingplatz im Grünen *(camping à la ferme)*, in urigen Ferienwohnungen und -häusern *(gîte)* oder im gemütlichen Gästezimmer *(chambre d'hôte).* Pferdefreunde können auf den *fermes équestres* ihrer Leidenschaft frönen. Infos erteilen in allen Fällen die Fremdenverkehrsämter sowie die Website www.bienvenue-a-la-ferme.com.

da dies die Gelegenheit bietet, Land und Leute näher kennenzulernen. Das Angebot reicht vom sehr einfachen Zimmer mit Etagenbad bis hin zu luxuriösen Zimmern auf Weingütern oder Schlössern. Es kann eine sehr familiäre Atmosphäre herrschen, aber auch dem Ambiente in einem Hotel ähneln. Vor allem Unterkünfte in schöner landschaftlicher Umgebung sind oft einsam gelegen und die Anfahrt über Feldwege kann abschreckend wirken.

Das Frühstück ist meist im Übernachtungspreis enthalten. Darüber hinaus stehen entweder Einrichtungen zur Selbstversorgung zur Verfügung oder die *table d'hôte,* der Gästetisch, lädt zur gemeinsamen Mahlzeit ein. Es gibt ein täglich wechselndes Menü, auf dessen Zubereitung in aller Regel sehr viel Sorgfalt verwendet wird.

Eine rechtzeitige Reservierung ist bei dieser Form der Beherbergung unerlässlich. Über das Angebot informieren Tourismusämter, Gîtes de France und Clévacances (s. o.).

Jugendherbergen

Die *auberges de jeunesse* sind meist sehr schlicht ausgestattet, aber die Übernachtung ist unschlagbar preiswert. Jugendherbergen gibt es in Carcassonne, Montpellier, Nîmes, Perpignan, Quillan und Sète. Ein internationaler Jugendherbergsausweis muss bei der Anmeldung vorgelegt werden, den man vorab beim internationalen Jugendherbergswerk erhält. Es empfiehlt sich, vor allem in der Hauptreisezeit den Aufenthalt vorab zu buchen (www.fuaj.org).

Camping

Trotz des großen Angebots ist für Juli/August eine frühzeitige Reservierung ratsam, denn die attraktivsten Plätze an der Küste oder an Wasserläufen im Hinterland sind oftmals lange im Voraus ausgebucht. Das Angebot reicht vom einfachen kleinen Platz auf dem Bauernhof *(camping à la ferme)* bis zum luxuriösen Riesenterrain mit Restaurant, Pool, Tennis und Animation. Vielerorts können auch Bungalows, Hütten, Caravans oder fest installierte Zelte gemietet werden. Die kommunalen Plätze *(camping municipal)* sind meist preiswerter als private Terrains.

Die **Fédération de l'Hôtellerie de Plein Air** informiert über die Campingplätze in der Region (www.campinglanguedocroussillon.com). Einen Überblick und Zugang zur Online-Buchung gibt des Weiteren die regionale Tourismusagentur (www.destinationsuddefrance.com).

Wer mit dem **Wohnmobil** unterwegs ist, darf meist nur die ausgewiesenen Parkplätzen benutzen. An begehrten Orten, z. B. in Meeresnähe, kann die Aufentshaltsdauer begrenzt sein und eine Gebühr erhoben werden (http://aires.camping-car.com).

Essen und Trinken

Von mediterran leicht bis bäuerlich deftig

Ebenso vielfältig wie die Landschaften im Languedoc und Roussillon sind auch die Gaumenfreuden. Olivenöl, Knoblauch, Tomaten und die Kräuter der Garrigue verleihen der Küche der Küstenbewohner den typischen mediterranen Duft und Geschmack. Fisch und Meeresfrüchte beherrschen das Speiseangebot, auch wenn der Fisch immer seltener aus dem Mittelmeer stammt. Auch das Roussillon kocht vorzugsweise mit Olivenöl und Knoblauch und ist Meister in gewagten Kombinationen von Herzhaftem und Süßem, so z. B. Rebhuhn mit Orange, Ente mit Kirschen oder Kalmar mit Schokolade. In den Bauernküchen des Hinterlandes wurden deftige Eintöpfe erdacht. Das Haut-Languedoc, das Lozère und die Pyrenäentäler sind in puncto Wurst- und Schinkenfabrikation geschmacksprägend. Für den passenden Wein zu den regionalen Gerichten sorgen unzählige Winzer, die ehrliche Landweine ebenso wie hervorragende Appellationsweine erzeugen (s. S. 59).

Aus dem Meer

Fisch und Meeresfrüchte kommen gleichermaßen als Vor- und Hauptspeise auf den Tisch. Ein Klassiker ist das *plateau de fruits de mer,* eine kunstvoll arrangierte Auswahl an rohen Schnecken, Muscheln und Austern. Anders als die berühmte *bouillabaisse* ist die *soupe de poisson* hier eine sämige Suppe, in die man nach Belieben geröstete Brotwürfel, geriebenen Käse und *rouille* (eine Knoblauchmayonnaise) einrührt. Vorzüglich sind auch die *anchois de Collioure,* marinierte Sardellen, die meist mit gerösteten roten Paprika angerichtet werden.

Seewolf *(loup),* Goldbrasse *(daurade)* und Seeteufel *(lotte* bzw. *baudroie)* zählen wegen ihres festen Fleischs zu den begehrtesten Fischen. Aber auch unscheinbare Sardinen erweisen sich fangfrisch mit grobem Meersalz eingerieben und über Rebholz gegrillt als absolute Köstlichkeit. Am gesamten Golfe du Lion beliebt ist die *rouille de seiche,* in einer warmen Knoblauchmayonnaise mit Tomaten und Safran angerichteter Tintenfisch oder Kalmar. Knoblauchmayonnaise gehört auch in die *bourride* – ein Fischtopf aus Seeteufel. Die *brandade de morue,* das in Nîmes produzierte Stockfischpüree, wird zu Kartoffeln gegessen. *Zarzuela* heißt der für das Roussillon typische Eintopf aus Fisch und Meeresfrüchten.

Von der Weide

Auf den Causses, im Aubrac und Margeride sowie in den Pyrenäen wird eine naturnahe Viehzucht betrieben, weil Schafe, Kühe und Ziegen in erster Linie Milch für die Käseproduktion liefern sollen. Doch auch das Fleisch von Aubrac-Rind, Pyrenäen-Kalb oder Lozère-Lamm wird sehr geschätzt und seine Qualität durch Gütesiegel garantiert. Selbst der Camargue-Stier begeistert nicht nur in der Arena, sondern auch auf dem Speisezettel als *gardiane de taureau* (Rinderschmorbraten) oder als Wurst.

Eintopf und Co.

Keine leichte Kost ist *cassoulet,* ein deftiger Bohneneintopf, der in Carcassonne, Castelnaudary und Toulouse als Spezialität gilt. In den Sennhütten des Aubrac wird aus Kartoffelpüree,

Ein vielfältiges Angebot an Oliven fehlt auf keinem Wochenmarkt

frischem Käse, Butter, ausgelassenem Speck und Knoblauch ein herzhaftes *aligot* zusammengerührt. Schinken, *chorizo* (Paprikawurst) und Blutwurst geben der katalanischen *ollada*, einem Eintopf mit Kohl, Porree, Möhren und Kartoffeln, eine pikante Note.

Zum geselligen Zusammensein lädt am Etang de Thau die *brasucade* ein. Hierbei werden Miesmuscheln auf großen Blechen über Rebholz gegart und mit aromatisiertem Olivenöl gewürzt. Auf ähnliche Art und Weise bereitet man im Roussillon bei der *cargolade* Weinbergschnecken zu.

Käsespezialitäten

Jede Landschaft besitzt selbstverständlich auch eine eigene Käsespezialität. Einige Sorten sind mit dem begehrten Herkunftssiegel *Appellation d'Origine Contrôlée,* kurz AOC, ausgezeichnet. Damit unterliegen sie einer strengen Qualitätskontrolle und dürfen nur in einer bestimmten Region produziert werden. Besonders aromareich sind die aus unpasteurisierter Milch hergestellten Rohmilchkäse *(au lait cru).*

In den Höhlen des Örtchens Roquefort-sur-Solzon auf dem Causse du Larzac reift der berühmte *roquefort,* ein Blauschimmelkäse aus Schafmilch. Ebenso wie der mildere *bleu des causses,* der aus Kuhmilch hergestellt wird, besitzt er AOC-Weihen.

Die Ziegenbauern in der Garrigue bis hinauf in die Cevennen haben sich auf die Produktion des *pélardon* spezialisiert, dem 2001 das AOC-Prädikat verliehen wurde. Die kleinen runden Käse werden in verschiedenen Reifegraden angeboten und verzehrt: Frisch sind sie, mit aromatisiertem Olivenöl beträufelt und einigen Körnern groben Meersalzes bestreut, eine Delikatesse, leicht gereift begleiten sie als *chèvre chaud,* also überbacken, einen Salat.

Bestandteil des *aligot* ist ein junger, halbfester Käse aus Kuhmilch, der unter der Bezeichnung *fourme d'Aubrac* oder *laguiole* in den Handel kommt. In den Pyrenäen liefern Schaf und Ziege Milch für den halbfesten *tomme.* Aus Kuhmilch hergestellt und von einer schwarzen Wachsschale umhüllt heißt er *tomme noire des pyrénées.*

Menü oder à la carte

In Frankreich wählt der Gast den Tisch nicht selbst, sondern wartet auf einen Vorschlag der Bedienung, die mit *Monsieur* respektive *Madame* angesprochen wird. Zum Auftakt trinken Franzosen gerne einen Aperitif, oft einen Pastis für die Herren, ein Glas Champagner für die Damen, wozu in der Regel Oliven oder Knabbereien gereicht werden.

Das Menü besteht aus drei bis fünf oder sogar mehr Gängen: Vorspeise, Fisch und/oder Fleisch, Dessert und/ oder Käse. Der Kaffee danach wird schwarz und süß getrunken. Restaurants, die auf sich halten, verwöhnen ihre Gäste zudem mit kleinen Aufmerksamkeiten aus der Küche: ein Gaumenkitzler *(amuse-gueule)* vorneweg, ein Sorbet zwischen Fisch- und Fleischgang, Pralinés zum Kaffee.

Leider werden die Spezialitäten des Hauses oftmals nur in den teureren Menüs angeboten und auch die Sorgfalt der Zubereitung steigt mit dem Menüpreis. Einen Ausweg bietet die Bestellung *à la carte,* die allerdings teurer ist als ein Menü mit gleich vielen Gängen. Es ist nicht länger ein Sakrileg, nur ein Hauptgericht und dazu ein Dessert zu wählen. In immer mehr Restaurants gibt es ein *menu-carte,* das es erlaubt, die Speisen zu einem vorgegebenen Preis aus der Karte selbst zu einem Menü zusammenzustellen. Für besondere Delikatessen oder einen zusätzlichen Käsegang wird dabei ein Aufpreis verlangt.

Brot und eine Karaffe Wasser *(carafe d'eau)* werden kostenlos zu jedem Essen gereicht. Die Rechnung wird zum Schluss nur auf Aufforderung gebracht *(l'addition, s'il-vous-plaît),* und zwar üblicherweise als Gesamtrechnung. Obwohl Trinkgeld inbegriffen ist *(service inclus),* fügt man normalerweise 5–10 % des Rechnungsbetrags für die Bedienung hinzu.

Märkte

Ein Stück unverfälschter Lebensart des Midi bewahren die Wochenmärkte sowie die schönen alten Markthallen, wo lokale Produzenten und Händler ihre Waren feilbieten. Trotz flächendeckender Präsenz großer Supermärkte findet selbst in kleineren Orten an ein bis zwei Vormittagen pro Woche ein Markt statt. Außerdem sind die Hallen jeden Vormittag, außer montags, geöffnet. Besonders lebhaft geht es auf den Sonntagsmärkten zu. Zwischen dem Einkauf für das Mittagessen bleibt hier allemal Zeit für ein Schwätzchen oder auch für einen *apéro* in der nächsten Bar. Aus den Bäckereien zieht derweil ein verführerischer Duft nach frischem Baguette über den Marktplatz. Auf den Wochenmärkten findet man auch manches kulinarische Mitbringsel.

Weinkauf und Weinprobe

Sowohl die örtlichen Winzergenossenschaften *(caves coopératives)* als auch viele Weinbauern verkaufen ihre Weine direkt an den Endverbraucher. Schilder mit der Aufschrift *vente de vin* oder *dégustation* weisen den Weg zu den *caves.* Zum Kennenlernen der 32 Appellationsgebiete des Languedoc-Roussillon laden ein knappes Dutzend Weinrouten *(route des vins)* ein. Aber auch die Supermärkte präsentieren ein umfassendes Angebot an guten regionalen Weinen.

Aktivurlaub, Sport und Wellness

Baden und Strände

Von der Camargue bis ins Roussillon reiht sich auf 180 km Länge Sandstrand an Sandstrand. Dennoch wird es in der Hochsaison unerträglich voll. Der schönste Strand liegt an der Pointe de l'Espiguette – eine nahezu unberührte Dünenlandschaft. Lange unbebaute Strandabschnitte findet man auf den Lidos bei La Grande-Motte, Maguelone, Sète, Gruissan, Leucate-Plage und Canet. An der Côte Vermeille, am Fuß der Pyrenäen, laden kleine Buchten mit Sand-Kies-Stränden zum Baden ein.

Die Wasserqualität wird in der Saison regelmäßig überprüft, Beanstandungen sind selten. Die Ergebnisse werden in den Fremdenverkehrsämtern oder in der Hafenmeisterei ausgehängt. In den Sommermonaten sind weite Strandabschnitte überwacht. Grüne Flagge bedeutet ›Baden ungefährlich‹, gelb ›Baden gefährlich‹, rot ›Baden verboten‹. Die Warnhinweise sollte man unbedingt ernst nehmen, da die Strömung je nach Wetterlage äußerst gefährlich sein kann. Alle Badeorte bieten ein breit gefächertes Sport- und Freizeitangebot für alle Altersgruppen.

Bootsurlaub

Der Canal du Midi, der Canal du Rhône-à-Sète und der Canal de la Robine stehen den Freizeitkapitänen (ohne Führerschein) zur Verfügung. Bei der gemächlichen Fahrt mit einem Hausboot kommt der Kreislauf immer dann in Schwung, wenn eine der zahlreichen Schleusen zu passieren ist. Offizielle Informationen zu den französischen Wasserwegen gibt www.vnf.fr. Hintergrundinformationen sowie praktische Hinweise zum Canal du Midi halten die Websites www.plan-canal-du-midi.com, www.canalmidi.com und www.canal-du-midi.org bereit.

Golf

Golfer finden direkt am Meer sowie im Hinterland und im Gebirge über 20 Golfplätze mit ca. 30 Terrains, darunter ein Dutzend 18-Loch-Plätze. Einen Überblick gibt der regionale Golfverband (www.liguegolflanguedocroussillon.org). Der **Golf Pass** von Sud France Golf ermuntert dazu, mehrere Plätze der Region kennenzulernen (3–6 Greenfees April–Okt. 150–300 €, Nov.–März 120–240 €). Weitere Details unter www.sudfrancegolf.com.

Kanu, Kajak, Rafting

Kanuten aus ganz Europa zieht es in die Gorges de l'Ardèche, die sie von Vallon-Pont-d'Arc aus bezwingen. Sehr beliebt bei den Paddelfreunden ist außerdem die Tarnschlucht zwischen Ste-Enimie und La Malène. Aber auch an Gardon, Hérault, Orb und Aude sowie an der Rhône und den Kanälen in der Camargue kann man vom Frühjahr bis in den Herbst an vielen Stellen Kanus und Kajaks mieten. Darüber hinaus sind Exkursionen im Kajak auf dem Meer und auf dem Etang de Thau möglich. Rafting-Touren werden auf wilderen Gewässerabschnitten angeboten (Infos und Reservierung www.crlrck.org, www.canoe-france.com, www.eauxvives.org, www.rivieres.info).

Mai und Juni ist die beste Zeit für Touren. Im Sommer und Frühherbst führen die Flüsse oft zu wenig Wasser, können aber auch nach Gewittern blitzschnell zu reißenden Wildwassern anschwellen. Bei gefährlich hohem Wasserstand wird der Bootsverleih eingestellt. Zusammen mit Boot und Paddel erhält man Schwimmwesten, ggf. eine Routenskizze sowie wasserdichte Behälter für Proviant und Ersatzkleidung. In der Bootsmiete ist der Rücktransport zum Ausgangspunkt immer mit eingeschlossen. Kinder müssen mindestens sechs Jahre alt sein und schwimmen können.

Klettern und Canyoning

Das zerklüftete Relief der Cevennenausläufer ist ein Paradies für Klettersportler. Die Schluchten in den Pyrénées Orientales eignen sich ideal für das adrenalinsteigernde Canyoning, das Elemente von Klettern, Schwim-

Etang de Thau – ein ideales Segelrevier für Dickschiff und Jolle

men und Tauchen verbindet. Über Kletterspots und Veranstalter informieren die Fremdenverkehrsämter und die Fédération Française de la Montagne et de l'Escalade (www.ffme.fr).

Radfahren

›La Petite Reine‹, wie der Radsport in Frankreich liebevoll heißt, hat viele Freunde. Für die private Tour de France empfehlen sich ruhige Nebenstraßen und befestigte Feldwege sowie die ehemaligen Treidelpfade am Canal du Rhône-à-Sète, Canal du Midi und Canal de la Robine. Für Mountainbiker sind im Hinterland viele Pisten ausgeschildert. Unbehelligt vom Verkehr sind Radfahrer auch auf den *voies vertes,* die teils auf stillgelegten Bahnstrecken angelegt wurden, z. B. zwischen Beaucaire und Remoulins, Nîmes und Sommières, Mèze und Balaruc, Mons-la-Trivalle und Mazamet, Perpignan und Thuir. Des Weiteren führen Radpisten von Montpellier, Béziers, Narbonne und Perpignan zum Meer (www.af3v.org). Gute Wegbegleiter sind die gelben IGN-Karten TOP 100. Mountainbikes *(vélos tout terrain – VTT)* kann man in vielen Orten mieten, inzwischen werden auch E-Bikes angeboten.

Reiten

Auf 1200 km markierten Reitwegen, u. a. der *transéquestre,* kann man die Region zu Pferd erkunden. Ob an der Küste oder in den Bergen, vielerorts organisieren die *centres équestres* Ausritte von einigen Stunden bis zu mehreren Tagen. Auf den Reiterhöfen in der Camargue erlernt man sogar die Reittechniken der *gardians,* der Viehhirten. Infos zu Reiterhöfen, Kursen und Veranstaltungen gibt die Website www.terre-equestre.com.

Segeln

Die einmaligen Wetterbedingungen mit viel Wind und Sonne machen die Region zum Eldorado für Segler. Regelmäßig werden vor der Küste und auf dem Etang de Thau Segelwettbewerbe ausgetragen (www.ffvoilelr.net).

Am Meer, aber auch an den Etangs und den Seen im Hinterland gibt es zahlreiche Vercharterer, Segelschulen und Segelclubs. Die Jüngeren üben sich zunächst auf Optimisten. Ältere Kinder und Erwachsene werden auf Jollen und Katamaranen geschult oder lernen, eine Jacht zu manövrieren.

Speläologie

Einige Outdoor-Veranstalter bieten unter dem Stichwort *spéléo* den Einstieg in ungesicherte Höhlen an. Listen der Veranstalter halten die örtlichen Fremdenverkehrsämter bereit, oder man wendet sich an die Fédération Française de Spéléologie (www.ffspeleo.fr).

Surfen und Kitesurfen

Insbesondere die Etangs eignen sich hervorragend für die ersten Surfversuche. Der Etang de Mateille bei Gruissan ist ausschließlich Surfern vorbehalten. Fortgeschrittene kommen in Narbonne-Plage am Fuße der Montagne de La Clape, in Port-Barcarès und in Argelès auf ihre Kosten. Aber Achtung, die teils starken ablandigen Winde können auch erfahrenen Surfern gefährlich werden. Surfkurse und Materialverleih werden in allen Strandorten angeboten. Für die Qualität der Schulen bürgt das Label der Féderation Française de Surf (www.surfingfrance.com).

Das Kitesurfen wurde in den 1990er-Jahren an den Stränden des

Languedoc entwickelt. Inzwischen gibt es zahlreiche Kite-Spots zwischen Port-Camargues und Saint-Cyprien sowie knapp drei Dutzend *Ecoles de Kite,* die Kurse veranstalten und Ausrüstung verleihen (www.lvllr.net).

Wandern

Mehr als 6300 km ausgewiesene Wanderwege machen das Reisegebiet zu einem Paradies für Wanderer. Auf einem Netz von gelb markierten **Tages- und Halbtagestouren,** den *Chemins de Petite Randonnée (PR),* kann man die gesamte Region auf Schusters Rappen erkunden. In vielen Offices de Tourisme erhält man gute Wandertipps, wobei die Beschreibungen in der Regel nur auf Französisch vorliegen. Die schönsten Wanderwege der Region und der Départements hat die Fédération Française de la Randonnée Pédestre in ihren TopoGuides veröffentlicht, die im örtlichen Buch- und Zeitschriftenhandel oder über das Interent vertrieben werden (www.ffran donnee.fr).

Mehrere **Fernwanderwege,** die *Chemins de Grande Randonnée (GR),* durchqueren den Süden Frankreichs. Sie sind nummeriert und mit einem rot-weißen Balken gekennzeichnet (www.gr-infos.com).

Zur Orientierung sind die blauen Wanderkarten TOP 25 des Institut Géographique National im Maßstab 1:25000 sehr zu empfehlen (www.ign.fr). Im Internet informieren u. a. die Sites www.visorando.com, www.openrunner.com, www.france-randos.com und www.tracegps.com.

Pilgerwege

Zwei Hauptstrecken des Jakobswegs nach Santiago de Compostela in Spanien berühren das Languedoc. Im Norden des Lozère durchquert die *Via Podiensis* (GR 65) von Le Puy-en-Velay in der Auvergne kommend die Margeride und den Aubrac. Von Arles führt die *Via Tolosana* bzw. *Via Arletanensis* (GR 653) über St-Gilles, Montpellier, St-Guilhem-le-Désert, Lodève und La Salvetat-sur-Agout weiter Richtung Westen. Einem weiteren wichtigen Pilgerweg des Mittelalters zwischen Le Puy-en-Velay und St-Gilles folgt der *Chemin de Régordane* (GR 700).

Wellness

Körper und Geist in Form bringen – dazu bedient sich die Thalassotherapie der natürlichen Heilkraft des Meeres. Das Wellness-Programm umfasst u. a. Meerwasserduschen, Algenpackungen, Meerschlammwickel, Sauerstofftherapie, Massagen und Wassergymnastik. Die Thalassotherapie kann man in vielen Hotels – nicht nur am Meer – kennenlernen (www.thalassoline.com, www.allo-thalasso.com).

Von den Pyrenäen und vom Lozère bis hinunter an die Mittelmeerküste erstreckt sich eine der wichtigsten Thermalregionen Frankreichs. Mehr als ein Dutzend anerkannter Badeorte laden ein zu Thermalkuren, Fitness- und Wellnessaufenthalten. Die Kurbäder sind fast immer am Namenszusatz *les-Bains* zu erkennen (www.medeci nethermale.fr).

Wintersport

Ein gutes Dutzend Wintersportzentren in den Pyrenäen, in den Cevennen, im Lozère und im Aubrac bieten ewa 150 km Pisten und 300 km Loipen auf 1200–2600 m Höhe (www.france-montagnes.com, www.neigescatala nes.com, http://skicevenneslanguedoc.free.fr).

Feste und Unterhaltung

Der Midi versteht es, ausgelassen zu feiern. Der Festkalender ist gespickt voll mit Dorf- und Patronatsfesten, kulturellen und sportlichen Veranstaltungen, Musik- und Folklorefestivals sowie unzähligen Spezialitätenmärkten.

Christliches und Heidnisches

Carnaval de Limoux

Karneval wird im Süden Frankreichs mit Kostümumzügen von Januar bis Ostern gefeiert. Einzigartig ist der sehr ernste und zeremonienreiche Karneval in Limoux. Sonntags, jeweils um 11, 15 und 22 Uhr, tanzen maskierte Gruppen, die *fécos,* zum Takt einer überlieferten Musik durch die Stadt. Höhepunkt der Umzüge ist die *Nuit de la Blanquette* am Wochenende vor Palmsonntag, wenn *sa majesté carnaval,* der König Karneval, in Form einer Stoffpuppe verbrannt wird.

Procession de la Sanch

Schaurig muten die Karfreitagsprozessionen an, deren Teilnehmer sich in rote oder schwarze Kapuzenumhänge hüllen. Am Nachmittag ziehen die Gläubigen durch Perpignan, nach Einbruch der Dunkelheit durch Collioure und Arles-sur-Tech (s. S. 82).

Fête de la St-Pierre

Wesentlich lebensfroher sind die Schiffsprozessionen zu Ehren des hl. Petrus, dem Patron der Fischer. Das Fest des Heiligen wird traditionell um den 29. Juni in vielen Fischerorten an der Mittelmeerküste (z. B. in Grau-du-Roi, Sète, Mèze, Gruissan, Port-Vendres) gefeiert.

Stierspiele und Stierkämpfe

Bouvine

In der Camargue steht der Stier im Mittelpunkt vieler Traditionen, die mit dem Begriff *bouvine* überschrieben werden. Fast jedes Dorf besitzt eine Arena, in der zwischen März und Oktober die *courses camarguaises* ausgetragen werden. Zum Auftakt oder am Ende der Veranstaltung treiben *gardians,* die berittenen Viehhirten der Camargue, die Stiere oder Kühe zum *abrivado* bzw. *bandido* durch die Straßen (s. S. 116).

Während die *courses* Wettkampfcharakter haben, dient der *taureau piscine* der reinen Gaudi. Dabei geht es darum, einen jungen Stier in ein flaches Wasserbecken zu locken. Freiwillige vor! Auf vielen Stierzuchtbetrieben *(manades)* können Besucher bei einer *ferrade* erleben, wie die einjährigen Rinder mit dem Brandeisen gekennzeichnet werden.

Feria

Heftig umstritten sind auch im Süden die blutigen Stierkämpfe *(corridas),* die die Hauptattraktion der volksfestartigen Ferias sind. Dennoch lockt die **Feria de Pentecôte** alljährlich zu Pfingsten etwa zwei Mio. Besucher nach Nîmes, die auf Straßen und Plätzen oder in den improvisierten Bodegas bei Sangria und Flamenco-Rhythmen fünf Tage und Nächte ausgelassen feiern. Open-Air-Konzerte und Kostümumzüge, eine Pferdeschau im Jardin de la Fontaine und *abrivados* bilden das ganz und gar unblutige Rahmenprogramm zu den *corridas* in der Arena. Denn

Festkalender

Januar bis März

Carnaval de Limoux: An allen So bis Ostern. Maskenumzüge in Limoux.

Fête de l'Ours: Variables Datum. Fest zum Winterende in Prats-de-Mollo.

April

Procession de la Sanch: Karfreitagsprozession in Perpignan, Collioure und Arles-sur-Tech.

Mondial du Vent: Ende April. Weltmeisterschaft der Surfer und Kitesurfer in Leucate-La Franqui.

Mai/Juni

Vogua Monstra: Christi Himmelfahrt. Fest des Meeres und der Kultur des Mittelmeers in Le Grau-du-Roi.

Feria de Pentecôte: Pfingsten. Fünftägiges Volksfest mit *corridas* in Nîmes.

24 Heures de Thau: Pfingsten. Segelregatta auf dem Bassin de Thau.

Fête de la Cerise: Ende Mai/Anf. Juni. Fest zur Kirschenernte in Céret.

Juni

Printemps des Comédiens: Juni. Internationales Theaterfestival in Montpellier.

Total Festum: Juni. Fest der okzitanischen und katalanischen Kultur mit Lesungen, Konzerten, Theater und Märkten in der gesamten Region.

Montpellier Danse: Ende Juni–Anf. Juli. Internationales Tanzfestival.

Festival de Carcassonne: Mitte Juni–Mitte Aug. Opern, Tanz, Theater, Variété und Konzerte.

Fête de la St-Jean: 23./24. Juni. Johannisfeuer in vielen Orten des Roussillon.

Fête de la St-Pierre: Um den 29. Juni. Bootsprozessionen zu Ehren des hl. Petrus in vielen Fischerorten.

Les Estivales de l'Archipel: Ende Juni–Anf. Juli. Tanz, Theater und Konzerte in Perpignan.

Juli

Festival de Thau: Juli. Musikfestival am Etang de Thau.

Céret de Toros: Mitte Juli. *Corridas* und Straßenfest in Céret.

Festival des Métiers d'Art: Mitte Juli. Über 70 Kunsthandwerker und Handwerker in Le Pont-de-Montvert mit Vorführungen und Workshops.

Nuits Musicales d'Uzès: Zweite Hälfte Juli. Musikalische Nächte in Uzès.

Festival de Radio France à Montpellier: Zweite Hälfte Juli. Konzerte von Klassik bis Techno in Montpellier.

Festival de la Sardane: Mitte/Ende Juli. Sardanewettbewerb in Céret.

Fiest' à Sète: Ende Juli–Anf. Aug. Von Tango bis Salsa, von Rock bis Funk im Théâtre de la Mer.

Festival Pablo Casals: Ende Juli–Mitte Aug. Konzerte in Prades.

August

Feria de Béziers: Um den 15. Aug. Mehrtägiges Volksfest mit *corridas.*

Fête de la St-Louis: Um den 25. Aug. Mehrtägiges Fest zu Ehren des Stadtheiligen von Sète mit Joutes.

September

Visa pour l'Image: Erste Hälfte Sept. Fotofestival in Perpignan.

Jazzèbre: Mitte Sept.–Mitte Okt. Jazz- und Blueskonzerte sowie Weltmusik in Perpignan.

Oktober

Fête des Vendanges/Fête du Vin Nouveau: Weinfeste in zahlreichen Orten.

Beim Dorffest tanzt das ›Pferdchen‹

die passionierten Stierkampfliebhaber sind eher in der Minderheit. Mit mediterraner Leidenschaft wird u. a. auch in Alès (an Himmelfahrt), Céret (um den 14. Juli) und Béziers (um den 15. Aug.) gefeiert. Und dann nochmals in Nîmes bei der dreitägigen **Feria des Vendanges** (Mitte Sept.).

Regionale Traditionen

Fête de l'Ours

Dass der Bär einst durch die Pyrenäen zog und zur Gefahr für den Menschen werden konnte, daran erinnert in Prats-de-Mollo die *drada de l'os.* (Tag des Bären). Zum Winterende wird hier Jagd auf ein ›Monster‹ im Bärenfell gemacht, das versucht hat, eine Dorfschönheit zu entführen. Das Fest geht auf eine mittelalterliche Überlieferung zurück, derzufolge Holzfäller eine hübsche Schäferin in letzter Minute aus den Klauen eines Bären befreien konnten.

Transhumance

Sowohl in den Pyrenäen als auch in den Cevennen und dem Aubrac feierten die Bauern und Schäfer traditionsgemäß im Frühjahr den Weidewechsel der Herden. Auch heute noch werden die Tiere im Frühjahr zu ihren Sommerweiden im Gebirge gebracht, in der Regel allerdings bequem per Lkw. Im Aubrac wird Ende Mai der Auftrieb der Rinder festlich begleitet, während Mitte Juni in den Cevennen Veranstaltungen rund um den Schafauftrieb stattfinden.

Sardane

Im Roussillon ist der Reigentanz fester Bestandteil aller sommerlichen Feste. Unter dem spanischen Diktator Franco verboten, hat sich die *sardane* zu einem Symbol der katalanischen Identität entwickelt. Zu den Klängen der *cobla,* einem aus zwölf Instrumenten bestehenden Orchester, finden sich die Tänzer zu Kreisen zusammen. Acht kurze langsame Schritte – Sinnbild der Nacht – wechseln mit 16 langen schnellen Schritten – Sinnbild des Tages. Beim großen **Festival de la Sardane,** das im Juli in der Arena von Céret stattfindet, zeigen hunderte Tänzer in typischen Trachten ihr Können.

Animaux totemiques

Zum Andenken an einen großen Gönner oder an einen Glücksbringer verehren einige Dörfer des Départements Hérault eine Art Totemtier. Im Karneval und beim Dorffest wird dieses Tier lebendig, indem ein knappes Dutzend junger Männer unter eine Attrappe aus Holz, Stoff und Pappmaché schlüpfen und diese durchs Dorf tragen. Zur Menagerie des Hérault zählen das Fohlen von Pézenas, der Stier von Mèze, der Esel von Gignac, das Kamel von Béziers, die Ziege von Montagnac, die Schnecke von St-Pargoire und der Wolf von Loupian. In jüngster Zeit gesellen sich Wildschwein, Pferd, Schwein, Igel und selbst Walfisch zu den traditionellen Kulttieren.

Wieder öfter sieht man auf den Dorffesten im Hérault den Tanz des *chevalet.* Das ›Pferdchen‹ – am Stecken und im Faltenrock – wird von einem Tambourinspieler beruhigt, sodass der Hufschmied es beschlagen kann.

Traditionelle Sportarten

Boule

Zum Inbegriff südfranzösischer Lebensart gehört das geruhsame Spiel mit den Eisenkugeln. *Boule* bzw. *pétanque* ist im Midi sowohl fester Bestandteil der Freizeitbetätigung als auch offizieller Wettkämpfe.

Joutes nautiques

In Sète und einigen benachbarten Häfen kann man von Juni bis September die *joutes nautiques* – eine Art maritimer Ritterspiele – verfolgen (www.joutes.com, s. S. 79).

Rugby

In der gesamten Region ist Rugby mindestens so populär wie Fußball. Das Spiel mit dem Oval gelangte 1872 über den Ärmelkanal nach Frankreich und fand vor allem im Süden des Landes eine begeisterte Anhängerschaft. Auch nicht Eingeweihte lassen sich von der ausgelassenen Stimmung in den Stadien von Perpignan, Narbonne, Béziers oder Montpellier mitreißen (www.ffr.fr).

Tambourin

In den Sommermonaten spielen im Département Hérault Freizeit- und Amateursportler *tambourin.* Dieses mit Tennis verwandte Ballspiel ist nach dem tamburinartigen Schläger benannt, mit dem zwei Mannschaften aus jeweils fünf Spielern versuchen, den Ball ins gegenerische Feld zu schlagen (www.ffsport-tambourin.fr).

Reiseinfos von A bis Z

Apotheken

Die *pharmacie* erkennt man am grün blinkenden Neonkreuz. Ein Aushang informiert über Notfallapotheken.

Ärztliche Versorgung

Mit der Europäischen Krankenversicherungskarte (EHIC) wenden sich gesetzlich versicherte EU-Bürger in Frankreich direkt an einen Arzt oder ein Krankenhaus. In der Regel muss man die Behandlungskosten vorstrecken. Daheim erstatten die Krankenkassen gegen Vorlage der Arztrechnung die üblichen Honorarsätze. Der Abschluss einer zusätzlichen Reisekrankenversicherung ist zu empfehlen, da sie die vollen Behandlungskosten sowie die Kosten eines eventuellen Rücktransports übernimmt.

Diplomatische Vertretungen

Deutsche Botschaft: 13/15, av. F. D. Roosevelt, 75008 Paris, Tel. 01 53 64 76 70, www.allemagne.diplo.de, info@cidal.diplo.de
Österreichische Botschaft: 6, rue Fabert, 75007 Paris, Tel. 01 40 63 30 90, www.amb-autriche.fr, paris-ob@bmeia.gv.at
Schweizer Botschaft: 142, rue de Grenelle, 75007 Paris, Tel. 01 49 55 67 00, www.eda.admin.ch/paris, helpline@eda.admin.ch

Elektrizität

Die Netzspannung beträgt 220 Volt. Flachstecker benötigen keinen Adapter, Schukostecker passen meist nicht.

Feiertage

1. Januar: Neujahr *(nouvel an)*
Ostermontag *(lundi de pâques)*
1. Mai: Tag der Arbeit *(jour de travail)*
8. Mai: Waffenstillstand 1945 *(armistice de 1945)*
Christi Himmelfahrt *(ascension)*
Pfingstmontag *(lundi de pentecôte)*
14. Juli: Sturm auf die Bastille – Französischer Nationalfeiertag *(fête nationale bzw. quatorze juillet)*
15. August: Mariä Himmelfahrt *(assomption)*
1. November: Allerheiligen *(toussaint)*
11. November: Waffenstillstand 1918
25. Dezember: 1. Weihnachtstag (noël)

FKK

An den meisten Stränden wird es toleriert, wenn Frauen ohne Top sonnen. Aber nur in den entsprechend ausgewiesenen Strandabschnitten sollten die Hüllen komplett fallen. Es gibt zahlreiche FKK-Zentren *(villages naturistes)*, das größte und bekannteste liegt bei Le Cap-d'Agde (Info www.languedoc-naturisme.com).

Geld

Mit der EC/Maestro-Karte oder Kreditkarte *(carte bancaire – CB)* kann man an Geldautomaten Bargeld ziehen und vielerorts bargeldlos zahlen. Automaten an Tankstellen akzeptieren die ausländischen Karten allerdings nicht. Bei Verlust kann die Geldkarte unter Tel. 00 49 116 116 gesperrt werden.

Kinder

Die flachen Sandstrände zwischen Camargue und Pyrenäen sind für den Urlaub mit Kindern wie geschaffen. Auf Schulkinder warten zudem zahlreiche attraktive Wassersportangebote. Ungetrübten Badespaß garantiert **Aqualand** in Cap d'Agde, Port-Leucate und St-Cyprien (www.aqualand.fr). Vor allem Orte mit dem Label **Famille Plus** sind mit ihrem Animations- und Betreuungsprogramm auf Urlaubsgäste mit Kindern eingestellt (www.familleplus.fr). Nicht verschwiegen werden darf, dass vielerorts der Rummel beachtlich und kaum erträglich ist. Themenparks und Discos, Kirmesplätze *(fêtes foraines)* und Karaokeshows ›bespaßen‹ selbst die jüngsten Gäste fast rund um die Uhr und strapazieren enorm das elterliche Portemonnaie. Nur wenige Kilometer von der Küste entfernt endet der Spuk, und dennoch bietet das Hinterland mit Flüssen und Seen, mit Kletterfelsen und Seilparks, mit Tierparks und Reiterhöfen, aber auch mit Tropfsteinhöhlen und Katharerburgen vor allem für ältere Kinder spannende Ferienerlebnisse.

Medien

Die lokale Tageszeitung im Languedoc ist der konservative *Midi Libre,* im Roussillon ist es der *Indépendant* aus gleichem Verlag. Freitags informiert an der Küste die Beilage *Midi loisirs* über Veranstaltungen in der kommenden Woche und gibt u. a. Freizeit- und Restauranttipps. In den Ferienorten erhält man auch überregionale deutsche Tageszeitungen vom Vortag.

Mücken, Spinnen & Co.

Wer ein hübsches Natursteinhaus auf dem Land mietet, muss Spinnen als Mitbewohner in Kauf nehmen. Skorpione verstecken sich gerne unter Steinen, sie sind jedoch scheu und nicht angriffslustig, ihr Stich ist in der Regel harmlos. Wesentlich unangenehmer sind Mücken, empfindliche Menschen sollten entsprechend vorsorgen. Die asiatische Tigermücke, die das Denguefieber übertragen kann, ist ebenso im Vormarsch wie eine südostasiatische Hornissenart, die es aber weniger auf den Menschen als auf Bienen abgesehen hat. Auch Schlangen gibt es, doch meist sieht man sie nur plattgefahren auf der Landstraße. Weit verbreitet ist die beeindruckende, aber scheue Eidechsennatter.

Notruf

Allgemeiner Notruf : Tel. 112
Polizei: Tel. 17
Notarzt (SAMU): Tel. 15
Feuerwehr: Tel. 18
Pannenhilfe ADAC:
Tel. 0049 89 22 22 22
Sperrung von Handys, EC- und Kreditkarten: Tel. 0049 116 116

Öffnungszeiten

Banken: Mo–Fr 9–12, 14–16 Uhr.
Kirchen schließen oft über Mittag.
Museen: 10–12, 14–17/18 Uhr, meist Mo oder Di geschlossen, im Juli/Aug. vielerorts durchgehend geöffnet.
Offices de Tourisme: 9–12, 14/15–17/18 Uhr, in größeren Städten sowie im Juli/Aug. durchgehend geöffnet.
Post: Mo–Fr 9–19, Sa 9–12 Uhr, auf dem Land über Mittag geschlossen.
Geschäfte: Mo–Sa 9–12, 15/16–19 Uhr, in Städten durchgehend. Bäckereien und Lebensmittelläden sind meist So vormittags geöffnet. Mo vormittags sind viele Läden geschlossen.
Supermärkte: Mo–Sa 9–20/21 Uhr, im Juli/Aug. oft So vormittags.

Rauchen

In Frankreich kauft man Tabakwaren im *(bureau du) tabac*. In allen öffentlichen

Reisekosten und Spartipps
Cafébesuch: Pausen im Café und Naschereien strapazieren die Urlaubskasse enorm. Ein Espresso kostet ab 1,25 €, ein großer Kaffee *(café double)* mit Milch ab 2,50 €, Bier oder Softdrinks (0,25 l) ab 2,50 €, eine Kugel Eis in der Waffel ab 1,60 €. Dabei ist zu beachten, dass es in Cafés und Bars am Tresen billiger als an einem Tisch oder auf der Terrasse ist.
Restaurantbesuch: Ein Abendessen zu zweit inkl. Getränke beläuft sich auf mind. 80 €. Preiswerter speist man in der Woche mittags: Viele Restaurants bieten ein *plat du jour* (Tagesgericht) oder eine *formule*, ein meist zweigängiges Menü, für 10–15 € an.
Eintrittsgelder: Museen und Sehenswürdigkeiten kosten im Schnitt 6–12 € Eintritt. In einigen Städten und Regionen reduzieren Pauschalarrangements oder ein spezieller Pass die Eintrittsgelder, u. a. der *Pass Romain* in Nîmes, die *City Card Montpellier,* der *Passeport des Sites en Pays Cathare*, der *Pass Inter-sites Terre Catalane* im Roussillon.
Tanken: Am preiswertesten tankt man an den Tankstellen der Supermärkte.
Übernachten: Ein einfaches Doppelzimmer ohne eigene Sanitäranlagen kostet etwa 60 € pro Nacht. Für mehr Komfort zahlt man ab 80 €. Nach oben sind den Zimmerpreisen keine Grenzen gesetzt. In der Regel sind Unterkünfte im Hinterland meist preiswerter als an der Küste und in den großen Städten. Am meisten schont man das Portemonnaie, wenn man außerhalb der Hochsaison Urlaub machen kann, denn die Preise unterliegen starken saisonalen Schwankungen. Das Frühstück, für das meist extra gezahlt werden muss (ab ca. 8 €/Person), ist im Café nebenan oft besser und vergleichsweise günstiger.

Bereichen – Behörden, Bahnhöfen, Restaurants, Cafés und Bars – gilt Rauchverbot.

Reisen mit Handicap

Behindertengerechte Einrichtungen, erkennbar am blauen Label ›Tourisme & Handicap‹, sind eher selten. Holprige Straßen mit Kopfsteinpflaster in den Ortschaften sowie das hügelige Terrain des Hinterlandes schränken die Mobilität von Menschen mit Behinderungen stark ein. Nähere Informationen findet man auf den Websites der Tourismuszentralen der Départements (s. S. 18) unter dem Stichwort ›Tourisme & Handicap‹.

Sicherheit

Autoaufbrüche *(vol à la roulotte)* sind in Südfrankreich ein ernst zu nehmendes Risiko. Deshalb sollte man – selbst bei kurzen Pausen – Fenster und Schiebedach schließen, den Wagen ordnungsgemäß verriegeln und möglichst keine Wertsachen zurücklassen. Am besten lässt man das Handschuhfach und die Kofferraumabdeckung offen, um zu zeigen, dass ein Einbruch nicht lohnt. Nachts stellt man das Auto möglichst auf einem gesicherten Parkplatz ab. Eine zusätzliche, sichtbare Wegfahrsperre empfiehlt sich, um potenzielle Autoknacker abzuschrecken. Wird das Auto aufgebrochen oder gestohlen, so muss man das Delikt bei der Gendarmerie zu Protokoll geben. Außerdem sollte man seine Kfz-Versicherung informieren.

Souvenirs

Insbesondere die Spezialitäten aus südfranzösischen Küchen und Kellern sind beliebte Mitbringsel. Wer mit dem Auto unterwegs ist, kann ein paar gute Tropfen für den heimischen Weinkeller einkaufen, zudem kalt gepresstes Olivenöl von regionalen Mühlen, Noilly Prat aus Marseillan, zu dicken Zöpfen gebundener rosa Knoblauch *(ail rose)* oder luftgetrocknete Würste. Ein Töpfchen *fleur de sel* aus den Salinen in Aigues-Mortes oder Gruissan, Lavendelblüten-, Thymian- oder Rosmarinhonig, Oliven- und Knoblauchpasten, roter Reis aus der Camargue, Maronenprodukte aus den Cevennen oder dem Haut-Languedoc, Safran, Kräuter- und Lavendelsäckchen, Kräuteressenzen und Kosmetika aus Olivenöl passen auch in den Koffer.

Töpferwaren werden in der gesamten Region in Verkaufständen an der Straße angeboten. Qualitativ gute Produkte bekommt man in den Ateliers der Kunsthandwerker, u. a. in St-Jean-de-Fos bei Clermont-l'Hérault oder in St-Quentin-la-Poterie bei Uzès. Espandrillos, katalanische Tischwäsche oder Granatschmuck sind typische Produkte des Roussillon. Auf fast allen Wochenmärkten werden provenzalische Stoffe – als Meterware oder zu Tischdecken verarbeitet – angeboten. In Nîmes und in der Camargue kann man in einigen Läden die farbigen Hemden der *manadiers* und *gardians* oder Blusen und Röcke der Arlésiennes kaufen.

Telefonieren

Rufnummern: Französische Rufnummern haben zehn Ziffern, die innerhalb Frankreichs immer vollständig gewählt werden. Bei Anrufen aus dem Ausland entfällt jeweils die erste 0. Alle Festnetznummern im Südosten Frankreichs beginnen mit 04, Mobiltelefonnummern in der Regel mit 06.
Telefonauskunft: Tel. 12, Auskunft nur in französischer Sprache.

Internationale Vorwahlen

Frankreich	00 33
Deutschland	00 49
Österreich	00 43
Schweiz	00 41

Mobil telefonieren
Mobiltelefone heißen in Frankreich *portables* oder *mobiles*. Auf Postämtern ist die *carte prépayée internationale* der Telefongesellschaft SFR mit günstigen Auslandstarifen erhältlich.

Trinkgeld

Die Rechnung im Restaurant ist stets inklusive Service *(service compris)*. In Bars und Cafés wird jedoch üblicherweise der Rechnungsbetrag aufgerundet, im Restaurant sind etwa 5–10 % Trinkgeld *(pourboire)* angemessen. Über ein Trinkgeld freuen sich auch die Führer in Museen, Burgen und anderen Sehenswürdigkeiten.

Umgangsformen

Siesta: Wie im übrigen Frankreich, so wird auch im Midi gerne getafelt. Von etwa 12 bis 14.30/15 Uhr sind Geschäfte geschlossen, der Straßenverkehr erstirbt – der Midi sitzt zu Tisch und hält anschließend Siesta. Die Mittagsruhe sollte nicht gestört werden.
Im Restaurant: Es entspricht nicht der Etikette, im Strandoutfit in ein besseres Restaurant einzukehren. Auch wartet man, bis man zu einem Platz geführt wird. Separate Rechnungen sind in Frankreich unüblich.
Verständigung: Viele Südfranzosen sprechen schlecht Englisch und erst recht kein Deutsch. Ein wenig Französisch, und sei es noch so holprig, wird daher stets wohlwollend aufgenommen.

Panorama – Daten, Essays, Hintergründe

Der Pont du Gard zeugt von der Genialität römischer Baumeister

Steckbrief Languedoc & Roussillon

Daten und Fakten

Name: Languedoc und Roussillon –ursprünglich zwei historische Provinzen; von 1972 bis Ende 2015 eine Verwaltungseinheit
Fläche: 27 376 km²
Größte Städte: Montpellier (265 000 Einw.), Nîmes (145 000 Einw.), Perpignan (118 000 Einw.), Béziers (71 000 Einw.), Narbonne (51 000 Einw.), Carcassonne (47 000 Einw.), Sète (43 000 Einw.), Alès (42 000 Einw.)
Départements: Aude (Kennziffer 11; 366 000 Einw.), Gard (30; 734 000 Einw.), Hérault (34; 1,1 Mio. Einw.), Lozère (48; 77 000 Einw.), Pyrénées-Orientales (66; 460 000 Einw.)
Amtssprache: Französisch, Umgangssprachen Okzitanisch und Katalanisch
Einwohner: über 2,7 Mio.
Währung: Euro
Zeitzohne: MEZ (mit westeuropäischer Sommerzeitregelung)
Flaggen: Französische Trikolore (blau-weiß-rot); goldenes Kreuz Okzitaniens auf rotem Grund; Kataloniens *sang et or* (goldene und blutrote Streifen)

Geografie und Natur

Languedoc und Roussillon erstrecken sich entlang der französischen Mittelmeerküste von der Petite Camargue bis zu den Pyrenäen sowie landeinwärts bis in die Cevennen. Die Küstenlinie beträgt 220 km, vom Meer bis ins Hinterland sind es maximal 186 km. Auf 27 376 km² und damit 5 % der Fläche Frankreichs entfaltet die Region eine äußerst vielfältige und kontrastreiche Landschaftspalette. Von der meist flachen Küste am Golfe du Lion steigt das Land allmählich zu den Ausläufern des Massif Central und den Pyrenäen an. Wie Ränge in einem weiten Amphitheater schachteln sich die Landschaften: auf Meereshöhe Strände und Lagunen, gefolgt von Küstenebene und Garrigues, darüber die Causses und zu oberst die Bergmassive. Die Cevennen gipfeln im Mont Lozère (1699 m) und Mont Aigoual (1565 m), die Pyrenäen im Pic Carlit (2921 m) und Pic du Canigou (2784 m). Zum Schutz von Landschaft und Natur wurden ein Nationalpark und drei regionale Naturparks geschaffen.

Geschichte und Kultur

Früheste menschliche Spuren hinterließ der *homo erectus* vor etwa 450 000 Jahren in Tautavel. Um 560 v. Chr. gründeten griechische Händler Niederlassungen im westlichen Mittelmeerraum und führten Wein- und Olivenanbau ein. Nachhaltig beeinflusst wurden Gesellschaft und Kultur durch die Römer, die etwa 500 Jahre in der *Provincia Gallia Narbonensis* herrschten. Anschließend fielen germanische Völker und Araber in die römische Provinz ein. Unter den Grafen von Toulouse und Barcelona erlebte das Languedoc ab dem 9. Jh. eine neue Blütezeit. Der Kreuzzug gegen die Katharer gab den Vorwand, die weitgehend autonomen Fürsten im 13. Jh. unter das Joch der französischen Krone zu zwingen. Das Roussillon gehörte hingegen bis zum Pyrenäenfrieden 1659 zu Spanien. Im 16. Jh. zerrütteten die kriegerischen Auseinandersetzungen zwischen Katholiken und Protestanten das Land. Die Inbetriebnahme des Canal du Midi 1681 eröffnete der regionalen Wirtschaft neue Absatzmärkte. Im 18. und 19. Jh. prosperierte die Region durch Weinbau und Weinhandel. Im 20. Jh. führte die Abhängigkeit der Landwirtschaft und des Handels vom Wein wiederholt zu tiefen Depressionen. 1963 begann mit dem Bau von La Grande-Motte die Erschließung der Küste für den Massentourismus.

Staat und Politik

Frankreich ist eine Präsidialdemokratie, deren Staatsoberhaupt alle fünf Jahre vom Volk direkt gewählt wird. Regierungssitz ist Paris. Hier befinden sich die beiden Kammern des französischen Parlaments: die Nationalversammlung mit direkt gewählten Abgeordneten und der Senat mit Entsandten aus den Départements. Die Départements sind seit 1972 in 22 Regionen zusammengefasst. Ihre Anzahl soll 2016 auf 13 schrumpfen, wobei die Regionen Languedoc-Roussillon und Midi-Pyrénées fusionieren werden. Neue Hauptstadt der Superregion wird voraussichtlich Toulouse, während Montpellier seine politische und administrative Führungsrolle einbüßt.

Wirtschaft und Tourismus

Neben Tourismus, Handel und Bauwirtschaft spielen Weinbau und Fischerei im regionalen Wirtschaftsgefüge nach wie vor eine entscheidende Rolle. In der Küstenebene, und hier vornehmlich um Montpellier, haben sich Hightech-Industrien und Forschungsbetriebe angesiedelt. Insgesamt bietet die Industrie jedoch vergleichsweise wenige Arbeitsplätze. Die Zahl der Erwerbslosen liegt bei knapp 14 % und damit weit über dem nationalen Mittelwert von ca. 10 %. Da die Baubranche schwächelt, ist der Tourismus der wichtigste Beschäftigungsmotor der Region. Mit ca. 15 Mio. Touristen jährlich, davon 5 Mio. Ausländer, ist die Mittelmeerküste zwischen Camargue und Pyrenäen die viertwichtigste Urlaubsdestination Frankreichs.

Bevölkerung und Religion

Zwischen Camargue und Pyrenäen leben etwa 2,7 Mio. Menschen, das sind knapp 4 % der französischen Gesamtbevölkerung. In den letzten 40 Jahren stieg die Einwohnerzahl um mehr als 1 Mio. Nicht nur gut situierte Rentner, auch Studenten und der Führungsnachwuchs aus Paris streben auf der Suche nach angenehmen Lebensbedingungen gen Süden. Die Zuzügler tragen dazu bei, dass sich das starke demografische Ungleichgewicht in der Region weiter verschärft. So leben im Département Lozère nur 15 Einwohner/km², während es im Département Hérault 165 Einwohner/km² sind. Viele Bewohner haben italienische, spanische oder portugiesische Wurzeln. Hinzu kommen die *pieds noirs,* Franzosen, die in den 1960er-Jahren aus Algerien heimkehrten. Eine bedeutende soziale und religiöse Minderheit stellen die Immigranten aus Nordafrika (*maghrébins*) dar, bei denen es sich fast ausschließlich um Moslems handelt. Die Mehrheit der Bevölkerung ist katholisch, nur etwa 3 % gehören der evangelischen Kirche an.

Geschichte im Überblick

Vor- und Frühgeschichte

ca. 450 000 v. Chr.	Der Tautavel-Mensch, der zur Spezies des *homo erectus* gehört, lebt und jagt in der Ebene am Fuß der Pyrenäen.
ca. 35 000 v. Chr.	Der Cro-Magnon-Mensch siedelt in Südfrankreich. Er stellt einfache Werkzeuge her und beginnt Ackerbau zu treiben.
5000–2000 v. Chr.	Während des Neolithikums errichten die Menschen Steinhütten, betreiben Ackerbau und Viehzucht. Die Toten werden in Steingräbern (Dolmen) bestattet. Überreste einer Siedlung der Frühsteinzeit wurden in Cambous nördlich von Montpellier freigelegt.

Griechen, Römer und Araber

7.–3. Jh. v. Chr.	Griechische Händler aus Phokäa in Kleinasien gründen um 600 v. Chr. die Niederlassung *Massalia* (Marseille) und um 560 v. Chr. *Agathè* (Agde). Die Griechen führen Wein- und Olivenanbau im westlichen Mittelmeer ein. Im Süden üben die Iberer Einfluss auf die Region aus. Im 3. Jh. dringen aus dem Norden die Kelten ans Mittelmeer vor.
214 v. Chr.	Hannibal durchquert die Region auf dem Weg von Spanien nach Rom.
122–27 v. Chr.	Die Römer erobern die westliche Mittelmeerküste und legen zwischen Rhône und Pyrenäen eine befestigte Militär- und Handelsstraße an, die *Via Domitia.* 118 v. Chr. gründen sie Narbonne. Julius Caesar vollendet 59–52 v. Chr. die Eroberung Galliens. Die römische Kolonie erhält den Namen *Provincia Gallia Narbonensis,* sie reicht von den Alpen bis zu den Pyrenäen.
3. Jh.	Die ersten christlichen Missionare treffen in Südgallien ein. Die Franken dringen bis zu den Pyrenäen vor und bedrängen die Römer.
5.–8 Jh.	Germanische Völker fallen in Gallien ein. Das Reich der Westgoten, mit der Hauptstadt Toulouse, umfasst den Südwesten und Süden Frankreichs sowie große Teile der Iberischen Halbinsel. Um 507 erringen die Franken unter dem Merowinger Chlodwig die Vorherrschaft im Südwesten Frankreichs inklusive Toulouse. Die Küstenebene und das Roussillon bleiben jedoch bis zum 8. Jh. Teil des Westgotenreichs.
719	Die Araber erobern Narbonne und die *Septimania.* Wie zuvor unter den Westgoten bestehen römische Sitten und die lateinische Sprache fort.
ab 759	Die Karolinger (Franken) vertreiben die Araber und etablieren im westlichen Mittelmeerraum das fränkische Feudalsystem. 803 stoßen sie nach Spanien vor und leiten die Rückeroberung Spaniens aus mau-

rischer Hand ein. Die Region zu beiden Seiten der Ostpyrenäen, das spätere Katalonien, fällt als Lehen an die Grafen von Barcelona.

Blüte und Fall des unabhängigen Südens

9. Jh. Nach dem Tod Karls des Großen regieren die Grafen von Barcelona und Toulouse in wechselnden Machtkonstellationen weitgehend unabhängig von der französischen Krone im Süden Frankreichs, dem Languedoc. Unter ihrer liberalen Regentschaft erlebt die Region einen wirtschaftlichen Aufschwung. Die romanische Architektur und die Troubadour-Lyrik gelangen zu ihrer Blüte. Die Religion der Katharer kann sich ungehindert ausbreiten.

10./11. Jh. Der Einfluss der Kirche erstarkt. Pilgerströme Richtung Santiago de Compostela ziehen durch das Languedoc. Die Kreuzzüge fördern den Handel mit Italien, Griechenland und dem Vorderen Orient.

1137 Durch Heirat fällt den Grafen von Barcelona die Herrschaft über das Königreich Aragón zu.

1209–1255 Papst Innozenz III. ruft zum Kreuzzug gegen die Katharer auf. Das Heer der nordfranzösischen Kreuzfahrer kämpft unter der Führung von Simon de Montfort. Das Massaker von Béziers (1209) leitet die blutige Unterwerfung des Languedoc ein. Im Vertrag von Meaux (1229) erkennt der Graf von Toulouse die Lehnshoheit der französischen Krone an. Nach diesem offiziellen Ende des Kampfes gegen die Katharer soll die Inquisition die Ketzerei vollends ausrotten. 1255 fällt mit Quéribus die letzte Zufluchtsstätte der Katharer.

1258 Im Vertrag von Corbeil tritt der französische König alle Ansprüche auf das Roussillon, die Cerdagne und das Conflent an Aragón ab.

1276–1344 Durch Erbteilung Aragóns entsteht das Königreich Mallorca mit der Hauptstadt Perpignan, zu dem die Balearen, das Roussillon, die Cerdagne und Montpellier gehören. 1344 erfolgt die Wiedervereinigung des Königreichs Aragón, wobei Montpellier an Frankreich fällt.

1348 Die Pest rafft mehr als ein Drittel der Bevölkerung des Languedoc dahin. Die Schuld an der Epidemie wird den Juden zugeschrieben; es folgen Pogrome. Bis Ende des 15. Jh. erschüttern Kriege, Hungersnöte und Seuchen das Languedoc.

1479 Durch Heirat werden Aragón und Kastilien vereinigt. Mit dem Bau der Forteresse de Salses bekräftigen die spanischen Könige ihren Herrschaftsanspruch nördlich der Pyrenäen.

Die Religionskriege

1528–1532 Der protestantische Glaube breitet sich im Languedoc aus. Vor allem in den Städten Uzès, Alès, Nîmes, Aigues-Mortes und Pézenas sowie in den Cevennen nehmen viele Einwohner den neuen Glauben an.

1539 Franz I. erhebt Französisch zur Amtssprache.

1598 Das Edikt von Nantes garantiert den Protestanten freie Glaubensausübung und beendet vorübergehend die blutigen Auseinandersetzungen zwischen den Religionsgemeinschaften.

1659 Durch den Pyrenäenfrieden fallen das Roussillon, die Cerdagne und das Conflent an Frankreich.

1666–1681 Gründung der Hafenstadt Cette (Sète) und Bau des Canal du Midi.

1685 Ludwig XIV. widerruft das Edikt von Nantes und zwingt viele Protestanten in die Emigration. Die Zurückgebliebenen üben ihre Religion an abgelegenen Orten im Geheimen aus *(assemblées du désert).*

1702–1704 Die Protestanten setzen sich in einem Guerillakrieg gegen die königlichen Truppen zur Wehr. Da sie nur ein Hemd (okzit. *camiso*) und keine Uniform tragen, werden sie Kamisarden genannt. Das Toleranzedikt (1787) gewährt schließlich erneut Religionsfreiheit.

1789 Während die Protestanten die Französische Revolution massiv unterstützen, stehen die Katholiken ihr feindlich gegenüber. Der Hass zwischen den Bevölkerungsgruppen schwelt bis ins 19. Jh. weiter.

1790 Frankreich wird in Départements aufgeteilt, wobei die historische Provinz Roussillon zum Département Pyrénées-Orientales wird.

1875 Die Reblausplage vernichtet in den südfranzösischen Anbaugebieten große Teile der Weinstöcke.

1882 Durch die Einführung der allgemeinen Schulpflicht wird Französisch zur allein gültigen Unterrichtssprache.

Der Süden Frankreichs im 20. und 21. Jh.

1907 Der Protest der Winzer gegen den Import von Billigwein und gegen die Weinpanscherei wird vom Militär blutig niedergeschlagen.

1942 Die deutsche Wehrmacht besetzt die ›freie‹ Zone in Süfrankreich. In den Cevennen und Pyrenäen entsteht ein dichtes Netz der Résistance.

1951	Das Gesetz *Deixonne* erlaubt das Unterrichten von Katalanisch und Okzitanisch an Grund- und weiterführenden Schulen.
1962	Nach Ende des algerischen Unabhängigkeitskriegs lassen sich Tausende Algerienfranzosen, die *pieds noirs,* in Südfrankreich nieder und verleihen der Landwirtschaft neue Impulse. Wenig willkommen sind die pro-französischen Algerier, sogenannte *harkis* (Verräter), die vor dem Hass ihrer Landsleute Schutz in Frankreich suchen.
1963	Mit dem Bau der Retortenstadt La Grande-Motte beginnt die touristische Erschließung der Küste zwischen Camargue und Pyrenäen.
1970	Der Parc National des Cévennes wird gegründet.
1972	Eine Verwaltungsreform teilt Frankreich in 22 Regionen ein. Hierbei entsteht die Bindestrichregion Languedoc-Roussillon.
1971–1981	Eine breite Bürgerbewegung protestiert gegen die Ausdehnung des militärisch genutzten Gebiets auf der Causse du Larzac.
1982	Präsident Mitterand erlässt Gesetze zur Dezentralisierung.
1985–2008	Der Pont du Gard wird 1985 als erste Stätte in der Region Languedoc-Roussillon ins UNESCO-Welterbe aufgenommen. Elf Jahre später folgen der Canal du Midi (1996), die Cité von Carcassonne (1997) und die französischen Jakobswege mit der Abteikirche von St-Gilles, dem Klosterdorf St-Guilhem-le-Désert und dem Pont du Diable (1998). 2008 erklärt die UNESCO das architektonische Werk Vaubans, darunter die Festungen Mont-Louis und Villefranche im Roussillon, zum Welterbe.
2011	Am Canal du Midi werden die ersten kranken Platanen gefällt. Das Gebiet Causses et Cévennes wird Welterbe der UNESCO.
2014	Aufnahme der Grotte Chauvet Pont d'Arc ins UNESCO-Welterbe. Die Nationalversammlung spricht sich für eine Reduzierung der Regionen von 22 auf 13 aus. Im Rahmen dieser Verwaltungsreform wird das Languedoc-Roussillon Anfang 2016 mit der benachbarten Region Midi-Pyrenées fusionieren. Nach den Regionalwahlen Ende 2015 werden Hauptstadt und Name der neuen Region festgelegt. Im Herbst richten Unwetter und Überschwemmungen in einigen Orten schwere Schäden an, selbst Tote sind zu beklagen.
2015	Verdopplung der A 9 im Raum Montpellier zwischen Baillargues und Saint-Jean-de-Védas, geplante Fertigstellung 2017.

Mensch und Natur in Einklang – Parc National des Cévennes

Auf dem Gipfel des Mont Lozère, dort wo karges Grasland die runden Felskuppen nur notdürftig bedeckt, fühlt man sich wie auf einem fremden Planeten. Der Mensch scheint dieses Fleckchen Erde vergessen zu haben. Dabei liegt die magische Landschaft, in der die Zeit stillsteht, nur wenige Kilometer entfernt von den Stränden des Mittelmeers.

Der Mont Lozère bildet zusammen mit der Causse Méjean, den Vallées Cévenoles und dem Mont Aigoual ein beeindruckend vielfältiges Landschaftsmosaik. Zu dessen Erhalt regte bereits 1912 Edouard-Alfred Martel, der Vater der französischen Höhlenforschung, die Einrichtung eines Nationalparks an. 50 Jahre später wurde der Gedanke erneut aufgegriffen und schließlich am 2. September 1970 der Parc National de Cévennes gegründet.

Frankreichs einziger bewohnter Nationalpark

Mit 321 800 ha, gegliedert in eine streng reglementierte zentrale Zone (91 279 ha) und eine Randzone, ist der Parc National de Cévennes der größte Nationalpark Frankreichs. Vom Fuß der Cevennen-Täler (378 m) schwingt er sich empor bis zu den Gipfeln von Mont Aigoual (1565 m) und Mont Lozère (1699 m). Bodenbeschaffenheit und Klima – hier warm und trocken,

dort kalt und feucht – lassen im Park sehr unterschiedliche und teils seltene Pflanzen, wie z. B. Türkenbund, Adonis-Röschen, Sonnentau und Orchideen gedeihen.

Aber nicht nur die Pflanzen-, sondern auch die Tierwelt ist äußerst vielfältig. Nachdem in den 1960er-Jahren eine massive Landflucht das Gebiet nahezu leer gefegt hatte, konnten bedrohte Tiere wie Schwarzspecht, Raufußkauz, Schmutzgeier und Adler, Seefrosch und Otter ihre angestammten Gebiete zurückerobern. Andere Arten wurden vom Menschen erfolgreich ausgewildert: Rothirsch, Reh und Wildschaf (Mufflon) in den Cevennen-Tälern und auf dem Mont Lozère, Gänse- und Mönchsgeier in den Schluchten von Tarn und Jonte, Auerhahn und Biber auf den Causses und in den Gorges. Sogar der Wolf ist zurück, reißt Schafe und schürt uralte Ängste.

Doch die Natur wird im Cevennen-Nationalpark nicht unter der Glasglocke gehalten. Denn schließlich wird der Park inzwischen wieder von über 41 000 Menschen bewohnt, von denen ca. 600 in der zentralen Zone leben und diese nachhaltig bewirtschaften. Natur, Landschaft und Kulturerbe gleichermaßen zu schützen, war von Anfang an das erklärte Ziel. Doch es ist bekanntlich keine einfache Aufgabe, Naturschutz und bäuerlichen Aktivitäten im Gleichgewicht zu halten und zudem einen sanften Tou-

Parc National des Cévennes
Einen Überblick über die Natur und das kulturelle Erbe im Nationalpark geben die **Maisons du Parc** in Florac, Genolhac und am Mont Aigoual. Spezielle Aspekte thematisieren die **Ecomusées de la Cévenne, du Mont Lozère** und **du Causse et des Gorges** an über 40 Standorten (www.cevennes-parc national.fr).

rismus zu entwickeln. 1984 wurden Teile des Cevennen-Nationalparks von der UNESCO zum Biosphärenreservat erklärt. 2011 nahm die UNESCO das Gebiet Causses et Cévennes mit insgesamt 302 319 ha, davon gut zwei Drittel im Nationalpark, als bäuerlich-pastoral geprägte Kulturlandschaft ins Welterbe auf.

Im Reich von Granit und Kalkstein

Das Markenzeichen des Mont Lozère sind die kahlen Kuppen aus Granit, ein Gestein aus den Tiefen der Erde und an die 300 Mio. Jahre alt. Monströse Steinmurmeln, wie von Riesenhand hingeworfen, übersäen die von Wind und Wetter arg strapazierten Höhen. Millionen Schafe, die früher über die *drailles* (Herdenwege) auf die Sommerweiden emporkletterten, haben die Gipfel kahl gefressen. Seit die Weidewirtschaft zurückgeht, konnten sich Ginster und Heide ausbreiten. Kiefern, Tannen und Buchen wurden an den Südhängen des Sommet de Finiels wieder aufgeforstet.

Auf der weiten und menschenleeren Hochebene des Causse Méjean weicht der Granit weichem, hellem Kalkstein, aus dem die Erosion vielerorts bizarre Felsskulpturen geschaffen hat. Auf dem porösen und trockenen Untergrund gedeihen in erster Linie Gräser sowie robuste Kriech- und Dornengewächse, z. B. Buchsbaum, Heide, Ginster, Schlehe und Wacholder. Aber auch diverse Orchideenarten wachsen auf dem kargen Boden.

Charakteristisch für die Causses sind eisige Winter und sengendheiße Sommer, die zur Unfruchtbarkeit des Landes beitragen. Lediglich die Schafzucht bot den Bauern hier von jeher eine Erwerbsquelle. Da jedoch die Schafzucht immer mehr zurückgeht, drohen die kargen Weideflächen von Strauchwerk überwuchert zu werden, wodurch das fragile ökologische Gleichgewicht aus den Fugen gerät.

Begrenzt wird der Causse Méjean von den Gorges du Tarn und Gorges de la Jonte, deren wilde Felslandschaften jedes Jahr Tausende von Touristen faszinieren. Im mineralreichen Wasser der Flüsse fühlen sich Forellen, Flussbarben, Elritze und Gründlinge wohl. In den Felsen und am Ufer brüten Zaunkönige, Eisvögel und Wasseramseln, über den Schluchten kreisen Steinadler, Geier und Schwarzmilane, während der Biber wieder Burgen baut.

Brotbaum und Goldbaum

Von der Südflanke des Lozère-Massivs ziehen sich bis hinunter zu den Hügeln der Garrigue die blaugrünen Bergkämme der Cevennen. Das wild zerklüftete Schiefergebirge, in dessen tief eingeschnittenen Tälern zahlreiche Wildbäche dem Mittelmeer entgegenstreben, ist von Wäldern überzogen. Immergrüne Steineichen, Eichen, Edelkastanien und Buchen sind hier beheimatet, während Fichten, Tannen und Kiefern, insbesondere am Mont Aigoual, meist das Ergebnis von Aufforstungsarbeiten sind. Im Unterholz findet der gewöhnliche Adlerfarn auf saurem Boden einen idealen Standort.

In den steilen Hängen der Cevennen legten Generationen von Bauern mühsam Terrassen für den Anbau von Gemüse und Getreide an. Die Ernteerträge waren mager und so wurden die Früchte der Edelkastanie *(châtaignier)* für die Bevölkerung zum Grundnahrungsmittel. Eindringlich beschreibt Jean Carrière in seinem Roman »Der Sperber von Maheux«, wie die Kastanie den armen Bauern das Brot ersetzte. Zu Beginn des 20. Jh. verlor der ›Brotbaum‹ zunehmend an Bedeutung, die Bestände verwilderten und erkrankten. Erst in jüngster Zeit werden einige Kastanienhaine wieder bewirtschaftet und Kastanienprodukte, etwa Mehl, Brot und Kuchen, in einigen Läden vor Ort verkauft.

Vernachlässigt sind auch die Maulbeerbäume *(mûrier)*, deren Blattwerk einst zur Mast der Seidenraupen genutzt wurde. Der Herbst lässt das Blätterkleid des Baumes gold-gelb strahlen. Die Bezeichnung ›Goldbaum‹ verweist aber in erster Linie auf den Wohlstand, den die Seidenraupenzucht dank des Maulbeerbaums im 19. Jh. in die armen Cevennen-Täler brachte. Die Entwicklung synthetischer Fasern zu Beginn des 20. Jh. bedeutete das Aus für die Seidenproduktion.

Gehöfte – so vielfältig wie die Landschaft

Neben dem Naturerbe sucht der Nationalpark auch die traditionelle Architektur zu erhalten. In erster Linie handelt es sich hierbei um etwa 4000 Gehöfte in der zentralen Zone des Parks. Je nach Standort der Gebäude variiert nicht nur das Baumaterial – Granit am Mont Lozère, Kalkstein auf den Causses, Schiefer in den Cevennen –, sondern auch der Bauplan. Gemeinsam ist ihnen nur das Dach aus Steinplatten, den *lauzes*. Auf den Berghöhen und Causses sieht man gedrungene Gehöfte mit separat stehenden Stallungen, die dem Wind wenig Angriff bieten sollen. In den Tälern der Cevennen wachsen die Häuser hingegen in die Höhe, denn das gebirgige Relief bietet wenig Bauplatz und es gilt, möglichst wenig Weide- und Ackerland zu vergeuden. Hier wohnen Mensch und Tier unter einem Dach – unten der Stall, darüber der Wohnbereich. Unter dem Dach fand dann noch die *magnanerie*, die Seidenraupenzucht, Platz. Einen Eindruck von der traditionellen Bauweise vermitteln das Mas Camargues bei le Pont-de-Montvert, das Teil des Ecomusée du Mont Lozère ist, sowie die Ferme Caussenarde d'Autrefois auf der Causse Méjean.

Am seidenen Faden

Wissenswertes über die Seidenproduktion erfährt man im **Musée de la Soie** in St-Hippolyte-du-Fort (Pl. du 8 mai 1945, http://museedelasoie-cevennes.com, Di–So10–12.30, 14–18 Uhr, Juli/Aug. tgl. geöffnet, 5,50 €) sowie in der **Magnanerie de la Roque** bei Molezon (D 983, 17 km südl. von Florac, Tel. 04 66 49 53 00, www.gorgesdutarn.net/magnanerie-de-la-Roque-Molezon-Cevennes, Juni, Sept. So 10.30–16, Juli/Aug. So–Fr 10.30–13, 14.30–18 Uhr, 3,50 €).

Sand, Wind und Mücken – die Küste des Midi

Die ›ganivelles‹ sollen der Erosion entgegenwirken

An der Küste des Mittelmeers und den Ufern der Etangs finden Fischer und Salzbauern seit jeher ein Auskommen. Zum Vergnügen hingegen suchte niemand das mit Mücken verseuchte Marschland auf. Vor gut 50 Jahren verscheuchte die Mission Racine die Blutsauger und ›versilberte‹ den Sand.

Sichelförmig legt sich die Küste zwischen der Rhône-Mündung und den Pyrenäen um den westlichen Teil des Golfe de Lion. Nur bei Sète, Agde, Narbonne und Leucate unterbrechen Felsformationen den schmalen, 200 km langen Sand- und Dünengürtel. 20 km vor der spanischen Grenze, dort wo die Ausläufer der Pyrenäen steil ins Meer abfallen, endet der schier endlose goldgelbe Strand in einer buchtenreichen Felsenküste. Hinter dem Meeressaum reihen sich die *étangs* wie Perlen auf einer Schnur. Nur ein schmaler Lido trennt diese Salz- und Brackwasserseen vom Meer.

Die Dünen und Strände bestehen fast ausschließlich aus dem Sand, den die Rhône aus den Alpen ins Mittelmeer schwemmte und immer noch schwemmt. Vor der einst buchtenreichen Küste türmten Wellen und Meeresströmungen Sandbänke auf, die allmählich zu einem durchgehenden Dünengürtel zusammenwuchsen und die Buchten vom Meer abriegelten. Auf diese Weise entstanden die *étangs,* deren Zugänge zum Meer sich im 17. Jh. endültig schlossen.

Im Sand versunken

Ohne Unterlass transportiert die Rhône den Sand heran, und der Wind moduliert die Landschaft täglich neu. Den Häfen von Aigues-Mortes, Agde und Narbonne wurden diese Naturkräfte zum Verhängnis. Kreuzfahrer, Seide und Salz wurden von ihnen aus verschifft, Päpste, Könige und Piraten stritten um ihren Besitz. Doch schließlich versandeten die Zugänge zum Meer und die Häfen saßen buchstäblich auf dem Trockenen.

Abgesehen vom Fischfang und der Salzgewinnung hatte der unwirtliche Küstenstreifen nunmehr wenig zu bieten. Sengende Sonne, Stürme, Überschwemmungen und dazu Myriaden Mücken, die sich in den weiten Schilfgürteln und zahllosen Tümpeln ungehindert vermehrten, hielten die Menschen fern.

Dennoch entstanden ab Mitte des 19. Jh. einige kleinere Badeorte, etwa Le Grau-du-Roi, Carnon, Palavas, Valras, Gruissan und Le Barcarès. Denn wie andernorts fuhren die Städter nun am Sonntag ans Meer und in der feinen Gesellschaft kamen Kuraufenthalte am Wasser in Mode.

Auf Sand gebaut

In den 1950er-Jahren träumte schließlich auch die große Masse von Ferien am Meer. Die ersten Urlaubskarawanen machten sich auf an die Côte d'Azur, aber auch an die Costa Brava nach Spanien. Flugs besann sich Paris auf das Potenzial des verschmähten Sandstreifens zwischen der Rhône und den Pyrenäen. Am 18. Juni 1963 nahm die nach ihrem Vorsitzenden Pierre Racine benannte Kommission zur Erschließung der Küste für den Tourismus ihre Arbeit auf. Paris stellte alle Mittel zur Verfügung, um das weitenteils mückenverseuchte Sumpfland trockenzulegen und die erforderliche Infrastruktur zu schaffen.

Für geschätzte eine Million Sommerfrischler sollten sechs neue Touristenzentren aus dem Sand wachsen und die vorhandenen Küstenorte ausgebaut werden. Zwischen den Ortschaften waren naturbelassene Zonen vorgesehen, in denen jede Bebauung untersagt war. Wegweisend war der Bau von La Grande-Motte, für dessen Planung der Stararchitekt Jean Balladur gewonnen wurde. Im Sommer 1968 verbrachten hier die ersten Urlauber ihre Ferien. Schlag auf Schlag folgten von Nord nach Süd Port-Camargue, Le Cap-d'Agde, Port-Gruissan, Port-Leucate, Port-Barcarès, Canet-Plage und St-Cyprien.

Pavillon bleu
In 27 Gemeinden, an 95 Stränden und in 20 Jachthäfen flattert die blaue Flagge mit dem weißen Wellensymbol. Damit halten Languedoc und Roussillon den nationalen Rekord. Das internationale Ökolabel wird seit 1987 jährlich vergeben und garantiert eine hervorragende Wasserqualität, hohe Umweltstandards sowie gute Sicherheits-, Service- und Sanitäreinrichtungen (www.pavillonbleu.org).

Die einheimische Bevölkerung sah die Entwicklung mit Skepsis, war die touristische Erschließung doch von Staats wegen angeordnet. Mit der Zeit verstummten die Kritiker, denn die Mission Racine beförderte das Languedoc-Roussillon zur viertwichtigsten Touristenregion Frankreichs und eröffnete damit eine neue wirtschaftliche Ressource.

Wenn der Sand schwindet

Die Quelle des neuen Reichtums ist indes in Gefahr, weil der Strand in letzter Zeit erschreckend schnell schwindet. Bis in die 1960er-Jahre dehnten sich die Dünen und Strände am Golfe du Lion kontinuierlich aus. Dann aber stoppten die Kanalisation der Rhône und der Bau von Hafenmolen das weitere Wachstum. Der größte Teil der angespülten Sedimente sammelt sich nunmehr vor der Mündung der Rhône an und nur noch eine halbe Million Tonnen Sand landen an der über 200 km langen Küste – ein Tropfen auf den heißen Stein! Besonders drastisch ist die Situation am Grand und Petit Travers zwischen La Grande-Motte und Carnon-Plage, am Lido zwischen Sète und Marseillan-Plage sowie im Süden bei Torreilles-Plage und Ste-Marie-Plage.

Der Massentourismus und der damit einhergehende Ausbau der Infrastruktur verstärken die Erosion der Küste. Weite Strandzonen wurden mit Straßen, Parkplätzen und Feriensiedlungen zubetoniert und die stabilisierende Dünenflora wurde zerstört. So kann der Wind den Sand ungehindert hinwegwehen und die Stürme reißen immer größere Teile des Strandes ins Meer. Regelmäßig muss deshalb an den Stränden Sand aufgefüllt werden, den man weit draußen im Meer oder vor der Rhône-Mündung abbaggert. Auf diese Weise wurde 2008 die Plage zwischen Grand und Petit Travers bei La Grande-Motte repariert, wobei Steinaufschüttungen im Untergrund für zusätzliche Stabilität sorgen sollen. Kritische Stimmen bezweifeln allerdings, dass die Freude an dem neuen, breiteren Strand von langer Dauer sein wird.

Andernorts versucht man, der Erosion mit Hilfe der *ganivelles* ein Schnippchen zu schlagen. Diese Zäune aus Kastanienholz festigen die Dünen und ermöglichen den Wuchs einer neuen Pflanzendecke. Wellenbrecher im Meer, zunehmend aus beweglichen Schwimmkörpern gebaut, sollen die Wucht der Stürme abfangen. Den größten Erfolg im Kampf gegen die Erosion der Küste verspricht jedoch die Verlegung von Küstenstraßen und Parkplätzen. So wurde zwischen 2008 und 2011 die D 612 auf dem Lido zwischen Sète und Marseillan-Plage landeinwärts verlegt, 2014 erfolgte der Abriss der D 59 zwischen La Grande-Motte und Carnon-Plage.

Welterbe in Gefahr – Canal du Midi

In der ehemaligen Postschiffstation Le Somail herrscht reger Betrieb

Wie ein grünes Band schlängelt sich der Canal du Midi durch die Küstenebene und Weinhügel des Languedoc. Wie lange wird dieses für den Midi emblematische Landschaftsbild noch bestehen? Denn ein Pilz ist zur tödlichen Gefahr für die Platanen an den Ufern des Kanals geworden.

Am 24. Mai 1681 wurde der Canal du Midi, der das Mittelmeer mit dem Atlantik verbindet, feierlich eingeweiht. Pierre-Paul Riquet (1604–80) erlebte die Vollendung seines Traums und Lebenswerks jedoch nicht mehr. Die gigantische Baustelle hatte den kleinen Landadligen aus Béziers sowohl gesundheitlich als auch finanziell ruiniert. Der Kanal aber brachte den erwarteten wirtschaftlichen Aufschwung. Bis zur Eröffnung der Eisenbahnlinie Ende des 19. Jh. war er der wichtigste Transportweg zwischen Toulouse und Sète. Reisende zogen die komfortable, nur noch vier Tage dauernde Bootsfahrt der Postkutsche vor. Kohle und Holz, Getreide, Wein und Oliven, selbst die Post – alles wurde fortan auf dem Wasserweg transportiert.

Ein Pilz ist nicht zu stoppen

1996 fand das Werk Riquets Aufnahme in das UNESCO-Welterbe. Den Berufsschiffern waren die Freizeitkapitäne gefolgt und hatten dem Kanal zu einer neuen Blüte verholfen. Bei einer Bootsfahrt auf dem Wasserweg zwischen den Meeren ist bei der zulässigen Höchstgeschwindigkeit von

8 km/h die Hektik des Alltags schnell vergessen. Aber auch Radfahrer und Spaziergänger können auf den Treidelpfaden zu Seiten des Kanals wunderbar entschleunigen. Unterwegs gibt es zahlreiche Einkehrmöglichkeiten, sogar in den ehemaligen Postschiffsstationen (s. auch S. 184).

Wie lange wird diese Idylle noch bestehen? Die 42 000 Platanen, die den Canal du Midi säumen, ihm Schatten spenden und seine Ufer festigen, sind von einem tödlichen Pilz *(ceratocystis platani)* befallen. Alle Bäume müssen deshalb in den nächsten 15–20 Jahren gefällt werden. Zwar sollen die Ufer anschließend mit resistenten Platanen und anderen Baumarten neu bepflanzt werden, aber es werden viele Jahre vergehen, bevor diese wieder ein dichtes grünes Gewölbe über den Kanal spannen.

Riquets genialer Plan

Bereits die Römer träumten von einer Verbindung zwischen Mittelmeer und Atlantik. Auch später flammte die Idee eines Kanals zwischen den beiden Meeren wieder auf. Die Projekte scheiterten aber allesamt an der Frage, wie eine solche Rinne dauerhaft und zuverlässig mit Wasser versorgt werden könnte. Erst Pierre-Paul Riquet, der in seiner Funktion als königlicher Steuerbeamter in alle Winkel der Region reiste, fand die Lösung des Problems: Man muss das Wasser der Montagne Noire in einem Speicherbecken sammeln und von dort dem Kanal an der Seuil de Naurouze, dem Wasserscheidepunkt zwischen Atlantik und Mittelmeer, zuführen.

1662 konnte Riquet den allmächtigen Finanzminister von Sonnenkönig Ludwig XIV., Jean-Baptiste Colbert, vom wirtschaftlichen und strategischen Nutzen eines solchen Wasserwegs überzeugen. Vier Jahre später begannen in Toulouse, wo der Kanal in die Garonne münden sollte, die Aushubarbeiten für die 10–20 m breite und mindestens 1,40 m tiefe Fahrrinne. Gleichzeitig wurde in der Montagne Noire der Stausee von St-Ferréol angelegt. Und am Fuß des Mont St-Clair, wo der Kanal das Mittelmeer erreichen sollte, entstand die Hafenstadt Sète. Insgesamt fanden 12 000 Arbeiter 14 Jahre lang Beschäftigung in dem gewaltigen Projekt.

Allein 63 Schleusen mussten gebaut werden, um auf den 240 Kilometern zwischen Toulouse und Sète die Niveauunterschiede auszugleichen, darunter die neunstufige Schleuse von Fonseranes. Außer dem Tunnel du Malpas helfen 50 Kanalbrücken dem Wasserweg, natürliche Hindernisse zu meistern. Die 350 Bauwerke des Canal du Midi stammen aber nicht alle von Riquet, viele wurden erst später unter der Regie des königlichen Festungsbaumeisters Vauban errichtet.

Auf Riquets Spuren
Informationen rund um Riquets raffinierte Rinne geben die **Websites** www.canaldumidi.com und www.canalmidi.com. Instruktiv ist auch ein Besuch im **Musée et Jardins du Canal du Midi** am Stausee von St-Ferréol (Bd. Pierre-Paul Riquet, Revel, http://museecanaldumidi31.blogspot.fr, Juli/Aug. tgl. 10.30–18.30, März–Juni, Sept./Okt. Di–So 10.30–12.30, 14–17/18 Uhr, 5 €). Die **Seuil de Naurouze** bei Montferrand lässt sich auf einem einstündigen Spazierweg erkunden.

Qualität setzt sich durch – die Weine im Midi

Millionen von Rebstöcken, die in Reih und Glied bis zum Horizont reichen – dieses Bild beherrscht die Ebenen und Hügel im Languedoc und Roussillon. Unter mediterraner Sonne gedeihen im weltweit größten Anbaugebiet sehr unterschiedliche Rebsorten. Für jeden Geschmack und jede Gelegenheit gibt es hier den richtigen Tropfen.

Ab dem 18. Jh. verdrängte der Wein zwischen Rhône und Pyrenäen nach und nach andere landwirtschaftliche Produkte wie Getreide und Oliven. Über den Canal du Midi, später über die Eisenbahn, konnten die Winzer neue Märkte erschließen. Der Weinbau entwickelte sich zur lukrativen Einnahmequelle. Béziers erblühte als Kapitale des Weinhandels und wurde zur reichsten Stadt im Languedoc.

Die Revolte der ›gueux‹

In der Hoffnung auf einen schnellen Gewinn wurde immer mehr Garrigue in Weinfelder verwandelt. Nach 1863 brachte die Reblausplage, die innerhalb von fünf Jahren ein Drittel aller Rebstöcke vernichtet hatte, Angebot und Nachfrage zunächst wieder ins Lot. Viele kleine Bauern mussten in jenen Jahren jedoch aufgeben, wobei einige ihr Glück in Algerien suchten.

Größere Weingüter hingegen gingen gestärkt aus der Krise hervor und trachteten nach schnellem Gewinn *»Faire pisser la vigne!«*, lautete die Devise der Zeit: Es galt also, mit möglichst niedrigen Kosten ein Produkt für den Massenkonsum herzustellen. Skrupellose Panscher erhöhten dabei den Ertrag gar durch den Zusatz von Zucker.

Französische Gütesiegel
Der Begriff *Appellation d'Origine Contrôlée (*AOC) wird zunehmend vom europäischen Gütesesiegel *Appellation d'Origine Protégée (AOP*) abgelöst. Nur Weine, die den strengen Vorschriften u. a. in Bezug auf Herkunft, Rebsorte, Ertrag und Alkoholgehalt genügen, erhalten dieses höchste Prädikat. Zwar sind auch die Weine der Indication Géographique Protégée (IGP) an eine bestimmte Herkunft und Produktion gebunden, aber der Ertrag pro Hektar liegt für den Landwein höher, zudem ist die Anreicherung mit Zucker erlaubt. Am Ende der Skala steht der Tafelwein, *Vin de Table*, in der Regel ein aus Reben unterschiedlichster Herkunft verschnittenes Massenprodukt.

So wiederholte sich die Geschichte: Die Vorräte wuchsen, die Preise purzelten, die kleinen Produzenten und Landarbeiter standen vor dem Ruin. Mehr als 500 000 dieser Hungerleider *(gueux)* schrien am 9. Juni 1907 in Montpellier ihren Frust heraus und forderten Maßnahmen der Regierung Clémenceau. Diese aber stand unter dem Druck der nordfranzösischen Zuckerindustrie und schickte das Militär in die südfranzösischen Städte. In Narbonne eskalierte die Situation, es gab sechs Tote und etliche Verletzte.

Schließlich verabschiedete die Regierung zwar ein Gesetz gegen die Betrügerei, doch die Konkurrenz aus Algerien, später aus Italien, Spanien und Übersee, blieb bestehen – ungeachtet der radikalen Protestaktionen der Winzer. Deren größtes Problem war allerdings, dass sie statt Spitzenweinen überwiegend Masse produzierten.

Umdenken im Weinberg

Erst die konsequente Hinwendung zu mehr Qualität brachte den Weinen des Midi den ersehnten Erfolg. Junge und ambitionierte Winzer pflanzten ab den 1990er-Jahren hochwertige Rebsorten und modernisierten die Kellertechnik. Diese Maßnahmen wurden vielerorts mit der Verleihung des Prädikats *Appellation d'Origine Contrôlée* (heute *Appellation d'Origine Protégée)* belohnt. Inzwischen werden unter der Marke »Sud de France« Spitzengewächse verkauft, die den Vergleich mit den großen *crus* aus Bordeaux nicht zu scheuen brauchen.

Auch die *Vins à Indication Géographique Protégée,* früher als *Vins de Pays* bezeichnet, die nach wie vor den Löwenanteil der regionalen Weine ausmachen, wurden in den letzten Jahrzehnten ständig verbessert. Dabei setzten die Winzer auf die süffigen, im Languedoc allerdings nicht als Appellationsprodukte zugelassenen Rebsorten Merlot und Cabernet Sauvignon. Auf dem Vormarsch sind die Biowinzer, die mit ihren Erzeugnissen eine neue Klientel auf die Weine des Midi aufmerksam machen.

Im Dschungel der Appellationen

Die Appellationslagen des Languedoc und Roussillon beginnen im Osten mit den Côtes du Rhône, die bis weit in die Provence hineinreichen. Zu den renommiertesten Lagen mit eigenem Herkunftssiegel zählen Tavel, Lirac, Laudun und Chusclan. Hinzu gesellen sich die Côtes du Rhône Villages und die Costières de Nîmes.

Von Nîmes bis Narbonne reicht das gigantische Rebenmeer der Coteaux de Languedoc. Unter den Terroirs machen hier vor allem Pic St-Loup und La Clape mit qualitativ hochwertigen Produkten auf sich aufmerksam. Eigene Herkunftssiegel erhielten die Weine von Faugères, St-Chinian und jüngst die Terrasses du Larzac.

Von den Ausläufern der Montagne Noire bis hinab zum Canal du Midi und der Aude erstreckt sich die Appellation Minervois. Bei Carcassonne liegen die kleinen, weniger bekannten Anbaugebiete Cabardès und Malepère. In dem großen Karree zwischen der Aude, der Mittelmeerküste und den Felsen von Quéribus und Peyrepertuse findet die Herkunftsbezeichnung Corbières Anwendung. Bereits 1948 wurde dem Roten aus Fitou das begehrte AOC-Prädikat verliehen.

Côtes du Roussillon und Côtes du Roussillon Village heißen die Appellationsweine des Roussillon. Auch Collioure im äußersten Süden der Region besitzt eine eigene Appellation. Der kleine, nur 480 ha große Weinberg erzeugt in einer außergewöhnlichen Lage am Meer gehaltvolle Rotweine, die zum allergrößten Teil gleich vor Ort verkauft werden.

Rot ist Trumpf

Die Produktion von Rotweinen hat im Languedoc und Roussillon eindeutig Vorrang. Vorwiegend werden hierbei die Rebsorten Carignan, Syrah, Grenache rouge, Mourvèdre und Cinsault verwendet. Ihre Assemblage ergibt vollmundige, kräftige Weine mit schöner Fruchtnote. Erfolge erzielen daneben auch sortenreine Weine *(vin de cepage).* In allen Anbaugebieten wird auch Rosé gekeltert, in Tavel an der Rhône sogar ausschließlich. International vermarktet werden insbesondere die *Gris des Sables,* die auf dem Sandboden der Camargue wachsen.

Weißwein hingegen spielt im gesamten Midi eine untergeordnete Rolle. Eine Appellation besitzt z. B. die trockene, blumige Clairette de Bellegarde aus dem Gard. Die sherryähnliche Clairette de Languedoc findet in erster Linie Verwendung in der Vermouth-Industrie. Am Etang de Thau wird der Picpoul-de-Pinet kultiviert, ein spritziger Appellationswein, der hervorragend zu den dort gezüchteten Austern schmeckt. Im Vormarsch ist die Viognier-Traube, die eigentlich an der nördlichen Rhône beheimatet ist.

Von natursüß bis prickelnd

Eine Spezialität stellen die *Vins Doux Naturels* (VDN) dar. Dazu zählen die rubinroten, körperreichen Süßweine aus Banyuls, Rivesaltes und Maury im Roussillon. Der honiggelbe Muscat de Rivesaltes, der ein starkes Nussaroma besitzt, trägt ebenso ein VDN-Prädikat wie die blumigeren Muskatweine aus Frontignan, Lunel und Mireval. Die natursüßen Weine werden gekühlt als Aperitif getrunken, passen aber auch gut zu Käse oder Dessert.

Gut 150 Jahre vor der Entdeckung des Champagners stellten die Benediktiner der Abtei St-Hilaire am Oberlauf der Aude 1531 erstmals einen Schaumwein her. Sie verwendeten dazu die Blanquette-Traube, die andernorts Mauzac genannt wird. Die fein perlige *Blanquette de Limoux,* die bereits 1938 eine Appellation erhielt, kann durchaus mit ihrem berühmten Bruder im Norden konkurrieren. Seit 1991 wird auch ein *Crémant de Limoux* produziert, der die Chardonnay-Traube stärker betont.

Frischer Wind für neue Energie – Parc éoliens

Mehr als 250 Tage im Jahr herrscht der Wind im Languedoc und Roussillon mit einer ganz typischen meridionalen Üppigkeit. Da der Mensch ihn nicht zähmen konnte, hat er ihn zum Verbündeten gemacht. Heute verleiht der Wind der Region in puncto erneuerbarer Energien Flügel.

Bei unseren westlichen Nachbarn findet die Nuklearenergie eine hohe Akzeptanz. Wie sonst könnte die Krokodilfarm von Pierrelatte im Schatten der Kühltürme des Atommeilers Tricastin zur beliebten Freizeitattraktion für Familien avancieren? Dass Atomstrom sauber und ungefährlich ist, wird hier bereits dem Nachwuchs suggeriert. Allerdings darf nicht übersehen werden, dass die Kraftwerke und Versuchsanlagen an der Rhône – Cruas-Meysse bei Montélimar, Tricastin bei Bollène und Macoule bei Bagnols-sur-Cèze – seit Jahrzehnten Arbeitsplätze in einer eher strukturschwachen Region sichern. Selbst wiederholte Zwischenfälle in Tricastin, die international zur Sorge Anlass gaben, wurden in der Regionalpresse schnell von anderen Schlagzeilen verdrängt.

Während Paris weiter in den Ausbau der Atomenergie investiert, hinkt das Land im Aufbau einer alternativen Energieversorgung anderen europäischen Ländern hinterher. Im Hinblick auf die Förderung erneuerbarer Energien wird der Windkraft eine wichtige Rolle beigemessen.

Windrad vergangener Tage – die Moulin d'Omer in Cucugnan

Ein treuer Verbündeter

Lange bevor die Hightech-Windräder den Hügelkämmen im Languedoc und Roussillon eine futuristische Silhouette verliehen, machten die Menschen hierzulande den Wind zu ihrem Verbündeten. So verweisen rund um Carcassonne zahlreiche Windmühlen auf den einstigen Ruhm des Lauragais als Kornkammer des Languedoc.

Vertraut ist auch der Anblick von Windrädern auf rostigen Eisengestellen in den Feldern. Mit ihrer Hilfe wurde Wasser gepumpt, sei es um Etangs und Sümpfe trockenzulegen, sei es um Weinfelder und Gärten mit kostbarem Nass zu versorgen. Noch heute drehen sich die vielflügeligen Veteranen mancherorts quietschend im Wind.

Der Wind ist an der gesamten Küste des Languedoc und Roussillon, insbesondere aber im Département Aude, mit großer Regelmäßigkeit zu Gast. Mistral, Tramontane und Marin blasen nicht nur an mehr als 250 Tagen im Jahr, sondern auch in den Nächten konstant. Damit sind sie bei der Energieversorgung ein noch zuverlässigerer Partner als die Sonne.

Kleine Windkunde

Mistral: Kalter, trockener Nord-Nordostwind, der mit Spitzengeschwindigkeiten von über 100 km/h das Rhône-Tal herabfegt.

Tramontane: Die Schwester des Mistrals im südlichen Languedoc und im Roussillon weht aus west-nordwestlicher Richtung. Rund um Narbonne wird sie **Cers** genannt.

Marin: Warmer Südostwind, der vom Meer Wolken und Regen bringt und manchmal eine starke Brandung aufbaut.

Autun: Auf Corbières und Montagne Noire begrenzter warm-feuchter Starkwind aus Südost.

Mit und gegen den Wind

Der erste Windpark *(parc éolien)* Frankreichs entstand 1993 in Port-la-Nouvelle. Fünf weitere Jahre dauerte es, bis Sallèles-Cabardes den Betrieb aufnahm. Danach ging es mit Windeseile voran. Inzwischen rotieren zwischen Rhône und Pyrenäen, vor allem in den Départements Aude und Hérault, an die 400 Windräder und liefern über 20 % des häuslichen Strombedarfs. Zahlreiche weitere Projekte sind in Planung.

Allerdings weht der Wind den Befürwortern dieser erneuerbaren Energie auch ins Gesicht. Umweltschützer weisen auf die Gefahren der Rotoren für Zug- und Greifvögel sowie für Fledermäuse hin. Landschaftspfleger geben zu bedenken, dass die Pylone mit ihren zwei- oder dreiblättrigen Rotoren das Landschaftsbild nachhaltig verändern. Zudem hinterlassen die zur Anbindung der Windparks ans Stromnetz erforderlichen Erdarbeiten tiefe Narben. Nicht zuletzt befürchten die Anwohner, durch die Geräusche der Rotoren belästigt zu werden.

Das schlagendste Argument gegen die Windkraft stellt natürlich deren Wirtschaftlichkeit dar. Denn schließlich produziert Frankreich mehr Atomstrom, als es selbst benötigt. Dennoch, die großen Energiekonzerne investieren in den Wind, und die verantwortlichen Politiker der Region sprechen sich für den Bau von Offshore-Windparks aus.

Archäologische Puzzlesteine – das Erbe der Römer

Die Arènes in Nîmes – eines der am besten erhaltenen antiken Amphitheater

Als die Kelten 125. v. Chr. die Mittelmeerküste bedrohten, riefen die Bewohner der griechischen Kolonie Massalia ihre Verbündeten in Rom zu Hilfe. Die Römer eilten geschwind herbei und blieben 500 Jahre im Süden Frankreichs. Prachtvolle antike Bauwerke zeugen von der römischen Herrschaft, während zahlreiche ungehobene Schätze hier noch immer im Boden schlummern.

Als Leitfaden zu den römischen Stätten und Städten dient die *Via Domitia*, die antike Heer- und Handelsstraße entlang der Mittelmeerküste. Regelmäßig stoßen die Archäologen entlang ihres Verlaufs auf Zeugnisse der römischen Welt – hier eine Brücke in der Garrigue, dort ein Mosaik oder ein antiker Meilenstein inmitten von Weinfeldern. Der Camp de César bei Laudun-l'Ardoise und Ambrussum bei Lunel, der archäologische Park in Lattes, die Villa von Loupian oder das Oppidum d'Ensérune zählen zu den wichtigsten Ausgrabungsstätten vorrömischer und römischer Epoche. Vor allem aber in Narbonne und Nîmes sowie in den provenzalischen Städten östlich der Rhône ist die Ausbeute der Archäologen reichhaltig. Spektakulärstes Zeugnis römischer Bau- und Ingenieurskunst im Süden Frankreichs ist zweifelsohne das UNESCO-Welterbe Pont du Gard nördlich von Nîmes.

Eine Schnellstraße römischer Bauart

Von der römischen Genialität zeugt auch die *Via Domitia*, die nur ein Teilstück des ehemals sage und schreibe

100 000 km umfassenden antiken Straßennetzes ausmacht. Kaum hatten die Römer die Kelten besiegt, trieb ihr Feldherr Domitius Ahenobarbus die systematische Eroberung Südgalliens voran. Dazu ließ er als erstes 118. v. Chr. den alten Küstenweg zwischen Italien und der iberischen Halbinsel auf Vordermann bringen.

Die nach ihm benannte *Via Domitia* querte beim heutigen Beaucaire die Rhône und verlief Richtung Süden bis zum Col de Perthus in den Pyrenäen. Alle 10–15 km wurden Versorgungsstationen errichet, alle 30–50 km Herbergen für die Nacht. Im Abstand von 1,481 km, das entspricht einer römischen Meile, markierten Steine die Entfernungen zwischen den Stationen. Über diese Straße konnte der Nachschub aus Rom ungehindert rollen. Sie erlaubte sowohl eine schnelle Truppenbewegung als auch eine flotte Nachrichtenübermittlung. Zugleich erleichterte die *Via Domitia* Händlern und Siedlern den Zugang zu den Gebieten zwischen Rhône und Pyrenäen.

Wandern an der Via Domitia

Bei **Pinet** am Etang de Thau führt ein gelb markierter, 6 km langer Weg zu der römischen Trasse. Ab der *cave coopérative* L'Ormarine folgt man den Schildern mit der Zeichnung eines römischen Streitwagens zum Startpunkt. Einige Kilometer westlich sind bei **St-Thibery** Reste einer römischen Bogenbrücke über den Hérault zu entdecken.

Erste römische Kolonie außerhalb Italiens

An der Mündung der Aude gründete Domitius Ahenobarbus 118 v. Chr. *Narbo Martius* (Narbonne), die erste römische Kolonie außerhalb Italiens. Die Stelle war mit Bedacht gewählt, denn sie garantierte nicht nur einen schnellen Zugang zum Meer, sondern auch die Kontrolle über den Fernverkehr entlang der Küste und ins Landesinnere. Denn just hier zweigte die Fernstraße in Richtung Atlantik von der *Via Domitia* ab. Dank ihrer attraktiven Lage ließen sich viele Siedler in der Kolonie nieder. Nach der Unterwerfung Galliens durch Caesar (52 v. Chr.) kamen Kriegsveteranen hinzu, denen in *Narbo Martius* für ihre Verdienste Land zugeteilt wurde.

Kaiser Augustus erhob 27 v. Chr. Südgallien schließlich zur römischen *Provincia Gallia Narbonensis* und machte *Narbo Martius* zu ihrer Hauptstadt. In der folgenden langwährenden Friedensperiode *(Pax romana)*, wurde die Provinz durchgreifend romanisiert. Hierbei stellten Aquädukte und Kanalsysteme die Wasserversorgung und Wasserentsorgung sicher und die größeren Städten schmückten sich nach dem Vorbild Roms mit Tempeln und Forum, Arenen und Thermen.

Hinter der Hauptstadt der *Provincia Narbonensis* brauchte sich das römische *Nemausus* (Nîmes) nicht zu verstecken. Im 21. Jh. kann sich die Stadt mit zahlreichen und aufs Beste erhaltenen antiken Monumenten brüsten. Arènes, Maison Carrée, Temple de Diane und Castellum machen in Nîmes die Geschichte greifbar. In Narbonne hingegen wurde die gesamte römische Herrlichkeit in den späteren kriegerischen Zeiten dem Erdboden gleich gemacht. Beide Städte wollen in den nächsten Jahren mit repräsentativen Museumsneubauten ihr römisches Erbe würdigen.

»Tötet sie alle, denn die Seinen erkennt der Herr!« Mit dieser Parole legitimierte der päpstliche Legat Arnaud Amaury am 21. Juli 1209 die Brandschatzung Béziers und die Ermordung seiner Bewohner. Das Massaker von Béziers war der überaus blutige Auftakt des Kreuzzugs gegen die Katharer.

Kreuzzug gegen die Katharer – die Vernichtung der Vollkommenen

Die Anfänge des Katharismus verlieren sich im Gewirr verschiedener religiöser Einflüsse aus dem Orient und basieren insbesondere auf der Glaubenslehre des bulgarischen Priesters Bogomil. Die Grundgedanken dieser Lehre, die von der römischen Kirche als ketzerisch angeprangert wurde, verbreiteten sich im 11. und 12. Jh. in ganz Europa. Vor allem im Languedoc fielen sie auf nahrhaften Boden, sprachen sie doch der Bevölkerung zutiefst aus dem Herzen. Denn in der Gesellschaft des Südens keimte ein ständig wachsender Widerwillen gegen den ausufernden Machthunger und Reichtum des Papstes und des gesamten Klerus.

Alles Irdische ist Teufelswerk

Fundamental für den Katharismus (griech. *katharos* = rein) war der Dualismus zwischen Gut und Böse: Als Gegenpol zur spirituellen und vollkommenen Welt Gottes existiert die sichtbare, materielle Welt des Bösen. Demnach ist Satan der Schöpfer alles Irdischen. Sein Reich ist jedoch vergänglich, während das Reich Gottes ewig währt. Der Widerspruch zur Römischen Kirche manifestierte sich vor allem in der Ablehnung aller Sakramente, insbesondere der Eucharistie. Die Katharer weigerten sich, Christus als Sohn Gottes und die Jungfrau Maria als seine Mutter anzuerkennen. Im Gegensatz zum mittelalterlichen und patriarchalischen Weltbild vertraten sie die grundsätzliche Gleichheit von Mann und Frau. Auch sollen die Katharer an die Seelenwanderung geglaubt haben sowie an die Wiedergeburt in einem menschlichen, aber auch tierischen Körper.

Durch tugendhaften Lebenswandel, Askese und die Abkehr von allem Weltlichen strebten die Katharer nach göttlicher Erlösung. Es galt, weder Mensch noch Tier zu töten, keusch zu leben, zu fasten, auf jegliche tierische Nahrung, also auch auf Butter und Eier, zu verzichten, nicht nach Besitz zu streben und keine Eide zu leisten. Wer die Regeln streng befolgte, war ein ›wahrer Christ‹ oder ›guter Mensch‹, dessen Seele bereits zu Lebzeiten zu Gott gefunden hatte. Erst die Inquisition bezeichnete die guten Menschen

Lesetipps
Die von Geheimnissen umwobene Epoche der Katharer hat neben Historikern auch immer wieder Mystiker und Okkultisten auf den Plan gerufen und zudem viel Stoff für spannende Historienromane geliefert.
Kate Mosse: Das verlorene Labyrinth. München 2006. Bei Ausgrabungen in einer Höhle in Südfrankreich stößt die Britin Alice Tanner auf zwei Skelette und eine mysteriöse Zeichnung. Eine Zeitreise führt sie zurück ins 13. Jh., wo sich ihr Schicksal mit dem des Katharer-Mädchens Alaïs verknüpft.
Helene Luise Köppel: Das Gold von Carcassonne. Berlin 2007. Carcassonne im Jahr 1299. Die Inquisition verbreitet in der Stadt Angst und Schrecken. Allen Warnungen zum Trotz wird die blutjunge Witwe Rixende die Geliebte des Inquisitors. Dabei hat das Schicksal sie zur Hüterin der geheimen Worte, dem Schatz der Katharer, bestimmt.

als Vollkommene *(parfaits)*. Auch der Begriff Katharer, woraus sich das deutsche Wort Ketzer ableitet, wurde erst später geläufig. Daneben ist der Name ›Albigenser‹ in Gebrauch, abgeleitet von der Stadt Albi, einer Hochburg der Katharer im Süden Frankreichs.

Die Vollkommenen – Männer ebenso wie Frauen – zogen als Prediger durchs Land und erteilten den einfachen Gläubigen auf dem Sterbebett das *consolamentum* (Tröstung). Dieses sollte auch den Schwachen und Sündern die Pforte zum Reich des Lichts öffnen.

Die Unterwerfung des Südens

Die Katharer sowie deren Sympathisanten und Beschützer aus den Reihen mächtiger und selbstbewusster Feudalherren, namentlich die Grafen von Toulouse und die Vizegrafen von Trencavel, stellten zunehmend eine Bedrohung der christlichen Weltordnung dar. Papst und König sahen ihre uneingeschränkte Herrschaft in ernster Gefahr.

Um den rebellischen Süden zu zügeln, initiierte Papst Innozenz III. eine militärische Strafaktion. Die Ermordung des päpstlichen Gesandten Pierre de Castelnau an den Ufern der Rhône bei St-Gilles lieferte Innozenz 1208 den willkommenen Vorwand, Christen in ganz Europa zu den Waffen gegen die Katharer und ihre adeligen Anhänger zu rufen. Im Juni 1209 stand ein mächtiges Kreuzfahrerheer in Lyon zum Abmarsch bereit, denn jeder war sicher, im Süden reiche Beute zu machen.

Bereits im Juli 1209 eroberten die päpstlichen Truppen unter dem Oberbefehl von Simon de Montfort Béziers. Knapp einen Monat später ergab sich Carcassonne. Mordend und brandschatzend zogen die chistlichen Ritter weiter durchs Languedoc: Fanjeaux, Bram, Minerve, Termes – keine Burg konnte dem Ansturm standhalten. Im gesamten Süden loderten die Scheiterhaufen, auf denen die Katharer hingerichtet wurden. Nur Toulouse wehrte 1211 die Belagerung der Kreuzfahrer erfolgreich ab. Nachdem Simon de Montfort 1218 beim erneuten Kampf um Toulouse durch einen Steinwurf getötet wurde, brach ein neues Kreuzfahrerheer gegen Süden auf.

1226 beteiligte sich schließlich der französische König Ludwig VIII. höchstpersönlich an den Kämpfen, bot dies doch die Gelegenheit, die nahezu autonom regierenden lokalen Fürsten zu entmachten und den Süden der französischen Krone einzuverleiben. Nach 20 Jahren Schlachtgetümmel war der Widerstand der Katharer und der Feudalherren schließlich weitgehend gebrochen. Der Vertrag von Meaux beendete 1229 offiziell den Albigenserkrieg, wodurch das Languedoc an Frankreich fiel und die Unabhängigkeit Okzitaniens endgültig beendet war.

Die Flammen der Inquisition

Doch noch kehrte keine Ruhe im Land ein. Die überlebenden Katharer verschanzten sich im schwer zugänglichen Bergland der südlichen Corbières auf den Burgen der ihnen weiterhin wohlgesonnenen lokalen Fürsten. Aber auch diese Zufluchtsorte wurden mit Hilfe der Inquisition, die Misstrauen und Terror unter der Bevölkerung verbreitete, aufgespürt und vernichtet.

Die letzte große Schlacht fand um die Burg Montségur statt. Diese Ikone des katharischen Glaubens und des freien Okzitaniens musste 1244 nach zehnmonatiger Belagerung an die päpstlichen Truppen übergeben werden. Über 200 Katharer weigerten sich, ihrem Glauben abzuschwören, und zogen es vor, auf dem Scheiterhaufen zu sterben. Mit Quéribus fiel 1255 die letzte Fluchtburg der Katharer. Der angeblich allerletzte Katharer, Guillaume Bélibaste, starb 1321 in Villerouge-Termenès auf dem Scheiterhaufen.

Nach Jahrhunderten der Vergessenheit erwachte im 19. Jh. wieder das Interesse an der Geschichte der Katharer und deren Glaubenslehren. Da die Katharer weder Kultstätten noch Dokumente hinterließen, bilden die Protokolle der Inquisition die einzige historische Quelle. Vor Ort kann man der Geschichte der Katharer in den Dörfern und Burgen nachspüren, in denen sie vor langer Zeit lebten.

Museen

Maison Déodat Roché: Alles über die wissenschaftliche Auseinandersetzung mit dem Katharismus im Geburtshaus des 1978 verstorbenen Gelehrten Déodat Roché (Arques, Tel. 04 68 69 82 87, www.chateau-arques.fr, tgl. März, Okt./Nov., 10–13, 14–17, April/Mai 10–13, 14–18, Juni, Sept. 10–18, Juli/Aug. 10–19 Uhr, 5 € inkl. Burg).

Musée Hurepel: Kleine Tonfiguren erzählen in szenischen Bildern von den Katharern (Minerve, 5, rue des Martyrs, Tel. 04 68 91 12 26, www.hurepel.com, tgl. April–Okt. 10.30–12.45, 14–18 Uhr, 3 €).

Musée du Catharisme: Ausstellung über die Katharer und ihre Epoche (Rue des Casernes, Mazamet, Tel. 05 63 61 56 56, www.maison-memoires.com, Juli/Aug. Mo–Sa 10–12, 14–18, So 14.30–18.30, April–Juni, Sept./Okt. Di–Sa 10–12, 14–17, Febr./März, Nov.–Mitte Dez. Mi, Sa 10–12, 14–17 Uhr, 3 €).

Château et Musée de Montségur: Der Aufstieg zur Burgruine und das Museum im Ort vermitteln Einblicke in den Alltag im 13. Jh. (Tel. 05 61 01 06 94, www.montsegur.fr, Château tgl. Juli/Aug. 9–19, April–Juni, Sept. 10–18, März, Okt. 10–17, Febr., Nov./Dez. 11–16 Uhr, 5 €, Musée tgl. Mai–Sept. 11–13, 14–19, April, Okt. 14–18, Febr./März, Nov./Dez. 14–17 Uhr).

Zuflucht und Verteidigung – Burgen, Forts, Wehrdörfer

Gruissan – kreisförmig ordnen sich die Häuser um die Ruine der Burg

Nach dem Niedergang des Römischen Reiches durchlebte die Region zwischen Rhône und Pyrenäen unruhige Zeiten. Befestigte Städte und Dörfer, Burganlagen und Zitadellen erzählen vom Mittelalter und von den nicht endenden Konflikten und Kriegen.

Die Vandalen und später die Westgoten eroberten die Region. Von Süden drangen die Sarazenen vor. Vor allem die Dörfer an der Küste fürchteten ihre Überfälle ebenso wie die der Normannen einige Zeit später. Dazu gesellten sich die Rivalitäten örtlicher Feudalherren. Kaum kehrte Ruhe ein, da spaltete der Kreuzzug gegen die Katharer den Süden. Während des Dreißigjährigen Krieges zogen Soldatenbanden plündernd und mordend durchs Land. Nicht zu vergessen sind die Zwistigkeiten mit Spanien und die daraus resultierende Sicherung der südlichen Grenze.

Zitadellen in schwindelnder Höhe

Die Felsenfestungen in der Montagne Noire, den Corbières und den Ausläufern der Pyrenäen boten den verfolgten Katharern Zuflucht und wurden daher als Katharerburgen (*châteaux cathares*) berühmt. Wie Adlerhorste thronen die Burgen uneinnehmbar auf steilen Felsen. Aus der Ferne sind sie kaum auszumachen, scheinen doch ihre Mauern mit dem Berg verwachsen zu sein. Meist gruppieren sich mehrere Wohngebäude um einen mächtigen eckigen Verteidigungsturm, den *donjon*. Umschlossen wird das Ensemble von einer oder mehreren Ringmauern.

Nach dem Sieg über die Katharer und die ihnen wohlgesinnten lokalen Fürsten fiel das Languedoc Anfang des 13. Jh. an die französische Krone. Die zuvor belagerten Burgen wurden nun zu wehrhaften Grenzfesten ausgebaut. Insbesondere Aguilar, Quéribus, Peyrepertuse, Puilaurens und Termes – die ›Fünf Söhne von Carcassonne‹ – sollten den Süden des Frankenreichs gegen Angriffe aus Spanien sichern. Mit dem Pyrenäenfrieden 1659 verloren die Burgen endgültig ihre Bedeutung. Dem Verfall preisgegeben, dienten sie den Bewohnern der umliegenden Dörfer oftmals als willkommener Lieferant von kostenlosem Baumaterial.

Kreis und Mauer

In der Ebene von Hérault und Aude fand die Landbevölkerung um das Jahr 1000 in den *circulades* Sicherheit. Aus der Vogelperspektive erklärt sich die Anlage dieser Dörfer von selbst: Die Häuser sind ringfömig um eine Burg, wie etwa in Gruissan, oder um eine befestigte Kirche, wie etwa in St-Pons-de-Mauchiens, erbaut. Die größte *circulade* ist Bram, westlich von Carcassonne am Canal du Midi gelegen. Der strategische Vorteil der ringförmig angelegten Ortschaften bestand in der Vermeidung von toten Winkeln. Ein Befestigungswall erübrigte sich meist, da der jeweils äußere Häuserring entsprechend verstärkt war und nur wenige Öffnungen aufwies. Etwa 50 Dörfer im Languedoc machen heute auf ihren Ortsschildern mit dem Label *Circulade – 1000 ans d'histoire* auf ihre lange Geschichte und ihre städtebauliche Besonderheit aufmerksam.

Auf der weiten und wilden Hochfläche des Causse du Larzac trotzt hinter starken Mauern La Couvertoirade allen Unbillen der Zeit. Die Befestigungsmauern samt Türmen wurden im 15. Jh. von den Johannitern (*hospitaliers*) errichtet. Auch die Mehrzahl der Häuser stammt aus dieser Zeit. Die Burg hingegen war bereits im 12. Jh. von den Templern (*templiers*) gegründet worden und unterstand deren Komturei Ste-Eulalie-de-Cernon. 1312 wurden die Templer der Ketzerei beschuldigt, ihr Orden aufgelöst und ihr Besitz den Johannitern übereignet.

Auch die größeren Macht- und Handelszentren verschanzten sich schon seit der Antike hinter mächtigen Stadtmau-

Sentier Cathare

Der Weg führt von Port-la-Nouvelle am Mittelmeer landeinwärts bis nach Foix im Département Ariège. Trainierte Wanderer können die 250 km lange gebirgige Strecke durch das Pyrenäenvorland in zwölf Etappen von je 3.30–7.15 Std. Dauer bewältigen. Auf den Spuren der Katharer sind dabei einige der beeindruckendsten Festungsanlagen zu entdecken, die im Mittelalter im Süden Frankreichs geschafffen wurden (www.lesentiercathare.com).

ern. Zahlreiche Befestigungsanlagen wurden im Laufe der Jahrhunderte geschleift. In Nîmes sind noch Reste der römischen Stadtmauer erhalten, in Marvejols, Villeneuve-lez-Avignon oder Perpignan erinnern Tore und Mauerreste an die mittelalterlichen Bollwerke. Unbeschadet erheben sich aus den Weiten des Marschlandes im Rhône-Delta die Stadtmauern von Aigues-Mortes. Mitte des 13. Jh. hatte Ludwig der Heilige die Stadt als Hafen für sein Kreuzfahrerheer errichten lassen. Das Idealbild einer mittelalterlichen Festungsstadt verkörpert zweifelsfrei das UNESCO-Welterbe Carcassonne mit seinem doppelten Mauerring und den unzähligen Wehrtürmen.

Immer auf der Hut

Selbst Kirchen wurden ab Ende des 10. Jh. im Süden Frankreichs wehrhaft ausgebaut. Hohe Mauern mit wenigen schmalen Öffnungen, Pechnasen und Zinnenkranz verleihen ihnen das Aussehen kleiner Festungen und ihre Glockentürme in Form von Donjons eigneten sich hervorragend als Wachtposten. Insbesondere an der Küste, so beispielsweise in Maguelone und Agde, boten die robusten Bauwerke der Bevölkerung Zuflucht bei Überfällen von See aus.

An den schönsten Aussichtsplätzen an der Côte Vermeille sowie in den Pyrenäen stößt man vielfach auf mittelalterliche Türme und Turmruinen, etwa die Tour Madeloc bei Banyuls. Diese Wachttürme *(tours de guet),* in exponierter Lage und in Sichtweite voneinander errichtet, dienten als Beobachtungsposten und Signalstationen. Mittels Rauch- und Feuerzeichen konnte die Bevölkerung in Windeseile vor feindlichen Angriffen gewarnt werden.

Das Forteresse de Salses wurde von Vauban weiter verstärkt

Der Mann der neuen Grenzen

Im 17. Jh. reiste Vauban, der Baumeister von Ludwig XIV., kreuz und quer durch Frankreich, entwarf neue Verteidigungsanlagen und verbesserte bereits vorhandene Bollwerke gegen Artillerieangriffe. Der König ließ ihm dabei vollkommen freie Hand.

Nach dem Pyrenäenfrieden organisierte Vauban im Roussillon die Sicherung der neuen Grenze. In Mont-Louis entstand ab 1679 in nur zwei Jahren aus dem Nichts eine neue Festungsstadt. Bis heute nutzt das Militär die Zitadelle, die umittelbar neben dem ebenfalls von Mauern und Graben umschlossenen Dorf liegt. Im selben Jahr ließ Vauban die weiter unten im Tal der Têt gelegene mittelalterliche Festung Villefranche-de-Conflent verstärken und durch das Fort Liberia ergänzen.

Vaubans Handschrift ist unverkennbar. Auch dem Palais des Rois de Majorque in Perpignan, dem Château Royal in Collioure und der Forteresse de Salses drückte er seinen Stempel auf. Diese Festungen waren bereits unter der Herrschaft der Könige von Arágon errichtet worden. Sie sollten seinerzeit den Machtanspruch der Spanier diesseits der Pyrenäen im wahrsten Sinne des Wortes untermauern.

Vauban verstand es, bei allen Projekten die natürlichen strategischen Vorteile optimal zu nutzen. Seine Entwürfe überzeugen nicht nur unter militärischen, sondern auch unter ästhetischen Aspekten. Bei all dem vergaß er nie, dass seine Bauwerke den Ruhm des Königs und Frankreichs mehren sollten. Viele der von Vauban geschaffenen Befestigungsanlagen fanden 2007 Aufnahme ins UNESCO-Welterbe, so auch Mont-Louis und Villefranche-de-Conflent im Roussillon.

Im Rausch der Farben – die Fauvisten in Collioure

Im Sommer 1905 machen Henri Matisse und André Derain den kleinen Fischerhafen an der Côte Vermeille zur Experimentierstube der modernen Malerei. Sie wollen das ungewöhnliche Licht und die starken Farben einfangen und begründen so den Fauvismus.

Im Mai 1905 ist Collioure nichts weiter als ein typischer katalanischer Fischerhafen, eingefasst von Bergen, wo auf Terrassen Wein für den Eigenbedarf wächst. Die gepflasterten Straßen säumen schmale Häuschen in der Farbe der umliegenden Hügel. An den drei Stränden liegen die katalanischen Barken eine neben der anderen. Morgens, wenn der Fang – in erster Linie Sardellen und Sardinen – ausgeladen ist, versperren die Masten, an denen die typischen dreieckigen Segel zum Trocknen flattern, den Blick auf die Bucht.

Bei Madame Rosette

Henri Matisse kommt mit dem Zug aus Paris in Collioure an und nimmt Quartier in der einzigen Herberge des Dorfes, im Hôtel de la Gare. Fremde werden hier zunächst einmal beargwöhnt. Doch dank seines ehrlichen Gesichts kann Matisse das Vertrauen der Wirtin Madame Rosette gewinnen.

Einige Wochen später klopft auch André Derain, den eine Postkarte seines Malerfreundes Matisse neugierig gemacht hat, bei Madame Rosette an. Dieser Fremde – ein dürrer Riese, ganz in Weiß gekleidet, mit einem langen Bart und den Augen einer Katze – gefällt ihr gar nicht. Doch wegen ihrer Verbundenheit mit Monsieur Henri erhält auch Derain ein Zimmer.

Zwei ›wilde Tiere‹ streifen durch Collioure

Zusammen durchstreifen die Malerkollegen das Dorf und die umliegenden Hügel. Sie arbeiten ununterbrochen, nehmen sich sogar manchmal kaum Zeit für das Mittagessen. Nicht selten stellen sie ihre Staffeleien oberhalb von Collioure auf, dort wo sie die Dorfszenerie bestens im Blick haben. Sie malen den Port d'Avall mit den bunten Booten, den Turm von Notre-Dame-des-Anges, das Château.

Ein Teil ihrer Werke entsteht auf dem von einer schmiedeeisernen Balustrade eingefassten Balkon des Maison Soulier. Matisse bezieht Anfang Juli 1905 dieses Haus im Quartier Boramar, als ihn seine Frau in Collioure besucht. Manchmal willigen auch die Einheimischen ein, dass die Maler ihre Stube als Atelier nutzen. Dementsprechend bilden Zimmerfenster auf mehreren Gemälden den Vordergrund.

Beide Künstler fasziniert vor allem das einzigartige goldene Licht, das die Konturen verwischt und die Farben aufleuchten lässt. In ihren Bildern

So malte Henri Matisse 1905 »Collioure«

versuchen sie, ihren subjektiven Gefühlen Ausdruck zu verleihen. Dazu bedienen sie sich reiner, gesättigter Farben, die sie als Flecken nebeneinandersetzen – eine Methode, die die Perspektive vernachlässigt.

Skandal im Kunstsalon

Derain, der sich während seines nur zweimonatigen Aufenthalts ganz und gar der Malerei widmete, hat bei seiner Rückkehr nach Paris 30 Gemälde, 20 Zeichnungen und an die 50 Entwürfe im Gepäck. Darunter einige der wichtigsten Werke seines künstlerischen Schaffens, die er zusammen mit Matisse, de Vlaminck und anderen Künstlerfreunden beim Herbstsalon in Paris präsentiert.

Der Skandal ist perfekt! Die schreienden Farben, die scheinbar grobe Pinselführung und die verzerrten Perspektiven schockieren das Publikum. *»Donatella dans la cage aux fauves!«* (Donatella im Raubtierkäfig!), entfährt es dem Kunstkritiker Louis Vauxcelles beim Anblick einer zarten Mädchenbüste inmitten dieser Farborgie. Die ›Fauves‹ sind geboren, und Matisse wird zum Anführer dieser »Bande von wilden Tieren im Malerkittel« erklärt.

In den folgenden Jahren verbringt Matisse regelmäßig längere Zeit in Collioure, seine Kinder gehen im Ort sogar zur Schule. Auch Dufy, Braque, Picasso und andere Maler besuchen das Hafenstädtchen an der Côte Vermeille. Heute führt der Chemin du Fauvisme auf den Spuren von Matisse und Derain durch Collioure.

Okzitanien und Katalonien – zwei Flaggen, zwei Kulturen

Die Sardane tanzen die Katalonen diesseits und jenseits der Pyrenäen

Zwischen Nîmes und Carcassonne flattert das Banner mit dem gelben Kreuz Okzitaniens, während das Roussillon südlich von Salses mit (blut)roten und goldenen Querstreifen Flagge zeigt und damit seine Zugehörigkeit zu Katalonien betont. Dennoch sind die okzitanische und die katalanische Kultur eng miteinander verwandt und in der antiken römischen Tradition verwurzelt.

Okzitanien bezeichnete das Gebiet südlich der Loire, in dem früher die *langue d'oc* gesprochen wurde, im Gegensatz zur *langue d'oil* des Nordens. *Oc* und *oil* bedeuteten dabei ›ja‹ in dem jeweiligen Idiom. Die Sprache gab dann auch der historischen Provinz Languedoc den Namen.

Die Kultur des alten Okzitanien war ihrer Zeit weit voraus. Bereits im dunklen Mittelalter zeichnete sie sich durch Liberalität, Toleranz und ein geradezu modernes Bild der Frau und der Liebe aus. Die *langue d'oc* avancierte im 11. Jh. durch die Troubadourdichtung sogar zur ersten europäischen Literatursprache.

Die katalanische Welt – diesseits der Pyrenäen im Roussillon ebenso wie jenseits der Bergkämme – wurde durch die Reconquista und die Gründung zahlreicher Klöster geprägt. Literatur und Kunst waren dem christlichen Glauben und insbesondere der Marienverehrung verpflichtet. Der religiöse Eifer manifestiert sich noch heute in den Prozessionen zur Karwoche sowie in Marienwallfahrten.

Zurück zu den Wurzeln

Während das Languedoc nach den Kreuzzügen gegen die Katharer zu Beginn des 13. Jh. unter die Herrschaft der nordfranzösischen Zentralmacht geriet, konnte das Roussillon als Teil des Königreichs Mallorca die katalanische Kultur weiter festigen. Erst 400 Jahre später ereilte auch das Roussillon im Rahmen des Pyrenäenfriedens das Schicksal des benachbarten Languedoc: Es fiel an Frankreich. Dennoch hat das Gefühl der Zugehörigkeit zur katalanischen Kultur allen, teils gewalttätigen Übergriffen aus Paris getrotzt. Im Gegensatz zum spanischen Catalunya, das 1980 den Status einer autonomen Provinz errungen hat, entspringen die Rufe nach Unabhängigkeit im Roussillon allerdings weitgehend einem volkstümlichen Regionalismus ohne politische Dimension. Die katalanische Identität wird auch heute noch beim Tanz der *sardane,* die unter Franco in Spanien verboten war, beschworen.

Im Languedoc leben regionale Traditionen bei den Joutes nautiques, den Courses camarguaises und den Jeux de tambourin fort. Seit einigen Jahren bemüht sich die Regionalregierung mit dem Festival Total Festum um die Pflege des kulturellen Erbes – sei es nun okzitanisch oder katalanisch. Im Juni finden landauf, landab Lesungen, Konzerte und Theateraufführungen in den regionalen Idiomen statt. Wobei selbstverständlich auch die lukullischen Traditionen nicht vernachlässigt werden.

Vor allem aber manifestiert sich die Rückbesinnung auf das katalanische bzw. okzitanische Erbe im Bereich der Sprache. Eine wachsende Zahl von Schülern besucht zweisprachige Grundschulen – im Languedoc heißen sie *calandreta,* im Roussillon *bressola*. Dass der Süden Frankreichs dreisprachig ist, dass nämlich neben Französisch auch *occitan* und *català* gepflegt werden, darauf machen den Reisenden mehrsprachige Ortsschilder aufmerksam.

Die Sprachen des Midi

1539 erließ Franz I. das Edikt von Villers-Cotterêts, erhob so den Pariser Dialekt zur Amtssprache und machte den Süden ›sprachlos‹. Aber erst durch die allgemeine Schulpflicht, eingeführt von der Französischen Revolution 1789, wurden die regionalen Sprachen in den häuslichen Bereich verbannt und galten schließlich als Dialekte einer rückständigen Landbevölkerung.

Das Katalanische, das auch jenseits der Pyrenäen und in Andorra gesprochen wird, konnte dem Französischen besser widerstehen als das Okzitanische. Während der Franco-Diktatur

Einige Worte occitan – català

Guten Tag
bonjorn – bon dia
willkommen
benvenguda – benvingut
Wie geht es?
Consi anatz? – Com esteu?
bitte
per plase – si us plau
danke
mercé – gràcies
Entschuldigung
perdon – perdoni
ja
òc – sí
Auf Wiedersehen
al reveire – adéu

wurde die Sprache erst recht zum Vehikel des Protests gegen die Unterdrückung. Literarische und musikalische Strömungen wie Nostra Terra oder das Nova Canço und sein berühmter Sänger Lluís Llach verstärkten ab Mitte des 20. Jh. die Popularität des Katalanischen. In Andorra und in Katalonien ist *català* sogar die offizielle Sprache.

Die *langue d'oc* mit ihren diversen regionalen Ausprägungen, z. B. Gaskonisch im Südwesten oder Provenzalisch im Südosten Frankreichs, drohte dagegen zu verschwinden. Anfang des 19. Jh. erwachte die bereits totgeglaubte Sprache durch die Veröffentlichung einer Sammlung von Troubadour-Gedichten zu neuem Leben. Besondere Meriten bei der Wiedergeburt der *langue d'oc* erwarben der Dichter Frédéric Mistral und der von ihm 1854 gegründete Literatenzirkel *félibrige* bzw. *lou felibrige* auf *occitan.* In Toulouse bemühte sich ab 1945 das Institut d'Etudes Occitanes um eine Neubelebung und Reformierung des Okzitanischen, indem es eine verbindliche Schreibweise und Grammatik für alle okzitanischen Dialekte festlegte. Das vorläufig endgültige Wörterbuch des Okzitanischen erstellte der 2006 verstorbene Louis Combes.

Zur Popularität des Okzitanischen trugen nicht zuletzt Sänger wie Patric, Claude Marti und Mans de Breish bei. Die Musikgruppe Massilia Sound System entwickelte in den 1980er-Jahren eine neue okzitanische Musik, indem sie alte Melodien mit modernen Musikstilen und Instrumenten kombinierte. Auch die Fabulous Trobadors oder Mauresca Fracàs Dub vermischen moderne Rhythmen, von Jazz über Folk und Rap bis Punk, mit okzitanischen Klängen und kreieren daraus den sogenannten *ragga-aïoli.* Erfolge feiert auch die Gruppe Du Bartàs mit traditionellen polyphonen Liedstücken.

Katalonisch und Okzitanisch wurden 1951 durch das Gesetz Deixone als Unterrichtsfach an staatlichen Schulen zugelassen und sind seit 1969 neben dem Französischen auch bei den Abiturprüfungen als gleichwertige Sprache anerkannt. Jedoch gilt Französisch gemäß Artikel 2 der Verfassung weiterhin als einzige legitime Sprache der Republik: *»La langue de la république est le français«.* Bis heute hat Frankreich nicht einmal die Europäische Charta zur Förderung der Regionalsprachen ratifiziert.

Lo CIRDOC

Das **Centre Interrégional de Documentation Occitane** widmet sich der Pflege und Verbreitung der okzitanischen Kultur und Sprache und unterhält in Béziers eine umfangreiche Mediathek. Im Internet informiert das Portal www.locirdoc.fr.

Rote Barke gegen blaue Barke – Joutes nautiques

Mit Schild und Lanze auf schwankendem Boot

In den Sommermonaten beleben die joutes nautiques die Fischerhäfen im Hérault und Gard. In Weiß gekleidet kämpfen die Ritter des nassen Elements um die Ehre – die eigene und die ihres Clubs.

Nur einmal, 1891, wagten zwei Frauen, die Schwestern Anne und Elyse Sellier aus dem Fischerviertel Pointe Courte in Sète, die Sprossen der *tintaine* zu erklimmen. So sind die Joutes nautiques, die Fischerstechen in Sète und den umliegenden Gemeinden, bis heute reine Männersache. Doch am Clubleben nimmt die ganze Familie regen Anteil.

Bootsritter ist man von Geburt an! Ob das Talent bzw. das Gewicht reicht, zeigt sich erst später. So trainieren bereits die ganz Kleinen, kaum dass sie stehen können, auf dem Trockenen, wobei ein kleines Wägelchen das Boot ersetzt. Mit acht Jahren beginnt das Training auf dem Wasser. In den traditionellen weißen Ruderbooten – das eine immer rot, das andere blau verziert – nehmen die *jouteurs* dann erstmals ihre Kampfposition ein. Auf der obersten Sprosse der *tintaine,* die wie eine Art Leiter am Heck der Boote emporragt, stehen sie gut und gerne 2–3 m über dem Wasser.

Die Ritter des hl. Ludwig

Mehr als ein Dutzend Clubs – davon allein sechs aus Sète – streiten alljährlich darum, wer die stärksten und standhaftesten Lanzenstecher hat. Den Auftakt der Saison bildet in der Regel am ersten Wochenende im Juni das

Turnier der Pointe Courte in Sète. An jedem weiteren Samstag und Sonntag im Sommer findet das Spektakel dann in einem anderen Hafen, aber auch auf dem Hérault in Agde oder dem Orb in Béziers statt. Mit dem Kampf um die – wenn auch regional stark begrenzte – französische Meisterschaft endet die Saison im September.

Höhepunkt in jedem Jahr ist sicherlich die St-Louis, das Turnier zu Ehren des Stadtpatrons von Sète, um den 25. August. Seit 1846 bildet der Canal Royal den passenden königlichen Rahmen für dieses Ereignis. Jeder *jouteur* träumt davon, hier zu gewinnen. Die Sieger schreiben nicht nur Stadtgeschichte, sondern werden sogar im Musée Paul Valéry geehrt.

Die Geschichte der Joutes geht auf das Jahr 1270 zurück. In Aigues-Mortes sollen sich die Kreuzfahrer des hl. Ludwigs die Warterei bis zur Einschiffung mit Lanzenspielen von Boot zu Boot vertrieben haben. 1601 trug Agde ein Turnier zu Ehren des Duc de Montmorency aus und 1629 unterhielt Frontignan den Kardinal Richelieu auf diese Weise. Auch die Vollendung des Canal du Midi und die Gründung von Sète wurden 1666 mit einem Fischerstechen gefeiert.

Mit Schild und Lanze auf der tintaine

Die Wettkampfteilnehmer sind nach Alter und Gewicht in vier Klassen eingeteilt, wobei den Schwergewichten von über 85 kg stets das meiste Interesse und die größte Bewunderung zuteil werden. Zu Beginn des Kampfes bezieht der weiß gekleidete *jouteur*, ausgerüstet mit einem hölzernen Schild *(pavois)* und einer 2,80 m lan-

Ob rote Barke oder blaue Barke – die Ruderer haben die anstrengenste Aufgabe

gen hölzernen Lanze *(lance)*, seine Stellung auf der *tintaine*. Zu einer eigentümlich anmutenden Melodie von Oboe und Trommel legen sich die Ruderer in die Riemen, die Boote bewegen sich aufeinander zu und die Ritter senken ihre Lanzen zum Angriff.

Begleitet vom Gejohle des Publikums versuchen sie, den Gegner mit einem gezielten Lanzenstoß auf dessen Schild ins Wasser zu befördern. Rutscht dabei die Hand auf der Lanze zu weit nach vorne, ist das Spiel ebenfalls verloren. Über die Einhaltung der Regeln wacht ein mehrköpfiges Kampfgericht, dessen Urteile nicht selten Anlass zu temperamentvollen Diskussionen geben. Die Sieger des mehrstündigen Wettkampfs werden von den Zuschauern mit einem abschließenden Defilée gefeiert.

Die sportlichste und sicherlich schweißtreibendste Rolle dürfte wohl fraglos den zehn Ruderern *(rameurs)* zukommen. Sie müssen die Boote wieder und wieder auf Tempo bringen und legen so an einem Nachmittag eine Strecke von bis zu 50 km zurück. Verdienste erwirbt sich auch eine Musiktruppe, die in den Pausen während des Schlachtgetümmels flotte Rhythmen spielt und so für das entsprechend südliche Ambiente sorgt.

Hintergründe und Aktuelles
Im **Musée Paul Valéry** in Sète wird die Geschichte der Joutes anhand von Gemälden, Originalschilden, Kostümen und Bootsmodellen nachgezeichnet (s. S. 143). Aktuelle Informationen und Termine findet man auf der **Website** des Vereins der Jeune Lance Sportive Mézoise unter www.joutes.com.

Im Büßergewand durch Perpignan – la Sanch

Karfreitag, Schlag 15 Uhr, kündigen metallisches Geläut und ein kurzer, dumpfer Trommelwirbel den Beginn der Procession de la Sanch an. In den Gassen von Perpignan hält für drei Stunden das Mittelalter Einzug.

Anfang des 15. Jh. kam der spanische Dominikanermönch Vincent Ferrier zu Missionszwecken ins Roussillon. Seine flammenden Predigten über den Leidensweg Christi blieben nicht ohne Wirkung. In Perpignan gründete sich die *Confrérie du Très Précieux Sang de Notre Seigneur Jésus-Christ,* kurz *Confrérie de La Sanch.* Diese Bruderschaft des kostbaren Blutes (katal. *sanch)* unseres Herrn Jesus Christus erinnerte in Bußumzügen an die Passion. Darüber hinaus übernahm sie seelsorgerische Aufgaben, insbesondere begleitete sie die zum Tode Verurteilten auf dem Weg zur Hinrichtungsstätte. Dabei verlieh eine von allen getragene Kapuzenkappe dem Verurteilten Anonymität und bewahrte ihn davor, vom Mob vorzeitig gelyncht zu werden.

Unter der ›caperutxa‹

Angeführt vom *régidor* mit der eisernen Handglocke startet die Sanch an der Kirche St-Jacques. Die Frauen tragen Schwarz, während die Männer in die Furcht einflößende schwarze oder scharlachrote *caperutxa* gehüllt sind, eine bodenlange Kutte mit spitzer Kapuzenkappe. Zum Zeichen besonderer Bußfertigkeit ist der eine oder andere Teilnehmer sogar barfuß unterwegs. Zum Gesang katalanischer Kirchenlieder *(goigs)* bewegt sich die Prozession gemessenen Schrittes in Richtung der Kathedrale St-Jean.

In allen Gassen, insbesondere rund um das Castillet, drängen sich die Journalisten und Schaulustigen – Touristen ebenso wie Einheimische und Zigeuner aus dem benachbarten Viertel St-Jacques. Schlagartig verstummt die Menge beim Anblick der Vermummten, während der metallene Klang der Glocke und dumpfe Trommelwirbel eine Gänsehaut verursachen.

Vorneweg wird ein mächtiges Kreuz mit Zeichen der Passion – u. a. Hahn, Hammer, Nägel, Lanze und Dornenkrone – getragen. Es ist nur eines der zahlreichen mit Blumen geschmückten *misteris* des Prozessionszuges. Diese lebensgroßen Skulpturen, die einzelne Szenen der Kreuzigung darstellen, wiegen schwer und müssen meist von mehreren Personen gemeinsam geschultert werden.

Seit 1950 zieht die Sanch, 1777 nach Selbstgeißelungen und sadomasochistischen Ausschreitungen verboten, wieder durch Perpignan. Für die einen ist sie Ausdruck tiefer Religiosität, für die anderen ein grandioses touristisches Spektakel.

Die ›caperutxa‹ schützt vor neugierigen Blicken

Unterwegs in Languedoc & Roussillon

Der Hafen von Sète – Tor zum Mittelmeer

Das Beste auf einen Blick

Zwischen Ardèche und Camargue

Highlights!

Pont du Gard: Der Aquädukt über den Gardon ist mit seinen Arkadengeschossen das spektakulärste Bauwerk der Römer im Süden Frankreichs. 1985 wurde er in das UNESCO-Welterbe aufgenommen. S. 99

Nîmes: Die Hauptstadt des Département Gard schlägt mit der Arena, der Maison Carrée und dem Carré d'Art einen Bogen von der römischen zur modernen Architektur. Mediterranes Leben entfaltet sich in ihrem historischen Zentrum zwischen Place de l'Horloge und Place aux Herbes. S. 107

Auf Entdeckungstour

Course camarguaise: Bei den unblutigen Stierkämpfen der Camargue konkurrieren Mensch und Stier in puncto Schnelligkeit und Geschicklichkeit. In der Petite Camargue, wo die *courses* fester Bestandteil des regionalen Sportprogramms sind, beschäftigen sich zahlreiche Bauernhöfe *(manades)* ausschließlich mit der Zucht der benötigten ›Kampf‹-Stiere. S. 116

Kultur & Sehenswertes

La Caverne du Pont d'Arc: Der Nachbau der Grotte de Chauvet an der Ardèche zeigt die ältesten Kunstwerke der Menschheit. S. 89

Villeneuve-lez-Avignon: In der ›neuen‹ Stadt am jenseitigen Rhône-Ufer errichteten die Kirchenmänner aus Avignon Residenzen und Klöster. S. 101

Aigues-Mortes: Unversehrt erhebt sich das Mauergeviert des alten Kreuzfahrerhafens aus den Weiten des Rhône-Deltas. S. 120

Zu Fuß & mit dem Rad

Wanderung zum Pont du Gard: Der Weg ab St-Bonnet-de-Gard erlaubt es, sich dem römischen Aquädukt zu Fuß zu nähern. S. 100

Camargue per Rad: Routen führen durch die Weinfelder der Costières de Nîmes und an den Rand der amphibischen Welt des Rhône-Deltas. S. 115

Genießen & Atmosphäre

Gorges de l'Ardèche: Von den Belvederes entlang der Route Touristique fällt der Blick atemberaubend tief in die Schlucht. S. 89

Uzès: Die von Arkaden umstandene Place aux Herbes gibt den stimmungsvollen Rahmen für den mediterranen Wochenmarkt am Samstag. S. 96

Vallée de la Cèze: Idyllische Döfer säumen den Lauf der Cèze, an ihren Ufern gedeihen die Côtes du Rhône. S. 93

Abends & Nachts

Les 3 Maures: Das Café gegenüber der Arena in Nîmes ist Treffpunkt der Stier- und Rugbyfans. Während der *feria* vibriert es im Flamenco-Rhythmus. S. 112

La Grande-Motte: In den Strandclubs lässt sich der Sundowner beliebig in die Nacht hinein ausdehnen. Besonders schick ist der Club Effet Mer. S. 125

An der Grenze zum Languedoc zieht die grandiose Felslandschaft der Gorges de l'Ardèche Zigtausende Touristen in ihren Bann – ob sie nun mit dem Auto auf der Panoramastraße oder mit dem Kanu auf dem Fluss unterwegs sind. Stiller und lieblicher ist das Tal der benachbarten Cèze, an deren Ufern Wein, Oliven und Obst gedeihen. Richtung Süden erstrecken sich die Garrigues des Département Gard. Im Frühjahr leuchtet der Ginster gelb und hüllt das Land in seinen schweren Blütenduft. Später steigt das würzige Aroma von Rosmarin, Thymian oder Lavendel in die Nase und das unermüdiche Zirpen der Zikaden betäubt das Gehör. Namengebend ist die weit verbreitete immergrüne Steineiche, auf Okzitanisch *garric.* Akzente setzen auf den Hügelkuppen hübsche Dörfer wie La Roque-sur-Cèze, Lussan oder Vézénobres. Auf dem Weg zum weltberühmten antiken Pont-du-Gard sollte man nicht versäumen, in der Herzogstadt Uzès Station zu machen. Weiter östlich an der Rhône bauten sich die Kardinäle aus dem nahen Avignon prächtige Paläste. Mit Monumenten aus 2000 Jahren wartet Nîmes auf, zugleich fühlt sich die Kapitale des Départements Gard den Traditionen der Camargue verpflichtet. Der Mythos der schwarzen Stiere und weißen Pferde, die im weiten Marschland des Rhône-Deltas umherziehen, wird bei *feria* und *course camarguaise* immer wieder neu belebt. In Aigues-Mortes sammelten sich einst die Kreuzfahrer Ludwigs des Heiligen. Heute sind die Gestade des Mittelmeers mit den Retortenstädten Port-Camargue und La Grande-Motte das Ziel des Sommertourismus.

Infobox

Regionale Websites
www.tourismegard.com
www.tourisme-gard-rhodanien.com
www.ardeche-guide.com
www.camarguecos tieres-tourisme.fr

Verkehr
Nîmes liegt an der TGV-Strecke Paris–Perpignan. Regionalzüge fahren mehrmals täglich nach Le Grau-du-Roi und Alès. Viele Orte sind zumindest zweimal täglich per Bus erreichbar (www.edgard-transport.fr, Ticket 1,50 €, 10er-Ticket 13 €).

Pont-St-Esprit ► R 5

Wer von Lyon aus entlang der Rhône zum Mittelmeer reist, überschreitet bei Pont-St-Esprit (10 000 Einw.) die Grenze zum Languedoc. Für den Dichter Frédéric Mistral war das Städtchen bezeichnenderweise das Tor zur heimischen Provence, die sich am linken Ufer des Flusses erstreckt.

Zu Beginn des 14. Jh. gab die Brücke zum Heiligen Geist dem Ort seinen Namen und begünstigte als strategisch wichtiger Rhône-Übergang seine wirtschaftliche Entwicklung. Die dicht beieinander stehenden Pfeiler der fast 1000 m langen **Pont St-Esprit,** gepaart mit widrigen Strömungsverhältnissen und Sandbänken, wurden so manchem Schiff zum Verhängnis. Denn bis ins 19. Jh. war die Rhône ein viel befahrener Transportweg. Einen schönen Blick auf das steinerne Bogenband, über das immer noch der Verkehr rollt, hat man von der **Place St-Pierre,** die die stattlichen Kirchen **St-Pierre** und **St-Saturnin** sowie eine kleine Kapelle flankieren.

In der **Maison des Chevaliers** (12. Jh.), deren Prunkräume im 14. und 15. Jh. mit Wandmalereien und

Holzdecken ausgestattet wurden, präsentiert das **Musée d'Art Sacré** sakrale Kunst und liturgische Objekte (2, rue St-Jacques, Di–So Juli/Aug. 10–12.30, 15–18.30, Sept.–Juni 10–12, 14–18 Uhr).

Gorges de l'Ardèche

▶ Q 4

Ein kurzer Abstecher in die Region Rhône-Alpes führt zu einer der beeindruckendsten Flusslandschaften Frankreichs. Jahr für Jahr zieht es Tausende von Kajakfahrern, aber auch Wanderer und Radfahrer sowie Kletter- und Höhlenfreaks an die Ardèche. Entsprechend überlaufen sind die Dörfer am Fluss in der Hauptferienzeit, während sich gleichzeitig an den Aussichtsterrassen an der D 290 der Verkehr staut.

In **St-Martin-d'Ardèche** am unteren Ende der Schlucht geht es noch vergleichsweise gelassen zu, denn die Kanutouren enden weiter flussaufwärts. Am Steilufer gegenüber bildet das mittelalterliche Örtchen **Aiguèze**, das wie ein Adlerhorst auf der Felskante klebt, einen hübschen Blickfang. Seine Burg war Teil einer Verteidigungslinie gegen die Sarazenen.

Von St-Martin klettert die **Route Touristique** zum Plateau de Gras empor, um sich dort parallel zu den Mäandern der Ardèche immer scharf am Abgrund vorbeizuschlängeln. An der Panoramastraße halten zwölf Aussichtspunkte mit spektakulären Blicken in die bis zu 300 m tiefe Schlucht die Reisenden in Atem. Nicht versäumen sollte man die **Belvédères de la Madeleine, de la Cathédrale, de Gournier, de Gaud** und **du Serre-de-Tourre.**

Aber auch unter der Erde hat die Ardèche faszinierende Landschaften geschaffen. Entlang der D 290 sind mehrere Höhlen für Besucher zugänglich, u. a. die **Grotte de la Madeleine** und die **Grotte de St-Marcel** sowie 5 km nördlich der Straße der **Aven de Marzal** mit einem Museum zur Höhlenerforschung und einem – besonders bei Kindern beliebten – prähistorischen Zoo.

Nach rund 30 km trifft die Straße wieder aufs Flussufer. Hier verpflichtet der **Pont d'Arc**, der gleich einem Sesam-öffne-dich den Eingang zum Canyon überspannt, zu einem Halt. Der natürliche Felsbogen hat dem nahen **Vallon-Pont-d'Arc** den Namen gegeben. Das Örtchen, das im Sommer 40-mal mehr Besucher als Einwohner zählt, ist nicht nur Hauptbasis der Bootsverleiher, sondern zugleich eine Hochburg des Camping-Tourismus. Entsprechend groß ist der Trubel.

Caverne du Pont d'Arc

Montée du Razal, Vallon-Pont-d'Arc, http://lacavernedupontdarc.org, Juli/Aug. 9–20.30, April–Juni, Sept. 10–19, Febr./März, Okt.–Mitte Nov. 10–18, Mitte Nov.–Jan. 10–17 Uhr, 13 €, 10–17 Jahre 6,50 €

Im Dezember 1994 macht Jean-Marie Chauvet nahe Vallon-Pont-d'Arc eine sensationelle Entdeckung: Er stößt auf eine Höhle mit den ältesten bekannten urzeitlichen Felsmalereien. Da die **Grotte Chauvet** aus konservatorischen Gründen nicht zur Besichtigung freigegeben werden sollte, entschloss man sich zu ihrem originalgetreuen Nachbau. Seit April 2015 können die ersten Kunstwerke der Menschheit in der **Caverne du Pont d'Arc** bestaunt werden. Die Faszination der ca. 36 000 Jahre alten Malereien wird auch in dem Dokumentarfilm »Die Höhle der vergessenen Träume« von Werner Herzog spürbar. Seit Sommer 2014 gehört die Chauvet-Höhle zum UNESCO-Welterbe.

Die Ardèche aktiv

Kanufahrten

Ca. 30 Bootsverleiher in Vallon-Pont-d'Arc: u. a. Base Nautique du Pont d'Arc, Tel. 33 04 75 37 17 79, www.canoe-ardeche.com; Alpha Bateaux, Rte. des Gorges de l'Ardèche, Tel. 04 75 88 08 29, www.canoe-france.com; Biwakplätze: Reservierung obligatorisch beim Syndicat de Gestion des Gorges de l'Ardèche (SGGA), Tel. 04 75 88 00 41, www.gorgesdelardeche.fr

Die Ardèche ist einer der beliebtesten Kajak- und Kanuparcours Europas. Bis zu 3000 Boote passieren im Juli und August täglich den Fluss! Der Wasserstand ist dann oftmals sehr niedrig und vor den Stromschnellen *(rapides)* bilden sich Staus. Allemal angenehmer ist die Kajak- oder Kanutour außerhalb der Hochsaison. Könner legen die ca. 32 km zwischen **Vallon-Pont-d'Arc** und der **Plage de Sauze** bei **St-Martin-d'Ardèche** an einem Tag in sechs bis sieben Stunden zurück. Hierbei müssen 25 Stromschnellen aller Schwierigkeitsgrade gemeistert werden. Wer Zeit hat, sollte jedoch zwei bis drei Tage für die Fahrt einplanen und im **Bivouac de Gaud** und **Bivouac de Gournier** übernachten.

Wanderungen

Aber keineswegs nur für Wassersportler ist die 1980 zum Naturschutzgebiet erklärte Réserve Naturelle des Gorges de l'Ardèche ein kleines Paradies. Denn zahlreiche Wanderpfade durchziehen die grandiose Landschaft. Voraussetzung für die **Durchquerung der Schlucht** ist eine gute Kondition. Nur sehr gut trainierte Wanderer bewältigen die **ca. 25 km** lange Strecke zwischen dem Weiler **Chames** und der **Plage de Sauze** an einem Tag in ca. zehn bis zwölf Stunden. Leichter zu bewältigen ist die Tour in zwei oder drei Etappen mit Übernachtung im Biwak (s. o.). Der Wanderweg verläuft meist am Ufer, setzt aber bei einigen Passagen Schwindelfreiheit voraus. Da der Fluss mindestens zweimal überquert werden muss, ist die Wanderung nur bei niedrigem Wasserstand, in der Regel zwischen Juni und September, möglich.

Ardèche-Feeling vermittelt aber auch der ca. 6 km lange **Circuit de Gournier.** Der Rundweg, der ab der **Maison Forestière de St-Remèze** (D 590) ausgeschildert ist, führt am Dolmen du Chanet vorbei hinab zur **Domaine de Gournier.** Unterwegs bieten sich Superpanoramen, insbesondere von den Stromschnellen der Gué du Guitard. Da ca. 330 Höhenmeter hinab und dann wieder hinauf zu überwinden sind, sollte man knapp 3 Std. Wanderzeit einplanen. Im Sommer kann ein Bad in der Ardèche vor dem Aufstieg erfrischen.

Übernachten, Essen

Verspielter Charme – **Le Manoir du Raveyron:** Rue Henri Barbusse, Vallon-Pont-d'Arc, Tel. 04 75 88 03 59, www.manoir-du-raveyron.org, DZ ab 75 € inkl. Frühstück, im Juli/Aug. werden Buchungen mit Halbpension bevorzugt berücksichtigt (zwei Pers. ab 125 €). Acht liebevoll eingerichtete Zimmer in einem Herrenhaus aus dem 16. Jh., 300 m vom Zentrum. Bei schönem Wetter wird das Abendessen (19–20.30 Uhr, 19 €) im begrünten Innenhof serviert. Mit Weinbar und Jacuzzi.

Aktiv

Outdoor – **Escapade Loisirs – Adrenaline:** Rte. de Salavas, Vallon-Pont-

Pont d'Arc – grandioser Entrée zu den Gorges de l'Ardèche

d'Arc, Tel. 04 75 88 07 87, www.escapade-loisirs.com. Kletter-, Rad- und Kajaktouren, Speläologie, Canyoning.

Infos

OT: 1, pl. de l'Ancienne Gare, 07150 Vallon-Pont-d'Arc, Tel. 04 75 88 04 01, www.vallon-pont-darc.com.

Barjac ▶P 5

Von Vallon-Pont-d'Arc ist es nur einen Katzensprung bis Barjac (1500 Einw.), das am Hang über den Weinfeldern liegt. Obwohl Ziel vieler Ardèche-Urlauber, konnte der Ort den Charme des typisch südfranzösischen Landstädtchens bewahren. In seinem Zentrum ist ein hübsches Architekturensemble aus der Renaissance zu bewundern. Beherrscht wird die Ortssilhouette vom **Château des Comtes du Roure** und der **Eglise St-Laurent**.

Aven d'Orgnac ▶ Q 5

Orgnac l'Aven, Tel. 04 75 38 65 10, www.orgnac.com; Höhle einstündige Führungen tgl. Juli/Aug. 9.30–18, April–Juni, Sept. alle 30 Min. 9.30–12, 13.30–17.30, Okt.–Mitte Nov. alle 40 Min. 9.30–12, 14–16.30, Febr./März 5 x tgl. 10–12, 14–16.45 Uhr; Cité Juli/Aug. 10–19.30, April–Juni, Sept. 10–19, Okt.–Mitte Nov. 10–13, 14.30–18, Febr./März 10.30–12.30, 14–17 Uhr; Kombiticket 12,50 €

Die mit Abstand größte Tropfsteinhöhle der Ardèche ist die von Orgnac. In dem gigantischen Hohlraum wandert der Besucher durch ein farbenprächtig inszeniertes Meer aus monströsen Kalksäulen. Höhlenfans können auf einer Spezialtour in unerschlossene Erdtiefen vordringen. Die **Cité de la Préhistoire** spult die Zeit mittels multimedialer Techniken um bis zu 50 000 Jahre zurück und erläutert den Einfluss des Klimas auf die Entwicklung des Menschen.

Übernachten

Herrschaftliches Anwesen – **Le Mas Rêvé:** 1 km außerhalb von Labastide-de-Virac, links der D 217 Rtg. Aven d'Orgnac, www.lemasreve.com, Tel. 04 75 38 69 13, DZ ab 110 € inkl. Frühstück, Juli/Aug. mind. 5 Nächte. Fünf luxuriöse Gästezimmer in einem Gutshof oberhalb der Ardèche-Schlucht, in die ein steiler Fußweg hinabführt. Parkähnlicher Garten mit Pool.

Familiär – **Les Nomades Baroques:** Rue Basse, Tel. 06 24 16 68 43, www.lesnomadesbaroques.com, April–Sept., DZ 60–85 € inkl. Frühstück, *table d'hôte* 30 € inkl. Wein. Die ausgebildete Dekorateurin Micheline Marchand hat ein Renaissancehaus in Barjac in eine heimelige Herberge mit drei großzügigen Gästezimmern verwandelt. Ein kleiner Garten gehört dazu.

Essen & Trinken

Bioladen und Teesalon – **Nature & Thé:** Rue Salavas, Barjac, Tel. 04 66 24 77 68, www.nature-the.com, Juli/Aug. tgl. 9–23, Sept.–Juni Fr–Mi 10–14, 16–19 Uhr, Menü ab 11,50 €. In heiterem Ambiente werden Salate, Tapas und kleine Speisen serviert. Alle Zutaten stammen aus natürlichem Anbau. Auf der Getränkekarte stehen auch Bio-Wein und Bio-Bier.

Einkaufen

Trödel – **Foire d'Antiquité et de Brocante:** Ostern und Mitte Aug. Der mehrtägige Markt ist DAS Ziel der Antiquitätenjäger. Schnäppchen sind hier aber kaum noch zu machen.

Infos

OT: Pl. Charles Guynet, 30430 Barjac, www.tourisme-barjac.com, Tel. 04 66 24 53 44.

Vallée de la Cèze ▶ Q 5/6

Auch in der Hochsaison geht es im lieblichen Tal der Cèze eher gemächlich zu. Idyllische Dörfer säumen ihren Lauf und an ihren Uferhängen gedeihen die Weine der Appellation Côtes du Rhône. In einer Flussschleife vor der engsten Passage der Cèze scharen sich die sorgfältig restaurierten Natursteinhäuser von **Montclus** um die Ruine eines mittelalterlichen Burgturms. Hier baute man auf einem Felsplateau mit respektvollem Abstand zum Wasser.

Hingegen lebt **Goudargues,** weiter flussabwärts, auf Augenhöhe mit der Cèze. Das einst sumpfige Flussufer legten Benediktinermönche im 9. Jh. mittels Kanälen trocken und errichteten ein Kloster, von dem nur die Kirche erhalten blieb. Bis heute aber durchzieht ein von Platanen eingefasster Kanal den Ort und sorgt für provenzalisches Ambiente. Sehenswert ist das alte Waschhaus mit einem wasserspeienden Frosch.

Längst hat **Cornillon,** das hoch über dem gegenüberliegenden Cèze-Ufer vor sich hinträumt, seine strategische Stellung eingebüßt. In der malerischen Burgruine hat eine Freilichtbühne Platz gefunden. Daneben profitiert ein nobles Hotel-Restaurant von der herrlichen Panoramalage (s. u.).

Verschlafen wirkt ein Großteil des Jahres **La Roque-sur-Cèze,** dessen herausgeputzte Häuser nur noch als Zweitwohnsitze dienen. Ein beliebtes Ausflugsziel sind ganz in der Nähe die **Cascades du Sautadet,** ein bizarres Gewirr aus Felsspalten und kesselförmigen Auswaschungen. Baden ist – aus gutem Grund! – erst unterhalb des Wasserfalls wieder erlaubt.

Bagnols-sur-Cèze (18 000 Einw.) am Unterlauf der Cèze wird in ganz Frankreich mit dem Atommeiler von Marcoule assoziiert. Seit seinem Bau in den 1950er-Jahren expandierte Bagnols zur drittgrößten Stadt des Départements Gard. An der arkadengesäumten Place du Mialet stehen einige stattliche Bürgerhäuser und das Rathaus. Hier lohnt die Sammlung zeitgenössischer Kunst des **Musée Albert-André** (Di–So 10–12, 14–18 Uhr) einen Besuch.

Chartreuse de Valbonne ▶ R 5

St-Paulet-de-Caisson, Tel. 04 66 90 41 24, www.chartreusedevalbonne-monument.com, Juli/Aug. tgl. 9.30–19, April–Juni, Sept. tgl. 10–18, Okt.–März Sa/So 11–17 Uhr, 5 €

Knapp 10 km nördlich von La Roque-sur-Cèze ragen aus Wald und Weinfeldern die bunt glasierten Ziegeldächer des 1204 gegründeten Kartäuserklosters empor. Nach der Zerstörung in den Religionskriegen entstand im 17. und 18. Jh. das heutige Gebäudeensemble. Es beherbergt ein Zentrum zur beruflichen Rehabilitation, ein Weingut sowie 13 einfache Gästezimmer in den ehemaligen Mönchszellen. Regelmäßig finden Ausstellungen und Konzerte statt.

Concluses ▶ P 6

Von der Cèze geht es auf der D 143 zum **Aiguillon.** Der unscheinbare, oft trockene Bach hat vor Urzeiten eine beeindruckende Schlucht geformt, die

Concluses. Ein Schild weist den Weg (D 643) zu einem Parkplatz tief im Wald. Von dort ist es noch 1 km Fußweg durch den Canyon zum **Portail,** wo die Felswände bedrückend eng zusammenrücken.

Lussan ▸ P 6

Einige Kilometer weiter westlich auf der D 143 öffnet sich ein weites Tal, über das von einem Felsplateau herab das hübsche Dörfchen Lussan wacht. Mit seinem Château (heute Rathaus) und den umlaufenden Wehrmauern, verwinkelten Gassen und alten Häusern mutet es an wie aus der Zeit gefallen.

Übernachten, Essen

In reizvoller Lage – **La Vieille Fontaine:** Cornillon, Tel. 04 66 82 20 56, www.lavieillefontaine.net, DZ ab 150 € inkl. Frühstück. Exquisite Adresse mit nur acht Zimmern, denen einige Antiquitäten und provenzalische Stoffe eine verträumte Note geben. Im Hang unter der einstigen Stadtbefestigung von Cornillon wurden auf Terrassen Gärten und ein Pool angelegt. Vom Restaurant kann der Blick über das Tal der Cèze schweifen (Menü ab 40 €).
Der Charme alter Steine – **La Magnanerie de Bernas:** Bernas, bei Montclus, Tel. 04 66 82 37 36, www.magnanerie-de-bernas.com, April–Sept., DZ ab 80 €. 15 Zimmer in einer alten Hofanlage. Großer Garten mit Pool. Empfehlenswertes Restaurant Là-Haut mit Gewölbesaal und lauschiger Terrasse (So 12–14, Di–So ab 19 Uhr, Menü ab 28 €).

Infos

OT: Espace St-Gilles, av. Léon Blum, 30200 Bagnols-sur-Cèze, Tel. 04 66 89 54 61, www.tourisme-gard-rhodanien.com.

Alès ▸ O 6

Die zweitgrößte Stadt im Département Gard (42 000 Einw.) hat den in der Vergangenheit von den umliegenden Zechen verbreiteten Kohlenstaub abgewaschen und sucht nun ihr Glück im Tourismus. Durchdringt man den Gürtel aus Gewerbegebieten und Wohnblocks am Ufer des Gardon, so überrascht der Stadtkern mit einladenden Avenuen, belebten Fußgängerzonen und blühenden Parks.

Zu einem Spaziergang mit Blick auf die Innenstadt lädt der **Jardin du Bosquet** ein, der das sogenannte Fort Vauban umgibt. Hübsch ist auch der Park des kleinen **Château du Colombier** aus dem 18. Jh., in dem sich ein Museum der Archäologie und Malerei des 16. Jh. widmet (rue Jean Mayodon, tgl. 14–18 Uhr).

Das **Musée Pierre-André Benoît,** kurz PAB, zeigt im eleganten **Château Rochebelle** auf der rechten Gardon-Seite hochkarätige zeitgenössische Kunst sowie kostbare Bücher (rue de Brouzen, tgl. Juli/Aug. 11–18, sonst 14–18 Uhr, 5 €).

Mine Témoin
Rochebelle, chemin de la Cité Ste-Marie, Tel. 04 66 30 45 15, www.mine-temoin.fr, Führungen tgl. Juli/Aug. 10–17.30, Mitte Febr.–Juni, Sept.–Mitte Nov. 9.30–11, 14–16.30 Uhr, 8,70 €
Schon die Römer wussten um die Kohlevorkommen bei Alès. Doch erst mit der Industrialisierung Ende des 18. Jh. gewann der Bergbau an Bedeutung. Zwischen 1850 und 1880 enstanden an die 100 Minen und das Steinkohlerevier von Alès entwickelte sich zum kleinen Ruhrgebiet des Languedoc. In

der Boomzeit wurden jährlich zwei Mio. t Kohle gefördert. 1950 wurde die Produktion unrentabel, sodass die Minen nach und nach schlossen. 25 000 Arbeitsplätze gingen dadurch verloren. Das Schaubergwerk in Alès veranschaulicht auf einem 700 m langen unterirdischen Parcours die Arbeit der Bergleute sowie die technische Entwicklung im Bergbau seit 1850 – ein faszinierender Spaziergang durch ein Stück Industriegeschichte.

Essen & Trinken

Hinter unscheinbarer Fassade – **L'Atelier des Saveurs:** 16, rue Faubourg de Rochebelle, Tel. 04 66 86 27 77, www.restaurant-atelier-des-saveurs.fr, Sa mittags, So abends, Mo geschl., *formule* 18 €, Menü ab 30 €. Henri Gouny ist ein großes Talent am Herd. Zuvorkommender Service. Hübscher Innenhof.

Infos & Termine

OT: Pl. de l'Hôtel de Ville, 30100 Alès, Tel. 04 66 52 32 15, www.alescevennes.fr.
Feria: Christi Himmelfahrt. Während des viertägigen Festes mit blutigen Stierkämpfen und Reiterspielen herrscht ausgelassene Stimmung.

Vézénobres ▸ O 7

Wenige Kilometer südlich von Alès, in wunderschöner Lage auf einem Hügel über dem Gardon-Tal, bezaubert das mittelalterliche Dorf mit authentisch hergerichteten Häusern aus Romanik und Renaissance, einem Schloss und den Resten einer Stadtbefestigung samt Burgruine. Seinen Wohlstand verdankte Vézénobres Händlern und Pilgern auf der Régordane.

Uzès ▸ Q 7

Der alte Bischofs- und Herzogsitz im Zentrum der Garrigues Gardoises ist eines der reizvollsten Provinzstädtchen des Départements (8500 Einw.). Wie vielerorts im Süden Frankreichs ersetzte auch hier ein von Platanen und Cafés gesäumter Ringboulevard die alte Stadtmauer. Es ist ein Vergnügen, durch die verwinkelte Altstadt mit ihren herrschaftlichen Palais zu der von tiefen Arkaden gesäumten **Place aux Herbes** (s. Lieblingsort S. 96) zu bummeln.

Tour Fenestrelle

Pl. de la Cathédrale
Bereits aus der Ferne zieht die elegante Silhouette des schlanken, runden Turms die Aufmerksamkeit auf sich. Der 42 m hohe Campanile (12. Jh.),

Mein Tipp

St-Quentin-la-Poterie ▸ Q 7
Das Dorf vor den Toren von Uzès trägt seine Berufung zum Töpferhandwerk bereits im Namen. In über 20 Ateliers kreisen die Töpferscheiben. In einer ehemaligen Ölmühle aus dem 15. Jh. versammelt das **Musée de la Poterie Méditerranéenne** an die 500 Alltagskeramiken aus 200 Jahren, während die **Galerie Terra Viva** Keramiken zeitgenössischer Handwerker und Künstler zeigt (14, rue de la Fontaine, www.musee-poterie-mediterranee.com, Juni–Aug. tgl. 10–13, 15–19, Mai tgl. 14–18, Sept. tgl. 10–12, 14–18, Febr.–April, Okt.–Dez. Mi–So 14–18 Uhr; 3 €; www.terraviva.fr, Mai–Sept. tgl. 10–13, 14.30–19, Mitte März–April, Okt.–Mitte Nov. Di–So 10–13, 14.30–18 Uhr).

Lieblingsort

Place aux Herbes – Marktbummel in Uzès ▶ Q 7

Jeden Samstag in der Frühe schlagen die Händler unter den alten Platanen auf der Place aux Herbes und in den umliegenden Gassen ihre Stände auf. Bis zum Mittag bieten sie Obst und Gemüse, Oliven und Nougat, Ziegenkäse und Wurst in einer Vielfalt an, die einem das Wasser im Munde zusammenlaufen lässt. Ein kleinerer Öko- und Bauernmarkt wird am Mittwochvormittag ebenfalls auf dem stimmungsvollen Platz abgehalten. Unter den Arkaden, die den Platz umschließen, befinden sich zahlreiche Cafés und Restaurants, von denen aus man das bunte Treiben in aller Ruhe beobachten kann.

dessen Mauerwerk von paarweise angeordneten Fensterbögen filigran durchbrochen wird, ist das einzige Überbleibsel der mittelalterlichen Kathedrale. Nach Zerstörung in den Religionskriegen wurde **St-Théodorit** im 17. Jh. neu errichtet, 1873 wurde die neoromanische Fassade ergänzt.

Jardin Médiéval

Impasse Port Royal, http://jardin medievaluzes.com, Juli/Aug. tgl. 10.30–12.30, 14–18, April–Juni, Sept. tgl. 14–18, Sa/So auch 10.30–12.30, Okt. tgl. 14–17 Uhr, 4,50 €

Neben dem alten erzbischöflichen Palast gedeiht im Verborgenen ein mittelalterlicher Garten mit Lilien und Rosen, Kräutern und Gemüse, Heil- und Giftpflanzen.

Duché d'Uzès

Pl. du Duché, www.duche-uzes.fr, tgl. Juli/Aug. 10–12.30, 14–18.30, Sept.–Juni 10–12, 14–18 Uhr, Turmbesteigung 13 €, Turm plus Führung durchs Schloss 18 €

Der wuchtige Duché im Stadtzentrum ist noch heute Stammsitz derer von Crussol d'Uzès, Frankreichs ranghöchstes Adelsgeschlecht vor der Revolution. Zwischen der wehrhaften Tour Bermonde (12. Jh.) und dem spätgotischen Kapellenturm spannt sich eine bemerkenswerte Renaissance-Fassade. Die Besucher besichtigen die Kapelle, wandeln durch Salons mit edlem Mobiliar, entdecken die alten Weinkeller und genießen vom Bermonde-Turm den Blick auf die Stadt.

Musée Haribo

Pont Charrettes, www.museeharibo.fr, Juli/Aug. tgl. 9.30–19, Sept.–Juni Di–So 10–13, 14–18 Uhr, 7 €

Seit Anfang der 1970er-Jahre unterhält das Süßwaren-Imperium Haribo eine Niederlassung vor den Toren von Uzès. Im Museum dreht sich selbstverständlich alles um die bunten Gummibären und andere Naschereien.

Übernachten, Essen

Moderner Luxus im alten Palais – **La Maison d'Uzès:** 18, rue du Docteur Blanchard, Tel. 04 66 20 07 00, www.lamaisonduzes.fr, DZ ab 220 €. In langwieriger Restauration entstand ein Hotel der Extraklasse. Höchste Ansprüche erfüllt auch das Restaurant La Table d'Uzès (Mo/Di geschl., Menü Mi–Fr mittags 28 €, Sa mittags 38 €, abends ab 55 €).
Voller Charme – **Hostellerie Provençale:** 1–3, rue de la Grande Bourgade, Tel. 04 66 22 11 06, www.hostellerieprovencale.com, DZ ab 90 €. Neun gemütliche Zimmer in einem 300 Jahre alten Stadthaus. Dachterrasse mit Blick über die Stadt. Empfehlenswert ist auch das hauseigene Restaurant La Parenthèse (im Winter Mo geschl., Menü mittags 18 €, abends 36 €).

Essen & Trinken

In aller Munde – **L'Artémise:** Chemin de la Fontaine aux Boeufs, ca. 1 km nördl. des Zentrums (D 982), Tel. 04 66 63 94 14, www.lartemise.com, Mo/Di, Mi mittags geschl., Menü ab 35 € (mittags)–70 €. Auf dem zauberhaften Mas de Lauze aus dem 16. Jh. sorgt der junge Küchenchef Nicolas Deroche für ein perfektes Sinnenerlebnis vom *amuse-bouche* bis zum Dessert. Zudem fünf exklusive Zimmer (DZ ab 220 €), traumhaftes Spa, Garten.
Mediterraner Imbiss – **Terroirs:** 5, pl. aux Herbes, Tel. 04 66 03 41 90, www.enviedeterroirs.com, Juli/Aug. tgl. 9–24, sonst 9.30–18 Uhr, im Winter So–Di geschl., Tapas ab 3,70 €. Wein- und Delikatessenhandlung mit angeschlossenem Bistro.

Badespaß im Schatten römischer Baukunst

Infos & Termine

OT: Pl. Albert 1er, 30700 Uzès, Tel. 04 66 22 68 88, www.uzes-tourisme.com.
Journée de la Truffe: Mitte Jan. Trüffelmarkt mit Verkostung.
Nuits Musicales d'Uzès: Zweite Hälfte Juli. Musikalische Nächte in der Kathedrale, im Garten und Hof des Bischofspalasts und im Duché (www.nuitsmusicalesuzes.org).

Pont du Gard! ▸Q 8

Als im antiken Nîmes für eine ständig wachsende Bevölkerung das Frischwasser knapp wurde, entschlossen sich die Römer um das Jahr 50 n. Chr., die Quelle der Eure bei Uzès anzuzapfen und der Kolonie das frische Nass über eine 50 km lange Wasserleitung zuzuführen. Nur 12 m Gefälle zwischen Start- und Endpunkt erforderten ausgeklügelte Berechnungen und technisches Können. Die größte Herausforderung stellte aber zweifelsfrei die Überwindung des knapp 300 m breiten und 50 m tiefen Gardon-Tals dar. Hierzu entwarfen die römischen Architekten einen Aquädukt aus zwei großen und einer kleinen Arkadenreihe.

Der Pont du Gard, also die ›Brücke‹ über den Gardon, ist das spektakulärste Überbleibsel aus römischer Zeit im Süden Frankreichs. Das Bauwerk wurde 1985 von der UNESCO ins Welterbe aufgenommen. Über 1,2 Mio. Besucher pro Jahr bestaunen dieses Meisterwerk römischer Ingenieur- und Baukunst. An beiden Flussseiten stehen große kostenpflichtige Parkplätze zur Verfügung. Die Zugangswege an der *rive gauche* sind rollstuhlgerecht gestaltet. Fußgänger können den Aquädukt auf einer Fahrstraße aus dem 18. Jh., die neben der unteren Arkadenreihe verläuft, queren und zu den Aussichtspunkten auf beiden Ufern hochsteigen. Einen schönen Blick bietet auch das Restaurant **Les Terrasses** an der *rive droite.* Im Juli und August wird der Pont du Gard nach Einbruch der Dunkelheit für eine Stunde illuminiert: Ein Schauspiel, das man nicht versäumen sollte!

Ausstellungskomplex

www.pontdugard.fr, tgl. Juli/Aug. 9–20, Mai/Juni, Sept. 9–19, März/April, Okt. 9–18, Nov.–Febr. 9–17 Uhr; Parkgebühr und Eintritt für max. 5 Pers. 18 €; Fußgänger/Radfahrer 10 €/Pers., Gruppe bis max. 5 Pers. 15 €

Am linken Ufer *(rive gauche)* informiert ein moderner Ausstellungskomplex mit **Museum, Mediathek** und **Kino** detailliert über die Entstehung und Geschichte des Aquädukts sowie über die römische Epoche. Kinder zwischen fünf und zwölf Jahren können in der altersgerecht konzipierten Ausstellung **Ludo** (auch auf Deutsch) spielerisch die Welt der Römer entdecken. Die Entwicklung der typisch mediterranen Landschaft seit römischer Zeit zeigt sich bei einem Spaziergang durch den Park **Mémoires de Garrigue** (Rundgang 1,4 km, ca. 1,5 Std.).

Wanderung zum Pont du Gard

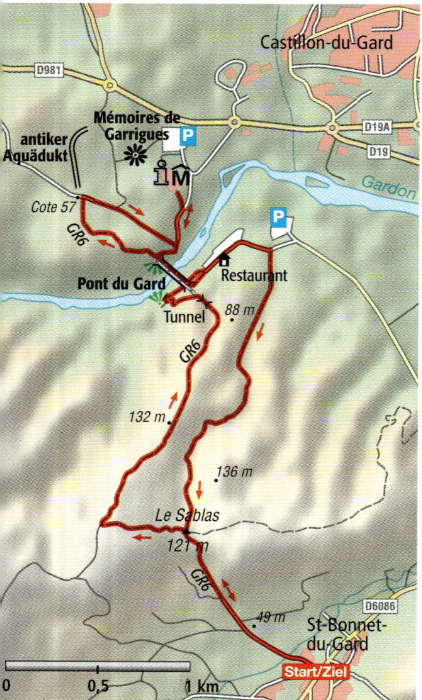

Wanderung zum Pont du Gard

Leichter Rundweg, ca. 10 km, 3,5 Std. ohne Pausen; Start in St-Bonnet-du-Gard, Place de la Fontaine; Markierung GR 6 rot-weiß und PR gelb; gutes Schuhwerk, Wasser; Einkehr-, Picknick- und Bademöglichkeit am Aquädukt

Die Wanderung bietet die Möglichkeit, sich dem Pont du Gard auf ungewöhnliche Weise zu nähern. Für Wanderer ist die Durchquerung des Site (noch) frei, allerdings nicht der Besuch der Ausstellungen. Der **GR 6** führt in nordwestlicher Richtung aus **St-Bonnet** hinaus, auf steinigem Weg durch Wein und Oliven, dann in den Wald. An der Kreuzung mit dem Wegweiser **Le Sablas/121 m** folgt man der rot-weißen Markierung nach links und 400 m weiter nach rechts. Es geht leicht abwärts Richtung Gardon vorbei an Resten der römischen Wasserleitung, schließlich durch einen **Tunnel,** der vor dem Pont du Gard auf Höhe der obersten Arkadenreihe endet. Den Blick vom **Aussichtspunkt** einige Meter weiter links auf der Hügelkuppe nicht versäumen! Von dort steigt man hinab zum Flussufer und passiert den **Pont du Gard.** Auf der **Rive Gauche** führt der **GR 6** sofort den Hügel hinauf und schlängelt sich in westlicher Richtung durch die Garrigue mit Überbleibseln des antiken Kanals. An der Gabelung **Cote 57** geht man rechts zurück zum **Aquädukt.** Nach dessen Überquerung hält man sich links Richtung **Parkplatz.** Unmittelbar hinter dem **Seminargebäude** weisen Wanderschilder rechts nach St-Bonnet. Ein langer regelmäßiger Aufstieg durch den Wald führt zurück zur Markierung **Le Sablas** und auf den **GR 6.** Knapp 1 km ist es von hier bis zum Startpunkt.

Castillon-du-Gard ▸ R7

Das Renaissance-Dorf, das unter den schönsten Frankreichs rangiert, umgibt ein Hauch Noblesse. Dazu trägt nicht zuletzt auch das Luxushotel **Le Vieux Castillon** (s. u.) bei. Die alten Gemäuer aus Sandstein, der vor allem im Abendlicht in warmen Gelbtönen erstrahlt, sind durchweg vorbildlich restauriert. Vom Ortsrand blickt man hinab auf Reben, Oliven und Lavendelfelder. Im Südosten ist die Silhouette des Pont-du-Gard zu erkennen, zu dem ein ca. einstündiger Fußweg führt.

Übernachten

Umgeben von Rebstöcken – **Le Mas Vic:** 3, Mas de Raffin, Castillon-du-Gard, Tel. 04 66 37 13 28, www.chambresdhotes-vic.com, DZ ab 75 € inkl. Frühstück. Vier komfortable Gästezimmer auf einem Weingut am Fuß von Castillon-du-Gard. Entspannung findet man auf der Terrasse, im Pool oder im Spa mit Whirlpool und Sauna.

Übernachten, Essen

Romantisch – **Le Vieux Castillon:** 10, rue Turion Sabatier, Castillon-du-Gard, Tel. 04 66 37 61 61, http://hotel-vieux-castillon.com, DZ ab 185 €, Restaurant Mo mittags, Di mittags geschl., *formule* 39 €, Menü ab 55 €. Luxuriöses Hotel der Vereinigung Relais & Château in herrlich alten Gemäuern mit Feinschmeckerrestaurant unter Leitung von Christophe Ducros.

Zum Träumen – **Le Castellas:** Grand'Rue, Collias, 5 km westl. des Pont du Gard, Tel. 04 66 22 88 88, www.lecastellas.fr, DZ ab 119 €, Restaurant Di/Mi geschl., *formule* ab 37 €, Menü ab 49 €. Drei Gebäude des 17. Jh. gruppieren sich um einen mediterranen Patio mit Pool. 17 romantische Zimmer, jedes in einem anderen Stil. Im Restaurant überzeugt Stéphane Mazières mit ausgefallenen Speisen. Einige Tricks verrät er bei seinen Kochkursen.

Aktiv

Paddeltouren – **Kayak Vert:** 8, chemin St-Vincent, Collias, 5 km westl. des Pont du Gard, Tel. 04 66 22 80 76, www.canoe-france.com/gardon, März–Okt. von Collias zum Pont-du-Gard, 8 km, 1/2 Tag, 22 €/Pers. inkl. Material und Rücktransport, Mindestalter 6 Jahre. März–Mai/Juni zusätzlich Strecken von 11–22 km.

Villeneuve-lez-Avignon ▸ S 7

Die kleine Schwester von Avignon am rechten Rhône-Ufer sollte man keineswegs nur als Brückenkopf zur berühmten Papststadt betrachten. Denn das herausgeputzte Städtchen (12 000 Einw.; auch lès-Avignon geschrieben) besitzt mit einer stolzen Burg und der imposanten Kartause durchaus eigene bedeutende Kulturdenkmäler.

Chartreuse du Val de Bénédiction

58, rue de la République, Tel. 04 90 15 24 24, www.chartreuse.org, tgl. April–Sept. 9/9.30–18.30/19, Okt.–März 9.30/10–17 Uhr, 8 €

Seine Blüte erlebte Villeneuve zur Zeit der Päpste in Avignon (1316–1430). Die geistlichen Würdenträger fühlten sich von der 1293 gegründeten ›neuen Stadt‹ am gegenüberliegenden Ufer der Rhône magisch angezogen und ließen sich dort fürstliche Residenzen errichten. So auch Kardinal Etienne Aubert, der als Papst Innozenz VI. sein Anwesen 1352 den Kartäusern stiftete. Die Chartreuse du Val de Bénédiction entwickelte sich zum bedeutendsten und größten Kartäuserkloster Frankreichs.

Seit 1991 beherbergt sie das **Nationale Zentrum für Theaterliteratur.** Schriftsteller, Übersetzer und Regisseure logieren während längerer Arbeitsaufenthalte in den ehemaligen Klosterzellen, die sich um drei Kreuzgänge gruppieren. Eine der Mönchsbehausungen wurde original hergerichtet, um eine Vorstellung vom kontemplativen Leben der Kartäuser zu vermitteln. Sehenswert sind auch die Ruine der Klosterkiche mit dem Grabmal Innozenz VI. sowie die Fresken von Matteo Giovannetti in der Refektoriumskapelle. Zu einer Rast im Klostergarten laden das Restaurant **Les jardins d'été** und das **Café St-Jean** ein (Mai–Sept., Tel. 04 90 15 24 23).

Musée Pierre de Luxembourg und Eglise collégiale Notre-Dame

2, rue de la République, Di–So Mai–Okt. 10–12.30, 14–18, Febr.–April, Nov.–Dez. 14–17, Mi auch 10–12 Uhr, 3,30 €

In einem der ehemaligen Kardinalspaläste von Villeneuve zeigt das Museum neben Malern der Provence (16.–18. Jh.) eine Elfenbeinmadonna (14. Jh.) und eine meisterliche Marienkrönung, die Enguerrand Quarton 1454 für die Chartreuse malte. Weitere Kunstobjekte birgt gleich nebenan die **Kollegiatskirche Notre-Dame** (1320).

Fort St-André

Fort: www.fort-saint-andre.monuments-nationaux.fr, tgl. Juni–Sept. 10–18, Okt.–Mai 10–13, 14–17 Uhr, 5,50 €; Abbaye: www.abbayesaintandre.fr, Di–So Mai–Sept. 10–18, März/April, Okt. 10–13, 14–17/18 Uhr, Gärten 6 €, inkl. Führung 13 €

Ein steiles Sträßchen führt auf den Mont Andaon zum mächtigen **Fort St-André** (14. Jh.) mit der ›alten Stadt‹. Zum einen sollten die mächtigen Mauern das Dorf und das Kloster St-André vor den Angriffen der durch das Land vagabundierenden Söldnerbanden schützen, zum anderen demonstrierte die Festung die Macht der französischen Krone an der Grenze zum Heiligen Römischen Reich. Von den monumentalen halbrunden Zwillingstürmen, die den Festungseingang flankieren, bietet sich ein unvergleichlicher Blick auf Avignon. Innerhalb der Schutzmauern bezaubern die im französischen und italienischen Stil angelegten Gärten der **Abbaye St-André**. Durch das prächtige Abteigebäude (17./18. Jh.) kann man im Rahmen einer Führung wandeln.

Tour Philippe-le-Bel

Montée de la Tour, Aussichtsterrasse Di–So Mai–Okt. 10–12.30, 14–18, Febr.–April 14–17 Uhr, 2,30 €

Zur Sicherung des Rhône-Ufers und der ›neuen Stadt‹ am Fuß des Andaon ließ Philipp der Schöne im 13./14. Jh. eine Verteidigungsanlage errichten.

Erhalten blieb nur die Tour Philippe-le-Bel, die einst als Brückenkopf des Pont St-Bénézet diente, der in dem bekannten Kinderlied »Sur le Pont d'Avignon« besungen wird.

Übernachten

Sündhaft teuer – **Le Prieuré:** 7, pl. du Chapitre, Tel. 04 90 15 90 15, www.leprieure.fr, DZ ab 200 €. Den Lebensstil der Kardinäle kann man in diesem ehemaligen Priorat nachempfinden. 25 luxuriöse Zimmer, Park mit Pool und Tennisplatz. Vom Michelin mit einem Stern ausgezeichnetes Feinschmecker-Restaurant (Menü 40 € mittags, abends bis 78 €, So 88 €). Garage.
Schlichte Eleganz – **L'Atelier:** 5, rue de la Foire, Tel. 04 90 25 01 84, www.hoteldelatelier.com, DZ ab 89 €. 23 Zimmer in einem Stadtpalais aus dem 16. Jh. mit Dachterrasse. Besonders begehrt sind die Zimmer, die auf den lauschigen Hof blicken. Garage.

Essen & Trinken

Auch zum Imbiss – **Le Bistro du Moulin:** 74, rue de la République, Tel. 04 90 25 45 59, http://lebistrotdumoulin.com, tgl. ab 9 Uhr, Hauptgerichte ab 17 €. Die ehemalige Scheune der Chartreuse-Ölmühle gibt den rustikalen Rahmen für ein modern durchgestyltes Restaurant. Auf den Tisch kommen saisonale, frisch zubereitete Speisen. Mit hübscher Hofterrasse.

Infos & Termine

OT: 1, pl. Charles David, 30400 Villeneuve-lez-Avignon, Tel. 04 90 25 61 33, www.tourisme-villeneuvelezavignon.fr.
Pass Avignon & Villeneuve PASSion: Mit dem Pass, den man gratis in allen Sehenswürdigkeiten in Villeneuve und Avignon erhält, reduziert sich der Eintritt.
Villeneuve en Scène: Juli. Während des Theaterfestivals in Avignon findet in Villeneuve ein Off-Festival statt (www.villeneuve-en-scene.fr).
Stadtverkehr: Mehrmals stdl. Busse nach Avignon, 15 Min. Fahrtzeit.

Côtes du Rhône ▸ R/S 7

www.vins-rhone.com
In den weitläufigen Weinhügeln am rechten Rhône-Ufer, gegenüber den weltberühmten Rebgärten von Châteauneuf-du-Pape, gedeihen gleichfalls edle Tropfen. Als *grand cru* genießen die Rotweine aus **Lirac** und die Roséweine aus **Tavel** besonders hohes Ansehen. Schon im 14. Jh. wurden die Fässer mit dem Etikett Côtes du Rhône ab **Roquemaure** über die Rhône nach Paris, London und Flandern verschifft. Auf der **Route Touristique des Côtes du Rhône de Roquemaure à Remoulins,** die ein dunkelrotes Weinblatt kennzeichnet, passiert man mittelalterliche Dörfer wie **St-Laurent-des-Arbres** und **St-Victor-la-Coste** sowie etliche Domainen, die zur *dégustation* einladen.

Camp César ▸ R 6

Ca. 2 km nördl. von Laudun-l'Ardoise, Zufahrt zum Parkplatz im Wald über die Rue Frédéric Sauvage, frei zugänglich
Auf einem Plateau am Rande des Weindorfes **Laudun-l'Ardoise** werden seit 1990 die Überreste einer gallo-römischen Siedlung freigelegt. Etwa 1000 Jahre lang bis ins 5. Jh. prosperierte der Ort aufgrund seiner strategischen Lage. Bei einem Spaziergang über das 18 ha große Ausgrabungsgelände entdeckt man die Grundmauern von Befestigungsanlagen, Wohnhäu-

Mein Tipp

Wein nach römischer Art ▶ R 9
Das **Mas des Tourelles** bewahrt die Fertigkeit, Wein wie in der Antike zu keltern. Dem Geschmack der Römer können Besucher bei einer *dégustation* nachspüren. *Mulsum, turriculae* und *carenum* werden nach alter Rezeptur ausgebaut und mit Honig und Gewürzen aromatisiert (4294, rte. de Bellegarde, südwestl. von Beaucaire, Tel. 04 66 59 19 72, www.tourelles.com, Juli/Aug. Mo–Sa 10–12, 14–19, So 14–19, April–Juni, Sept. Mo–Fr 10–12, 14–18, Sa/So 14–18, Okt. tgl. 14–18, Nov./Dez., Febr./März Mo–Sa 14–17.30, Jan. Sa 14–17.30 Uhr, 5,50 €).

sern, Tempel und Nekropole. Drei Aussichtpunkte geben den Blick frei auf die Weinlandschaft zwischen Rhône, Cèze und Tave.

Beaucaire ▶ R 9

Beaucaire (16 000 Einw.) am rechten Rhône-Ufer sowie seine Zwillingsstadt bzw. Rivalin Tarascon am gegenüberliegenden Ufer bilden heute ein Bindeglied zwischen den Regionen Languedoc und Provence. Im Mittelalter wurden beidseitig der strategisch wichtigen Flussfurt Burgen erbaut, die die Grenze zwischen Frankenreich und Römischem Reich bewachten. Zuvor hatten hier bereits die Römer am Schnittpunkt von Rhône und *Via Domitia* ein Oppidum, das antike *Ugernum,* errichtet.

Weit über Frankreich hinaus war Beaucaire ab Mitte des 15. Jh. bis ins 19. Jh. als Messestadt bekannt. Die *Foire de la Madeleine,* die alljährlich am 21. Juli eröffnet wurde, zog Händler aus ganz Europa und dem Orient sowie Tausende Besucher an. Die Altstadt mit den zum Teil renovierungsbedürftigen Bürgerhäusern zeugt von diesen glanzvollen Tagen. Heutzutage konzentriert Beaucaire sich vor allem auf den Flusstourismus, der den großen **Sportboothafen** im Canal du Rhône-à-Sète gern für einen Ruhetag nutzt.

Château Médiéval und Musée d'Histoire et d'Archéologie

Pl. Raimond VII, www.sitedelaforteresse.fr; Park April–Okt. tgl. 10–18, Nov.–März Mi–Mo 9/10–17 Uhr, Eintritt frei; Museum Mi–Mo April–Okt. 10–12.30, 14–18, Nov.–März 9/10–12, 14–17 Uhr, 5,20 €

Die königliche **Burg** wurde 1180 auf dem ›schönen Felsen‹ (okzit. *bel caïre)* über der Rhône erbaut. Nach der Zerstörung 1632 blieben nur einige Mauerzüge, die romanische Burgkapelle und der eindrucksvolle dreieckige Bergfried erhalten. Im Juli und August werden hier mittwochs Ritterturniere veranstaltet. Alles Wissenswerte zur Geschichte der Burg und der Stadt erzählt das **Musée Auguste Jacquet** im Park des Château.

Altstadt

Von der mit Platanen bestandenen **Cours Gambetta** am Kanalhafen gelangt man vorbei an der Place Clemenceau mit dem klassizistischen **Rathaus** zur Kirche **Notre-Dame-des-Pommiers** (rue Ledru Rollin) mit geschwungener barocker Fassade. Rechter Hand liegt die schöne **Place de la République** im Schatten von zwei riesigen Platanen. Ein lebensgroßer Drache, der jedoch recht harmlos wirkt, erinnert an den menschenfressenden *drac,* der einst in einer Höhle am Fluss hauste. Wenige Schritte weiter stößt man auf die kleine **Place Mistral,** von der Treppen auf den Rhône-Deich führen. Von hier überblickt man den Fluss und die Ruinen der Burg.

Dass in Beaucaire auch das Stierkampffieber grassiert, allerdings die unblutige Variante der Camargue, zeigen die Statuen der Stiere **Goya** und **Clairon,** die als zwei unvergessene Helden der Arena geehrt werden.

Abbaye de St-Roman ► R 8

Ca. 5 km nördlich von Beaucaire, www.abbaye-saint-roman.com, Juli/Aug. tgl. 10–13, 14–19, April–Juni, Sept.–Mitte Okt. Di, 14–18.30, Mi–So 10–13, 14–18.30, März Di–So 14–18.30, Mitte Okt.–März Sa/So 14–17.30 Uhr, 5,50 €

Nach 15-minütigem Aufstieg sind die Ruinen des troglodytischen Klosters in bester Lage hoch über dem Rhône-Tal erreicht. Ab Ende des 5. Jh. fanden Einsiedler hier Unterschlupf in kleinen Höhlen. Mönche vergrößerten die Höhlen, bauten eine Kapelle, Schlafzellen und Gemeinschaftsräume in den Fels. Im 14. Jh. wurde die Anlage befestigt. Als sie im 16. Jh. in Privatbesitz überging, entstand ein kleines Château. Es folgten zahlreiche Besitzerwechsel und schließlich der Verfall.

Übernachten

Ideal mit Kindern – **Domaine des Clos:** Rte. de Bellegarde, ca. 7 km südwestl., links der D 38, Tel. 04 66 01 14 61, www.domaine-des-clos.com, DZ ab 115 €. David und Sandrine Ausset haben ihr provenzalisches Landgut in ein kleines Ferienparadies vewandelt. Neun ausgesucht schöne Gästezimmer und Suiten mit gemeinsamem Salon und kleiner Küche sowie neun Ferienwohnungen, ein weitläufiger Garten zum Ausruhen und Spielen mit Pool und Tischtennis, schattigen Terrassen und Grillplätzen. Abendessen auf Anfrage (34 €).

Zentral und ruhig – **Les Doctrinaires:** 6, quai de Gaulle, Tel. 04 66 59 23 70, www.hotel-doctrinaires-30.com, DZ ab 65 €. Etwas zurückgesetzt vom Flussufer liegt die Zufahrt zu dem alten Gebäude, in dem einst Latein gelehrt wurde. 32 gepflegte und komfortable Zimmer. Restaurant (Menü ab 25 €). Geschlossener Parkplatz.

Essen & Trinken

Einkehr auf dem Bauernhof – **La Table de Marguerite:** Mas de la Cassole, rte. des Fourques (beim Vieux Mas), Tel. 04 66 59 17 00, www.latabledemarguerite.fr, Mi–So mittags, Fr/Sa abends geöffnet, Menü ab 20 €. Provenzalische Küche mit Gemüse aus dem eigenen Garten und dazu ein Wein der Region. Terrasse unter alten Platanen und Speisesaal in den Farben des Midi.

Einkaufen

Korbwaren – **Vallabrègues:** Das Dorf am linken Rhône-Ufer lebte einst von der Korbmacherei, woran im August die **Fête de la Vannerie** erinnert. Heute betreibt nur noch Daniel Benibghi (6, rue Carnot) das alte Handwerk. In Beaucaire fertigt Karima Soulard (43, rue Nationale) Behältnisse aus Weiden.

Infos & Termine

OT: 24, cours Gambetta, 30300 Beaucaire, Tel. 04 66 59 26 57, www.ot-terredargence.fr.

Courses camarguaises: April–Okt., meist So nachmittags in der Arena.

Fête de la Madeleine: Ende Juli. Das Stadtfest knüpft an die historische Foire de la Madeleine an und pflegt zugleich mit *courses* und Stiertreiben die Traditionen der Camargue.

Nîmes ! ▸ P/Q 8

Keimzelle der heutigen Präfektur des Départements Gard (145 000 Einw.) war ein uraltes Quellheiligtum, an dem sich zunächst Kelten und später Römer niederließen. Der Quellgott *Nemausus* gab der antiken Siedlung, die Kaiser Augustus 27. v. Chr. zur römischen Kolonie erhob, ihren Namen. Römischen Veteranen aus dem erfolgreichen Ägypten-Feldzug wurde hier Land zugeteilt, und so gelangte das an eine Palme angeleinte Krokodil, Symbol des Siegs der Römer über Kleopatra, ins Stadtwappen von Nîmes. Dieses bereits auf römischen Münzen verwendete Symbol wurde von Stardesigner Philippe Starck modernisiert und tausendfach auf Metallknöpfen im Pflaster der Altstadt verewigt. Auch der Brunnen von Martial Raysse an der Place du Marché greift das Krokodil-Motiv auf.

Stadtgeschichte

Die *Colonia Augusta Nemausus,* eine wichtige Station an der *Via Domitia,* wurde mit einer 7 km langen Stadtmauer gesichert und schmückte sich nach dem Vorbild Roms mit prächtigen Bauten wie Amphitheater und Tempel. Nach dem Niedergang des römischen Imperiums wurde das antike *Nemausus* von Invasion, Zerstörung und Seuchen heimgesucht – die Stadt schrumpfte auf ein Zehntel ihrer ehemaligen Größe. Im 16. Jh. war Nîmes eine Hochburg des Protestantismus und wurde folglich auch in die Religionskriege verwickelt.

Erst die Textilverarbeitung ließ die Stadt im 18. Jh. wieder aufblühen. Exportschlager war ein strapazierfähiger blauer Baumwollstoff. Dieser *bleu de Nîmes* wurde von Genua (frz. Gênes, gesprochen *jen*) in die Neue Welt verschifft und eroberte bald als Blue Jeans den gesamten Erdball. Als Zeichen des neuen Wohlstands entstanden Bürgerhäuser mit beeindruckenden Fassaden sowie die Jardins de la Fontaine, Frankreichs erste öffentliche Parkanlage.

In den 1980er-Jahren suchte die Stadt mit kühnen Neubauten namhafter Architekten ihr provinzielles Image abzuschütteln und zugleich einen Bogen zu ihrem antiken Ursprung zu spannen: Der Mailänder Vittorio Gregotti zeichnete für das Stade des Costières verantwortlich; Jean Nouvel erdachte den Nemausus-Komplex, ein sozialer Wohnungsbau in Glas und Stahl; der Japaner Kisho Kurokawa konzipierte ein Wohn- und Bürogebäude als triumphales halbrundes Stadttor; der Brite Sir Norman Foster baute im Stadtkern ein Kunstmuseum. Nicht unumstritten ist Nîmes jüngstes Prestigeprojekt, das Musée de la Romanité. Angesichts leerer Schatullen stellt sich nämlich die Frage nach seiner Wirtschaftlichkeit, zumal auch das nahe Narbonne für die Präsentation der antiken Vergangenheit bauen will und das benachbarte Arles schon ein römisches Museum besitzt.

Neben den antiken und postmodernen Sehenswürdigkeiten bezaubert Nîmes vor allem durch südliche Lebensfreude, die während der *feria* zu Pfingsten in einem fünftägigen Volksfest überschäumt. Im Sommer füllen neben *courses camarguaises* auch Tanz-, Theater- und Musikveranstaltungen die antike Arena. Zwischen den Boulevards Victor Hugo, Gambetta und Amiral Courbet lädt das nahezu autofreie historische Zentrum, das *écusson,* mit bezaubernden Plätzen, verwinkelten Gassen und eleganten Flanierstraßen ein, in die mediterrane Atmosphäre einzutauchen.

Das Carré d'Art zeigt sich als lichte, gläserne Abstraktion des antiken Tempels

Nîmes

Sehenswert
1 Arènes
2 Musée de la Romanité (im Bau)
3 Musée des Cultures Taurines
4 Musée Archéologique et d'Histoire Naturelle
5 Porte d'Auguste
6 Notre-Dame et St-Castor
7 Musée du Vieux-Nîmes
8 Maison Carrée
9 Carré d'Art
10 Jardin de la Fontaine
11 Tour Magne
12 Castellum Divisiorum

Übernachten
1 Marquis de la Baume
2 Kyriad Nîmes Centre
3 Royal Hôtel

Essen & Trinken
1 Alexandre
2 L'Exaequo
3 Le Passage de Virginie
4 Aux Plaisirs des Halles

Einkaufen
1 Halles Centrales
2 Huilerie
3 Les Indiennes de Nîmes

Abends & Nachts
1 Les 3 Maures

Von der Arena zur Maison Carré

Arènes 1

Pl. des Arènes, www.arenes-nimes.com, tgl. Juli/Aug. 9–20, Juni 9–19, April/Mai, Sept. 9–18.30, März, Okt. 9–18, Nov.–Febr. 9.30–17 Uhr, 9 € inkl. Audioführer

Das Amphitheater wurde im 1. Jh. n. Chr. nach dem Vorbild des Kolosseums in Rom mit zwei übereinander gestellten Arkadenreihen auf ovalem Grundriss erbaut. Mit 133 m Länge, 101 m Breite und 24 000 Zuschauerplätzen ist es zwar nicht die größte, aber eine der am besten erhaltenen antiken Kampfstätten. Die Westgoten nutzten den monumentalen Bau als Festung. Später füllten eine Burg sowie Häuser und Kapellen das Oval, in dem noch im 18. Jh. mehrere Hundert Menschen wohnten. Im 19. Jh. wurde der Originalzustand wieder hergestellt und 1853 fand hier der erste Stierkampf statt.

In den kommenden Jahren werden die Arkaden der Arena Reihe für Reihe restauriert. Einen Kontrapunkt zu den soliden Steinbögen wird vis-à-vis die gläserne Hülle des **Musée de la Romanité** 2 setzen. Der topmoderne Ausstellungskomplex nach Plänen von Elizabeth und Christian de Portzamparc soll 2018 den Betrieb aufnehmen.

Musée des Cultures Taurines 3

6, rue Alexandre Ducros, Mai–Nov. Di–So 10–18 Uhr, Eintritt frei, s. Entdeckungstour S. 116

Musée Archéologique et Musée d'Histoire Naturelle 4

13, bd. Amiral Courbet, Di–So 10–18 Uhr, Eintritt frei

Die Ausstellungen im ehemaligen Jesuitenkolleg vereinen Naturgeschichte und Archäologie. Neben ausgestopften Tieren und Masken aus den französischen Kolonien sind Grabungsfunde aus keltischer, griechischer und römischer Zeit zu sehen, darunter einige kostbare Mosaiken. Doch nur ein Bruchteil der antiken Objekte, die bei jedem Bauvorhaben in Nîmes geborgen werden, finden in dem dringend renovierungsbedürftigen Gebäude Platz.

Porte d'Auguste 5

Bd. Amiral Courbet/rue Nationale

Die Porte d'Auguste an der Nordostecke der Altstadt ist eines der wenigen Relikte der römischen Stadtmauer, die im Jahr 15 v. Chr. erbaut wurde und etwa zehn Stadttore und 80 Türme zählte. Durch das Augustustor

führte die von *Ugernum* (Beaucaire) kommende *Via Domitia* ins Zentrum des antiken *Nemausus.* Hinter dem Tor empfängt eine Bronzestatue (Kopie) des Kaisers die Besucher.

Notre-Dame et St-Castor 6 und Musée du Vieux-Nîmes 7

Pl. aux Herbes, Museum Di–So 10–18 Uhr, Eintritt frei

Die Silhouette der fast turmlosen **Kathedrale** beherrscht die **Place aux Herbes** im ehemaligen Tuchmacherviertel. Der ursprünglich romanische Bau aus dem 11. Jh. wurde mehrfach zerstört und musste im 19. Jh. fast vollständig rekonstruiert werden. Der Fries über dem Portal zählt zu den schönsten Beispielen romanischer Kunst im Languedoc. Im alten Bischofspalast (17. Jh.) neben der Kathedrale erzählt das **Musée du Vieux Nîmes** die Stadtgeschichte, wobei ein besonderer Fokus auf die Entwicklung der Textilherstellung gelegt wird.

Ilot Littré

Zwischen rue Littré und rue de la Boucarié

In der antiken Arena kämpfen heute Toreros um Ruhm und Ehre

Über die **Place de L'Horloge** mit dem Uhrturm von 1754 stößt man in das **Ilot Littré** vor, in dem einst die Färber ihr Handwerk verrichteten. Inmitten der Gassen und verschwiegenen Hinterhöfe wirken die **Halles Centrales** 1, die der Designer Jean-Michel Wilmotte in Aluminium hüllte, wie ein Fremdkörper.

Maison Carrée 8

16, pl. de la Maison Carrée, www.arenes-nimes.com, tgl. Juli/Aug. 9.30–20, Juni 10–19, April/Mai, Sept. 10–18.30, März 10–18, Okt. 10–13, 14–18, Nov.–Febr. 10–13, 14–16.30 Uhr, 5,50 €

Um das Jahr 5 n. Chr. wurde auf dem römischen Forum zu Ehren des Gaius und des Lucius Caesar, des Enkels bzw. des Adoptivsohns von Kaiser Augustus, ein wohlproportionierter, auf einem Podium thronender Tempel errichtet. Eine umlaufende Säulenreihe verleiht der eher schlichten rechteckigen – und keineswegs quadratischen, wie das Französische *carrée* vermuten lässt – Architektur eine gewisse Eleganz. Als Regentensitz, Pferdestall und Kirche überdauerte das Bauwerk die Jahrhunderte weitgehend unbeschadet. Bei der jüngsten Restaurierung wurde die Fassade von den Spuren der Zeit befreit. Im Innenraum lässt »Nemausus, la naissance de Nîmes«, ein Film im 3-D-Format, 2000 Jahre Stadtgeschichte Revue passieren.

Das Umfeld der Maison Carrée wurde 1993 vom britischen Stararchitekten Sir Norman Foster neu gestaltet. In den Boden eingelassene Metallringe weisen auf den Standort der Säulen des römischen Portikus hin, der das Forum auf drei Seiten umgab.

Carré d'Art 9

Pl. de la Maison Carrée, Di–So 10–18 Uhr, Eintritt frei

Als Pendant zum antiken Tempel konzipierte Sir Norman Foster das Carré d'Art. Die lichtdurchflutete Glas-Stahl-Konstruktion beherbergt eine hochmoderne Bibliothek und Mediathek sowie das **Musée d'Art Moderne,** einen Hort zeitgenössischer Kunst. Die Terrasse des Café-Restaurants **Ciel de Nîmes** im obersten Stockwerk empfiehlt sich für eine Pause mit Ausblick.

Mont Cavalier

Jardin de la Fontaine 10

Tgl. April–Sept. 7.30–22, Okt.–März 7.30–18.30 Uhr

Das Quellheiligtum des *Nemausus* am Fuß des Mont Cavalier wurde Mitte des 18. Jh. zu einem **Garten** umgestaltet – eine grüne Oase mitten in der Stadt. Wasserbecken, Treppen und Terrassen, Statuen von Nymphen und Faunen verleihen der Anlage barocke Pracht. Links vom Haupteingang stehen die Reste des **Temple de Diane,** dessen ursprüngliche Bestimmung den Archäologen nach wie vor Rätsel aufgibt.

Tour Magne 11

1, chemin Guillaume Laforêt, www.arenes-nimes.com, tgl. Juli/Aug. 9–20, Juni 9–19, April/Mai 9.30–18.30, März, Sept., Okt. 9.30–13, 14–18/18.30, Nov.–Febr. 9.30–13, 14–16.30 Uhr, 3,20 €

Über den Mont Cavalier wacht die achteckige, 32 m hohe Tour Magne, der größte Turm der römischen Stadtmauer. Eine fantastische Aussicht auf Nîmes und das Umland lohnen den Aufstieg zur Turmspitze.

Castellum Divisiorum 12

Rue de la Lampeze/Rue d'Albenas

Im Mauerschatten des **Fort Vauban** aus dem 17. Jh. (heute Universität) liegt das römische Castellum. Es markiert den Endpunkt des Aquädukts, das der antiken Stadt das Quellwasser der Eure zuführte. Bleileitungen verteilten das Frischwasser aus dem runden Felsbecken in die einzelnen Stadtviertel und öffentlichen Brunnen.

Übernachten

Stilecht – **Hôtel Marquis de la Baume** 1: 21, rue Nationale, Tel. 04 66 76 28 42, www.bookinnfrance.com, DZ ab 72 €. Elegantes Altstadtpalais aus dem 17. Jh. mit einem wundervollen offenen Treppenhaus. 34 großzügige, schicke Zimmer.

Sachlich – **Kyriad Nîmes Centre** 2: 10, rue Roussy, Tel. 04 66 76 16 20, www.hotel-kyriad-nimes.com, DZ ab 62 €. Modernisiertes 28-Zimmer-Haus in einer ruhigen Straße östlich der Arena. Sehr zuvorkommender Service. Mit Garage.

Künstleradresse – **Royal Hôtel** 3: 3, bd. Daudet, Tel. 04 66 58 28 27, www.royalhotel-nimes.com, DZ ab 70 €. Gelungene Kombination von alter Bausubstanz und modernem Design. Freundliche, lockere Atmosphäre. 23 puristisch anmutende Zimmer in schlichtem Weiß; die zum Innenhof sind zwar dunkler, aber angenehm kühl und ruhig. Das Tapas-Restaurant **La Bodéguita** mit Terrasse an der Place d'Assas ist eine beliebte Apéro-Adresse, manchmal wird Livemusik geboten.

Essen & Trinken

Hymne auf die Küche des Midi – **Alexandre** 1: Rte. de l'Aéroport, Garons (nahe Flughafen), Tel. 04 66 70 08 99, www.michelkayser.com, Juli/Aug. So/Mo, Sept.–Juni So abends, Mo/Di geschl., Menü 52 € (mittags)–168 €. Von allen Gourmetführern ausgezeichnetes Restaurant in einem prachtvollen Garten. Der Michelin verlieh Michel Kayzer 2007 den zweiten Stern.

Ambitioniert – **L'Exaequo** 2: 11, rue Bigot, Tel. 04 66 21 71 96, www.exae

quo-nimes.fr, So geschl., Mo abends/ Sa mittags nur nach Reservierung, *formule* ab 14 €, Menü ab 27 €. Küche und Service verstehen es, eine anspruchsvolle Kundschaft zufriedenzustellen. Trendiger Gastraum mit rotem Mobiliar, verschwiegener Innenhof.

Anheimelnd – **Le Passage de Virginie** 3: 15, impasse Fresque, Tel. 04 66 38 29 26, So/Mo geschl., mittags ab 15 €, Karte ab 35 €. *Tout* Nîmes liebt Virginies Interpretationen der lokalen Küche und das gastfreundliche Ambiente im rötlich getünchten Gewölbesaal. Außentische in der engen Gasse.

Gleichbleibend gut – **Aux Plaisirs des Halles** 4: 4 bis, rue Littré, Tel. 04 66 36 01 02, www.auxplaisirsdeshalles.com, So/Mo geschl., Menü mittags 25 €, abends ab 27 €. Gepflegte Adresse im Ilot Littré mit hübscher Terrasse im Patio. Sébastien Garnier verleiht traditionellen Gerichten eine frische, moderne Note.

Einkaufen

Lebensmittel – **Halles Centrales** 1: Rue des Halles, tgl. 6–13.30 Uhr. In der Markthalle gibt es im Restaurant **Halles Auberges** zur frisch zubereiteten Hausmannskost auch eine Portion Lokalkolorit (Di–So 10.30–14 Uhr, Menü um 15 €).

Öl und mehr – **Huilerie** 2: 10, rue des Marchands. In der alten Spezereienhandlung verbreiten Gewürze den Geruch aus Tausendundeiner Nacht.

Kleidung und Deko im Stil der Camargue – **Les Indiennes de Nîmes** 3: 2, bd des Arènes, www.indiennesdenimes.fr. Hemden, Blusen und Tischwäsche in provenzalischen Farben und Mustern.

Abends & Nachts

An den **Boulevards Victor Hugo, des Arènes** und **Amiral-Courbet** laden Bars und Kneipen zum Apéro, einer einfachen Mahlzeit oder einem geselligen Abend ein.

Eine Institution – **Les 3 Maures** 1: 10, bd. des Arènes, bis 2 Uhr. Beliebtes Kneipenrestaurant gegenüber der Arena. Die knallgelben Wände schmücken Porträts von Stierköpfen sowie Trikots der Rugby- und Handballteams.

Infos & Termine

Infos

OT: 6, rue Auguste, 30000 Nîmes, Tel. 04 66 58 38 00, www.ot-nimes.fr.

Pass romain: Ein Pauschalarrangement mit Übernachtung und Frühstück, Eintritt zu Museen und Sehenswürdigkeiten inkl. Pont du Gard sowie Audioführer (ab 66 €/Pers.).

Pass Nîmes Romaine: Eintritt zu Arènes, Maison Carrée, Tour Magne, 11,50 €, 3 Tage gültig.

Termine

Feria de Pentecôte: Pfingsten. Während des fünftägigen Festes vibriert Nîmes im Flamenco-Rhythmus (s. S. 34).

Les Nuits des Jardins: Ende Juni–Anfang Juli. Musikabende im Jardin de la Fontaine.

Les Jeudis de Nîmes: Juli/Aug. Do 18–22.30 Uhr. Markt mit lokalen Spezialitäten und Kunsthandwerk in der Altstadt. Dazu Straßenmusik.

Feria des Vendanges: Mitte Sept. Das kürzere, aber nicht minder stimmungsvolle Stierfest zur Weinlese.

Verkehr

Bahn: Gare SNCF, bd. Sergent-Triaire. TGV-Halt sowie Lokalzüge Richtung Montpellier, Marseille, Alès und Aigues-Mortes/Le Grau-du-Roi.

Bus: Gare routière, rue Ste-Félicité, hinter dem Bahnhof, Infos unter www.edgard-transport.fr.

Innerstädtisch: Im Großraum Nîmes verkehren die Busse von TanGo (www.tangobus.fr).
Parken: Zentrale Parkhäuser u. a. nahe Arènes, Porte Auguste, Halles, Maison Carrée, Jardin de la Fontaine.
Fahrrad: Vélo TANGO, Gare SNCF. Leihräder, auch E-Bikes, ab 3 €/Tag gegen Vorlage des Personalausweises, Mo–Sa 7.30–20 Uhr.

Sommières ▸ O 9

Das Städtchen (3700 Einw.) auf Terrassen oberhalb des linken Vidourle-Ufers wurde in der Vergangenheit immer wieder von Hochwassern heimgesucht. Die sogenannten *vidourlades* verursachten zuletzt im Herbst 2014 schwere Schäden. Meist aber gibt sich der Fluss harmlos, an seinem Ufer schieben die Boule-Spieler im Schatten von Platanen eine ruhige Kugel.

Seit fast 2000 Jahren trotzt der einst 189 m lange **Pont Romain** den Kapriolen der Vidourle. Im Mittelalter wurde etwa die Hälfte der Brücke mit Häusern überbaut. Auf dem sechsten Pfeiler fußt die **Tour de l'Horloge,** Haupttor und zugleich Wahrzeichen der Stadt. Hinter dem Tor führt eine Treppe hinauf zum großen **Marché Bas** (Pl. des Docteurs Dax), wo traditionell Markt gehalten wird. Die Häuser am Platz und in der unteren Altstadt wurden zum Schutz gegen Hochwasser auf Arkaden errichtet. An den schachbrettartig angelegten, teils überwölbten Gassen zeugen schöne Fassaden mit stattlichen Portalen von der Blüte der örtlichen Leder- und Wollindustrie im 17. und 18. Jh. Über die Dächer der Altstadt reckt sich der Turm der **Burgruine** (10./11. Jh).

Knapp 2 km östlich von Sommières thront auf einem Felssporn das **Château de Villevieille,** dessen Ursprung im 11. Jh. liegt. Ludwig der Heilige dirigierte von hier aus den Bau des Kreuzfahrerhafens Aigues-Mortes (Besichtigung möglich).

Voie verte de la Vaunage

Info: www.tourismegard.com (Bouger/Randonnées/A Velo); Radverleih: Vaunage Passion Vélo, Calvisson, 1, rue des Marchands, Tel. 04 66 81 43 78, www.vaunagepassionvelos.com
Die alte Bahntrasse zwischen Sommières und Caveirac (Nîmes) wurde auf 22 km zu einer *voie verte,* einem bequemen Radweg ausgebaut. Die Piste ist Teil der ausgewiesenen Rundfahrten **Les Olivettes** (21 km, ab Calvisson) und **Le Vidourle** (34 km, ab Sommières), die verschlafenen Dörfer, Weinhügel und Olivenhaine durchqueren.

Übernachten

Im alten Bahnhof – **Hôtel de l'Estelou:** 297, av. de la Gare, Tel. 04 66 53 11 04, www.hotelestelou.fr, DZ ab 95 €. Züge stören hier nicht mehr die Nachtruhe, denn heute rollen nur noch Fahrräder über die alte Bahnstrecke (s. o.). Die 28 Zimmer sind modern eingerichtet und sonnig. Garten mit Pool.
Nostalgisch – **Bed & Art:** 48, Grand'Rue, Calvisson, 20 km östl. von Sommières (D 40), Tel. 04 66 01 23 91, www.bed-and-art.com, DZ ab 68 € inkl. Frühstück. Im Zentrum des Weindorfs haben Corinne und Régis Burckel de Tell ein Bürgerhaus aus dem 15. Jh. behutsam modernisiert und vier Gästezimmer eingerichtet. An heißen Sommertagen ist es im lauschigen Patio angenehm schattig. Wenn es kühler wird, macht man es sich im Salon am Kamin gemütlich. Régis, der in Lille und Paris Kunst studiert hat, gibt individuellen Malunterricht.

Übernachten, Essen

In der alten Tuchmanufaktur – **Auberge du Pont Romain:** 2, av. Emile Jamais, Tel. 04 66 80 00 58, www.aubergedupontromain.com, DZ ab 77 €, Menü 30 € mittags, ab 40 € abends. Im Restaurant verwöhnen die Brüder Thierry und Frédéric Michel mit raffinierten Speisen, ein zauberhafter Garten mit Pool vervollständigt das Glück der Hotelgäste.

Einkaufen

Ölmühle – **Moulin de Villevieille:** 154, av. des Cévennes, Villevieille, www.moulindevillevieille.com. Prämierte Olivenöle aus den Sorten Picholine und Négrette sowie Olivenprodukte.

Infos & Termine

OT: 5, quai Frédéric Gaussorgues, 30250 Sommières, Tel. 04 66 80 99 30, www.ot-sommieres.fr.
Courses camarguaises: März–Nov. Meist So nachmittags in der Arena.
Jazz à Junas: Ende Juli. Ein alter Steinbruch 6 km östlich von Sommières gibt den ausgefallenen Rahmen für ein Festival (http://jazzajunas.fr).

Ambrussum ▸ O 9

Chemin d'Ambrussum, Villetelle, Tel. 04 67 02 22 33, www.ambrussum.fr, ab A 9 Ausfahrt 27 Richtung Lunel (D 34), dann Richtung Villetelle (D 110 E1), kurz vor einer Autobahnunterführung rechts den Schildern folgen; Museum Juli/Aug. Di–So 9–12, 15–19, Sept.–Juni Di–So 14–17.30, So 10–12 Uhr, 4 €; Gelände frei zugänglich
Bei Lunel schlugen die Römer eine Brücke über die Vidourle. Ein Bogen hat die Jahrhunderte ebenso überdauert wie gepflasterte Fahrbahnreste mit deutlich erkennbaren Spurrillen, Fundamente von Wohnanlagen, von Thermen und von vorrömischen Befestigungen. Das Ausgrabungsgelände entdeckt man in 15 Stationen auf ausgeschildertem Weg. Das Museum reflektiert die Entwicklung des gallo-römischen Oppidums sowie die Geschichte der Ausgrabungen. Hier hängt auch eine Kopie von Gustave Courbets Bild »Le Pont Ambroix« von 1857, das die Römerbrücke noch mit zwei Bögen zeigt.

St-Gilles ▸ Q 10

Das Zentrum für Obst- und Weinbau (13 000 Einw.) mit Freizeithafen am Canal du Rhône-à-Sète gilt als eines der bedeutendsten mittelalterlichen Pilgerziele. Auf der Wallfahrt nach Santiago de Compostela besuchten die frommen Wanderer hier das Grab des hl. Aegidius, der im 8. Jh. als Eremit in der Nähe von St-Gilles gelebt haben soll.

Abbatiale und Maison Romane

Pl. de la République, April–Okt. alle Mo–Sa 9.30–12.30, 14–18, So 14–18 / Nov.–März Krypta, Maison Romane Mo–Sa 9.30–12.30, 14–17, Chor Mo–Fr 10.30–11.30, 14.30–15.30 Uhr, 6 € inkl. Abbatiale und Maison Romane
Über dem Grab des hl. Aegidius war im 12. Jh. eine Abtei mit gewaltigen Ausmaßen entstanden, die jedoch in den Religionskriegen niedergebrannt wurde. Von der Klosterkirche blieben lediglich Teile des Chors, die imposante **Krypta** sowie die monumentale **Westfassade** erhalten. Dank ihres überaus reichen Skulpturenschmucks stellt die Fassade ein einzigartiges Beispiel romanischer Bildhauerkunst in Südfrankreich dar. Ihre Gliederung mit drei

Rundbogenportalen und Wandsäulen wurde von römischen Triumphbögen inspiriert. Ein Meisterwerk früher Steinmetzarbeit zeigt die **Vis de St-Gilles,** eine steinerne Wendeltreppe, die auf den nördlichen Glockenturm führte. 1998 wurde die Klosterkirche ins UNESCO-Welterbe aufgenommen.

Das Geburtshaus von Papst Clemens IV. vis-à-vis der Kirche, die sogenannte **Maison Romane** (12./13. Jh.), beherbergt ein Museum mit Funden aus der Abtei und Exponaten zur Naturkunde.

Einkaufen

Ölmühle – **Moulin des Costières:** 2373, chemin des Loube, www.moulin-des-costieres.com, Mo–Sa 9–12, 14–18 Uhr. AOC Olivenöl, Essig, grüne und schwarze Oliven, Tapenade.

Infos

OT: 1, pl. Frédéric Mistral, 30800 St-Gilles, Tel. 04 66 87 33 75, http://tourisme.saint-gilles.fr.

Camargue Gardoise

▶ O–Q 10/11

Bei Arles verzweigt sich die Rhône und umschlingt mit zwei Armen ein weites Mündungsdelta – die Camargue. Nach Westen setzt sich die von Feuchtgebieten, Sümpfen und Brackwasserseen geformte Landschaft in der Camargue Gardoise, auch Petite Camargue genannt, fort. Fest verknüpft mit dem Landschaftsbild sind die rosafarbenen Flamingos, die weißen Pferde und schwarzen Stiere. Auf den ersten Blick erschließen sich die Reize dieses einmaligen Naturraumes allerdings nur unzureichend. Einen besseren Eindruck gewinnt man beim Besuch einer *manade*, so heißen die Gehöfte der Rinder- und Pferdezüchter, oder natürlich bei einem Reiturlaub.

Centre de Scamandre

▶ P 10

Mas des Iscles, Kreuzung D 179/D 779, Tel. 04 66 73 52 05, www.camarguegardoise.com, Di–Sa 9–18 Uhr, Fernglas mitnehmen!

Das 215 ha große Naturkundezentrum südlich der Brackwasserseen Grey, Charnier und Scamandre liegt inmitten eines großen, wirtschaftlich genutzten Schilfgebiets. Ausstellungen und drei Lehrpfade (0,5 km, 1,5 km, 4 km) tragen dazu bei, das fragile Ökosystem der Camargue besser zu verstehen. Mit Glück kann man von der gut getarnten Aussichtsplattform aus zahlreiche Vogelarten beobachten.

Mit dem Rad durch die Camargue Gardoise ▶ P 10

Info: www.tourismegard.com (Bouger/Randonnées/A Velo); drei Rundstrecken 25 km, 32 km, 40 km (2,5–4 Std.); Start: Vauvert, rue F. Guillierme (Parking Voie verte); Radverleih: Le Barjonaute, 282, rue Carnot, Vauvert, Tel. 06 03 53 65 64, www.lebarjonaute.info, auch Liegeräder

Ab **Vauvert** erschließen zwei ausgeschilderte Radrouten das Land westlich der Petit Rhône. Der **Boucle Camargue Gardoise** führt über die **Voie verte** parallel zum **Canal Philippe Lamour**, der in den 1950er-Jahren zur Bewässerung gebaut wurde, ins Dörfchen **Gallician** am **Canal du Rhône-à-Sète.** Von der Brücke über den Kanal fällt der Blick auf die Hausboote, die hier Station machen, und schweift weiter über den Etang du Charnier. ▷ S. 118

Auf Entdeckungstour: Course camarguaise – es lebe der Stier!

Die Urkraft des Stiers hat den Menschen schon immer fasziniert. Im Rhône-Delta ist er der Held der Courses camarguaises. Bei diesen unblutigen Stierspielen messen sich Tier und Mensch in Schnelligkeit, Wendigkeit und Reaktionsvermögen.

Reisekarte: ► P/Q 8 und P 10
Dauer: Ein Tag
Musée des Cultures Taurines: 6, rue Alexandre Ducros, Nîmes, Mitte Mai–Okt. Di–So 10–18 Uhr, Eintritt frei
Course camarguaise: März–Nov., Termine s. www.bouvine.info

Berühmt, aber keineswegs unumstritten sind die Ferias von Nîmes oder Béziers. Dass die unblutigen Stierspiele der Courses camarguaises im Midi eine weitaus längere Tradition als die blutigen *corridas* haben, dies erfährt man im **Musée des Cultures Taurines** in **Nîmes.** So steht bei den *courses* eindeutig der Stier im Mittelpunkt. Besonders agile und angriffslustige Tiere werden wie Helden verehrt. Sie füllen nicht nur die Arenen, sondern sichern auch das Einkommen des Züchters *(manadier).* Bilder und Videos zeigen, dass die *courses* schon längst vom Sonntagsvergnügen der Landbevölkerung zu einem im Midi weit verbreiteten Profisport avanciert sind.

Vernarrt in den Stier

Wen die Präsentationen des Museums neugierig gemacht haben, der sollte nicht zögern, eine *course* vor Ort zu erleben, etwa in Beaucaire, Bellegarde, St-Gilles, Vauvert oder Lunel. Besonders authentisch aber geht es in dem kleinen Dorf **St-Laurent-d'Aigouze** im Zentrum der Camargue Gardoise zu. Schon am nördlichen Ortseingang empfängt die lebensgroße Statue eines Stiers den Besucher. Dass St-Laurent vom *fé du biou* – der Liebe zum Stier – geradezu besessen ist, stellt man spätestens auf dem Dorfplatz fest. Denn hier streitet die mit Kinderzeichnungen bunt verzierte Arena mit der kleinen Kirche, an die sie unmittelbar angrenzt, um die Vorherrschaft. Keine Frage, wer aus diesem Wettstreit als Sieger hervorgeht!

Dann erstaunt es auch kaum noch, dass die Sakristei zum *toril,* zum Stall, umfunktioniert wurde. Hier treffen die Stiere etwa eine Stunde vor Beginn der Course im Lkw ein. Nicht versäumen sollte man das aufgeregte und gestenreiche Palaver, mit dem die Stiere vom *manadier* und seinen Helfern, den *gardians,* ausgeladen und im *toril* an dicken Eisenstangen angebunden werden.

Auf in die Arena

Nun wird es höchste Zeit, einen Sitzplatz in der Arena zu suchen. Die Kenner steuern – mit Kissen und Sonnenhut ausgestattet – die Plätze an der Kirchenwand an. Zur Musik aus der Oper »Carmen«, die scheppernd aus den Lautsprechern klingt, ziehen zwölf weiß gekleidete, junge, drahtige Männer, die *raseteurs,* in die Arena ein. Und schon stürzt nach einem Fanfarensignal der erste Stier schnaubend aus dem *toril* auf den Sandplatz. Das Schauspiel beginnt.

An den spitzen, lyraförmigen Hörnern des Tiers sind als Trophäen die *cocarde* aus rotem Stoff, zwei *glands* (weiße Wollquasten) und zwei *ficelles* (Schnüre) befestigt. Die *raseteurs* versuchen nun, die Trophäen von den Hörnern zu reißen und sich mit einem gekonnten Sprung über die Absperrung in Sicherheit zu bringen.

Besonders spektakuläre Aktionen werden vom aufmerksamen Publikum mit Beifall belohnt. Nach 15 Minuten beendet ein Fanfarensignal die Partie, und der Stier kehrt zurück in den Stall. Der nächste Stier stürmt heraus, und das Schauspiel beginnt erneut.

Nervenkitzel hinter der Barriere

Nachdem der letzte Stier seinen Auftritt hatte, findet vor der Arena der *bandido* statt, bei dem berittene *gardians* die Stiere durch die Straßen treiben. Spätestens dann, wenn der Böllerschuss durchs Dorf hallt, heißt es, sich hinter den Absperrgittern in Sicherheit zu bringen, denn nicht selten büchst ein Stier aus. Das Geklapper von Hufen auf dem Asphalt eilt den Reitern voraus, die – den Stier eingekeilt in ihrer Mitte – im Galopp vorbeipreschen, während einige junge Burschen versuchen, den Stier an den Hörnern zu packen und zu Boden zu werfen – eine nicht ungefährliche Mutprobe!

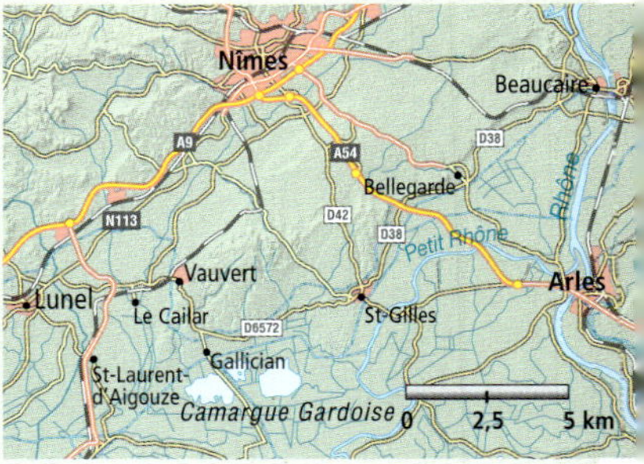

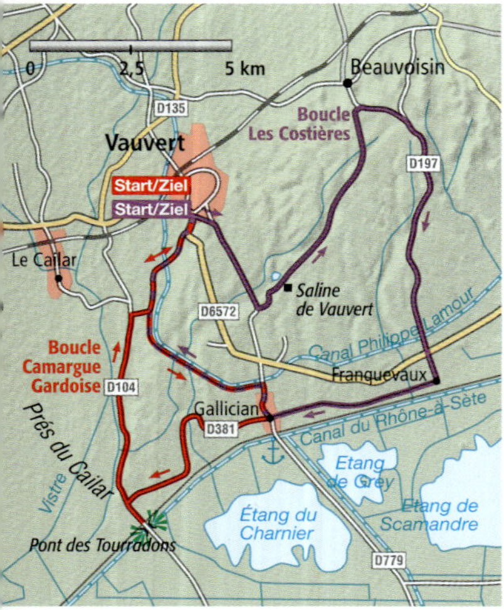

Ab Vauvert durch die Camargue Gardoise

Diesseits des Kanals radelt man auf der **D 381** durch Wein- und Obstfelder. Ein Schild weist zur **Pont des Tourradons** am Rande der Sumpfgebiete. In der Ferne ist Aigues-Mortes auszumachen. Auf dem Rückweg nach Vauvert über die **D 104** überschaut man den **Prés de Cailar** im Tal der **Vistre,** wo Stiere und Pferde weiden. Ein Schaubild links der Straße erklärt die Landschaft. Der letzte Streckenabschnitt verläuft wieder auf der **Voie verte.**

Ein etwas anderes Gesicht zeigt die Camargue auf dem **Boucle Les Costières,** auf dem sogar bewaldete Täler zu durchfahren und leichte Anhöhen zu überwinden sind. Die Weinfelder der **Costières de Nîmes** säumen den Weg, mitten darin liegen alte Domänen. Man verlässt **Vauvert** auf der **Rue de St-Gilles** und zweigt nach ca. 3 km links in den **Chemin des Salines** ab. Hier wird inmitten der Weinfelder aus 2500–3000 m Tiefe Steinsalz gefördert. Am Ortsrand von **Beauvoisin** weist ein Schild nach **Franquevaux.** Der winzige Weiler am Rande des **Etang de Scamandre** entwickelte sich aus einem Zisterzienserkloster. Weiter geht es am **Canal du Rhône-à-Sète** entlang nach **Gallician** und über die **Voie verte** zurück nach Vauvert. Man kann in Gallician aber auch dem Boucle Camargue Gardoise folgen.

Les Stes-Maries-de-la-Mer ▸ Q 11

Das weiße Dorf am Meer lockt die Touristen in großen Scharen mit Camargue-Traditionen und Zigeunerromantik. Alljährlich um den 24./25. Mai pilgern Tausende Zigeuner aus ganz Europa zu ihrer Schutzpatronin, der schwarzen Sara, sowie zu den Schreinen der beiden heiligen Marien. In den Gassen rund um die sandsteinfarbene Wehrkirche buhlen Andenkenläden und Restaurants um Kundschaft. Und am Ortsrand stehen unzählige Camargue-Pferde für einen kurzen Reitausflug bereit. Trotz des Rummels lohnt der kurze Abstecher in die Nachbarregion Provence – zumindest wenn man die Nebensträßchen über **Sylvéréal** nutzt, die tief in die amphibische Landschaft vordringen. In **Bac le Sauvage** stellt eine Autofähre die Überquerung der Petit Rhône sicher.

Übernachten

Herrschaftlich – **Domaine de la Fosse:** Rte. de Sylvéréal (D 179), ca. 7 km südl. von St-Gilles, Tel. 04 66 87 05 05, www.domaine-de-la-fosse.com, DZ ab 135 € inkl. Frühstück. Fünf traumhafte Gästezimmer in einem ehemaligen Anwesen des Malteserordens. Mit Pool, Jacuzzi, Sauna und Hamam.

Naturnah – **Mas Apolline:** Rte. d'Aigues-Mortes (D 179), südl. des Centre

de Scamandre, Tel. 04 66 73 52 20, www.masapolline.camargue.fr, DZ ab 78 € inkl. Frühstück (mind. 2 Nächte), Gästetisch 30 €. Die vier Gästezimmer haben direkten Zugang zu einem weitläufige, schattige, Gelände, auf dem allerlei Geflügel schnattert. Möglichkeit zum Besuch einer *manade* und zu Jeeptouren in die Camargue.
Familiär – **Lou Garbin**: 30, av. des Jardins, St-Laurent d'Aigouze, Tel. 04 66 88 12 74, www.lou-garbin.com, DZ ab 80 €. Dorfhotel in einem ehemaligen Weingut. Zehn thematisch eingerichtete Zimmer im alten Herrenhaus sowie drei kleine Bungalows mit Kochecke, eigener Terrasse und Grillplatz im großen Garten. Dazu eine Lounge und zwei winzige Pools. Die Wirtsleute geben gerne Tipps für die Erkundung der Camargue.

Essen & Trinken

Zwischen Rebfeldern und Etangs – **Ancien Monastère:** Pl. du Monastère, Franquevaux, Tel. 04 66 80 95 58, www.restaurant-ancien-monastere.fr, So abends, Mo/Di geschl., *formule* ab 10 €, Menü ab 20 €. Das Restaurant erinnert an den klösterlichen Ursprung des Dorfes. Küche und Weinkarte sind der Region verpflichtet. Hübsche Gartenterrasse.

Einkaufen

Wein – **Domaine de Montcalm:** Montcalm, D 58, Tel. 04 66 73 51 52. Die Domaine produziert auf sandigem Boden die *vins de sables,* vor allem Rosé- und Weißweine, aber auch rote. Als Mitte des 19. Jh. die Reblausplage grassierte, blieben nur die Rebstöcke verschont, die auf Sand wuchsen. Ein echter Durstlöscher ist der *gris de gris,* ein frischer leichter Rosé.

Aktiv

Gardians-Kurse – **Mas des Iscles:** Kreuzung D 179/D 779, Tel. 04 66 73 51 22,

Bei der ›Ferrade‹ demonstieren die Camargue-Cowboys ihre Reitkunst

Von Aigues-Mortes startete Ludwig IX. zum Kreuzzug ins Heilige Land

www.masdesiscles.com. Bei Bernard Roche lernt man, wie die *gardians* zu reiten und Rinder zu treiben. Schnuppertage, Wochenend- und Wochenkurse. Unterkunftsmöglichkeit in einer *gîte*. Nina Roche hilft, wenn es beim Französisch hapert.

Naturkundeführungen – **La Maison des Guides de Camargue:** Montcalm, D 58, Tel. 04 66 73 52 30, www.maisonduguide.camargue.fr. Individuelle Führungen durch die Camargue zu diversen Themen (u. a. Vogelbeobachtung oder Besuch einer *manade).*

Aigues-Mortes ▶ P 10

Mit der Errichtung von Aigues-Mortes im Sumpfgebiet der Rhône-Mündung erhielt das Frankenreich unter Ludwig IX. Mitte des 13. Jh. den begehrten Zugang zum Mittelmeer. 1248 schiffte sich hier der Monarch, später mit dem Beinamen ›der Heilige‹ tituliert, zum sechsten Kreuzzug ein. 1270 brach er mit seinem Heer erneut zum Kampf gegen die Ungläubigen auf, erlag jedoch bald der Pest.

Neben der eher militärischen Funktion befruchtete der neue Hafen den Seehandel im Mittelmeer. Unter dem Sohn und Enkel Ludwig IX. wurde das nahezu perfekte Rechteck der Ansiedlung Ende des 13. Jh. mit einer mächtigen Mauer umgeben. Doch schon bald machte die Stadt der ›Toten Wasser‹ ihrem Namen alle Ehre: Der Zufahrtskanal zum Meer versandete und sie saß auf dem Trockenen.

Bedeutungslos geworden, konnte das spätmittelalterliche Bollwerk die Jahrhunderte unversehrt überdauern. Im Windschutz seiner Mauern flutet in der Saison ein nicht enden wollender Touristenstrom durch die rechtwinklig verlaufenden Gassen. Vor allem die Urlauber sichern neben Weinbau und Salzgewinnung das Einkommen der knapp 7000 Einwohner von Aigues-Mortes. Auf der zentralen **Place St-Louis** verliert sich die Statue des Stadtgründers zwischen den bunten Markisen der Cafés und Restaurants.

Tour Constance und Remparts

www.monum.fr, tgl. Mai–Aug. 10–19, Sept.–April 10–13, 14–17.30 Uhr, 7,50 €

Noch zu Lebzeiten Ludwig IX. entstand die fast 40 m hohe **Tour Constance,** deren Dachtürmchen unter einem schmiedeeisernen Käfig ein weithin sichtbares Leuchtfeuer trug. Ihrer Wehrfunktion verlustig, wurde im 14. Jh. hinter den 6 m dicken Mauern ein Staatsgefängnis eingerichtet, in dem sowohl Templer als auch Hugenotten einsaßen. 38 Jahre schmachtete die unbeugsame Protestantin Marie Durand in diesem Kerker. Vom Dach des Turms bietet sich eine unvergessliche Aussicht. Eine Brücke verbindet den Turm mit der begehbaren, 1640 m langen und 11 m hohen **Stadtmauer,** die durch zehn von Türmen flankierte Tore in unregelmäßige Abschnitte gegliedert wird.

Tour Carbonnière

D 46, ca 1,5 km nordöstl., frei zugänglich, Parkplatz ca. 300 m südl.

Vom Parkplatz führt ein Naturlehrpfad auf Stelzen zu dem torartigen Bollwerk, das von der Vieux Vistre umspült wird. Ab dem 14. Jh. wachte die Tour Carbonnière über den einzigen landseitigen Zugang nach Aigues-Mortes. Von ihrer Aussichtsterrasse öffnet sich ein weiter Blick über Wasser, Schilf und Weiden.

Salin d'Aigues-Mortes

Rte. du Grau-du-Roi (D 979), Tel. 04 66 73 40 24, www.visitesalinsdecamargue.com, tgl. Juli/Aug. 10–12, 13.30–18, Mitte April–Juni, Sept. 10.30, 11.30, 14, 15, 16, 17, März–Mitte April, Okt. 10.30, 14.30, 16 Uhr, 9,80 €

Die weißen Salzhügel *(camelles),* die aus der Ferne wie Schneekuppen anmuten, weisen den Weg zu den Salinen von Aigues-Mortes. Einen Einblick in die Salzgewinnung vermittelt eine 90-minütige Fahrt im Touristenbähnchen. Die einzigartige Fauna und Flora in den 10 700 ha großen Salzgärten kann man auf einer dreieinhalbstündigen Jeeptour entdecken (Mitte April–Sept. 8, 16 Uhr, 38 €, Reservierung erforderlich).

Maison du Grand Site de France de la Camargue Gardoise

Rte. du Môle (am rechten Ufer des Kanals Rtg. Le Grau-du-Roi), Tel. 04 66 77 24 72, www.camarguegardoise.com, Di–So 10–17 Uhr

Die Ausstellung erläutert anhand von Karten, Zeichnungen und Filmen die Entstehung der Camargue. Im Vordergrund steht dabei der Einfluss menschlicher Aktivitäten – von Ludwig IX. bis heute – auf die Ausformung der Landschaft. Ein Lehrpfad führt hinaus an den Etang de la Marette.

Übernachten, Essen

In provenzalischem Stil – **Le Saint-Louis:** 10, rue de l'Amiral-Courbet, Tel. 04 66 53 72 68, www.lesaintlouis.fr, DZ ab 87 €. 22 geräumige Zimmer in einem ansprechend restaurierten alten Stadthaus. Restaurant mit begrüntem Innenhof an der Stadtmauer (Mi–So, Menü 15 € mittags–30 €). Mit Garage.

Essen & Trinken

Heitere Atmosphäre – **Le Café de Bouzigues:** 7, rue Pasteur, Tel. 04 66 53 93 95, www.cafedebouzigues.com, 23 € (1 Gang), 27 € (2 Gänge), 32 € (3 Gänge). Kleines, farbenfrohes Restaurant

Lieblingsort

Pointe de l'Espiguette – baden und beachen ► O 11

Der Strand am Phare de l'Espiguette zählt zu den naturbelassensten und größten Stränden des Languedoc. Vom kleinen Leuchtturm aus, wo FKK-Anhänger einen ausgewiesenen Abschnitt finden, erstreckt sich in Richtung Les Stes-Maries-de-la-Mer auf 10 km eine urwüchsige Dünenlandschaft. Selbst in der Hochsaison findet man nach wenigen Schritten ungestörtes Sonnen- und Badevergnügen. In der Nebensaison oder im Winter kann man hier ausgedehnte Strandspaziergänge unternehmen und sich dabei vom Seewind ordentlich durchpusten lassen. Achtung! Auf der schmalen Anfahrtsstraße ab Port-Camargue kommt es im Sommer regelmäßig zu Staus (riesiger Parkplatz, März–Sept. gebührenpflichtig).

mit hübschem Innenhof, freundliche Bedienung, tagesfrische regionale Küche.

Aktiv

Bootsausflüge – **Le Pescalune:** Tel. 04 66 53 79 47, www.pescalune-aigues mortes.com. **Isles de Stel:** Tel. 04 66 53 60 70, www.islesdestel.camargue.fr. Ab Aigues-Mortes auf den Kanälen durch die Camargue.

Infos

OT: Pl. St-Louis, 30220 Aigues-Mortes, Tel. 04 66 53 73 00, www.ot-aigues-mortes.fr.

Le Grau-du-Roi ▸ O 11

Le Grau-du-Roi (8200 Einw.) an der Mündung des Stichkanals *(grau)* nach Aigues-Mortes scheint auf den ersten Blick vollkommen auf den Tourismus fixiert zu sein. Restaurants, Bars und Souvenirshops an der *rive gauche,* dem linken Kanalufer, sowie Apartmentanlagen an den Sandstränden bestimmen das Ortsbild.

Le Grau-du-Roi ist jedoch auch Frankreichs zweitgrößter Fischereihafen am Mittelmeer. Außerhalb der Saison vermag man sogar die Idylle nachzuempfinden, die Ernest Hemingway 1946 in seinem Roman »Der Garten Eden« beschwörte. Einen Gegenpol zu dem markanten Leuchtturm an der Hafeneinfahrt bildet am östlichen Dorfrand die Arena, in der während der Saison regelmäßig *courses camarguaises* stattfinden.

Neben dem Fischerdorf entstand 1969 **Port-Camargue,** mit über 4000 Anlegeplätzen eine der größten Marinas Europas. Luxusboote, schnittige Rennjachten und das Klackern der Fallen im Wind wird nicht nur Segelfans zum Träumen bringen.

Seaquarium

Av. du Palais de la Mer, www.seaquarium.fr, tgl. Juli/Aug. 9.30–23.30, April–Juni, Sept. 9.30–19.30, Okt.–März 9.30–18.30 Uhr, 13,50 €

Im Palais de la Mer kann man in die Unterwasserwelt der Ozeane abtauchen. Hier leben über 200 heimische und tropische Fischarten, darunter auch verschiedene Haifischarten. Besondere Attraktionen sind der Haifischtunnel sowie das Otter- und Seehundbecken.

Strände

Von der belebten **Plage de Boucanet** im Westen bis zur weiten **Plage de l'Espiguette** (s. Lieblingsort S. 123) erstrecken sich 18 km Sandstrände, darunter mehrere bewirtschaftete Abschnitte mit Lokalen, Beach-Volleyballfeldern, Liegestuhl- und Bootsverleih.

Übernachten, Essen

Unter Palmen – **Le Spinaker:** Pointe de la Presqu'Ile, Port-Camargue, Tel. 04 66 53 36 37, www.spinaker.com, DZ ab 89 €. Luxusherberge auf einer Halbinsel mitten im Jachthafen mit 21 Zimmern und Suiten, die an Afrika erinnern. Palmenumstandener Pool und Spa. Im hauseigenen Restaurant stellt Jean-Pierre Cazals auch anspruchsvolle Gaumen zufrieden (Menü mittags 19 €, abends ab 36 €). Mit Garage.

Essen & Trinken

Fast am Strand – **Au Petit Bonheur:** 6, av. Fréderic Mistral, Rive Gauche, Tel. 04 66 58 00 57, Mo geschl., außerhalb der Saison nur mittags geöffnet außer Fr/Sa, Menü mittags ab 14 €, abends ab 22 €. Südfranzösische Küche zu fairen Preisen. Der Meerblick macht das ›kleine Glück‹ perfekt.

Einkaufen

Regionale Spezialitäten – **Maison des Vins:** Rte. de l'Espiguette, tgl. 9.30–12.30/13, 14.30–18.30/19.30 Uhr. Wein, Oliven und Öle, Konserven und Konfitüren, Naturkosmetika und Kunsthandwerk sowie Bücher.

Aktiv

Reiten – **Mas de l'Espiguette:** Tel. 04 66 51 51 89, www.masdelespiguette.com. **Ecurie des Dunes:** Tel. 04 66 53 09 28, www.ecuriedesdunes.com. Beide an der Route de l'Espiguette, Ausritte in die Camargue und am Meer sowie Reitkurse.

Infos & Termine

OT: 30, rue Michel Rédarès, 30240 Le Grau-du-Roi, Tel. 04 66 51 67 70, www.vacances-en-camargue.com.
Vogua Monstra: Christi Himmelfahrt. Fest des Meeres und der Kultur des Mittelmeers, u. a. Ruderwettbewerbe, Straßenmusik, Markt, *courses.*
Fête de la St-Pierre: Mitte Juni. Fest der Fischer mit Prozession zu Wasser, *Joutes* und Stiertreiben.
Fête Votive: Mitte Sept. Neuntägiges Dorffest mit lokalen Traditionen.

La Grande-Motte

▶ O 11

Mit dem Bau der Feriensiedlung am Rande der Camargue begann 1968 die nicht unumstrittene touristische Erschließung der Küste. Die futuristischen Wohntürme in Form ägyptischer und mexikanischer Pyramiden entwarf der Architekt Jean Balladur. Das avantgardistische Betongebirge – mal eckig und kantig, mal geschwungen und rund – mit seinen gepflegten, weitläufigen Grünanlagen setzt sich wohltuend von manch anderer einfallslos konzipierten Bettenburg an der Küste ab.

In La Grande-Motte fühlen sich heute 8000 Einwohner dauerhaft wohl. Im Sommer bietet der ›Große Haufen‹ aber über 130 000 Gästen Wohnraum. Ein großer Jachthafen, Wassersport- und Thalassotherapiezentrum, Golf- und Tennisplätze, Freilufttheater und Aquarium sowie Diskotheken und Nachtclubs lassen keine Langeweile aufkommen.

Strände

Feine Sandstrände säumen auf 7 km Länge das Touristenzentrum. Unverbaut ist die **Plage du Grand Travers** auf dem Lido zwischen La Grande-Motte und Carnon. Mehrere Strandabschnitte werden privat bewirtschaftet.

Abends & Nachts

Schicker Strandclub – **Effet Mer:** Rte. du Grand Travers, Tel. 04 67 56 02 14, www.effetmer.com, Mitte April–Mitte Sept. 10–2 Uhr. Der ideale Ort, um bei einem Cocktail in den Sonnenuntergang über dem Meer zu blicken. Später am Abend kann man zur DJ-Musik abtanzen. Tagsüber laden bequeme Strandbetten zum Sonnenbaden ein, die Food Corner reicht Burger, Aufschnitt und Käse, Austern und Sushi (ab 6 €; Abendkarte HG ab 28 €).

Infos

OT: 55, rue du Port, 34280 La Grande Motte, Tel. 04 67 56 42 00, www.lagrandemotte.com.

Das Beste auf einen Blick

Montpellier, Küste und Hinterland

Highlights!

Montpellier: Die dynamische Mittelmeermetropole bewahrt den Charme ihres historischen Zentrums und wächst zugleich mit kühner, neuer Architektur Richtung Meer. S. 128

St-Guilhem-le-Désert: Das mittelalterliche Klosterdorf in den romantischen Gorges de l'Hérault wurde als Teil des französischen Jakobswegs ins UNESCO-Welterbe aufgenommen. S. 154

Cirque de Navacelles: In die unwirtliche Hochebene der Causses hat das Flüsschen Vis vor Millionen Jahren einen atemberaubenden Felsenkessel gefräst. S. 159

Auf Entdeckungstour

Austernzucht im Etang de Thau: Im größten Strandsee des Languedoc-Roussillon werden Austern an sogenannten Tischen gezüchtet. Das Ausflugsboot fährt ganz nah an die Produktionsstätten heran und erlaubt auch einen Blick unter Wasser. S. 146

Résurgence de la Vis: Eine dreistündige Wanderung tief unten im Cirque de Navacelles führt zu den verwunschenen Ruinen einer Wassermühle und der geheimnisvollen Wiedergeburt der Vis. S. 160

Kultur & Sehenswertes

Musée Fabre: Das Kunstmuseum in Montpellier macht mit international beachteten Ausstellungen auf sich aufmerksam. S. 136

Agde und Le Cap d'Agde: Das Städtchen an der Hérault-Mündung und die Retortenstadt am Cap verbindet 2500 Jahre Geschichte. S. 151

Zu Fuß & mit dem Rad

Etang de Thau: Rund um den Lagunensee radeln, unterwegs ein paar Austern schlürfen und zur Erfrischung im Mittelmeer baden. S. 149

Les Fenestrettes: Vom Klosterdorf St-Guilhem-le-Désert führen Pilger- und Hirtenwege durch typische Midi-Landschaft. S. 154

Pic St-Loup: Die Besteigung des Hausbergs von Montpellier ist eine Herausforderung, die auch wenig Trainierte meistern. S. 157

Genießen & Atmosphäre

Cathédrale de Maguelone: Eine vom Meer umspülte Kathedrale und ein einsamer Dünenstrand, auch mit dem Rad zu erkunden. S. 137

Sète: Hafenatmosphäre, ein bizarrer Friedhof hoch über dem Meer und ein außergewöhnliches Museum der Alltagskunst locken nach Sète. Zudem wird im Sommer der Canal Royal zum quirligen Austragungsort der Joutes nautiques. S. 79, 141

Abends & Nachts

Le Rockstore: Als Konzertadresse ist die Location weit über Montpellier hinaus die Nummer eins. Zugleich ist sie ein beliebter Dancefloor mit mehreren Bars. S. 140

La Famourette: Eine typische südfranzösische *guignette* am Ufer des Hérault bei Aniane mit Lampions und Akkordeonmusik, Landwein und Mittelmeerküche. S. 157.

Das dynamische Montpellier lockt mit mediterraner Lebensqualität und einem reizvollen Hinterland neben Touristen auch Neubürger aller Altersgruppen an. Sète dagegen besticht durch sein hemdsärmeliges Gehabe als Hafenstadt und durch seine einzigartige Lage zwischen dem Meer und dem Etang de Thau. Dieser größte Strandsee an der Mittelmeerküste ist als Zentrum der Austernzucht in ganz Frankreich bekannt. Im Süden des Etang unterbrechen die dunklen Vulkanfelsen des Cap d'Agde die 100 km langen Sandstrände des Département Hérault. Im Hinterland führen uralte Pilgerwege und Hirtenpfade durch die wilden Gorges de l'Hérault zum mittelalterlichen Klosterdorf St-Guilhem-le-Désert. Atemberaubend ist der Felsenkessel des Cirque de Navacelles, den das Flüsschen Vis in den Kalkgrund der Causses gegraben hat. Aber auch unter der Erde hat das Wasser mit der Grotte de Clamouse und der Grotte des Demoiselles zauberhafte Landschaften geschaffen.

Infobox

Regionale Websites
www.herault-tourisme.com
www.herault.fr, www.coeur-herault.fr

Verkehr
Von Montpellier fahren mehrmals täglich Regionalzüge nach Sète und Agde. Viele Orte sind wenigstens zweimal täglich per Linienbus erreichbar (www.herault-transport.fr, Ticket 1,50 €, 10er-Ticket 10 €). In Montpellier nutzt man am besten öffentliche Verkehrsmittel, am Stadtrand kann man vom Auto oder Bus in die Tramway umsteigen.

Montpellier ! ▶ N 10

Die Präfektur des Départements Hérault (265 000 Einw.) und bisherige Hauptstadt der Région Languedoc-Roussillon gilt als die junge Dame der Region – blickt sie doch auf eine gerade mal 1000-jährige Geschichte zurück. Dank einer innovativen Politik entwickelte Montpellier seit den 1980er-Jahren eine städtebauliche und wirtschaftliche Dynamik, die in Frankreich ihresgleichen sucht. Seinen jugendlichen Charme verdankt es nicht zuletzt den über 70 000 Studenten sowie einem anspruchsvollen Kulturprogramm. Mit ambitionierten Festivals, bedeutenden Ausstellungen und großen Kongressen hat sich die Midi-Metropole auch überregional einen Namen erworben.

Geschichte

Dank der günstigen Lage an der *Via Domitia* und der Nähe zum Hafen von *Lattara* (Lattes) wuchsen das Anwesen der Familie Guilhem sowie eine Kirche der Bischöfe von Maguelone gegen Ende des 10. Jh. zu einem durch Gewürz- und Kräuterhandel prosperierenden Gemeinwesen zusammen.

Durch Heirat fiel Montpellier 1204 an das Haus Aragón und wurde später dem Königreich Mallorca zugeschlagen. Politische sowie steuerliche Freiheiten begünstigten die wirtschaftliche Entwicklung der Stadt, die mit der Gründung einer Medizin- und Rechtsschule schon früh Meriten in der Wissenschaft erwarb. Der Bau einer neuen Wehrmauer vervierfachte die Stadtfläche und verlieh ihr den Umriss eines Wappenschilds *(écusson)*, woher die Bezeichnung des historischen Zentrums rührt. Im Jahre 1349 kaufte die französische Krone die

Stadt, die durch Pest und Hungersnöte ins Trudeln geraten war, für 120 000 Goldstücke zurück. Jacques Coeur, gewiefter Kaufmann und Finanzminister Karls VII., setzte der Rezession Mitte des 15. Jh. ein Ende. Leder- und Tuchhandel erschlossen neue Märkte und halfen darüber hinweg, dass Montpellier sein Monopol im Orienthandel an Marseille verlor, das 1481 mit der Provence an Frankreich gefallen war.

Schwere Rückschläge erlitt die überwiegend protestantische Stadt während der Religionskriege. 1622 wurde Montpellier von den königlichen Truppen erobert. Kardinal Richelieu ließ vor seinen Toren eine gewaltige Zitadelle errichten, die jegliche Rebellion im Keim ersticken sollte. Neuen Auftrieb erhielt Montpellier unter dem Sonnenkönig Ludwig XIV. durch die Ernennung zur Hauptstadt des Bas-Languedoc. Gerichts- und Rechnungshöfe wurden in Montpellier angesiedelt, das sich nach Pariser Vorbild mit Palais und Promenaden herausputzte.

Die Rückkehr von Franzosen aus Algerien 1962 befreite Montpellier aus der Lethargie einer Provinzstadt. Die Geschäftstüchtigkeit der sogenannten *pieds noirs* (Schwarzfüße) kurbelte den Wirtschaftsmotor wieder an. Innerhalb weniger Jahre wuchs die Bevölkerung um 42 000 Menschen. Zudem flossen aus Paris staatliche Gelder, nachdem Montpellier 1964 zur Hauptstadt der Wirtschaftsregion Languedoc-Roussillon ernannt worden war. Verwaltungsgebäude sowie die Trabantenstadt La Paillade und das Einkaufszentrum Polygone wurden aus dem Boden gestampft, der Flughafen wurde modernisiert, die Universität erweitert. High-Tech-Unternehmen sowie Firmen und Forschungsinstitute aus Pharmazie und Agrartechnologie zog es nach Montpellier.

1977 wählte die eher konservative Bevölkerung überraschenderweise den linken Juraprofessor Georges Frêche zum Bürgermeister. Unter seiner Regie veränderte sich das Stadtbild nachhaltig. Das historische Zentrum wurde saniert, ein riesiges Kongresszentrum erbaut sowie der postmoderne Stadtteil Antigone realisiert.

Montpelliers Dynamik ist trotz der Wirtschaftskrise ungebrochen, knapp 1000 Neubürger werden Monat für Monat begrüßt. Die Tramway verbindet seit Mitte 2000 die Vororte mit dem historischen Zentrum. Innovative Bauwerke, darunter die Entwürfe von vier Pritzker-Preisträgern, machen Montpellier zu einem Mekka der modernen Architektur. An den Ufern des Lez wächst Montpellier mit dem Viertel Port Marianne stetig dem Meer entgegen. Am Fluss errichtete die Uni neue Fakultätsgebäude, dorthin wurde auch das Rathaus verlegt. Zugleich erfuhren die Problemviertel im Nordwesten der Stadt eine Aufwertung: Hier wurde 2012 der futuristische Komplex Pierresvives eingeweiht, der Mediathek, Archiv und Sportamt des Département vereint. Seine Stellung als regionale Hauptstadt muss Montpellier nach der Gebietsreform wahrscheinlich an Toulouse abtreten. Doch die Stadt hat das Potenzial, über diesen Verlust hinwegzukommen.

Altstadt

Auf der autofreien **Place de la Comédie** schlägt das Herz Montpelliers. Der Platz entstand Mitte des 18. Jh., etwa zur gleichen Zeit wie die **Opéra** 1, die nach mehreren Bränden Ende des 19. Jh. ihre Gestalt nach Pariser Vorbild im Stil des Second Empire fand. Von hier taucht man in das Gassenlabyrinth der Altstadt, des *écusson* ein, die in

OPERA COMEDIE
TRAGEDIE
Foire

Lieblingsort

Place de la Comédie – sehen und gesehen werden

Der elegante, weitläufige Platz ist die Adresse der städtischen Bühnen und zugleich die große Bühne der Stadt. Opéra 1, Palais der Belle Époque und die Fontaine des Trois Grâces bilden die prachtvolle Kulisse für die täglich neue Choreografie der Passanten, Straßenkünstler und vorbeigleitenden Tramways. Von den Terrassen zahlreicher Cafés aus kann man dem Schauspiel bis spät in die Nacht hinein zuschauen.

den letzten Jahren weitgehend saniert wurde. Die prächtigen Häuser reicher Kaufleute und Staatsdiener erweisen sich jedoch für die Allgemeinheit als verschlossen. Ihre pompösen Innenhöfe sind im Rahmen von Führungen des Verkehrsamtes zu besichtigen.

Hôtel St-Côme 2

Pl. St-Côme, keine Besichtigung

Südlich der **Rue de la Loge,** eine der Hauptachsen der Stadt im Mittelalter, hat die Handelskammer ein außergewöhnliches Palais bezogen. Das barocke Hôtel St-Côme war im 18. Jh. für die chirurgische Abteilung der medizinischen Fakultät errichtet worden. Unter der herrlichen Kuppel standen einst in einem Hörsaal, der einem Amphitheater ähnelt, die Seziertische.

Hôtel des Trésoriers de France 3

7, rue Jacques Coeur, www.musee-languedocien.com, Mo–Sa 14.30–17.30, Mitte Juni–Mitte Sept. 15–18 Uhr, 7 €

Im 15. Jh. veranlasste der berühmte königliche Finanzier Jacques Coeur den Bau des stattlichen Hauses. Seine Nachfolger, die Schatzmeister Frankreichs, errichteten im 17. Jh. die monumentale Treppe im Innenhof. Später gelangte das Anwesen in den Besitz der archäologischen Gesellschaft, die es als **Musée Languedocien** nutzt. Die Präsentation reicht von prähistorischen Fundstücken über romanische Skulpturen bis hin zu flämischen Tapisserien und Fayencen aus Montpellier.

Musée de l'Histoire de Montpellier 4

Pl. Jean-Jaurès (Zugang gegenüber der Apotheke), Di–So 10.30–12.30, 13.30–18 Uhr, wegen Renovierung zzt. geschl., 3 €

1794 wurde die Kirche **Notre-Dame-des-Tables,** die einst das religiöse Leben Montpelliers dominierte, endgültig dem Erdboden gleich gemacht. Erhalten blieb nur ihre Krypta aus dem 8. Jh., zu der von der Place Jean-Jaurès eine Treppe hinabführt. Den Namen gaben dem Gotteshaus die Tische *(tables)* der Geldwechsler, die einst vor dem Kirchenportal ihr Geschäft betrieben. In der Krypta lädt das **Musée**

Der Arc de Triomphe – eine Huldigung an Ludwig XIV.

de l'Histoire zu einer virtuellen Reise durch Montpelliers Geschichte ein.

Le Mikvé 5

1, rue Barralerie, nur im Rahmen von Führungen zugänglich

Spurlos verschwunden ist das mittelalterliche Judenviertel samt Synagoge. Einziges Zeugnis der einst bedeutenden jüdischen Gemeinde ist das rituelle Bad, die Mikwe (12. Jh.), die in den 1970er-Jahren wiederentdeckt wurde.

Agora 6

Cité Internationale de la Danse, 18, rue Ste-Ursule, www.montpellier danse.com

Im **Couvent des Ursulines** (1670) dreht sich heute alles im Tanzschritt. Die alten Klostergebäude beherbergen das **Centre National Chorégraphique** und sind im Sommer Zentrum des internationalen Festivals **Montpellier Danse.**

La Panacée 7

14, rue de l'Ecole de Pharmacie, http://lapanacee.org, Mi–Sa 12–20, So 10–18 Uhr

Die alte Königliche Medizinschule wurde zum **Centre de Culture Contemporain.** Ca. 60 Stipendiaten können hier leben und arbeiten. Ausstellungen locken Besucher an, ebenso wie das moderne **Café** im Erdgeschoss, das sich auf einen Innenhof hin öffnet.

Cathédrale St-Pierre 8 und Collège St-Benoît 9

Rue de l'Ecole de Médicine

Abweisend bis einschüchternd wirkt der festungsartige Bau der gotischen **Kathedrale** (14. Jh.) mit der zweitürmigen Fassade, aus der ein von klobigen Pfeilern getragener monumentaler Baldachin hervorragt. Das Gotteshaus wurde erst zur Kathedrale geweiht, als 1536 der Bischofssitz von Maguelone nach Montpellier wechselte.

Ursprünglich diente es dem **Collège St-Benoît** als Kapelle. Papst Urban V. hatte 1364 die Gründung dieser Klosterschule der Benediktiner veranlasst. Sie ist mit den Namen berühmter Männer wie Nostradamus oder Rabelais verbunden, die hier studierten oder unterrichteten. 1795 bezog die *Ecole de Santé,* aus der 1803 die medizinische Fakultät hervorging, das zuvor umgebaute Collège.

Das einzigartige **Musée d'Anatomie** mit einer historischen Lehrsammlung von über 5000 Originalpräparaten und Wachsmodellen ist nur mit Führung über das Office de Tourisme zugänglich. Das kleine **Musée Atger** zeigt wertvolle Stiche und Zeichnungen des 16.–18. Jh. (Mo, Mi, Fr 13.30–17.45 Uhr).

Place de la Canourgue 10

Der mit Abstand harmonischste Platz in Montpellier ist die von schönen Fassaden gerahmte Place de la Canourgue, auf der Bischof und Bürger Montpelliers im 17. Jh. eine neue Kathedrale erbauen wollten. Die Fundamente waren bereits gelegt, als Richelieu das Vorhaben stoppte und stattdessen die Instandsetzung der alten Kathedrale St-Pierre anordnete.

Rue Foch

Ende des 19. Jh. schlug Montpellier nach Manier des Baron Haussmann für die **Rue Foch** eine schnurgerade Schneise zwischen Präfektur und dem 1691 zu Ehren Ludwig XIV. errichteten **Arc de Triomphe** 11. Verglichen mit den Pariser Boulevards nimmt sich dieser jedoch bescheiden aus. Auf Höhe des Triumphbogens wurde im Zuge der Stadtverschönerung der **Palais de Justice** 12 in Form eines griechischen Tempels errichtet. Auf der gegenüberliegenden Straßenseite blieb aus dem 17. Jh. das **Hôtel Paul** 13 erhalten.

Montpellier

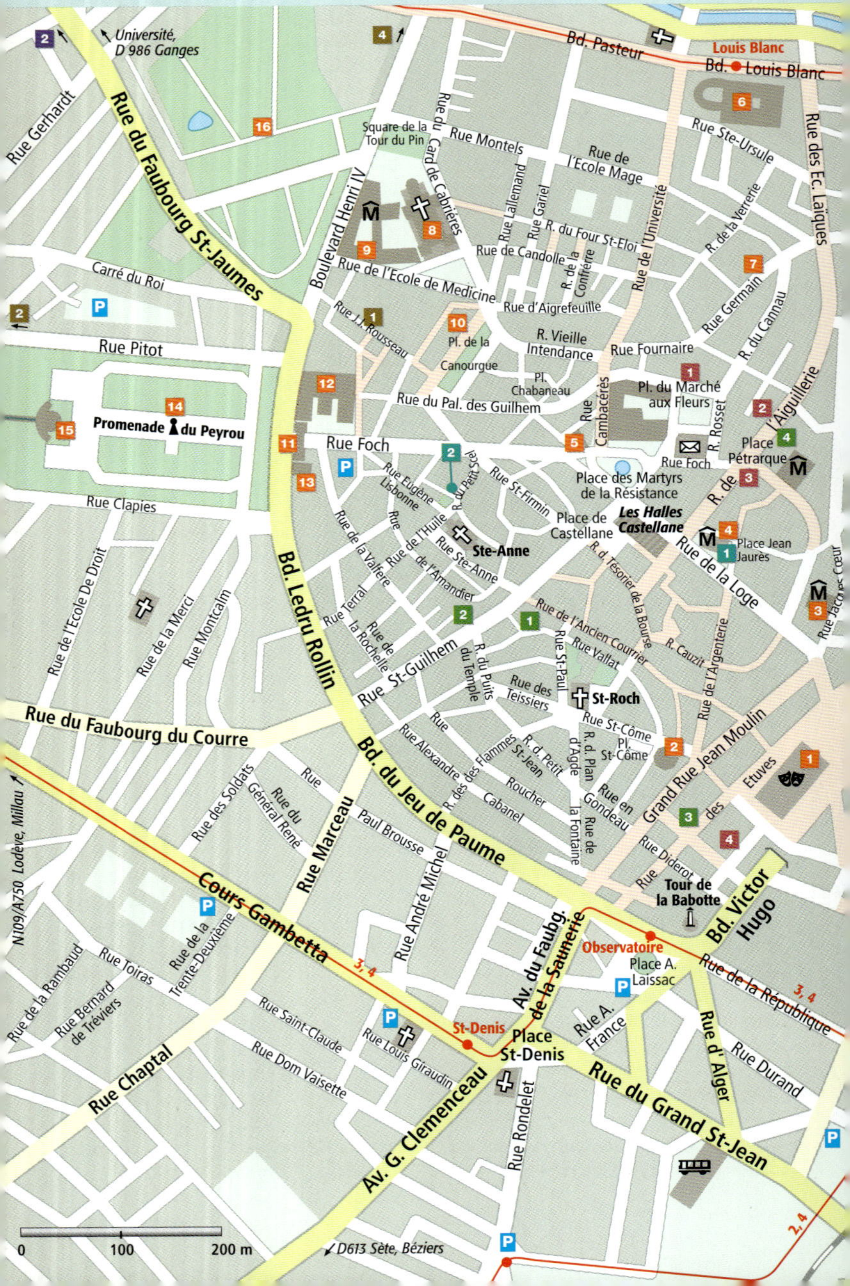

Quai des Tanneurs
N113 Nîmes, Alès
Av. St-Maur
Bd. Charles Warnery
Rue Michel Vernière
Corum
Pl. du 11 Novembre
Rue du Prof. Vallois
Les Aubes
Av. Jean Mermoz
Verdanson
Rue d'Argencourt
Tunel de Corum
Allée de la Citadelle
Av. Jean Mermoz
Lycée Mermoz
Bd. Bonne Nouvelle
R. Girard
Lycée Général Joffre
Jardin du Champ de Mars
R. Montpelliéret
Esplanade Charles-de-Gaulle
Allée Henri de Montmorency
Bd. Sarrail
A9 Nîmes-Sète
Tunel de la Comédie
Boulevard d'Antigone
Triangle
Allée Jules Milhau
Place de la Comédie
Fontaine des Trois Grâces
Rue de Baudin
Rue Michelet
Polygone
Antigone
Avenue Henri Frenay
ANTIGONE
Place du Nombre D'Or
Place de Sparte
Place du Millénaire
Place de Marathon
Rue de Thèbes
Anschluss siehe Nebenkarte
Comédie
Rue Vanneau
Rue de Verdun
Rue Boussairolles
Du Guesclin
Rue Maréchal
Rue Flaugergues
Rue Du Guesclin
Avenue Henri Frenay
Place d'Olympie
Allée du Nouveau Monde
Av. des Etats Du Languedoc
Rue Bayard
R. de Verdun
Rue A. Olivier
Lattes, A9 Sète
Maguelone
Gare St-Roch
Pl. A. Gilbert
Ferry
Gare SNCF
Rue des Deux Ponts
Rue du Général Riu
0
100
200 m
Bd. de l'Aéroport International
Pont R. Chauliac
Place de Sparte
Place du Millénaire
Place de Marathon
Rue Léon Blum
Place de Zeus
ANTIGONE
Place de Thessalie
Rue l'Acropole
Médiathèque
Place du Péloponnèse
Allée de Délos
Place de l'Europe
Rue Poseidon
Esplanade de l'Europe
Avenue du Pirée
Le Lez
Pl. Léon Blum
Av. Samuel de Champlain
R. Léon Blum
Rue de Dom Bosco
Allée de l'Aulide
Avenue Jacques Gartier
Pont Juvenal

Montpellier

Sehenswert
- 1 Opéra
- 2 Hôtel St-Côme
- 3 Hôtel des Trésoriers de France
- 4 Musée de l'Histoire
- 5 Le Mikvé
- 6 Agora
- 7 La Panacée
- 8 Cathédrale St-Pierre
- 9 Collège St-Benoît
- 10 Place de la Canourgue
- 11 Arc de Triomphe
- 12 Palais de Justice
- 13 Hôtel Paul
- 14 Statue Ludwig XIV.
- 15 Château d'Eau/Aqueduc
- 16 Jardin des Plantes
- 17 Musée Fabre
- 18 Le Corum
- 19 Hôtel de Région
- 20 Hôtel de Ville

Übernachten
- 1 Le Guilhem
- 2 Des Arceaux
- 3 L'Ulysse
- 4 Du Parc

Essen & Trinken
- 1 Tamarillos
- 2 Cellier & Morel
- 3 Chez Boris
- 4 Les Bains

Einkaufen
- 1 Les Créateurs du Quartier St-Roch
- 2 Maison Régionale
- 3 Le Vitrail
- 4 La Quintessence
- 5 Polygone
- 6 Odysseum

Aktiv
- 1 Piscine Olympique
- 2 Zoo de Lunaret

Abends & Nachts
- 1 Place Jean-Jaurès
- 2 Papa Doble
- 3 Le Rockstore

Promenade du Peyrou

In der westlichen Verlängerung der Rue Foch erstreckt sich die spätbarocke **Promenade du Peyrou**, die mit schattigen Alleen zum Flanieren und Verweilen einlädt. Im Zentrum der unteren Terrasse steht eine **Reiterstatue** 14 des Sonnenkönigs. Von der oberen Terrasse, dem höchsten Punkt der Stadt, reicht der Blick bei klarer Sicht über das Stadtgebiet bis zu den Cevennen im Norden und dem Meer im Süden. Das in Form eines Säulentempels erbaute **Château d'Eau** 15 täuscht über seine profane Bestimmung hinweg. Denn es kaschierte lediglich ein Reservoir für das über den **Aqueduc des Arceaux** (1753–66) herbeigeführte Trinkwasser.

Jardin des Plantes 16

1, bd. Henri IV, Di–So Juni–Sept. 12–20, Okt.–Mai 12–18 Uhr

Zum Studium der Heilpflanzen wurde 1593 in Montpellier der Jardin des Plantes angelegt, der erste botanische Garten in Frankreich. Der beschauliche Park mit der hübschen Orangerie ist eine Oase der Ruhe mitten im Großstadttreiben.

Von der Comédie zum Ufer des Lez

Musée Fabre 17

39, bd. Bonne Nouvelle, http://museefabre.montpellier-agglo.com, Di–So 10–18 Uhr, 7 € inkl. Hôtel de Cabrières; mit empfehlenswertem Museums-Restaurant L'Insensé

In einer enorm kostspieligen Sanierung hat das Kunstmuseum im Hôtel de Massilan sein enges, provinzielles Korsett abgestreift. Durch eine geschickte Verbindung mit den angrenzenden historischen Bauten konnte die Ausstellungsfläche auf 9200 m² ausgedehnt werden. Die Sammlung, deren Grundstock Anfang des 19. Jh. der in Montpellier geborene Maler François-Xavier Fabre stiftete, legt ihren Fokus auf die Werke der europäischen Malerschulen des 17. und 18. Jh. Während großformatige französische Gemälde dieser Zeit in der beeindruckenden **Galerie des Colonnes** vor rostrotem Grund hängen, scheinen die schwarzen Gemälde von **Pierre Soulages** in einem lichtdurchfluteten Raum förmlich zu schweben. Seine Heimatstadt Rodez hat dem großen französischen Maler der Gegenwart 2014 ein eigenes Museum gewidmet (Besuch lohnt!). Im benachbarten **Hôtel de Cabrières-Sabatier d'Espeyran** kann man dem Lebensstil der feinen Leute im 18. und 19. Jh. nachspüren.

Le Corum 18

Am Ende der **Esplanade Charles de Gaulle** taucht hinter den mächtigen Kronen alter Platanen das Kongresszentrum der Stadt auf. Der gigantische Bau aus Beton und rosa Granit beherbergt u. a. die **Opéra Berlioz,** einen modernen Konzertsaal mit 2000 Plätzen.

Antigone

Einen Gegenpol zur Rue Foch mit dem Arc de Triomphe und der Promenade de Peyrou setzt der postmoderne Stadtteil Antigone – ein ungewöhnliches Beispiel sozialen Wohnungsbaus. Der vieldiskutierte Komplex entstand ab 1979 nach Plänen des katalanischen Architekten Ricardo Bofill auf einem ehemaligen Armeegelände. Die rigorose Symmetrie der Anlage und ihre mit Säulen, Pilastern, Friesen und Giebeln verzierten kühnen Fassaden aus sandfarbenem Beton erinnern an die monumentale Architektur antiker Tempel.

Die schnurgerade, ca. 1 km lange Hauptachse des Viertels konzipierte Bofill als *Via Triumphalis*. Plätze mit heiter sprudelnden Brunnen und Caféterrassen gliedern und beleben den Boulevard. Vorbei an der **Médiathèque Emile Zola** und der **Piscine Olympique** 1 flaniert man zur **Esplanade de l'Europe,** die sich in einem weitläufigen, von Säulen umstandenen Halbrund zum Flüsschen Lez öffnet. In dessen Wasser spiegelt sich das **Hôtel de Région** 19, der Verwaltungssitz der Region Languedoc-Roussillon, das am gegenüberliegenden Ufer als verglaster Triumphbogen emporragt.

Flussabwärts, wo Montpellier mit dem Stadtteil Port Marianne dem Meer zustrebt, ist der schwarze Kubus des 2011 eingeweihten **Hôtel de Ville** 20 auszumachen, das Jean Nouvel und François Fontès konzipierten.

Cathédrale de Maguelone ▶ N 11

Domaine de la Maguelone, Villeneuve-lès-Maguelone, www.compagnons-de-maguelone.org, tgl. 9–18 Uhr; Mitte Sept.–April Zufahrt per Auto ab Palavas-les-Flots, Mai–Mitte Sept. obligatorische Parkplätze (4 €) am Canal du Rhône-à-Sète außerhalb von Villeneuve plus 800 m Fußweg oder am Etang de Prévost (rte. de Maguelone) in Palavas plus ca. 2,5 km Fußweg; in der Saison ab den Parkplätzen Touristenbähnchen

Zwischen Meer und Etangs erhebt sich die ca. 6 ha große Domäne von Maguelone. Seit der Antike war das einstige Inselchen besiedelt und vom 6. Jh. bis 1536 sogar Bischofssitz. Der heutige romanische Kirchenbau stammt weitgehend aus dem 12. Jh. und ist ein schönes Beispiel der mittelalterlichen Wehrkirchen an der Küste des Languedoc. Im 17. Jh. ließ Richelieu die Anlage teilweise zerstören. 1875 konnte St-Pierre wieder geweiht werden. Anfang Juni gibt der nackte Kirchenraum den reizvollen Rahmen für **Konzerte.** Rund um die Kirche gedeihen Weine, die vor Ort verkauft werden. Ein **Café** ist auch vorhanden.

Ein Besuch Maguelones lässt sich mit einem ausgiebigen **Strandspaziergang** oder **Badetag am Meer** verbinden. Bis nach **Les Aresquiers** erstreckt sich auf ca. 10 km ein Dünengürtel.

Mit Bus und Rad nach Maguelone
Kostenlose Räder bei Vélomagg' Plage, av. René Poitevin, Villeneuve, Juli/Aug. tgl. 9–19 Uhr, Juni nur Sa/So, nur in Verbindung mit Busticket, Personalausweis als Pfand (s. S. 141)
Mit einem Fahrrad von Vélomagg' kann man von Montpellier aus direkt nach Maguelone radeln. Im Sommer ist es möglich, den Bus Nr. 32 ab Tramstation Garcia Lorca nach Villeneuve-les-Maguelone zu nehmen und erst hier aufs Rad zu steigen. Der beschilderte Radweg führt zwischen den Etangs hindurch zum **Canal du Rhône-à-Sète,** über die schwenkbare Fußgängerbrücke zur **Kathedrale** und weiter an den **Strand.** Wer Lust hat, radelt immer am Ufer des **Etang de l'Arnel** entlang über **Palavas,** dann auf den Radwegen an der **D 986** und **D 185** nach **Villeneuve** (12 km). Falls der Treidelpfad am Kanal befahrbar ist, sollte man von Palavas aus auf ihm nach Maguelone zurückfahren.

Übernachten

In der Altstadt – **Le Guilhem** **1**: 18, rue Jean-Jacques Rousseau, Tel. 04 67 52 90 90, www.leguilhem.com, DZ ab 84 €. 36 stilvolle Zimmer in einem alten Palais. Verwunschener Garten mit Blick auf die Kathedrale. Professioneller, freundlicher Service. Mit Garage.
Intim – **Des Arceaux** **2**: 33–35, bd. des Arceaux, Tel. 04 67 92 03 03, www.hoteldesarceaux.com, DZ ab 75 €. 18 Zimmer in modernem Design hinter einer altrosa Belle-Epoque-Fassade vis-à-vis vom Aqueduc des Arceaux. Die Gäste werden vom Personal zuvorkommend umsorgt. Frühstück oder einen Schlummertrunk kann man auch im hübschen Gärtchen einnehmen.
Im Landhausstil – **L'Ulysse** **3**: 338, av. St-Maur, Tel. 04 67 02 02 30, www.hotel-ulysse.fr, DZ 90–140 €. Sympathisches Hotel mit 24 hübschen Zimmern, Terrasse und Garten in einem ruhigen Wohnviertel nördlich des Corum. Einrichtung in Rot- und Brauntönen. Mit Garage.
Persönliche Note – **Du Parc** **4**: 8, rue Achille-Bégé, Tel. 04 67 41 16 49, www.hotelduparc-montpellier.com, DZ 59–110 €. Schönes Herrenhaus aus dem 18. Jh., ca. 300 m nördl. des Altstadtkerns. 19 ruhige und geräumige Zimmer, teils mit Balkon zum begrünten Innenhof. Kostenlose Parkplätze im Hof.

Essen & Trinken

Montpellier bietet eine riesengroße Auswahl an Restaurants. Für jeden Geschmack und jeden Geldbeutel gibt es das Passende. Zwischen **Préfecture** und **Boulevard Louis Blanc** liegen vorwiegend studentische Lokale und Imbisse. Verschwiegene kleine Lokale findet man rund um **St-Roch** und **Ste-Anne.** Dicht an dicht drängeln sich die Terrassen der Cafés an der **Comédie** sowie an den Plätzen **Jean-Jaurès** und **Marché-aux-Fleurs**.
Der Geschmack von Früchten und Blüten – **Tamarillos** **1**: 2, pl. du Marché-aux-Fleurs, Tel. 04 67 60 06 00, www.tamarillos.biz, mittags ab 13 €, Menü 47–94 €. Subtile Gaumenreize und außergewöhnliche Kombinationen, etwa Langustinen mit Erdbeeren oder *foie gras* mit Schokolade, gehören zum Repertoire von Philippe Chapon. Umwerfend sind seine Desserts, mit denen er zweimal französische Meisterehren erwarb.
Spezialitäten des Lozère – **Cellier & Morel** **2**: 27, rue de l'Aiguillerie, Tel. 04 67 66 46 36, www.celliermorel.com, So, Mo mittags, Mi mittags, Sa mittags geschl., *formule* 35 €, Menü 59–89 €.

Schmale Gassen führen zur Kathedrale St-Pierre

Unbedingt reservieren! Unter hohen gotischen Gewölben huldigt Eric Cellier den regionalen Rezepten aus dem Norden der Region, ohne dabei den Luxus zu scheuen.

Küche und Wein – **Chez Boris** 3: 20, rue de l'Aiguillerie, Tel. 04 67 02 13 22, www.chezboris.com, Hauptgericht ab 14 €. Im Bistro trifft man sich mit Freunden zum Essen oder zum Apéro. Wein und Sekt gibt's auch glasweise. In Boris' Brasserie an der Esplanade (17, bd. Sarrail, Tel. 04 67 02 82 38) dreht sich alles um den *boeuf d'Aubrac.*

Origineller Rahmen – **Les Bains** 4: 6, rue Richelieu, Tel. 04 67 60 70 87, www.les-bains-de-montpellier.com, So geschl., Menü 28 € (mittags)–38 €. Die ehemaligen öffentlichen Bäder der Stadt machen als Restaurant eine zweite Karriere. Mediterran geselliges Ambiente herrscht im lauschig-grünen Innenhof. Rundum ermöglichen die in winzige Salons verwandelten Umkleidekabinen ein intimes Tête-à-Tête. Große Auswahl an stets frischem Fisch.

Einkaufen

Ateliers – **Les Créateurs du Quartier Saint-Roch** 1: In den Gassen um St-Roch und Ste-Anne finden sich die Ateliers und Boutiquen von Modemachern, Juwelieren und Kunsthandwerkern. Auch einige Geigenbauer *(luthiers)* haben hier ihre Werkstätten.

Delikatessen – **Maison Régionale des Vins et des Produits du Terroir** 2: 36, rue St-Guilhem. Weine, Öl und verschiedene regionale Kulinaria.

Krippenfiguren – **Le Vitrail** 3: 22, rue des Etuves. Original handgefertigte provenzalische Tonfigürchen *(santons)* in unterschiedlichen Größen.

Naturmedizin – **La Quintessence** 4: 26, rue de L'Aiguillerie. Getrocknete

Blätter, Blüten und Früchte, grammweise abgewogen und individuell zusammengestellt, zur inneren und äußeren Anwendung.

Shoppingzentren – **Polygone** 5: 1, rue des Pertuisanes, www.polygone.com. Überdachte Galerie mit Boutiquen, Fachgeschäften, dem Medienkaufhaus Fnac und den Galeries Lafayette. **Centre Commercial Odysseum** 6: 2, pl de Lisbonne, www.centre-commercial-odysseum.com, A 9, Ausfahrt Nr. 29. Gigantische Ladenstadt unter freiem Himmel mit Boutiquen der Toplabel.

Aktiv

Vielfältige Unterhaltung – Im neuen Stadtquartier **Odysseum** 6 befinden sich das Erlebnis-Eisstadion **Végapolis** (www.vegapolis.net), das **Planétarium Galilée** (http://planetarium-galilee.montpellier-agglo.com) und das **Multiplex-Kino Gaumont.** Außerdem lädt **Mare Nostrum,** ein riesiges Aquarium mit jährlich neuen Attraktionen und etwa 30 000 Tieren, zu einer Reise durch die sieben Weltmeere ein (www.aquariummarenostrum.fr, tgl. Juli/Aug.10–20, Sept.–Juni 10–19 Uhr, 15,50 €).

Schwimmen – **Piscine Olympique** 1: 195, av. Jacques Cartier, Tel. 04 67 15 63 00, Mo–Fr 9–21.30, Sa 9–19.15, So 9–13.15, 15–19.15 Uhr, 5 €. Wettkampfbecken, Schwimm- und Spaßbereich, Spa und Fitness.

Tierisch – **Zoo de Lunaret** 2: 50, av. Agropolis, http://zoo.montpellier.fr, April–Sept. 9.30–18.30, Okt., Febr./März 10–18, Nov.–Jan. 9–17 Uhr, Mo geschl. außer in den Ferien, Eintritt frei. 350 Tiere aus fünf Kontinenten leben hier in weitläufigen Freigehegen. Auf 11 km Fußwegen kann man das 80 ha große Zoogelände durchstreifen und dabei eine typische Mittelmeerlandschaft entdecken. Eine besondere Attraktion ist das riesige Amazonashaus (Eintritt 6,50 €).

Abends & Nachts

In Montpellier, das mit dem Slogan »Die Stadt, in der die Sonne nie untergeht« wirbt, ist die Verführung groß, die Nacht zum Tag zu machen. Unzählige Cafés, Bars, Musikclubs und Kneipen gibt es in der Altstadt. Diskotheken und Nachtclubs liegen an den Ausfallstraßen zum Meer.

Das Ausgehviertel – **Place Jean-Jaurès** 1: Rund um den Platz pulsiert das Nachtleben. Hier scharen sich Bars und Bistros, die ebenso schnell in der Gunst des Publikums steigen wie fallen. Eine verlässliche Größe stellt seit Jahren das **Café Joseph** dar.

›Ausgezeichnete‹ Cocktails – **Papa Doble** 2: 6, rue du Petit Scel, Mo–Sa 18–1 Uhr. Von Ernest Hemingway und Kuba inspirierte Bar, die 2011 von Drinks International unter die weltweit 50 besten gewählt wurde. Der El Habano von Barkeeper Julien Escot ist Spitzenklasse!

Musikclub – **Le Rockstore** 3: 20, rue de Verdun, www.rockstore.fr, Café Rock und Club Di–Sa 18–5 Uhr. Die Konzertadresse der Stadt in einer ehemaligen Franziskanerkirche. Hinter dem Cadillac, der aus der Fassade ragt, trifft sich ein buntes Publikum, um etwas zu trinken, Musik zu hören oder in der Disco zu tanzen.

Infos & Termine

Infos

OT: Pl. de la Comédie/30, allée Jean de Lattre de Tassigny, 34000 Montpellier, Tel. 04 67 60 60 60, www.ot-montpellier.fr. Hier ist u. a. die **City Card** erhältlich, die diverse Vergünstigungen bietet.

Termine

FISE: Mitte Mai. Festival des Extremsports am Lez-Ufer mit Wettbewerben u. a. für BMX, Skateboard und Wakeboard (www.fise.fr).

Printemps des Comédiens: Juni. Theaterfestival im Park des Château d'O (www.printempsdescomediens.com).

Festival de Musique à Maguelone: Erste Hälfte Juni (www.musiqueancienneamaguelone.com).

Montpellier Danse: Ende Juni–Mitte Juli, s. S. 133 (www.montpellierdanse.com).

Festival de Radio France: Zweite Hälfte Juli. Musikfestival (www.festivalradiofrancemontpellier.com).

Verkehr

Flugzeug: Aéroport Montpellier Méditerranée, 8 km südöstl. des Zentrums, www.montpellier.aeroport.fr. Busse zur nächsten Tramway-Haltestelle.

Bahn: Gare SNCF im Zentrum. TGV-Verbindungen nach Paris, Lille, Perpignan; Lokalzüge nach Lunel, Sète, Béziers.

Bus: www.herault-transport.fr. Die meisten Überlandbusse fahren nur zu den Endhaltestellen der Tramway.

TaM: Stadtverkehr, Tel. 04 67 22 87 87, www.tam-voyages.com. Tramway und Busse verkehren zwischen ca. 5 und 1 Uhr. Do–Sa ca. 24–6 Uhr fährt der Nachtbus *Amigo* zu Clubs und Discos. 1,50 €/Fahrt, 10er-Ticket 10 €, 4 €/24 Std., Familienticket 6 €/24 Std.

Parken: Stressfrei und preiswert parkt man an den Endhaltestellen der Tramway (P+tram) und fährt mit der Tram ins Zentrum, Parkgebühr und Tramticket für alle Wageninsassen 4,60 €.

Vélomagg': Tel. 09 69 39 00 99, www.tam-voyages.com. Mit der Kreditkarte bzw. mit Nummer der Kreditkarte und Handy kann man an 51 *vélostations* Räder entleihen und Montpellier auf ca. 150 km Radwegen erkunden. Gebühr 0,50 €/Std.

Sète ▸ M 12

Geschäftig und laut geht es in der Hafen- und Industriestadt (43 000 Einw.) am Fuß des Mont St-Clair zu, die inselgleich vom Etang de Thau und dem Meer umschlossen wird. Als Heinrich IV. Ende des 16. Jh. beschloss, einen Hafen im Schutz des 183 m hohen Kalkkegels anzulegen, war die *île singulière* (die einzigartige Insel) nur von wenigen Fischern besiedelt. Mangels finanzieller Mittel fiel das Projekt buchstäblich ins Wasser und gewann erst unter Ludwig XIV. durch den Bau des Canal du Midi und eines Hafens am Mittelmeer neue Bedeutung.

Die Grundsteinlegung für die Mole St-Louis im Jahr 1666 war die Geburtsstunde von *Cette,* so die alte Schreibweise des Ortsnamens. Im 18./19. Jh. erlebte es seine profitabelsten Jahre als weltweit wichtigster Umschlagplatz für Wein und Spirituosen. Ende des 19. Jh. eröffnete der Badetourismus der Stadt neue Einnahmequellen. Heute übt Sète als Frankreichs zweitgrößter Handelshafen und größter Fischereihafen am Mittelmeer den schwierigen Spagat zwischen Industriestandort und Tourismusmekka.

Dass Sète auch ein Zentrum der modernen Kunst ist, dazu haben die Brüder Hervé und Buddy DiRosa sowie Robert Combas und François Boisrond, alle Vertreter der *figuration libre,* beigetragen. Seit 2008 lockt das Festival **K-Live** Graffiti-Künstler von internationalem Ruf nach Sète. Ihre Wandbilder in den Straßen der Stadt bilden das MaCo, das **Musée à Ciel ouvert** (http://k-live.fr/festival).

Canal Royal

Mit Raffinerien, Industrie- und Hafenanlagen wirkt das östliche Stadtentree wenig einladend. Sein vitales Flair zeigt Sète erst bei einem Bummel durch die von Kanälen geteilte Unterstadt. Hauptschlagader ist hier der **Canal Royal,** an dessen Quais sich Restaurants und Cafés reihen, aber auch Museen und Galerien zu finden sind. Im Sommer wird er zum bunten Austragungsort der Joutes nautiques.

Vieux Port

Großes Gedränge herrscht am Nachmittag im alten Hafen, wenn die heimkehrenden Fischtrawler ihren Tagesfang anlanden. Ein besonderes Erlebnis ist ein Besuch der Auktion in der **Criée** (Führung durch das Office de Tourisme). Weitgehend unbehelligt von dem Spektakel dümpeln die Jachten der Freizeitkapitäne im seichten Wasser hinter der **Môle St-Louis.**

MIAM

23, quai de-Lattre-de-Tassigny, www.miam.org, April–Sept. tgl. 9.30–19, Okt.–März Di–So 10–12, 14–18 Uhr, 5 €

Mit ausgefallenen, teils witzigen Ausstellungen zur Alltagskunst macht sich das **Musée International des Arts Modestes** (MIAM) einen Namen. Die Idee zu diesem Museum hatten der 1959 in Sète geborene Maler Hervé DiRosa und der Sammler Bernard Belluc (1949).

Maison de l'Image Documentaire

3, rue Raspail, www.la-mid.fr, Di–Fr 15–18, Sa 15–19 Uhr, Eintritt frei

Das Haus der Dokumentarfotografie, kurz **MID,** lädt regelmäßig zu Ausstellungen ins ehemalige Collège Victor Hugo ein. Im Mai/Juni steht es im Mittelpunkt des Fotofestivals ImageSingulières (www.imagesingulieres.com).

CRAC

26, quai Aspirant-Herbert, http://crac.languedocroussillon.fr, Mo, Mi–Fr 12.30–19, Sa/So 14–19 Uhr, Eintritt frei

Der **Centre Régional d'Art Contemporain** (CRAC) am Kai vis-à-vis der Fischauktionshalle bietet der aktuellen Kunstszene ein Forum.

Drall und schön – die poppige »Mamma« von Buddy DiRosa

Quartier Haut

Oberhalb des alten Hafens klammern sich die Häuser des pittoresken Quartier Haut, überwacht von der Kirche **Décanale St-Louis,** an den steilen Hang des Mont St-Clair. Es ist traditionell das Viertel der Hafenarbeiter und Seeleute, deren Vorfahren um 1850 aus Süditalien, auf der Suche nach einem besseren Leben, nach Sète kamen. Auf der **Place de l'Hospitalet** hat Hervés Bruder Buddy DiRosa mit seiner poppigen Plastik der italienischen »Mamma« ein Denkmal gesetzt. Zum Apéro treffen sich die Anwohner in der **Bar Social** an der Ecke und diskutieren mit Leidenschaft die Ergebnisse der Joutes.

Cimetière Marin

Chemin du Cimitiére Marin, Juli–Sept. 8–19, Okt.–Juni 8–18 Uhr

Den italienischen Wurzeln der Einwohner von Sète kann man auch auf dem Cimetière Marin nachspüren. Die surreale Stimmung des Ortes, dessen weiße Grabstätten sich in endlosen Reihen zwischen Himmel und Meer ausdehnen, beschreibt Paul Valéry treffend in seinem Gedicht über den Seemannsfriedhof.

Musée Paul Valéry

148, rue François Desnoyer, http://museepaulvalery-sete.fr, April–Okt. tgl. 9.30–19, Nov.–März Di–So 10–18 Uhr, 8 €

Dem 1871 in Sète geborenen Schriftsteller wurde gleich neben dem Friedhof, auf dem er seine letzte Ruhe fand, ein Museum gewidmet. Es präsentiert Gemälde und Schiffsmodelle, erzählt die Geschichte der Stadt und informiert über die Entwicklung der Joutes. Die schattige Terrasse des Museumscafés empfiehlt sich für eine Pause mit Meerblick.

Mont St-Clair

Egal von welcher Seite man es versucht, der Anstieg zum Mont St-Clair ist beschwerlich. Dessen ungeachtet liegen verstreut zwischen Pinien und Eichen, die einst den gesamten Hügel in Grün kleideten, pompöse Villen. Steile Sträßchen und Treppen (Chemin du Mas-Rousson oder Chemin de Biscan Pas) führen hinauf zum **Croix de St-Clair** und der Wallfahrtskapelle **Notre-Dame-de-la-Salette.** Dort liegt Sête mit dem Hafen und den Kanälen zu Füßen und der Blick wandert über die Garrigue mit dem Pic St-Loup bis zu den Cevennen. Im Park **Les Pierres Blanches,** 1 km westlich, befindet sich ein Aussichtspunkt, der einen guten Überblick über den Etang de Thau und die Ebene des Hérault ermöglicht.

Espace Georges Brassens

67, bd. Camille Blanc, www.espace-brassens.fr, Juni–Sept tgl. 10–18, Okt.–Mai Di–So 10–12, 14–18 Uhr, 5 €

Am Westhang des St-Clair erinnert der Espace Georges Brassens an den berühmten Chansonnier und Sohn der Stadt. Die audiovisuelle Ausstellung dokumentiert Leben und Werk des sozialkritischen Liedermachers. Sein Grab liegt auf dem benachbarten kommunalen Friedhof Le Py.

Pointe Courte

Dort, wo der Canal Royal in den Etang de Thau mündet, befindet sich die Pointe Courte, eine Ansammlung kleiner Häuser und Hütten. In diesem dörflichen Viertel der Etang-Fischer fühlt man sich in eine andere Welt versetzt. Eine Bahnlinie und eine Hauptausfallstraße erschweren den Zugang und schirmen das Viertel weitgehend vor neugierigen Besuchern ab.

Corniche und Lido

Von der Mole St-Louis führt eine Promenade am Fuß des Caps und der Vauban-Festung vorbei zur 2 km entfernten Corniche, die mit ihren zahlreichen Apartmentanlagen, Marinas und Freizeiteinrichtungen ganz und gar auf den Badetourismus eingestellt ist. Weiter westlich geht der Stadtstrand in den 12 km langen unverbauten Strand auf dem Lido über.

Übernachten

Mit sommerlichem Patio – **Le Grand Hôtel:** 17, quai de-Lattre-de-Tassigny, Tel. 04 67 74 71 77, www.legrandhotelsete.com, DZ ab 120 €. Beeindruckendes Hotel von 1860 am Canal Royal. Die 44 Zimmer sind auf vier Etagen um den sehenswerten Patio angeordnet. Unter hohen Stuckdecken empfängt im Erdgeschoss das bewusst modern gestaltete **Restaurant Quai 17** (Sa mittags, So geschl., mittags 20 €, Menü ab 47 €). Mit Garage.

Belle-Epoque-Kulisse – **L'Orque Bleue:** 10, quai Aspirant Herber, Tel. 04 67 74 72 13, www.hotel-orquebleuesete.com, DZ ab 72 €. 30 moderne und komfortable Zimmer in einem prächtigen Stadthaus der Jahrhundertwende mit imposantem Entree. Vorzugsweise wählt man ein Zimmer mit Blick auf den Canal Royal, auch wenn es ein wenig laut ist. Mit Garage.

Essen & Trinken

Am **Quai Général Durand** und am **Quai Maximin Licciardi** laden zahlreiche Restaurants zu Fisch und Muschelgerichten ein.

Köchin mit Stern – **La Coquerie:** 1, chemin du Cimetière Marin, Tel. 06 47 06 71 38, www.annemajourel.fr, Juni–Sept. tgl. abends außer So, Okt.–Mai Do–So mittags, Menü ab 63 €. Ein winziges Restaurant und das Mittelmeer als Kulisse. Doch die Gäste haben nur Augen für Anne Majourels Performance am Herd und die köstlichen Gerichte auf ihren Tellern.

Canal Royal – Hauptschlagader von Sète

Im modernen Bistro-Look – **Paris Méditerranée:** 47, rue Pierre-Sémard, Tel. 04 67 74 97 73, Sa mittags, So/Mo geschl., Menü ab 28 €. Kleines Restaurant mit einem jungen, freundlichen Serviceteam in einer stillen Seitengasse nördlich des Canal Royal. Die Menüs mit Zutaten der Saison überzeugen durch Qualität und Frische.

Einkaufen

Markt – **Halles:** Rue Gambetta, www.halles-sete.com, tgl. 6–13 Uhr. In der jüngst modernisierten Markthalle gibt es ein verlockendes Angebot an Fisch und Meeresfrüchten. Die Restaurants **Entonnoir** und **Halles & Manger** laden zur Verkostung vor Ort ein. Die besten *tielles* – die mit Tintenfischragout gefüllten Törtchen sind eine Spezialität aus Sète – gibt es bei **Cianni.** Mittwochs findet rund um die Hallen ein großer **Wochenmarkt** statt.

Aktiv

Bootstouren – **Sète Croisières:** Quai Durand, www.sete-croisieres.com. Fahrten durch die Stadtkanäle und entlang der Küste, Ausflüge auf den Etang de Thau, Angeltouren.

Abends & Nachts

An beiden Seiten des **Canal Royal,** vor allem aber am Quai Guignon und Quai Suquet reihen sich Bars mit Außenplätzen. Von April bis September öffnen zudem an den Stränden mehrere, teils schicke **Strandbars.**

Open-Air-Bühne – **Théâtre de la Mer Jean Vilar:** In der Vauban-Festung am Cap Sète finden im Sommer Musikfestivals statt (www.theatre jeanvilar.com).

Für Chanson-Liebhaber – **Les Amis de Georges:** 38, rue Maurice Clavel, Tel. 04 67 74 38 13, www.brassens-resto.com, Fr/Sa. Die Kultkneipe ist zwar ein wenig in die Jahre gekommen, aber für Brassens-Fans ein Muss. Zum Abendessen interpretieren Künstler französisches Liedgut (33 €).

Mein Tipp

Netze & Hängematten

Am Quai de la Cosigne am alten Hafenbecken flicken die Fischer ihre Netze und knüpfen Hängematten zum Verkauf. Außerdem bieten sie dekorative Schätze aus dem Meer wie Muscheln, Seesterne oder Glaskugeln an.

Infos & Termine

Infos

OT: 60, Grand'Rue Mario Roustan, 34200 Sète, Tel. 04 67 74 71 71, www.ot-sete.fr.

Termine

Joutes nautiques: Juni–Sept., Sa/So.
St-Pierre: Ende Juni, Fischerfest mit Schiffsprozession auf dem Meer.
Jazz à Sète: Mitte Juli, http://jazza sete.com.
Fiest' à Sète: Ende Juli–Anf. Aug., www.fiestasete.com.
St-Louis: Um den 25. Aug., mehrtägiges Fest zu Ehren des Stadtpatrons mit Joutes, Straßenfest, Feuerwerk.

Verkehr

Bahn: Nach Montpellier und Béziers.
Bus: Gare routière, 6, quai de la République, www.herault-transport.fr.
Stadtbusse: Verbindung zu den Dörfern am Etang (www.thau-agglo.fr).
Parken: Tiefgarage am Quai de la Resistance, Parkplätze auf der Môle St-Louis.

Auf Entdeckungstour: Austernzucht im Etang de Thau – ein Leben an der Kordel

Schon die Römer haben die im Etang wild wachsenden Austern geschlürft. Doch erst mit der Zucht an Kordeln begann die Erfolgsgeschichte der Huîtres de Bouzigues. Von Bord des Sub Sea Explorer kann man den Austernwald aus nächster Nähe betrachten.

Reisekarte: ▶ M 12
Dauer: Bootsfahrt 1.30 Std.
Info: Tel. 04 67 46 00 46, www.sete-croisieres.com
Abfahrt: Canal Royal, Pont de la Savonnerie, Juli/Aug. tgl. 10.45, 14.30, 16.30, 18.30 Uhr, April–Juni, Sept. tgl. 15 Uhr. 14 €, ermäßigt 7 €

Die Austern von Bouzigues sind die Delikatesse des Etang de Thau. Verkaufsstände an der Straße laden zu ihrer Verkostung ein, und auch in allen Restaurants werden sie angeboten. Damit die *huîtres* in dem Lagunensee in großen Mengen gedeihen, haben die Züchter die Kultivierung an Kordeln ersonnen, die – mit jungen Austern bestückt – an Metallgerüsten, den *tables,* im Etang aufgehängt werden. Eine Bootsfahrt mit **Sète Croisières** führt ganz nah an diese ›Tische‹ heran.

Hinaus zu den Parcs à Huîtres

Zunächst dreht der gelbe **Sub Sea Explorer** eine Runde in den Kanälen von **Sète,** in denen 1880 die ersten Zuchtversuche mit Austern begannen. Schon bald schaute man nach einer geeigneteren – und vor allem saubereren – Umgebung und verlagerte die Produktion in den Etang de Thau. Heute werden hier jährlich 13 000 t Austern geerntet und unter dem Label **Huîtres de Bouzigues** vermarktet. Dazu kommen 3000 t Miesmuscheln, deren Kultivierung wie bei den Austern erfolgt.

Vorbei am Fischerviertel **La Pointe Courte** und der **Pointe de Barrou** mit dem Lycée de la Mer, wo die *conchyliculteurs,* also die Muschelzüchter, ihr Handwerk erlernen, fährt der Sub Sea Explorer in den **Etang de Thau.** Vor dem Boot erstrecken sich, so weit das Auge reicht, die **Austerntische** – jeder 50 x 10 m groß. Insgesamt gibt es an die 2600, an denen jeweils bis zu 1200 mit Austern bestückte Kordeln hängen. Nun zeigt der Sub Sea Explorer seine verborgenen Qualitäten. Während der Kapitän das Boot behutsam an den Tischen vorbeisteuert, können die Passagiere durch das verglaste Unterwasserschiff in den grünlich schimmernden Wald aus Austernkordeln blicken.

Erntereif in Rekordzeit

Die Zucht beginnt mit nur wenige Millimeter großen Austernlarven (*naissains),* die meist von Betrieben am Atlantik geliefert werden. Die Larven haften an Muschelschalen oder Tonscherben, die in geschlossenen Körben – denn nur so entgehen sie den hungrigen Mäulern der Doraden – an die Tische gehängt werden. Regelmäßig werden die Körbe für einige Stunden aus dem Wasser geholt, damit Sonne und Wind sie von Ablagerungen befreien und die Austern ihren Schließmuskel trainieren können.

Haben die Austern eine Größe von ca. 2 cm erreicht, werden sie von ihrem Haftgrund gelöst, mit einem speziellen Zement paarweise an Kordeln befestigt und anschließend wieder ins Wasser gelassen. Bereits nach 18 Monaten ernten die Produzenten pro Tisch ca. 10–15 t Austern. Das Heranreifen der Artgenossen im Atlantik dauert fast doppelt so lange.

Das Einholen der schweren Kordeln, an denen Hunderte ausgewachsene Austern haften, ist trotz Unterstützung durch eine motorisierte Winde ein Knochenjob. Die Weiterverarbeitung erfolgt in den relativ einfachen Produktionsschuppen, den *mas,* am Ufer des Etangs bei **Bouzigues, Mèze** und **Marseillan.** Dort werden die Austern von der Kordel getrennt, von Algen und Bewuchs gesäubert und nach Größe sortiert. Anschließend müssen sie 24 Stunden in gefiltertem Meerwasser liegen, bevor sie für den Verkauf freigegeben und dicht an dicht in Spanholzschachteln gepackt werden.

Das einträgliche Geschäft mit der Edelmuschel, von dem rund 2000 Menschen am Etang de Thau leben, ist seit 2008 bedroht. Ein Herpesvirus lässt einen Großteil der jungen Austern sterben – und das weltweit. Auf die Qualität der ausgewachsenen Tiere hat der Virus keinen Einfluss, man kann sich den frischen Gaumenkitzel also unbesorgt schmecken lassen.

Etang de Thau ▶ L/M 12

Durch einen schmalen Landstreifen vom Meer getrennt, erstreckt sich zwischen Sète und Marseillan der **Etang de Thau,** auch als Bassin de Thau bezeichnet. Dieser mit 19 km Länge und 5 km Breite größte Strandsee an der Küste des Languedoc und Roussillon ist nicht nur ein Eldorado für Surfer und Segler, sondern aufgrund seiner Tiefe von durchschnittlich 5 m bestens für die Austern- und Muschelzucht geeignet (s. Entdeckungstour S. 146).

Bereits die Römer kannten die Heilwirkung der Thermalquellen von **Balaruc-les-Bains,** die insbesondere Rheumabeschwerden lindern. An die antiken Wurzeln des Ortes erinnert der **Jardin Antique Méditerranéen** (rue des Pioch, Di–So Juli–Sept. 9.30–12.30, 15–19, März–Juni, Okt./Nov. 9.30–12, 14–17.30/18.30 Uhr, 4,50 €) Neben dem Kur- und Badeort liegt auf einem Felsvorsprung im Etang de Thau das historische Dorf **Balaruc-le-Vieux,** das den kreisförmigen Grundriss der mittelalterlichen *circulade* aufweist.

Das Dörfchen **Bouzigues** steht Pate für die Herkunftsbezeichnung der im Etang kultivierten Austern. Als *Huîtres de Bouzigues* werden sie landesweit in den Gourmettempeln angeboten. Vor Ort kann man die Edelmuscheln in den Probierstuben der Züchter schlürfen.

Viel Wissenswertes über die Geschichte, die Methoden und Techniken der Austern- und Muschelzucht sowie über den Fischfang im Etang vermittelt eine multimediale Ausstellung im **Musée de l`Etang de Thau** (Quai du Port de Pêche, www.bouzigues.fr/musee, tgl. Juli/Aug. 10–12.30, 14.30–19, Sept.–Juni 10–12, 14–17/18, Uhr, 4 €).

Auf der Weiterfahrt sieht man auf der Wasserfläche die ›Gevierte der Austerntische‹ schillern und man erhascht einen Blick auf die Anlegestellen und Betriebsstätten der Züchter am Ufersaum. Der kleine Hafen von **Mèze** bildet die malerische Kulisse für die örtliche Gastronomie. Zu den *plateaux de fruits de mer* wird hier in langhalsigen Flaschen ein fruchtiger Picpoul-de-Pinet serviert. An der Hafenmole machen gerne auch Hausboote fest. Im Sommer zieht es viele Familien nach Mèze, da die örtlichen Sandstrände ideal für Kinder sind.

Ein weiteres Ziel der Bootstouristen ist der Hafen von **Marseillan,** wo ebenfalls Restaurants mit den Früchten des Meeres beglücken. Direkt am Hafen liegen die *caves* von **Noilly Prat.** Sein rundes Bouquet erhält der Wermut durch eine zwölfmonatige Lagerung in Eichenholzfässern unter freiem Himmel, während seine würzige Note gemäß einer – natürlich streng gehüteten – Rezeptur aus dem Jahr 1813 durch die Zugabe von über einem Dutzend Kräutern erreicht wird (1, rue Noilly, Marseillan, www.noillyprat.com, Führungen tgl. Mai–Sept. 10–11, 14.30–18, März/April, Okt./Nov. 10–11, 14.30–16.30 Uhr, 4,10 €).

Südlich von Marseillan markiert die **Pointe des Onglous** den Beginn des Canal du Midi. Zwischen dem Badeort **Marseillan-Plage** und **Sète** schirmt der bis zu 1200 m breite **Lido** den Etang vom Meer ab. Von vier Parkplätzen aus geht es zum Badevergnügen am 12 km langen unbebauten Strand.

Musée de Site Gallo-Romain ▶ L 12

D 158 E4, Loupian, www.villa.culture.fr, 45-minütige Führungen Juli/Aug. tgl. 11, 13.30–19, Sept.–Juni Mi–Mo 13.30–18, Sa/So auch 11 Uhr, 4,60 €

An die antike Besiedlung des Pays de Thau erinnert in **Loupian** ein Reststück der *Via Domitia.* Spektakulär war die

Entdeckung einer römischen Villa mit einem gut erhaltenen Bodenmosaik (2.–5. Jh.) in den Weinfeldern am Ortsrand. Über der Fundstelle entstand ein moderner Museumspavillon.

Musée-Parc des Dinosaures ▶ L 11

D 613, www.musee-parc-dinosaures.com, tgl. Juli/Aug. 10–19, Sept.–Juni, 14–17/18 Uhr, 9,80 €, Kinder 5,20 €

In den Weinfeldern westlich von Mèze wurde 1996 eine der größten paläontologischen Lagerstätten Europas entdeckt. Clou des Saurierparks sind allerdings nicht die ausgegrabenen 65 Mio. Jahre alten Eier der Dinos, sondern ihre nachgebauten lebensgroßen Skelette, u. a. des *Tyrannosaurus Rex*, die im Park zu sehen sind.

Abbaye de Valmagne ▶ L 11

D 5/D 161, nördl. von Mèze, http://beta.valmagne.com, Mitte Juni–Sept. tgl. 10–18, Ostern–Mitte Juni Mo–Fr 14–18, Sa/So 10–18, Okt.–Ostern Mo–Sa 14–18, So 10–18 Uhr, 7,80 €

Raymond-Roger de Trencavel, der Graf von Béziers, stiftete im Jahr 1138 die Abtei, die zu einem der reichsten und mächtigsten Klöster in Südfrankreich aufstieg. Die Französische Revolution setzte 1789 dem Klosterleben ein Ende. Die Abtei wurde verstaatlicht und später an einen Privatmann verkauft, der sie zum Weingut umfunktionierte. Das hohe und kühle Kirchengewölbe erwies sich als ideales Weinlager, und so wurden 1820 in die Seitenschiffe 18 riesige Fässer aus russischer Eiche eingelassen. Die klösterlichen Weine, die im Rahmen der Besichtigung verkostet werden können, reifen heute aber in modernen Edelstahltanks. Vor dem Kloster wurde ein Kräutergarten angelegt. Zu einer lukullischen Pause lädt das **Restaurant Vigneron** (Tel. 04 67 78 13 64, Mitte Juni–Sept. Di–So mittags, Fr/Sa auch abends, Okt.–Mitte Juni So mittags, ab 15 €).

Radtour am Etang ▶ L/M 12

Rundfahrt ca. 65 km, vorwiegend ebene Radpiste; Radverleih u. a. Bat'Thau Loc, Port Rive Gauche, Marseillan, Tel. 06 63 34 51 88, http://bat-thau-loc.fr, April–Sept. Wer das eigene Fahrrad dabei hat, kann überall starten. Wissen sollte man, dass noch ein Stück Radweg zwischen Marseillan und Mèze fehlt

Wer in **Marseillan** ein Rad leiht, fährt vom Hafen aus parallel zum Etang an den Austernparks vorbei bis **La Fadèze.** Von dort geht es links zur **D 51,** die man quert und dann sofort rechts in einen Feldweg abbiegt. An dessen Ende folgt man knapp 4 km der stark befahrenen

Um den Etang de Thau mit dem Rad

Mein Tipp

Bistro in der Kooperative ▶ L 12
Nur am Ufer des Etang de Thau wächst der Picpoul-de-Pinet, ein fruchtiger Weißwein, der sehr trocken oder trocken ausgebaut wird. Die Weingüter an der D 613 und D 51 ebenso wie die *caves coopératives* in Mèze, Pinet oder Pomérols bitten zu seiner *dégustation*. In der Kooperative von Florensac kann man die Weinverkostung mit einem Edel-Imbiss im **Bistrot d'Alex** kombinieren (Vinipolis, 5 av. des Vendanges, Tel. 04 67 77 03 05, www.vinipolis.fr, Di–So mittags, Fr/Sa abends, Menü ab 22 €).

D 51, bis rechts ein Sträßchen abbiegt, auf dem man durchs Feld nach **Mèze** radelt. Hier beginnt eine 13 km lange **Voie verte,** die an **Loupian** vorbei nach **Bouzigues** führt. An der Uferpromenade kann man im urigen Chez la Tchèpe ein paar Austern oder ein Eis essen (av. Louis-Tudesq, Tel. 04 67 78 33 19, Do–Di 10–18, Juli/Aug. bis 21 Uhr). Jetzt verläuft die Piste über einen Damm am Rand des Etangs nach **Balaruc-le-Vieux**. Zwischen **Balaruc-les-Bains** und Sète folgt eine wenig idyllische Passage auf einem Radweg neben der betriebsamen **D 2.** In **Sète** empfiehlt sich ein Abstecher ins Fischerviertel **La Pointe Courte,** bevor man den Wegweisern folgend am **Canal Royal** entlang zur **Corniche** fährt. Hier stellt die **Voie verte du Lido** die Verbindung nach **Marseillan-Plage** her – Strand und Meer bis zum Horizont! Das letzte Stück der Route geht nochmals mit dem Etang de Thau auf Tuchfühlung: Auf dem Treidelpfad geht es am **Canal du Midi** entlang zur idyllischen **Pointe des Onglous** und am Etangufer zurück zum Hafen von **Marseillan.**

Übernachten

Umgeben von Rebstöcken – **Château les Sacristains:** Montagnac, 6 km westl. von Mèze rechts der N 113, Tel. 04 67 43 49 89, www.chateau-les-sacristains.fr, Apartments für 2 Personen ab 385 €/Woche, DZ ab 95 €. Luxuriöse Anlage in vorbildlich restaurierten alten Gemäuern. Mit Pool, Tennis, Driving Range. Unter deutscher Leitung und entsprechend viele deutsche Gäste.
Blick auf den Etang de Thau – **De la Pyramide:** 8, promenade Sergent Jean-Louis Navarro, Mèze, Tel. 04 67 46 61 50, http://hoteldelapyramide.fr, DZ ab 70 €. 22 Zimmer mit Terrasse oder Balkon am Ufer des Etang. Garten mit kleinem Pool und jungen Olivenbäumen. Mediterrane Ausstattung mit Terrakotta-Böden und schmiedeeisernem Mobiliar.

Essen & Trinken

Direkt vom Erzeuger – **La Ferme Marine:** Rte. des Parcs, Marseillan, Tel. 04 67 21 21 20, www.lafermemarine.fr, tgl. geöffnet, Reservierung empfohlen, Meeresfrüchte-Buffet 29,50 €, HG ab 16 €. Die Lage zwischen den *mas* der Austernzüchter und die Terrasse am Etang machen den Reiz des Restaurants aus. Auf der Karte Meeresfrüchte und Fisch, aber auch ein Fleischgericht.
Erfolgsstory – **Côté Mas:** Rte. de Villeveyrac (D 5), Montagnac, Tel. 04 67 24 36 10, www.cote-mas.fr, Bistro Mo/Di, Restaurant Mi–So mittags, Reservierung empfohlen, Menü mittags Mo–Sa ab 16 €, abends HG ab 26 €, Sonntagsmenü 59 € inkl. Getränke. Der Winzer Jean-Claude Mas ist der Shooting Star der letzten Jahre. Das Restaurant auf

seiner Domaine Paul Mas ist zu einer Pilgerstätte der Gourmets avanciert.

Aktiv

Tauchen – **Oser plonger:** Balaruc-les-Bains, Tel. 04 67 18 89 49, www.thauplongee.com. Unter der fachkundigen Leitung von Pascal Cottinet taucht man zu den Seepferdchen im Etang de Thau ab und entdeckt die verborgenen Schönheiten der Lagune.
Wassersport – **Centre de Loisirs Le Taurus:** Mèze, Tel. 04 67 43 59 51, www.ycmeze.com und www.fildair.com. Wassersportzentrum am Etang. Surf- und Segelkurse, wichtige Basis für Kitesurfer, Basis für Ruderer. Mit Übernachtungsmöglichkeit.

Infos & Termine

OT: Quai Baptiste Guitard, 34100 Mèze, Tel. 04 67 43 93 08, www.ccnbt.fr, www.paysdethau.fr.
Le Festival de Thau: Mitte Juli, Festival der Weltmusik in den Orten am Etang (www.festivaldethau.com).

Agde ▸ L 13

Vor 2500 Jahren gründeten Griechen nahe der Mündung des Hérault am Fuß des Vulkankegels St-Loup eine Kolonie namens *Agathé Tyché* (glücklicher Zufall). Der Handelsstützpunkt prosperierte über die Jahrhunderte und wurde bereits im frühen Mittelalter zum Bischofssitz erhoben.

Das Lavagestein, aus dem die wehrhafte romanische **Cathédrale St-Etienne** (12. Jh.) sowie zahlreiche Häuser erbaut sind, verleihen dem Städtchen (25 000 Einw.) eine düstere Silhouette. Schwärmern verdankt es den Beinamen ›Schwarze Perle des Languedoc‹. Über Regionalgeschichte und Heimatkunde informiert das **Musée Agathois** in einem schönen Renaissancegebäude am Rande der Altstadt (5, rue de la Fraternité, Di–Sa 10–17 Uhr, 4,80 €).

Im Sommer bevölkern Urlauber aus dem benachbarten Le Cap-d'Agde die engen Gassen der Altstadt sowie die Promenade am Hérault, an der abends einige Fischkutter anlegen und Restaurants zur Einkehr einladen. Kleinere Schiffe gelangen flussaufwärts durch die **Ecluse Ronde,** eine Schleuse mit drei Toren, in den Canal du Midi.

An der Hérault-Mündung hat sich der Fischereihafen **Le Grau-d'Agde** zu einem überschaubaren Ferienzentrum entwickelt. Am gegenüberliegenden Ufer schmiegen sich die wenigen Häuschen von **La Tamarissière** an einen Pinienhain.

Le Cap-d'Agde ▸ L 13

Anfang der 1970er-Jahre entstand auf einem Felskap bei Agde die durchorganisierte Ferienkapitale mit Bettenburgen, breiten Straßen, 14 km **Sandstrand,** weitläufigem **Jachthafen** und Europas größtem Nudistendorf **Héliopolis.** In der Hochsaison tummeln sich hier an die 200 000 Urlauber, zehnmal mehr Menschen, als die Gemeinde Agde an Einwohnern zählt. Zerstreuung finden Groß und Klein auf der **Ile de Loisirs.**

Musée de l'Ephèbe

Mas de la Clape, www.museecapdagde.com, Juli/Aug. tgl. 9.30–18.30, Sept.–Juni Mo–Fr 10–12, 14–18, Sa/So 9–12, 14–17 Uhr, 4,80 €
Zur kulturellen Unterhaltung am Cap steuert das auf Unterwasserarchäologie spezialisierte Museum bei. Gezeigt werden u. a. Amphoren, Schiffsmodelle und Wrackteile. Spektakulärstes Exponat ist die ca. 2300 Jahre alte grie-

chische Bronzestatue eines Epheben (wehrfähiger Jüngling), die 1964 vom Grund des Hérault geborgen wurde.

Fort Brescou
Vor dem Cap d'Agde liegt auf einem Vulkaninselchen das Fort Brescou. Richelieu plante eine Verbindung des Forts mit dem Festland sowie den Bau eines großen Militärhafens – ein nie zu Ende geführtes Projekt. Die Festung wurde von Vauban ausgebaut und diente bis Mitte des 19. Jh. als Staatsgefängnis (keine Besichtigung).

Essen & Trinken

Die schönsten Restaurantplätze von Agde liegen am Hérault, das bessere Essen gibt es in den Außenbezirken.
Bistro mit Weinladen – **Basalte:** 24, chemin de Janin, Agde, Tel. 04 67 00 24 24, www.basalte-agde.com, So/Mo geschl., *formule* 17 €, Menü ab 30 €. Trendiges Lokal gegenüber der Kooperative. Einfach vorzüglich – ob Service, Küche oder Weinangebot.

Aktiv

Bootsausflüge – **L'Evidence:** Quai du Cdt. Méric, Le Grau-d'Agde, Tel. 04 67 21 09 88, http://agde-brescou-croisieres.com, April–Sept. tgl., Okt. Do, So 14 Uhr, 13 €. Über den Hérault und Canal du Midi zu den Austerntischen im Bassin de Thau, Dauer 4.30 Std.
Haie und andere Meeresbewohner – **Aquarium:** 11, rue des 2 Frères, Cap d'Agde, www.aquarium-agde.com, Juli/Aug. 10–23, Juni, Sept. 10–19, Okt.–Mai Mo–Sa 14–18, So 11–19 Uhr, 7,80 €.
Naturbeobachtung – **Réserve naturelle de Bagnas:** N 112 Rtg. Marseillan-Plage, Tel. 04 67 01 60 23, www.adena-bagnas.com, Sa 9 Uhr, 5 €. Führung durch die 600 ha große Vogelschutzzone im alten Hérault-Delta.
Tauchen – **Abyss Plongée:** 21, impasse du Globe, Le Cap-d'Agde, Tel. 04 67 01 50 54, www.abyssplongee.com. Tauchkurse und Tauchshop.
Unterwasserspaziergang – **Sentier sous-marin:** La Plagette, Le Cap-d'Agde, Tel. 06 79 46 78 31, Mitte Juni–Mitte Sept., 12 €. Mit Schnorchel und Taucherbrille einen 200 m langen Meereslehrpfad erkunden.

Infos & Termine

OT: Bulle d'Accueil, Rond-point du bon Accueil, 34300 Le Cap-d'Agde, Tel. 04 67 01 04 04, www.capdagde.com.
Joutes nautiques: Mai–Sept. Sa/So. Fischerstechen auf dem Hérault in Agde vor der Kulisse der Kathedrale.
Bahn: Gare SNCF, av. Victor Hugo, Agde. Verbindungen nach Sète, Montpellier, Béziers.
Stadtverkehr: Cap'Bus mit 6 Linien, Mitte April bis Mitte Sept. Bâteau-Bus zwischen Le Grau d'Agde und Agde, Mitte April bis Mitte Okt. Les Coches d'Eau im Hafen von Le Cap-d'Agde.

Vallée und Gorges de l'Hérault ▸ K–M 8–10

Landschaft und Dörfer am Mittellauf des Hérault sind vom Weinbau geprägt. Von **Gignac** bis hinauf an die Südhänge des Causse du Larzac ziehen sich die Rebengärten der Appelation **Terrasses du Larzac.** Auf kleinen Weingütern sowie in den Kooperativen, z. B. von **Montpeyroux,** kann man die vollmundigen und zugleich fruchtigen Rotweine kosten.

Beim Töpferdorf **St-Jean-de-Fos** ändert sich die Landschaft dramatisch. Hier türmen sich die rauen Monts de St-Guilhem auf, durch die der Hérault eine Schlucht getrieben hat. Das meisterhafte Entree zu den **Gorges de l'Hérault** bildet der **Pont du Diable.** Er entstand Anfang des 11. Jh. als Verbindung zwischen den Klöstern von Aniane und St-Guilhem. Wie sein Name sagt, hatte der Teufel beim Bau die Hände im Spiel. Unterhalb des steinernen Bogens ist der Fluss zu einem kleinen, im Sommer stark frequentierten Badeplatz aufgestaut. Die Dorfjugend nutzt die Teufelsbrücke für wagemutige (und keineswegs ungefährliche!) Sprünge ins erfrischende Nass. Auch Kanus kann man mieten und in die enge Klamm hineinpaddeln.

Der Pont du Diable wurde 1998 zusammen mit dem flussaufwärts liegenden **St-Guilhem-le-Désert** als Teil der französischen Jakobswege ins UNESCO-Welterbe aufgenommen. In der **Maison du Grand Site** oberhalb der Brücke findet man neben umfassender Dokumentation auch eine Brasserie und einen Bauernladen. Hier sollte man in der Hauptsaison unbedingt parken und die Zubringerbusse zum Klosterdorf nutzen (Juli/Aug. 10–19.30, April–Juni, Sept. 10.30–18, Okt./Nov. 10–17.30 Uhr).

Einige Kilometer hInter St-Guilhem steigt die Straße vom Talgrund durch struppige Steineichenwälder zum Weiler **Causse-de-la-Selle** empor. Hier bietet sich ein Abstecher in das stille Nachbartal zu den malerischen Burgdörfern **St-Jean-de-Buèges** und **Pegairolles-de-Buèges** an. Das heute abgelegene Vallée de la Buèges am Fuß des Mont St-Baudille und der Montagne de la Séranne stellte einst eine Hauptverbindung zwischen der Hérault-Ebene und den Causses dar.

St-Jean-de-Fos ▸ L 10

Der tonhaltige Boden am Hérault ließ in St-Jean-de-Fos das Töpferhandwerk erblühen. Über vier Jahrhunderte belieferte das Dorf das gesamte Languedoc mit Keramik und glasierten Ziegeln. Heute beleben ein Dutzend Töpfer die alte Kunst. Alles Wissenswerte über die Tonverarbeitung vermittelt das **Argileum** (6, av. du Monument, www.argileum.fr, Juli/Aug. tgl. 10–19, April–Juni, Sept./Okt. Di–So 10.30–12.30, 14–18 Uhr, 5,50 €).

Von der Pont du Diable aus kann man in die Felsklamm des Hérault hineinpaddeln

Grotte de Clamouse ▸ L 9

Tel. 04 67 57 71 05, www.clamouse.com, 80-minütige Führungen tgl. Juli/Aug. 10.30–18.30, Juni, Sept. 10.30–17.30, Okt.–Mai Nachfrage empfohlen, 16/17 °C, 9,80 €

Die Grotte de Clamouse wurde von einem unterirdischen Bachlauf geformt, der sich nach starken Regenfällen mit Gebrüll (okzit. *clamousa)* in den Hérault ergießt. Einer Legende zufolge bezieht sich der Name allerdings auf den Schmerzensschrei einer Mutter, die im Hérault den toten Körper ihres Sohnes treiben sah. Der junge Schäfer war auf der Causse in einen Abgrund gefallen und vom unterirdischen Wasserlauf ans Tageslicht gespült worden. Den besonderen Zauber des Höhlensystems machen die zarten, weiß schillernden Kristallblumen aus, die man auf einem ca. 900 m langen unterirdischen Weg aus der Nähe bewundern kann.

St-Guilhem-le-Désert ! ▸ L 9

Malerisch schmiegt sich das Klosterdorf, über das auf exponierter Felszacke die Ruine des **Château du Géant** wacht, in das Tal des Verdus – ein Zufluss des Hérault. Die Dorfstraße mit gut erhaltenen mittelalterlichen Häusern, in denen Kunsthandwerker und Souvenirshops Quartier bezogen haben, steigt sanft zur Place de la Liberté an. Eine mächtige, uralte Platane dominiert den Hauptplatz und stellt selbst das Säulenportal der Klosterkirche in ihren Schatten.

Wilhelm (Guilhem) von Aquitanien, ein Enkel Karl Martells, schwor nach dem Tod seiner geliebten Frau allem Weltlichen ab und zog sich in das Kloster seines Freundes Benoît (hl. Benedikt) in Aniane zurück. 804 gründete er wenige Kilometer entfernt in der Einöde *(désert)* der Gorges de l'Hérault ein bescheidenes Priorat, wo er am 12. Mai 1812 starb. Wegen Wilhelms großer Verdienste im Kampf gegen die Araber schenkte Karl der Große dem Kloster einen Splitter aus dem Kreuz Christi. Diese Reliquie machte St-Guilhem-le-Désert zu einer der bedeutendsten Stationen auf dem **Jakobsweg.** 1998 wurde das Klosterdorf als Teil der französischen Jakobswege ins UNESCO-Welterbe aufgenommen.

Abbaye de Gellone

Kirche tgl. 8–18/18.30 Uhr, Kreuzgang tgl. 8–12, 14/14.30–18/18.30 Uhr

Die dreischiffige Klosterkirche mit ihrem von zwei Apsiskapellen flankierten Chor zählt zu den Meisterwerken der Romanik im Languedoc. Vom einst zweistöckigen prächtigen Kreuzgang blieben nur die nördliche und westliche Erdgeschossgalerie erhalten. Nach der Revolution war der Kreuzgang in Einzelteile zerlegt und an Sammler verkauft worden. Diverse Kapitelle, Arkaden und Säulen sowie über 140 Skulpturen gelangten auf Umwegen in die USA und bilden heute den Mittelpunkt des Cloisters Museum in New York. Seit 1978 belebt eine kleine Gemeinschaft von Karmeliterinnen das religiöse Leben in St-Guilhem.

Wanderung Les Fenestrettes ▸ L 9

Rundweg 10 km, ca. 3,5 Std.; Markierung gelb; feste Schuhe, Wasser; Karte IGN 2642 ET, fiche rando im Internet

St-Guilhem-le-Désert ist ein beliebter Ausgangspunkt für Wanderungen in

Mittelalterliches Flair in den Gassen von St-Guilhem-le-Dèsert

THE
CAFE
CREPES

Von St-Guilhem zu den Fenestrettes

den umliegenden Bergen und Tälern. So kann man u. a. zu den hoch über dem Talkessel des Verdus gelegenen Fenestrettes (kleine Fenster), auch Fenestrelles genannt, emporsteigen. Hierbei handelt es sich um gemauerte Bögen, die dem Weg in der nahezu senkrechten Felswand Halt geben. Dazu folgt man vom **Dorfplatz** aus dem **Chemin du Bout du Monde,** quert den **Verdus** links über eine betonierte **Furt** und steigt 1 km bergan. Am Fuß der **Falaise de Bissonne** hält man sich rechts, und bald ist die schmale Passage der **Fenestrettes** erreicht. Wenig später teilt sich der Weg. Links geht es weiter stets bergan. Im Herbst leuchten hier die hellroten, erdbeerähnlichen Früchte des *arbousier* – ein typischer Baum der Garrigue. Der Blick schweift über ein einsames Tal hinweg zum Pic St-Baudille, erkennbar an der Antenne auf dem Gipfel. Der Weg endet schließlich an einer breiten **Forstpiste,** der man links ca. 700 m folgt, bevor man erneut links zum Aussichtspunkt **Max Nègre** abbiegt. Von dort wandert man rechts weiter zu einer Gabelung und dann links in zahlreichen Kehren abwärts durch mediterranen Wald. Am Fuß der **Falaise de Bissonne** schließt sich der Kreis. Auf dem letzten Wegstück ergeben sich schöne Blicke auf die Ruine des **Château du Géant**.

Übernachten, Essen

Frischer Wind in alten Gemäuern – **Le Guilhaume d'Orange:** Tel. 04 67 57 24 53, www.guilhaumedorange.com, DZ ab 71 €. Mit viel Geschick und Sinn für Authentizität hat Aurore Raoul-Segala das große Steinhaus an der Durchgangsstraße restauriert und in ein gastliches Zehn-Zimmer-Hotel verwandelt. Auch das zugehörige Restaurant **La Table d'Aurore** lässt keine Wünsche offen. Vom heimeligen Speiseraum oder der großen Terrasse unter alten Bäumen schaut man hinab in die Felsschlucht des Hérault (außerhalb der Saison Mi geschl., Menü 23,50 und 33,50 €).

Essen & Trinken

Regionalküche vom Feinsten – **Restaurant de Lauzun:** 3, bd. de l'Esplanade, Gignac, Tel. 04 67 57 50 83, www.restaurant-delauzun.com, Sa mittags, So abends, Mo geschl., *formule* 26,50 €, Menü ab 47 €. Der junge, aber bereits sternenverwöhnte Küchenchef Matthieu de Lauzun hat frischen Schwung in das traditionsreiche Haus am Dorfplatz gebracht.

A la Campagne – **La Table Gourmande:** Mas Cambounet, ca. 3 km östl. von Gignac (D 9, D 619), Tel. 04 67 57 55 03, www.mas-cambounet.com, Menü ab 29 €, Reservierung erforderlich. Südfranzösisches Landleben, wie man es erträumt: ein rustikales Mas in schöner Natur und dazu gutes Essen in geselliger Runde. Wer länger bleiben will, checkt im Gästezimmer ein. Selbst ein Pool ist vorhanden.

Idyllisch am Dorfplatz – **La Terrasse du Mimosa:** 23, pl. Horloge, Montpeyroux, außerhalb der Saison Di/Mi geschl. und Nov.–März, Häppchen zum Wein ab 6 €, mittags ab 17 €, Menü abends 29 €. Feine Landküche und dazu eine Weinkarte mit 400 Referenzen, darunter die besten der Terrasses du Larzac. Im Sommer sonntags Konzerte.

Au bord de l'eau – **La Famourette:** D 32, chemin les Crozes, Aniane, Tel. 06 09 22 25 38, http://lafamourette.com, Juni–Sept. Di–Fr abends, Sa/So, Menü ab 20 €. In dieser typisch südfranzösischen *guignette* (Gartenlokal) am Ufer des Hérault kann man in geselliger, familiärer Atmosphäre die Küche des Mittelmeers genießen. Zudem werden regelmäßig Konzerte und Tanzabende veranstaltet.

Aktiv

Paddeln – **Kayapuna:** Tel. 04 67 57 30 25, www.canoe-kayapuna.com. **Rapido:** Tel. 04 67 55 75 75, www.canoe-rapido.com. Abfahrt in den Gorges de l'Hérault ca. 12 km sowie Kurztripp 3–4 km.

Infos

Im Internet: www.saintguilhem-vallee herault.fr.

OT: 2, Place de la Liberté, 34150 St-Guilhem-le-Désert, Tel. 04 67 57 44 33.

Parken: 400 Plätze an der Maison du Grand Site, kostenpflichtig Juli/Aug. tgl., Ostern, Mai/Juni, Sept. Sa/So, Feier- und Brückentage, 5 € inkl. Bus zum Dorf. Beschränkte Parkmöglichkeit in St-Guilhem, 7,60 €/Tag.

Pic St-Loup ▸ M/N 9

Die weite, sonnenverwöhnte Garrigue nördlich von Montpellier wird von der markanten Silhouette des **Pic St-Loup** beherrscht. Sein langgestreckter Rücken fällt an der Nordseite steil in einen Abgrund, der ihn vom felsigen Kamm der **Montagne de l'Hortus** trennt. Der Pic St-Loup ist namensgebend für das Appellationsgebiet zu seinen Füßen. Versteckt zwischen Reben und Garrigue liegen mittelalterliche Wehrdörfer, uralte Kirchlein und stattliche Weingüter.

In dem pittoresken Ort **St-Martin-de-Londres,** der im 11. Jh. von den Mönchen aus dem nahen St-Guilhem-le-Désert gegründet wurde, blieben eine sehenswerte frühromanische Kirche sowie hübsche Häuser des 16. und 17. Jh. erhalten.

In der Nähe von St-Martin folgt der **Chemin des Verriers** den Spuren der Glasbläser, die ab dem 13. Jh. auf dem Causse de l'Hortus ihr Handwerk ausübten. In jener Zeit war die Ebene noch dicht bewaldet und es gab ausreichend Brennmaterial für die gefräßigen Glasöfen. Die Rekonstruktion eines solchen Ofens ist in Couloubrines bei **Ferrières-les-Verreries** zu sehen. In **Claret** beleuchtet die **Halle du Verre** das Handwerk des Glasblasens von der Antike bis in unsere Tage (50, av. du Nouveau Monde, www.halle duverre.fr, Juli/Aug. tgl. 10–12.30, 14–19, Mai/Juni, Sept. Mi–So 14–18, Okt.–Dez. Sa/So 14–18 Uhr, 6 €).

Mein Tipp

Montpelliers Hausberg

Von Cazevieille führt ein steiler, steiniger Weg zur Kapelle und dem Kreuz auf dem 658 m hohen **Gipfel des Pic St-Loup.** Der strapaziöse Aufstieg wird durch ein überwältigendes Panorama belohnt. Im Norden sieht man das Haupt des Mont Aigoual, im Süden am Meeressaum den Mont St-Clair (etwa 3 Std., festes Schuhwerk, Wanderkarte IGN 2742 ET).

Cirque de Navacelles – immer wieder atemberaubend

Grotte des Demoiselles

▶ M 8

St-Bauzille-de-Putois, www.demoiselles.com, Führungen Juli/Aug. tgl. 10–18, April–Juni, Sept. tgl. stdl. 10–12, 13.30–17.30, März, Okt. So, Ferienzeit 10, 11, (12 in den Ferien), tgl. 14.30, 15.30, 16.30, Nov–Febr. So 10, 11, tgl. 14, 15, 16 Uhr, 10,20 €
Für Höhlenfreunde ein absolutes Muss ist ein Besuch der Tropfsteinhöhle oberhalb des Hérault-Tals. Sie wurde Ende des 18. Jh. entdeckt und um 1889 von Edouard-Alfred Martel erforscht. Im Zentrum der Höhle befindet sich ein Saal mit den gewaltigen Maßen von 120 m Länge, 80 m Breite und 50 m Höhe. Diese unterirdische Kathedrale birgt ein zauberhaftes Ensemble an Stalagmiten und Stalaktiten in den ausgefallensten Formen und Farben. Schmuckstück ist eine als ›Muttergottes mit Kind‹ interpretierte Tropfsteinsäule.

Übernachten, Essen

Mitten in der Garrigue – **Mas de Baumes & Restaurant la Cour:** Ferrières-les-Verreries, D 17E zwischen Ferrières und Claret, Tel. 04 66 80 88 80, www.oustaldebaumes.com, DZ ab 107 € inkl. Frühstück. Wer den Trubel scheut, ist hier genau richtig. Sieben wunderschöne Zimmer auf einer alten Hofanlage. Ein Pool fehlt auch nicht. Im Restaurant verwöhnt Eric Tapié mit ausgefeilter Mittelmeerküche. Unbedingt reservieren (im Winter So abends, Mo/Di geschl., Menü ab 31 €).
Umgeben von Reben – **L'Auberge du Cèdre:** Domaine de Cazeneuve, Lauret (D 17), 15 km östl. von St-Martin, Tel. 04 67 59 02 02, www.auberge-du-cedre.com, DZ ab 62 € inkl. Frühstück. 21 gepflegte, moderne Zimmer im ansprechend restaurierten Herrenhaus einer Domaine. Einige *chambres d'amis* teilen sich Bad und Toilette. Park mit alten Bäumen und Pool. Das bio-orientierte Restaurant in der Orangerie ist

Mo–Fr mittags für einen Imbiss sowie Fr mittags–So mittags öffentlich, So–Do abends nur für Hausgäste zugänglich (mittags ab 15 €, Menü ab 29 €).
Feinste Landküche – **Domaine de Blancardy:** Moulès-et-Beaucels, 7 km östl. von Ganges, südl. der D 999, Tel. 04 67 73 94 94, www.blancardy.com, DZ ab 70 €. Geschmackvoll restaurierter alter Hof mit dreizehn großzügigen und schönen Gästezimmern. Im Restaurant genießt man hofeigene Produkte und Weine. Eine Spezialität ist die selbst gemachte Ententerrine (*formule* ab 15 €, Menü ab 29 €).

Aktiv

Kanutouren – **Canoë le Moulin:** Rte. de Ganges, St-Bauzille-de-Putois, Tel. 04 67 73 30 73, www.canoelemoulin.fr. Strecken von 3–13 km.
Outdoor – **Aupalya Aventure:** St-Bauzille-de-Putois, Tel. 04 67 73 01 01, www.apn34.com. Canyoning, Kanu, Klettern, Radfahren, Rafting, *spéléo,* Wandern, *via ferrata.* Ausgebildetes Begleitpersonal.
Reiten – **Les Farfadets:** La Plaine, Lauret, Tel. 04 67 59 86 17, http://fe.lesfarfadets.free.fr. Ein- bis dreistündige Ausritte in der Garrigue sowie Halb-, Ein-und Mehrtagesritte.

Infos

OT: 34270 St-Mathieu-de-Tréviers, Tel. 04 67 55 16 83, www.tourisme-pic-saintloup.fr.

Cirque de Navacelles! ▸ L 8

Von **Ganges,** das im 18. Jh. als Kapitale der Seidenstrumpfherstellung wirtschaftlich aufblühte, folgt man dem bewaldeten Tal der **Vis** nach **Madières,** wo sich ringsum Felsmassive bedrohlich auftürmen. In Serpentinen windet sich die D 25 vom Fluss hoch auf den **Causse de Blandas.** Unvermittelt öffnet sich in der unendlichen Weite der steppenartigen Landschaft die gigantische Felsarena des **Cirque de Navacelles,** der 2011 als Teil der Causses et Cévennes von der UNESCO in das Welterbe aufgenommen wurde.

Atemberaubend ist der Blick in diesen 300 m tiefen Abgrund, der von der Vis wie mit einem gewaltigen Bohrer in das Karstgestein der Causses gefräst wurde. Dort, wo die Vis vor 6000 Jahren den Mäander durchbrochen hat, liegt tief unten am Fuß der fast senkrecht aufsteigenden Felswände der Weiler **Navacelles.** Die Urtümlichkeit der Landschaft wird getrübt, wenn sich im Hochsommer eine endlose Autokarawane durch den Talkessel bewegt. Vom Ansturm der Touristen weitgehend verschont bleibt der **Cirque de Vissec,** wenige Kilometer westlich (s. auch Entdeckungstour S. 160).

Am jenseitigen, westlichen Rand der Vis-Schlucht beginnt die Einöde des **Causse du Larzac,** der bis weit in die Nachbarregion Midi-Pyrénées hineinreicht. Im Mittelalter besaßen hier die Ritterorden der Johanniter und Templer Ländereien (s. S. 71). Bei **Le Caylar** stößt man auf die A 75, die sich am **Pas de L'Escalette** in die Ebene ›stürzt‹.

Infos

Maison du Grand Site: La Baume Auriol, D 130, St-Maurice-Navacelles, Tel. 04 11 95 01 84, www.baumeauriol.com, tgl. Juli/Aug. 10–19, April–Juni, Okt./Nov. 10–18 Uhr. Infostelle mit Aussichtsterrasse und *Boutique terroir* am Südrand des Cirque de Navacelles.

Auf Entdeckungstour: Résurgence de la Vis – eine geheimnisvolle Quelle

Bei der Moulin de la Foux bricht die zeitweise unterirdisch verlaufende Vis in einer mächtigen Quelle wieder an die Oberfläche. Der magische Ort tief unten im Talkessel von Navacelles ist auf alten Eselspfaden nur zu Fuß zu erreichen.

Reisekarte: ▶ L 8
Dauer: 10 km, ca. 3,5 Std. reine Wanderzeit
Wanderweg: Start in Navacelles, gelbe Markierung, gutes Schuhwerk sowie je nach Wetter Badesachen und Picknickkorb
Info: www.cirquenavacelles.com, *fiche rando* zum Download
Einkehr/Übernachtung: Auberge de la Cascade, Tel. 04 67 81 50 95, www.auberge-de-la-cascade.fr, Ende Juni–Sept. tgl., April–Ende Juni, Okt. nur Sa/So; **Crêperie Mas Guilhou**, Tel. 04 67 81 50 69, www.chambresammonite.com, Juni–Sept. Mi–Mo 12–18, in den Ferien bis 20.30 Uhr

Die Vis entspringt am St-Guiral in den Cevennen, bahnt sich ihren Weg bis Alzon, wo sie urplötzlich versiegt. Zwischen dem Causse du Blandas und dem Causse du Larzac hat sie eine 250–300 m tiefe Schlucht hinterlassen, doch das Bett der Vis ist ›trocken‹ – *Vis sec* eben. Tief unten im **Cirque de Navacelles** plätschert die Vis wieder munter. Ein herrlicher **Wasserfall** im

Weiler **Navacelles** lädt in der heißen Jahreszeit zu einem erfrischenden Bad ein. Doch wo tritt der Fluss wieder an die Oberfläche? Auf einer Wanderung kann man die **Résurgence de la Vis,** also ihre Wiedergeburt, entdecken.

Auf Eselspfaden zur Mühle

Vom Parkplatz am Dorfeingang von **Navacelles** führt links ein Weg direkt am Fluss entlang bis zur Straßenfurt über die Vis. Man folgt der Straße links aufwärts bis zur nächsten Gabelung. In der Spitzkehre weist ein Wanderschild den Weg zur Résurgence. Nach ca. 500 m erreicht man ein Wehr. Ein kurzer, steiler und rutschiger Abstieg im Wald ist zu überwinden, dann geht es auf einem Pfad am Ufer entlang durch dichtes Grün aus Buchen, Steineichen, Ahorn und Buschwerk. Unterwegs bieten sich mehrere Stellen zum Baden oder zum Picknick an. Nach etwa einer Stunde stößt man in einer weiten und lichten Flussschleife auf die Ruinen der **Ferme de Poujols.**

Kurze Zeit später ist ein mächtiges Rauschen zu hören. Ein kleiner Pfad führt rechts abwärts zur **Moulin de la Foux.** Die Gebäude der Mühle wurden genau neben einer tiefen Spalte (okzit. *foux*) im Fels errichtet, aus dem die Vis in Form einer mächtigen Quelle mit lautem Getöse hervorbricht.

Im Halbdunkel der restaurierten Gemäuer entdeckt man die bis zu 2 t schweren Mühlsteine. In den oberen Räumen informieren Bildtafeln über diesen einzigartigen Ort, an dem der Mensch über 900 Jahre die Energie des Wassers nutzte. Erst 1907 wurde die Mühle aufgegeben.

Obwohl weit ab von allen menschlichen Behausungen, stellte die Quelle mit einem durchschnittlichen Wasserfluss von 2,5 m³/Sek. in der wasserarmen Region einen unschätzbaren Wert dar. Mit Eseln transportierten die Bauern vom Causse de Blandas und vom Südrand des Causse du Larzac ihr Korn zum Mahlen hinab zur Foux.

Kapriolen eines Flusses

Es ist schwer vorstellbar, doch der Wasserschwall der Vis kann von Zeit zu Zeit plötzlich versiegen – so zuletzt am 10. August 1961. Gefährlich aber ist nur das ebenso plötzlich auftretende Hochwasser. Dann kann das Wasser mit 30 m³/Sek. aus dem Fels herausschießen und in kürzester Zeit das Tal überfluten. 1741 wurde dabei sogar eines der Mühlengebäude zerstört.

Seit 1952 wagten Taucher es mehrere Male, den mehr als 10 km langen unterirdischen Lauf der Vis zu erforschen. 1998 gelang es ihnen, immerhin 1200 m weit in dem 11 °C kalten Wasser vorzudringen.

Eine natürliche Felsbrücke führt hinüber auf die andere Flussseite. Unter einem Felsüberhang findet man einen wunderbaren Platz, um die Magie des Ortes auf sich wirken zu lassen. Zurück geht es auf demselben Weg am Fluss entlang. Oder man folgt der gelben Markierung am linken Flussufer und erreicht nach ca. zwei Stunden Navacelles.

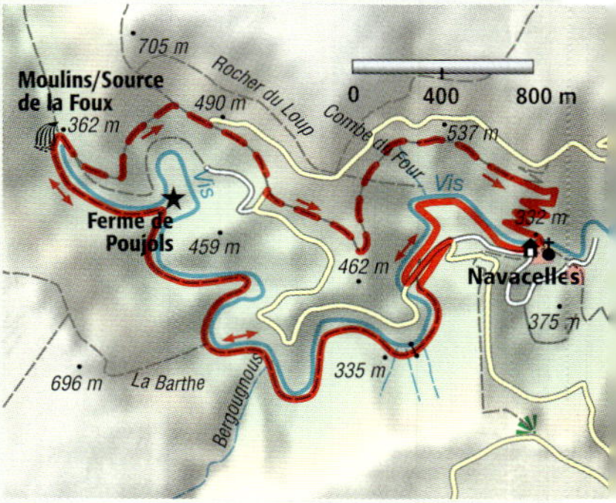

Das Beste auf einen Blick

Von Béziers ins Haut-Languedoc

Auf Entdeckungstour

AOC St-Chinian: Zwischen Orb und Vernazobre gedeihen in grandioser Landschaft vorzügliche Weine. Am Weg liegt auch eine alte Abtei. S. 178

Oppidum d'Ensérune: Im Ausgrabungsgelände von Ensérune unternimmt man eine Zeitreise in die vorrömische Epoche und genießt zugleich den weiten Blick ins Land. S. 186

Kultur & Sehenswertes

Béziers: Die alte Weinkapitale des Languedoc bewahrt auch im 21. Jh. die träge Gelassenheit eines südfranzösischen Provinzstädtchens. S. 164

Ecluses de Fonseranes: Die mehrstufige Schleuse ist das spektakulärste Bauwerk des Canal du Midi. S. 170

Minerve: Auf steilem Felsrücken am Zusammenfluss von Cesse und Brian erbaut, war das Dorf für die Kreuzfahrer uneinnehmbar. S. 183

Zu Fuß unterwegs

Monts de Liausson: Aus dem Felsenmeer von Mourèze steigt ein Weg empor auf den Bergrücken, tief unten liegt der Lac du Salagou. S. 174

Caroux: Zahlreiche Wanderwege durchkämmen das Massiv. Die Gorges d'Héric sind am einfachsten zugänglich. Oben auf dem Caroux lockt ein wundervoller Aussichtspunkt. S. 180

Genießen & Atmosphäre

Pézenas: In den prächtigen Patrizierhäusern der Altstadt öffnen in der Saison zahlreiche Künstler und Kunsthandwerker ihre Ateliers. S. 172

Huilerie: In der traditionsreichen Ölmühle von Clermont-l'Hérault dreht sich natürlich alles um die Olive. S. 175

Canal du Midi: Der Platanenbestand am UNESCO-Welterbe ist bedroht, aber noch findet man Abschnitte unter grünem Gewölbe. Besonders hübsch ist es in Le Somail. S. 184

Abends & Nachts

Le Chameau Ivre: Eine gesellige Adresse in Béziers, um die Weine der Region zu probieren. S. 169

Olargues: Im Restaurant Les Fleurs d'Olargues isst das Auge doppelt mit. Vom Tisch fällt der Blick auf das mittelalterliche Dorf und den Pont du Diable. S. 182

Obwohl keine 20 km vom Meer entfernt, ist Béziers als frühere Weinbaukapitale des Languedoc sehr bodenständig. Attraktionen am Stadtrand sind die Ecluses de Fonseranes, spektakulärstes Schleusenwerk des Canal du Midi. Landeinwärts liegt das Kunsthandwerkerstädtchen Pézenas inmitten von Weinhügeln. Das Rebenmeer reicht bis zu dem bizarren Felsenchaos des Cirque de Mourèze und den roten Ufern des Lac du Salagou. Gen Westen geht die marsähnliche Landschaft in den Regionalpark des Haut-Languedoc über, ein grünes Paradies für Sommerfrischler und Aktivurlauber. Während sich auf dem Orb die Kanufahrer tummeln, laden Espinouse, Caroux und Monts de Lacaune zu Wanderungen ein. Durch wilde Schluchten und stille Kastanienwälder geht es hinauf zu den Berghöhen, die von windzersauster Heidelandschaft überwuchert sind. Das Minervois bewahrt die Erinnerung an die blutige Verfolgung der Katharer im Mittelalter. In der Ebene der Aude hingegen lädt der Canal du Midi zu einer friedlichen und gemächlichen Reise von Meer zu Meer ein. Auf dem Hügel von Ensérune in der Nähe des Kanals führen Ausgrabungen zurück in graue Vorzeit.

Infobox

Regionale Websites
www.herault-tourisme.com
www.tourisme-lodevois-larzac.fr
www.hautlanguedoc.fr
www.leminervois.com
www.canalmidi.com

Verkehrsmittel
Béziers liegt an der Bahlinie Montpellier–Perpignan, es besteht auch Verbindung nach Bédarieux. Busse fahren von Béziers, Pèzenas, Clermont-l'Hérault und Bédarieux ins Umland (www.herault-transport.fr; 10er-Ticket 10 €). Ohne Auto kann man das Hinterland allerdings nicht erkunden.

Béziers ▶ J 12

Weithin sichtbar zeichnet sich die markante Silhouette Béziers (71 000 Einw.) auf einem Felssockel oberhalb des Orb-Ufers ab. Das Stadtpanorama mit der alten steinernen Bogenbrücke unter der sandsteinfarbenen trutzigen Kathedrale strahlt provinzielle Behäbigkeit aus. So scheint das Leben in der alten Weinkapitale des Languedoc dem gemächlichen Rhythmus des Orb und des Canal du Midi zu folgen, wäre da nicht die Begeisterung für den Rugby und – nicht zu vergessen – die *feria* im August.

Geschichte

An der Stelle eines keltischen Oppidums namens *Beterra* siedelte Caesar 48 v. Chr. seine im Kampf um Gallien erfolgreiche siebte Legion an. Von der antiken Stadt mit Forum, Tempeln, Aquädukt und Amphitheater zeugen nur noch wenige Relikte. Invasionen von Vandalen, Westgoten und Arabern zerstörten die erfolgreiche Handelsstadt an der *Via Domitia*, die ab dem 4. Jh. Sitz eines Bistums war. Unter den Karolingern gewann der Handelsplatz langsam wieder an Bedeutung. Das Bürgertum erstarkte und befreite sich im 12. Jh. weitgehend vom bischöflichen Joch.

Das freie und liberale Béziers stellte für Kirche und Krone gleichermaßen eine Provokation dar und geriet zu Beginn der Katharerfeldzüge ins Visier der päpstlichen Truppen. Als die Ein-

Béziers – hoch über dem Orb thront die Cathédrale St-Nazaire

wohner Béziers am 22. Juli 1209, dem Fest der hl. Magdalena, den Kreuzfahrern den Zutritt zur Stadt verwehrten und sich weigerten, 223 der der Häresie verdächtigten Bürger auszuliefern, wurde ein grausames Exempel statuiert: Die Glaubensfanatiker metzelten die Mehrzahl der über 10 000 Einwohner Béziers – ungeachtet ihres Glaubens, ihres Geschlechts und ihres Alters – nieder und legten die Stadt in Schutt und Asche. Der päpstliche Legat Abt Arnaud Amaury soll dem Massaker mit den Worten »Tötet sie alle, denn der Herr erkennt die Seinen« den kirchlichen Segen erteilt haben.

Ab dem 17. Jh. sorgte der Handel mit Getreide, Wein und Oliven erneut für einen wirtschaftlichen Aufstieg, der nicht zuletzt durch den Bau des Canal du Midi gefördert wurde. Insbesondere durch die Konzentration auf das Weingeschäft entwickelte sich Béziers gegen Ende des 19. Jh. zur reichsten Stadt des Languedoc. Umso härter wurde die Stadt von den Krisen des Weinbaus im 20. Jh. getroffen. Die hieraus resultierenden wirtschaftlichen Probleme konnten – zumindest teilweise – durch die Ansiedlung von Industrie und die Förderung des Dienstleistungssektors entschärft werden.

Altstadt

Allées Paul Riquet

Zentrale Achse der Stadt sind die Allées Paul Riquet. Im Schatten der Platanenreihen treffen sich die Biterrois zum Flanieren oder zum Plaudern beim *apéro* in einem der Cafés. Freitags lässt ein Blumenmarkt den Boulevard erblühen, an dessen zentraler Stelle die **Bronzestatue** 1 von **Pierre-Paul Riquet** (1604–80), dem Erbauer des Canal du Midi und berühmten Sohn der Stadt, steht.

Im Süden geht der Boulevard in das 1865 angelegte **Plateau des Poètes** über. Die Gartenanlage im englischen Stil, mit Wasserbecken und exotischen Bäumen, sollte eine Verbindung zum Bahnhof am Fuß der Altstadt herstel-

Béziers

Sehenswert
- 1 Statue von Pierre-Paul Riquet
- 2 Théâtre Municipal
- 3 St-Aphrodise
- 4 La Madeleine
- 5 Hôtel Fayet
- 6 Hôtel Fabrégat
- 7 Cathédrale St-Nazaire
- 8 Musée du Biterrois
- 9 Amphithéâtre
- 10 Pont-Canal, Port Neuf
- 11 Ecluses de Fonseranes

Übernachten
- 1 Des Poètes

Essen & Trinken
- 1 L'Octopus
- 2 La Maison de Petit Pierre
- 3 La Raffinerie
- 4 Café de Plaisance

Einkaufen
- 1 Les Halles
- 2 Caves Paul Riquet

Aktiv
- 1 Bateaux du Midi
- 2 Stade de la Méditerranée

Abends & Nachts
- 1 Le Korrigan
- 2 Le Chameau Ivre

len. Neben Büsten berühmter Dichter widmete die Stadt eine Statue dem Resistancekämpfer **Jean Moulin,** der 1889 in Béziers geboren und 1943 von den Nazis zu Tode gefoltert wurde. Blickfang am Nordende der Allées Riquet ist die antikisierende Fassade des **Théâtre Municipal** 2 (Mitte 19. Jh.).

St-Aphrodise 3

15, rue Gayon, derzeit keine Besichtigung

Am Nordrand der Altstadt versteckt sich hinter moderner Bebauung die Basilika St-Aphrodise. Ihre Gründung über dem Grab des Stadtpatrons datiert in das 4. Jh. Zu jener Zeit soll der hl. Aphrodisius auf einem Kamel aus Ägypten angereist sein, um in Béziers das Christentum zu verkünden. So wurde das Kamel *(lou camel)* zum lokalen Symboltier, das alljährlich Ende April den Festzug zu Ehren des Heiligen anführt.

La Madeleine 4

Pl. de la Madeleine, Mo 16–18, Di–So 10–12.30, 16–18 Uhr

Die Kirche bewahrt die schreckliche Erinnerung an das Massaker von Béziers. Denn 1209 hatten tausende Gläubige vergebens in dem Gotteshaus Schutz vor den sie verfolgenden Kreuzrittern gesucht. Schiff, Querhaus und Chor stammen zum Großteil aus romanischer Zeit, Portal, Kapellen, Gewölbe und Türme wurden später erbaut.

Musée des Beaux-Arts

Hôtel Fayet, 9, rue du Capus, Hôtel Fabrégat, pl. de la Révolution, Di–So Juli/Aug. 10–18, Sept.–Juni Di–Fr 9–17, Sa/So 10–18 Uhr, Pass Musée 7 €

Im **Hôtel Fayet** 5 stehen die Werke regionaler Künstler im Mittelpunkt, allen voran der in Béziers gebürtige Bildhauer Jean-Antoine Injalbert (1845–1933). Im **Hôtel Fabrégat** 6, vis-à-vis der Kathedrale, zeigt das Kunstmuseum Gemälde des 15.–20. Jh., wobei der Schwerpunkt der Sammlung auf moderner Malerei liegt.

Cathédrale St-Nazaire 7

Plan des Albigeois, tgl. Juli/Aug. 9–17.30, sonst 9–12,14.30–17.30 Uhr

Nach den Kreuzzügen errichteten die Bischöfe ab dem 13. Jh. als Symbol ihrer wieder erlangten Macht auf der Ruine der 1209 zerstörten romanischen Kathedrale einen Neubau im Stil der Gotik. Ihre von zwei Wehrtürmen gerahmte Westfassade ziert eine große Fensterrose. Der schwere, eckige Glockenturm wurde im 14. Jh. angebaut. Ebenfalls aus dem 14. Jh. stammt der Kreuzgang. Neben dem Kirchenportal führt eine Treppe in den **Jardin des Evêques,** der einen zauberhaften Blick auf den Orb mit

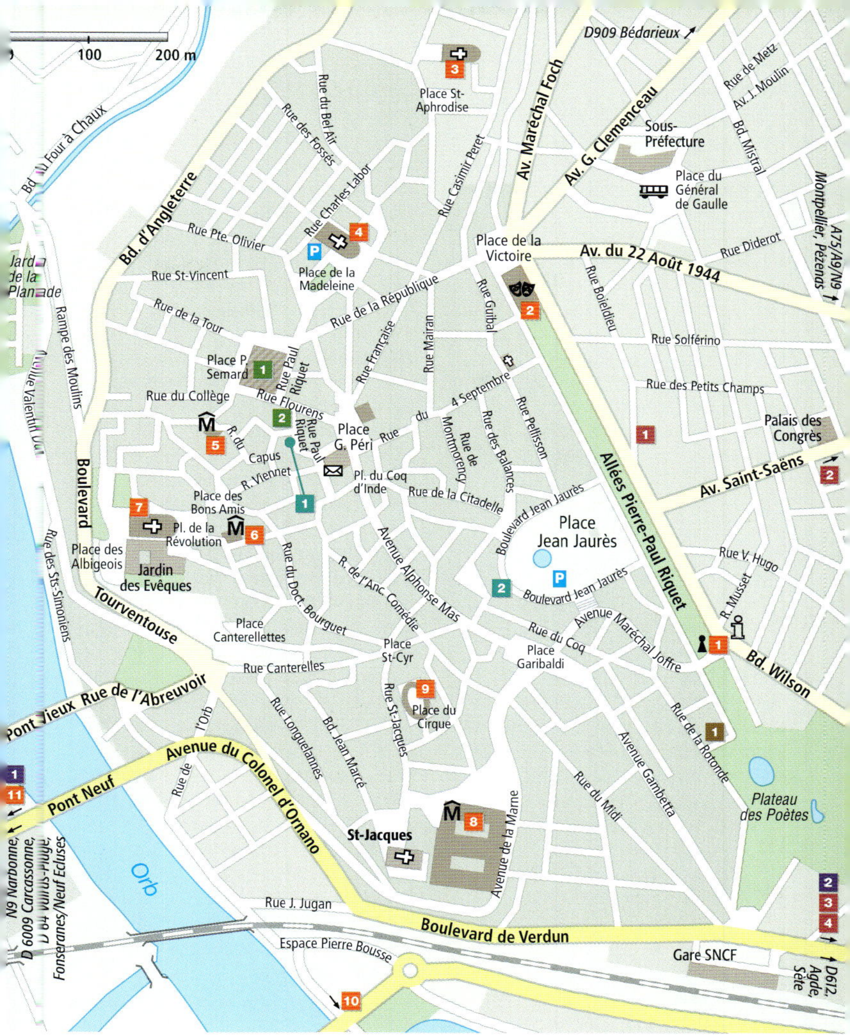

dem Pont Vieux (12. Jh.) und Pont Neuf sowie auf die Weinberge des Biterrois freigibt (Mai–Sept. 10–19, Okt.–April 10–12, 14–17.30 Uhr).

Musée du Biterrois 8

Rampe du 96ème, Öffnungszeiten/ Eintritt s. o. Musée des Beaux-Arts

Durchaus einen Besuch verdient die heimatkundliche und archäologische Sammlung, die in der ehemaligen Kaserne St-Jacques (18. Jh.) ein repräsentatives Quartier gefunden hat.

Auf dem Weg zum Museum passiert man die Ausgrabung des gallo-romanischen **Amphithéâtre** 9.

Pont-Canal 10
Quai du Port Neuf
Am Fuß des Stadthügels überquert der Canal du Midi auf steinernen Bögen den Orb. Fußgänger erreichen die 240 m lange Kanalbrücke vom **Port Neuf** aus in wenigen Schritten und können weiter auf Treidelpfaden bis zu den Schleusen von **Fonseranes** spazieren (ca. 1 km; s. S. 170). Bis zum Bau des Pont-Canal 1858 wurde der Canal du Midi von Fonseranes aus in den Port Notre-Dame geführt und von dort durch eine heute stillgelegte Schleuse in den Orb eingeleitet, dessen Bett er auf einigen hundert Metern nutzte.

Ecluses de Fonseranes 11 s. S. 170

Jardin de St-Adrien ▸ K 12

Servian, an der N 9, Tel. 04 67 39 24 92, www.jardindesaintadrien.com, April Sa, Mai–Okt. Sa/So 14–18.30, Mai/Juni Mi, Fr, Juli/Aug. Di–Fr 17–18.30, Juli/Aug. Mi 10–12 Uhr, 6 €
20 Jahre hat es gedauert, den ehemaligen Basaltsteinbruch, der seit der Antike genutzt wurde, in ein grünes Paradies zu verwandeln.

Strände ▸ J/K 13

Nur 20 km vom Stadtzentrum entfernt liegen die Badeorte **Portiragnes-Plage** und **Sérignan-Plage** sowie an der Mündung des Orb **Valras-Plage** mit Jachthafen, gefolgt von **Cabanes-de-Fleury** mit Jachthafen an der Aude-Mündung. Nach Portiragnes-Plages kann man auf einer *voie verte* am Canal du Midi entlang radeln. Eine Überraschung birgt **Sérignan-Village** mit dem **Musée d'Art Contemporain** (146, av. de la Plage, http://mrac.languedocroussillon.fr, Di–Fr 10–18, Sa/So 13–18 Uhr, 5 €).

Übernachten

Ansprechend modernisiert – **Des Poètes** 1: 80, allées Paul Riquet, Tel. 04 67 76 38 66, www.hoteldespoetes.net, DZ ab 50 €. Kleines, familiäres Haus am Plateau des Poètes. 14 hübsche, ruhige Zimmer in aktuellen Schoko- und Rottönen. Kostenlose Leihräder für Hotelgäste. Mit Garage.

Außerhalb
Auf dem Kanal – **Appart des Anges:** Quai du Canal du Midi, Cers, 8 km östl. von Béziers, Tel. 06 11 11 05 87, www.appartdesanges.com, DZ ab 138 € inkl. Frühstück. Auf einer schmuck restaurierten *péniche* haben Christophe und Jean-Philippe drei entzückende Gästezimmer eingerichtet. Selbst ein winziger Pool fehlt nicht an Bord. Ein *chambre d'hôte* zum Verlieben.
Am Ufer der Aude – **La Bâtisse:** Fleury-d'Aude, 15 km südl. von Béziers, D 14 von Lespignan Rtg. Fleury und vor der Aude-Brücke links, Tel. 04 68 33 77 01, www.la-manade.fr, DZ ab 75 € inkl. Frühstück. Zehn Gästezimmer in provenzalischem Stil auf einer Domäne mit Terrasse und großem Park an der Aude. Von hier sind es nur 3 km bis zum Strand an der Flussmündung. Auf dem Weg lädt die Manade Margé zum Besuch ein, u. a. Reitmöglichkeit, Besuch der Stierzucht und Teilnahme an einer *ferrade*.

Essen & Trinken

Ein junges, begabtes Team – **L'Octopus** 1: 12, rue Boieldieu, Tel. 04 67 49 90 00, www.restaurant-octopus.com, So/Mo geschl., *formule* ab 24 €, Menü ab 50 €. Schicke Adresse mit großem Patio nahe den Allées Riquet. Fabien Lefebvre hat bei den Großen seiner Zunft gelernt und in Windeseile mit neuen Rezepten des Languedoc einen

Stern erkocht. Den Empfehlungen des Sommelier kann man blind vertrauen.
Top Chef 2014 – **La Maison de Petit Pierre** 2: 22, av. Pierre Verdier, Tel. 04 67 30 91 85, www.lamaisondepetitpierre.fr, Mo–Sa mittags, Do–Sa abends, *formule* 15 €, Menü ab 23 €. Pierre Augé entstammt einer bekannten Gastronomenfamilie des Biterrois, inzwischen ist er als Fernsehkoch landesweit bekannt. Gesellige Atmosphäre, vorzügliches Essen.
Cooles Ambiente – **La Raffinerie** 3: 14, av. Joseph-Lazare, Tel. 04 67 76 07 12, www.la-raffinerie.com, Sa mittags, So geschl., *menu-carte* ab 23 €. Raffinierte Mittelmeerküche in einer ehemaligen Fabrikhalle am Canal du Midi. Wunderschöne Terrasse am Wasser.
Mit Patina – **Café de Plaisance** 4: 1, quai du Port-Neuf, Tel. 04 67 76 15 90, www.cafedeplaisance.fr, 8–22, im Winter bis 20.30 Uhr, Küche mittags Mo–Sa, im Winter Mo–Fr, um 15 €. Ein typisches Bistro wie aus alten Tagen, in dem die Leute des Quartiers verkehren und die Kanaltouristen reinschauen.

Einkaufen

Markt – **Les Halles** 1: Pl. Sémard, Di–So 6–13 Uhr. In den schönen alten Markthallen werden die besten Produkte der Region verkauft und im Hallenrestaurant auch zubereitet.
Wein – **Caves Paul Riquet** 2: 7, rue Flourens. Alteingesessene Weinhandlung mit großer Auswahl und kompetenter Beratung. Eine lokale Spezialität ist der Likörwein *cataroise*.

Aktiv

Bootsausflüge – **La Compagnie des Bateaux du Midi** 1: Rampe du Coche d'Eau, Fonseranes, Tel. 04 67 36 51 24, www.lesbateauxdumidi.com. April–Okt. Kanaltouren ab Port Neuf über den Pont Canal und durch die Ecluses de Fonseranes bis Colombier oder Tunnel du Malpas; ca. Juni–Sept. Minikreuzfahrt durch die Ecluses.
Rugby – **ASBH** 2: Tel. 04 67 11 81 76, www.asbh.net. Wenn der Club vor heimischer Kulisse spielt, ist das **Stade de la Méditerranée** (av. des Olympiades) regelmäßig ausverkauft.

Abends & Nachts

Bierpub – **Le Korrigan** 1: 9, rue Paul Riquet, tgl. 19.30–1 Uhr. Rustikale irische Kneipe in der Altstadt, Bier vom Fass, gute Auswahl an Whisky.
Große Weinauswahl – **Le Chameau Ivre** 2: 15, pl. Jean-Jaurès, Tel. 04 67 80 20 20, Di–Sa 10–23 Uhr. Gut sortierter Weinladen mit Bistro. Zum Glas Wein gibt es auch einen Happen zu essen. Oft herrscht ausgelassene Stimmung.

Infos & Termine

Maison du Tourisme et des Vins

1, bd. Wilson, 34500 Béziers, Tel. 04 67 76 20 20, www.beziers-mediterranee.com.

Termine

Les Caritas: Christi Himmelfahrt. Mittelalterfest mit Kostümumzügen, Turnieren, Vorführungen, Markt.
Feria de Béziers: Um den 15. Aug. Sechstägiges, ausgelassenes Straßenfest mit Umzügen, Konzerten, Feuerwerk, improvisierten Bodegas und natürlich *corridas* in der Arena (www.arenes-de-beziers.com).

Verkehr

Flugzeug: Aéroport Béziers Cap d'Agde, 8 km östl. (D 612), www.beziers.aeroport.fr. Busse nach Béziers, Agde.
Bahn: Gare SNCF, bd. de Verdun. Verbindungen nach Montpellier, Narbonne, Bédarieux, Millau.

Lieblingsort

Ecluses de Fonseranes – Spektakel an den Schleusen 11

Das im wahrsten Sinne des Wortes spektakulärste Bauwerk des Canal du Midi ist die 312 m lange Schleusentreppe von Fonseranes, die einen Höhenunterschied von 21 m überwindet. Sechs unmittelbar aufeinanderfolgende Schleusenkammern (die untere ist nicht mehr in Betrieb) müssen die Freizeitskipper passieren – und das unter den Blicken der Zaungäste, die nur darauf warten, dass sich ein Boot quer stellt und der Käpt'n die Nerven verliert. Im Gegensatz zu Riquets Schleusenwerk hat die hydraulische *Pente d'eau,* die 1990 parallel errichtet wurde, nie störungsfrei funktioniert. Bis Ende 2016 soll die Umgebung der Schleusenanlage neu gestaltet werden (Rampe du Coche d'Eau, Beschilderung ab Pont Neuf, Stadtbus Nr. 9 ab Gare routière oder in der Saison Touristenbähnchen ab Kathedrale).

Bus: Gare routière, pl. de Gaulle, www.herault-transport.fr.
Auto: Chaotische Verkehrsführung am Fuß der Altstadt. Tiefgarage u. a. an der Place Jean-Jaurès.

Pézenas ▸ K 11/12

Das Städtchen (7800 Einw.) in den Weinhügeln des Hérault-Tals bewahrt eine intakte Altstadt mit einem einmaligen Ensemble prächtiger Stadtpaläste, in denen im Sommer an die 50 Künstler und Kunsthandwerker Ateliers unterhalten. Ihre Blütezeit erlebte die ehemalige römische Kolonie *Piscenae* und mittelalterliche Tuchhandelsstadt im 16. und 17. Jh., als hier die Generalstände, eine Art Parlament, des Languedoc tagten und die Gouverneure der Region aus den Familien derer von Montmorency-Damville und Bourbon-Conti ihre Residenzen errichteten. Prominenz aus dem gesamten Königreich versammelte sich während der Sitzungsperioden in der Stadt, die sich damals den Titel ›Versailles du Languedoc‹ erwarb.

Insbesondere Armand de Bourbon-Conti umgab sich mit großem Hofstaat. Während sich an ihn kaum jemand erinnert, erlangte sein Protegé, der Komödiendichter Jean-Baptiste Poquelin, unter dem Namen Molière Unsterblichkeit. Zwischen 1650 und 1657 spielte Molière mit seinem *Illustre Théâtre* in Pézenas. Die Jahre in der Provinz inspirierten ihn zu einigen berühmten Komödien, z. B. zu »Dom Juan« und »Tartuffe«.

Seine Charakterstudien betrieb Molière vorzugsweise im Barbierladen seines Freundes Gély (heute Musée Boby-Lapointe, frz. Chansonnier der 1960er-Jahre) an der zentralen **Place Gambetta.** Gleich gegenüber, im **Maison Consulaire,** pflegten die Generalstände zu tagen. In dem Gebäude von 1552, das von einer Fassade aus dem 18. Jh. verdeckt wird, veranstaltet das Haus des Kunsthandwerks Ausstellungen und Seminare (Juli/Aug. Di–So 10–19, Mi, Fr 10–22, Sept.–Juni Di–Sa 10–18 Uhr). Sehenswert ist wenige Schritte entfernt in der Rue Oustrin das **Hôtel de Lacoste** aus dem frühen 16. Jh. mit steinernem Treppenhaus und gotischen Gewölben. Die Rue de la Foire, die einstige Hauptstraße, führt zum **Ghetto** – im Mittelalter das Viertel der jüdischen Gemeinde.

Anfang des 17. Jh. wuchs Pézenas mit dem Cours Jean-Jaurès und der ›Neustadt‹ über seine mittelalterliche Begrenzung hinaus. Das **Hôtel d'Alfonce** (32, rue Conti), eines der am besten erhaltenen Gebäude aus dieser Zeit mit eindrucksvoller Loggienfassade, diente Molière 1655/1656 als Bühne. Heute werden seine Stücke im sehenswerten **Théâtre Historique** (7bis, rue Henri Reboul) gegeben.

Abbaye de Cassan ▸ K 11

Roujan, an der D 13, www.chateau-cassan.com, Juli/Aug. tgl. 11–19, Mitte April–Juni, Sept. tgl. 14–19, Okt. Sa/So 14–19 Uhr, 7,10 €
Das Kloster, 1080 gegründet, erlebte im Laufe der Zeit zahlreiche Veränderungen. In der zweiten Hälfte des 18. Jh. entstand die heutige schlossähnliche Anlage. Nur die romanische Klosterkirche, in der regelmäßig Konzerte stattfinden, blieb weitgehend unberührt. Zum Anwesen gehört auch ein Weingut.

Übernachten

Kühler Luxus – **La Distillerie de Pézenas:** 6, rue Calquières Hautes, Tel. 04 67 11 51 10, www.distillerie-de-peze

nas.garrigae-resorts.fr, DZ ab 101 € bei frühzeitiger Reservierung. Die alte Destillerie wurde in eine Wohlfühladresse verwandelt, mit 50 Zimmern in modernem Design, Indoorpool und Spa, Outdoorpool und Garten, Restaurant und Bar.

Im ehemaligen Ghetto – **La Dordîne:** 9, rue des litanies, Tel. 04 67 90 34 81, www.ladordine.com, DZ ab 53 € inkl. Frühstück. In einem alten Haus mit steiler Treppe haben Véronique und Aurélien drei charmante *chambres d'hôte* eingerichtet. Im Gewölbekeller organisieren sie für ihre Gäste Weinproben mit Imbiss (19 €/Pers.). Drei Apartments werden ebenfalls vermietet (mind. 2 Nächte, ab 130 €).

Essen & Trinken

Im Trend – **Les Maronniers:** 6, av. de Verdun, Tel. 04 67 90 13 80, Mo–Sa mittags geöffnet, Fr, Sa Tapasabend, *formule* um 16 €, Menü um 25 €. Sympathische Adresse an der Straße der Trödelläden mit Gartenterrasse und gemütlichem Gastraum. Originale Tapas und Rezepte des Midi.

Gutes Preis-Leistungs-Verhältnis – **La Pomme d'Amour:** 2, rue Albert-Paul-Alliès, Tel. 04 67 98 08 40, Mo abends, Di abends geschl., *formule* um 14 €, Menü um 22 €. Familiäres Restaurant im historischen Zentrum mit guter, bodenständiger Küche.

Einkaufen

Brocantes – **La Route des Antiquaires:** An der D 913 Richtung Béziers (av. Louis Montagne/av. Aristide Briand) liegt mit etwa 40 Läden das Mekka der Antiquitätensammler. Eine Fundgrube sind auch die Märkte am ersten Sonntag im Mai und zweiten Sonntag im Oktober (www.antiquites-pezenas-france.com).

Kunsthandwerk – **Autour de l'Arbre:** 11, rue Triperie-Vieille. Eric Bourneil drechselt aus Holzstämmen edle Gefäße und Kunstobjekte.

Lokale Spezialität – **Maison Alary:** 5, rue St-Jean. Das Rezept der *petits pâtés* gelangte im 18. Jh. aus dem fernen Indien nach Pézenas. Die mit Hammel, Rohrzucker und konfierten Zitronen gefüllten pikant-süßen Pastetchen werden warm als *amuse-gueule* gegessen.

Wochenmarkt – **Place du Marché:** Sa 9–18 Uhr. Einer der bestbesuchten Märkte der Region.

Infos

OT: Hôtel de Peyrat, pl. des Etats du Languedoc, 34120 Pézenas, Tel. 04 67 98 36 40, www.pezenas-tourisme.fr. Die **Scénovision Molière** führt hier in fünf Akten durch das Leben des Jean-Baptiste Poquelin (www.scenovisionmoliere.com, tgl. Juli/Aug. 9–19, Sept.–Juni 9–12, 14–18 Uhr, So ab 10 Uhr, 7 €). Das architektonische und kulturelle Erbe der Stadt beleuchtet eine Ausstellung des **CIAP** (www.ciap-pezenas.com).

Clermont-l'Hérault

▶ K 10

Das Provinzstädtchen am Nordrand der Hérault-Ebene (8000 Einw.) prosperierte im 17. und 18. Jh. durch die Textilherstellung. Von seiner einst strategischen Bedeutung als Tor zum Causse du Larzac zeugen die Reste der mittelalterlichen Stadtbefestigung und die Burgruine. Die Kollegiatskirche **St-Paul** (1276–1313) zählt zu den wenigen gotischen Gebäuden der Region.

Renommee hat die 1920 gegründete **Öl-Kooperative** von Clermont l'Hérault. Auch in der Krise, als ein extrem starker Frost im Februar 1956 den Großteil der Ölbäume im Languedoc vernichtete, gab sie nicht auf. In jüngster Zeit erlebt sie eine Renaissance, satteln doch viele Winzer angesichts des Preisverfalls beim Wein auf Oliven um. Eine regionale Spezialität sind die halbmondförmigen *lucques.*

Villeneuvette ▸ K 10

1670 gründete ein reicher Tuchhändler aus Clermont-l'Hérault an der Dourbie eine Tuchmanufaktur. Kapital für sein Unternehmen steuerte u.a. Colbert, Finanzminister der französischen Krone, bei, um das Monopol Englands und Hollands auf dem Tuchmarkt zu brechen. In der **Manufacture Royale** arbeiteten zeitweise bis zu 800 Weber und Färber, von denen etwa 300 vor Ort wohnten. Die Arbeiterschaft musste sich selbst im privaten Bereich strengen Regeln fügen. In großen Lettern steht über dem Portal der Manufaktur: »Ehre gebührt der Arbeit«. Erst 1954 wurde die inzwischen vollkommen veraltete Produktion geschlossen. Heute haben sich in den ehemaligen Arbeiterhäusern Künstler und Kunsthandwerker niedergelassen.

Von Mourèze auf die Monts de Liaussan

Von Mourèze auf die Monts de Liaussan ▸ K 10

Rundweg 5,5 km, ca. 2,5 Std.; Wanderkarte IGN 2643 OT; Wanderschuhe, Wasser; Parkplatz (2 €) am Dorfeingang von Mourèze

Ein bizarres Felsenmeer beherrscht das mittelalterliche Dörfchen **Mourèze.** Vom Weiler aus schlängeln sich leichte Rundwege (Markierung blau, grün, rot) durch das Labyrinth der Kalksteinformationen. Anstrengender wird es, wenn man aus dem **Cirque de Mourèze** auf dem **Chemin des Charbonniers** (blau) zu den **Monts de Liausson** aufsteigt. Hierzu lässt man den ersten Weg links liegen, umrundet einen Felsvorsprung und geht dann links bergauf. Auf dem **Berggrat** verläuft ein Weg (gelb) in stetem Auf und Ab Richtung Westen. Immer wieder ergeben sich spektakuläre Panoramen. Grandios ist der Blick auf den **Lac du Salagou** und den Weiler **Liausson** tief unten in den Weinbergen. Im Frühling blühen zahlreiche Blumen am Weg, weiß recken sich die Kerzen des Affodills empor. Man passiert die Ruinen einer **Eremitage** und erreicht den höchsten Punkt der Wanderung (535 m). Kurz darauf wendet sich der gelb markierte Weg Richtung Norden zum **Col de Portes.** Die Wanderroute aber folgt links der Ausschilderung **Les Orgues.** Die spektakuläre Felsformation wird auf schmalem, teils sehr steilem Pfad umgangen. Wenig später trifft man auf den Weg (blau), der vom Col de Portes herunterkommt, und folgt ihm links nach **Mourèze.**

Von den Monts de Liaussan schaut man auf ein rot-grünes Mosaik

Lac du Salagou ▸ K 10

Der 1970 gefüllte Stausee in der afrikanisch anmutenden rostroten Hügellandschaft am Fuß der Monts de Liausson ist ein beliebtes Ziel von Radlern, Wanderern und Wassersportlern. Da der See als Trinkwasserreservoir dient, sind seine Ufer weitgehend unbebaut. An seinem Westende liegt das hübsche alte Dörfchen **Octon.** Ein Kuriosum ist der Weiler **Celles**, der nur wegen eines Vermessungsfehlers nicht überflutet und deshalb zur Geisterstadt wurde. Nun soll das Dorf wieder bewohnbar gemacht werden, die *mairie* ist bereits renoviert.

Übernachten, Essen

In einer alten Tuchmanufaktur – **La Source:** Villeneuvette, Tel. 04 67 96 05 07, www.hoteldelasource.com, März–Okt., DZ 80 €. In den Häuschen der Weber wurden 14 komfortable Zimmer geschaffen, im 300-jährigen Park ein Pool angelegt. Das Restaurant lädt zu einem gastronomischen Spaziergang ein. Man sitzt im modern gestalteten Gewölbesaal oder auf der von Glycinien überrankten Terrasse (Di abends bis So mittags, *formule* ab 19,50 €, Menü ab 28 €).

Neben der Kirche – **La Calade:** Pl. de l'Eglise, Octon, Tel. 04 67 96 19 21, DZ ab 49 €. Dorfgasthof im ehemaligen Pfarrhaus mit sieben schlichten Zimmern in freundlichen Farben. Das Restaurant serviert eine frische Landküche – auf der Terrasse am Dorfplatz oder im gemütlichen Speiseraum (Juni, Sept. Mi, Okt.–Mai Di/Mi geschl., Menü ab 15 €).

Einkaufen

Ölmühle – **Huilerie Confiserie Coopérative:** 13, av. Wilson, Clermont-l'Hérault, www.olidoc.fr, Mo–Sa 9–12, 14–18.30 Uhr. Im Laden der Öl-Kooperative an der Durchgangsstraße Richtung Bédarieux findet man eine große Auswahl an Ölen, eingelegten Oliven, Konserven, Weinen, Seifen und Kosmetika.

Aktiv

An und auf dem Wasser – **Base de Plain Air du Salagou:** Lac du Salagou, D 156 E4, Tel. 04 67 96 05 71, www.basedusalagou.fr. Wassersportzentrum und Campingplatz am See. Segeln, Surfen, Paddeln, Tretbootfahren.
Radfahren – **Ozone VTT:** 1, rte. du Lac, Clermont-l'Hérault, Tel. 04 67 96 27 17, www.vtt-salagou.com. Mountainbike-Verleih und begleitete Touren.

Infos

OT: Pl. Jean-Jaurès, 34800 Clermont-l'Hérault, Tel. 04 67 96 23 86, www.clermontais-tourisme.fr.

Lodève ▸ K 9

Eingezwängt zwischen dem Causse du Larzac und den Monts d'Orb liegt im Tal von Lergue und Soulondres die geschichtsträchtige ehemalige Bischofsstadt (7000 Einw.). Der strategisch wichtige Ort an der Schwelle zum Haut-Languedoc und den Causses war bereits in gallischer Zeit besiedelt. Im antiken *Luteva* ließ der römische Kaiser Nero Münzen für die Besoldung der Legionäre prägen. Die Bischöfe, die ab dem 4. Jh. in Lodève residierten, förderten Tuchherstellung und -handel. Durch Vermittlung von Kardinal Fleury erhielt Lodève unter Ludwig XIV. das Liefermonopol für die Uniformstoffe der königlichen Armee. Heute erinnert nur noch die **Manufacture de la Savonnerie,** die exquisite Stoffe für die Nationale Möbelsammlung fertigt, an die einst reiche Textilindustrie. 1960 musste das letzte Textilunternehmen in Lodève schließen.

Cathédrale St-Fulcran

Schutzsuchend scharen sich die Häuser des Stadtzentrums um den kantigen Glockenturm der gewichtigen Kathedrale. Die gotische Wehrkirche wurde 1280 geweiht. In ihrer vorromanischen Krypta bewahrt sie die Reste des ursprünglichen Gotteshau-

Am Orb haben Kanu- und Kajaktouren von April bis September Saison

ses, das von Bischof Fulcran im 10. Jh. erbaut worden war.

Musée de Lodève

Square George-Auric, http://museede lodeve.fr, bis Herbst 2016 geschl.

Das städtische Museum im Geburtshaus des Kardinal Fleury zeigt Exponate zur lokalen Geologie, Archäologie und Geschichte sowie Kunst des 19. und 20. Jh., darunter Werke des einheimischen Bildhauers Paul Dardé (1888–1963). Im Sommer macht es regelmäßig mit hochkarätigen Sonderausstellungen von sich reden. Aufgrund des Erfolgs wird das Museum nun renoviert und erweitert.

Übernachten, Essen

In der alten Poststation – **La Paix:** 11, bd. Montalangue, Tel. 04 67 44 07 46, www.hotel-dela-paix.com, DZ ab 60 €. Zeitgemäß modernisierter Familienbetrieb mit 23 Zimmern. Das empfehlenswerte Restaurant besitzt eine hübsche Innenhof-Terrasse am Hauspool (Okt.–März Sa mittags, So abends, Mo geschl., HG 15 €, Menü ab 20 €).

Infos

OT: 7, pl. de la République, 34700 Lodève, Tel. 04 67 88 86 44, www.tourisme-lodevois-larzac.fr.

Orb und Jaur ▸ F–J 10/11

Über die Weinhügel des Biterrois erhebt sich der Kamm von **Espinouse, Caroux** und **Monts de Lacaune.** Deren Südflanken, in die wie mit gewaltigen Säbelhieben Felsschluchten geschlagen sind, überziehen Kastanien, Kermeseichen und Ginster, während in den fruchtbaren Tälern von Orb und Jaur Wein, Oliven und Kirschen gedeihen.

Die alte Weber- und Färberstadt **Bédarieux** am Ufer des Orb entwickelte sich im 19. Jh. zum zentralen Umschlagplatz von Kohle, die in den Bergen bei Graissessac geschürft wurde. Seit das letzte Bergwerk 1960 seine Tore geschlossen hat, versucht die Stadt ihr Glück im Tourismus.

Das verschlafene Kurstädtchen **Lamalou-les-Bains** erlebte seine Blütezeit Ende des 19. Jh., als Badekuren zum bourgoisen Lebensstil gehörten und illustre Gäste wie Alexandre Dumas, Alphonse Daudet oder der junge André Gide die Thermalquellen aufsuchten. Heute werden vor allem Kassenpatienten zu Rehamaßnahmen nach Lamalou geschickt.

Bei der eisernen Hängebrücke von **Tarassac** öffnet sich ein spektakulärer Blick in die **Gorges d'Héric.** Hier führt ein Abstecher durch die wilden Gorges de l'Orb flussabwärts nach **Roquebrun** und seinem **Jardin Méditerranéen** (www.jardin-mediterraneen.fr, Juli/Aug. tgl. 9–19, Sept.–Mitte Nov., Mitte Febr.–Juni Mo–Fr 9–12, tgl. 13.30–17.30 Uhr, 5,50 €; s. auch Entdeckungstour S. 178).

Von Tarassac folgt man nun dem Jaur flussaufwärts nach **Olargues,** das als eines der »schönsten Dörfer Frankreichs« klassifiziert ist. In einer Flussschleife klettern seine Häuser die steile Flanke eines Felskegels empor, auf dessen Spitze ein Glockenturm wacht – das Überbleibsel einer Burg aus dem 12. Jh. Zugang zum Burgdorf gab und gibt (u. a.) der steinerne **Pont du Diable,** der in einem einzigen mächtigen Bogen den Jaur überspannt. Ein Zeugnis jüngerer Brückenbaukunst ist das im Stil von Eiffel konzipierte ehemalige **Bahnviadukt** (1889).

An der Quelle des Jaur entwickelte sich um eine 936 gegründete Benediktinerabtei der Marktflecken **St-Pons-de-Thomières,** der später ▷ S. 180

Auf Entdeckungstour: AOC St-Chinian – Weinbau zwischen Orb und Vernazobre

In St-Chinian prosperiert seit frühester Zeit der Weinbau. 1951 wurde der Ort namensgebend für das gesamte Terroir, über das sich grandios das Felsmassiv des Caroux erhebt. Seit 1982 schmückt ein Herkunftsprädikat die Appellation.

Reisekarte: ▶ H 11/12
Dauer: 1/2 Tag
Maison des Vins: 1, av. de la Promenade, St-Chinian, www. saint-chinian. com, Mo–Sa 9–12, 14–18.30, Okt.–April Sa nur 9–12 Uhr; **Cave les Côteaux de Berlou:** www.berloup.com, Mo–So 9.30/10–12, 14.30–18.30 Uhr; **Cave de Roquebrun:** www.cave-roquebrun.fr, Mai–Sept. tgl. 9.30–12.30, 14–18.30 (Juli/Aug. bis 19.30), Okt.–April Mo–Sa 10–12, 14–17 Uhr
Lézard Bleu: Vieussan, Tel. 04 67 97 10 21, Mai–Mitte Sept. Mo, Mitte Sept.–April Mo–Mi geschl.
Abbaye de Fontcaude: Cazedarnes, www.abbaye-de-fontcaude.com, tgl. außer So vormittags 10–12, 14.30–17.30, Juni–Sept. bis 19 Uhr
Hinweis: auch als Radtour geeignet

Eine Weintour durch die *terroirs* von **St-Chinian,** das 826 von dem Benediktinermönch Aignan gegründet wurde, startet am besten in der **Maison des Vins,** der zentralen Verkaufsstelle der hiesigen Appelationsweine. Sie informiert eingehend über alle Domänen und Kooperativen, über Bodenbeschaffenheit, Klima, Fläche und Ertrag.

Am Horizont die ›Liegende Frau‹

Vom Tal des **Vernazobre** geht es zunächst nach **Berlou.** Die Mühen der Winzer wurden hier 2004 mit einer eigenen Herkunftsbezeichnung gewürdigt. Bei einem *Apéritif des Vignerons* oder einem Spaziergang im Zeichen von Bacchus, zu der die örtliche *cave* regelmäßig einlädt, lernt man die Winzer persönlich kennen. Die **D 177** schlängelt sich nordwärts durch die Hügel, über die sich am Horizont grandios die Silhouette des **Caroux** wie eine zu Stein gewordene ›Liegende Frau‹ *(Femme allongée)* erhebt.

Die Straße windet sich in mehreren Kehren hinunter in die Gorges de l'Orb, wo sich die Natursteinhäuser von **Vieussan** (s. Abb. links) förmlich an den Hang zu klammern scheinen. Hier ist Zeit für eine Pause im **Lézard Bleu.** Von der vorderen Terrasse schweift der Blick über die Mäander des **Orb** zum **Pic de Naudech** (752 m). Es gibt Tapas, Hausmannskost und dazu gern auch ein kühles Bier. Bevor man die Fahrt Richtung Roquebrun fortsetzt, empfiehlt sich ein Abstecher in Gegenrichtung, um einen Blick auf die Felszacken der **Gorges d'Héric** zu erhaschen (hin und zurück 9 km).

In den **Gorges de l'Orb** reichen die mit immergrünem Buschwerk bewachsenen Steilhänge bis an den Fluss hinab und überlassen dem Wein nur kleine Parzellen. Erst hinter **Ceps** öffnet sich die Schlucht und macht Platz für die Rebenfelder von **Roquebrun,** das ebenfalls seit 2004 ein eigenes Herkunftsprädikat besitzt. Professionell wird man in der *cave* am Ortseingang beraten – auch in fließendem Englisch. Unbedingt probieren sollte man den vortrefflichen Roten *Roches Noires.* Sein mildes Mikroklima hat Roquebrun den Beinamen ›Petit Nice‹ (kleines Nizza) beschert. Im Frühjahr blühen Mimosen in leuchtendem Gelb, Zitrusfrüchte reifen und im **Jardin Méditerranéen** beim Burgturm hoch über dem Dorf gedeihen Palmen, Kakteen und andere exotische Pflanzen (s. S. 177). Am Fluss laden Restaurants zur Einkehr. Es gibt einen schönen Badeplatz am Orb sowie eine Kanustation.

Vom Schiefer zum Kalkstein

Von Roquebrun folgt man dem Orb südwärts. Die Straße überwindet den **Col du Cour de la Taulé** und schwingt sich dann abwärts zum Weindorf **Cessenon-sur-Orb**. Radfahrer nehmen von hier die D 20 zurück nach St-Chinian, Autofahrer machen einen Schlenker über **Cazedarnes** und **Pierrerue.** Die gelb und rötlich leuchtenden Felsbänder zeigen, dass nun der Kalkstein vorherrscht. In Cazedarnes empfiehlt sich ein Abstecher zur weltentrückten **Abbaye de Fontcaude** (1154), die dank einer privaten Initiative renoviert wurde. Von der nahen **Table d'Orientation** überschaut man die Weinfelder der AOC du Languedoc.

zum Bischofssitz erhoben wurde. Den Hauptplatz dominiert die **Kathedrale** aus dem 11./12. Jh., deren romanische Wehrarchitektur bis zum 18. Jh. mehrfach verändert wurde. Das **Musée de Préhistoire Régionale** setzt die Steinzeit mit rätselhaften Menhiren in Szene (8, Grand'Rue, Mai/Juni, Mitte Sept.–Okt. Do–So 15–18, Juli–Mitte Sept. Di–So 10–12, 15–18 Uhr, 3,50 €).

Wer weiterfährt Richtung Mazamet, kann einen schlagartigen Wechsel der Landschaft und des Klimas erleben. Der Atlantik ist spürbar näher gerückt. In **Courniou** lädt die **Grotte de Devèze** zu einem einstündigen Spaziergang unter der Erde ein (http://grottedeladeveze.fr, Juli/Aug. 10.30–18, April–Juni, Sept. 14.30, 16 Uhr, 8 €).

Mein Tipp

Radeln auf dem Passa Païs

Die auf einer alten Bahnstrecke präparierte **Voie verte** ermöglicht es, die Täler von Orb und Jaur zwischen Bédarieux und St-Pons-de-Thomières (ca. 43 km) bequem mit dem Rad zu erkunden. Wer Lust hat, kann sogar über Courniou bis Mazamet ins benachbarte Département weiterfahren (ca. 33 km). Die Steigung beträgt max. 4 %, nur eine kurze ›Bergetappe‹ zwingt zu schieben. Unterwegs warten einige Einkehrmöglichkeiten, besonders originell das Gartenlokal **Monsieur Cyclopède** in Le Poujol (Info/Flyer in den Offices de Tourisme und unter www.ot-caroux.fr; Radverleih u. a. Relais des Gorges d'Héric in Mons-la-Trivalle, Tel. 04 67 97 64 42; Oxygène in Olargues, Tel. 04 67 97 87 00; E-Räder bei Vélo Cool in Olargues, Tel. 06 18 55 26 68, www.flying-cat.fr).

Wandern im Caroux ▶ H 11

Wanderkarte IGN 2543 OT: Parkplatz in Le Verdier Haut am Eingang zu den Gorges d'Héric (3 €); Infos in den Offices de Tourisme

Die markante Silhouette des 1091 m hohen Caroux, die an eine liegende Frau erinnert, ist von weither sichtbar. Früher soll die ›Femme allongée‹ sogar Seeleuten als Landmarke gedient haben. Der Bergstock, der das Reich der Mufflons ist, die hier 1956 ausgewildert wurden, beeindruckt mit wilden Schluchten und bizarren Felsformationen.

Am leichtesten zugänglich sind die **Gorges d'Héric** oberhalb von **Mons-la-Trivalle.** Am glasklaren Gebirgsbach, der sich in kleinen Kaskaden talwärts strebt, steigt ein asphaltierter Weg zum Weiler **Héric** empor, wo in der Saison eine *buvette* Erfrischung bietet. Unterwegs laden idyllische Plätze zum Baden und Sonnen ein (in Karte rechts: violett, 4,5 km, ca. 1,5 Std.).

Von **Héric** aus kann man die Wanderung nun auf dem rot-weiß markierten **GR 7** Richtung Westen (links) fortsetzen. Durch den Wald geht es zunächst abwärts zu einer Brücke über den **Héric,** dann bergauf nach **Bardou.** Ende der 1960er-Jahre erwarb ein deutsch-amerikanisches Paar das verlassene und verfallene Dorf und baute es nach und nach wieder auf. Im Sommer finden im Ort regelmäßig Konzerte klassischer Musik statt. Gegenüber der kleinen **Begräbniskapelle** über dem Dorf beginnt der Weg (schlecht markiert), der sich durch den Wald hinab nach **Mons** schlängelt. Dort führt hinter der **Kirche** links eine Dorfstraße zurück zum **Parkplatz** an der Schlucht (insgesamt 12 km, ca. 3,5 Std.).

Durchtrainierte steigen von **Héric** auf dem **GR 7** rechts auf das Plateau des Caroux auf – nur 3 km, aber fast

400 Höhenmeter! Oben erreicht man das Dörfchen **Douch,** wo der GR 7 zur **Font Salesse** und geradeaus weiter zur **Table d'Orientation** führt. Bei klarem Wetter ist das Panorama umwerfend. Man geht nordwärts zur **Refuge de Font Salesse** und dort auf dem **Sentier des Gardes** (blau) Richtung Süden. Die anfangs breite Forstpiste verengt sich und windet sich in endlosen Haarnadelkurven talwärts. Hier hat man gute Chancen, auch tagsüber Mufflons zu sehen. An einer Weggabelung (Steinhaufen) hält man sich links bis zum **Col de Bartouyre** und wandert von dort links (gelb) durch den Wald abwärts zur **Pont des Soupirs** in den **Gorges d'Héric** und auf der Betonpiste zurück zum **Parkplatz** (rot, 15 km, ca. 6 Std.).

Der Aussichtpunkt auf dem Caroux ist aber auch auf einem leichteren Rundweg zu erreichen. Dazu fährt man mit dem Auto hoch nach **Douch.** Vom Dorf führt der **GR 7** zur **Refuge** und zur **Table d'Orientation.** Dort folgt man der gelben Markierung Richtung Norden, zweigt rechts ab zu einem **Holzbohlenweg** durch die **Tourbière de la Lande,** ein Torfmoor, und kehrt danach links in zwei großen Kehren zurück nach Douch (grün, 8 km, ca. 3 Std.).

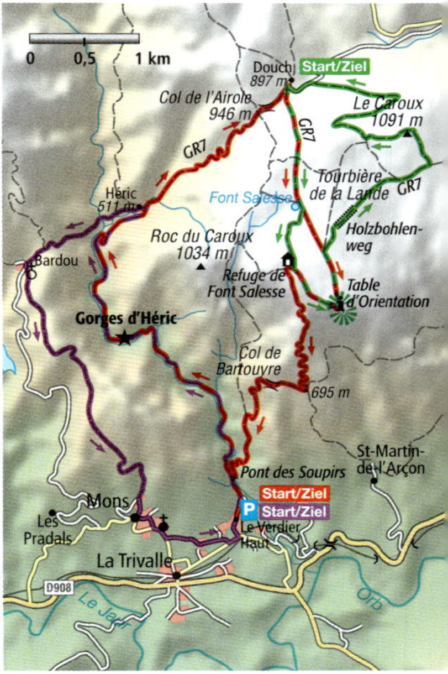

Wanderwege im Caroux

Parc Naturel Régional du Haut-Languedoc ▸ D–H 10/11

Maison du Parc, pl. du Foiral, St-Pons, www.parc-haut-languedoc.fr

Von den Gorges de l'Orb über die Monts de l'Espinouse bis zu den Monts de Lacaune im Département Tarn reicht der 1973 gegründete Naturpark, der ein attraktives Erholungsgebiet für Aktivurlauber darstellt. In seinem Zentrum liegt zwischen Stauseen **La Salvetat-sur-Agout,** das für sein Mineralwasser und seine Wurstwaren bekannt ist. Seine mit Schieferplatten gedeckten und teils auch verkleideten Häuser sind charakteristisch für die Bergdörfer des Haut-Languedoc. Dem verschlungenen Lauf des Agout folgen die D 14, D 53 und D 180 durch ausgedehnte Wälder und Weidegebiete zum kahlen **Col de l'Espinouse** (1124 m). Von dort geht es über den **Col de l'Ourtigas** und durch wilde Schluchten bergab ins Tal nach **Le Poujol-sur-Orb**.

Übernachten

Einfach raffiniert – **Le Couvent d'Hérépian:** 2, rue Couvent, Hérépian, 5 km westl. von Bédarieux, Tel. 04 67 23 36 30, www.dghotels.com, DZ ab 159 €. Extravagante Herberge in einem alten Klostergebäude (17. Jh.) mit 13 majestätisch großen Suiten. Heller

Kalkputz und Terrakottaböden verleihen wohltuende Schmucklosigkeit. Spa, Pool und Garten laden zum Entspannen ein. Weinbar und Gästetisch.
Naturnah – **Terrasses du Caroux:** Le Verdier Haut, Mons-la-Trivalle, Tel. 04 67 97 50 68, www.lesterrassesducaroux.fr, DZ ab 68 € inkl. Frühstück. In einem authentischen Haus des Caroux nahe der Gorges d'Héric vermieten Christophe und Arielle Rombeaux drei Gästezimmer. Gerne geben sie Tipps für die Erkundung der Umgebung. Möglichkeit zur Selbstverpflegung. In einem Nebengebäude wurde ein Gîte für vier Personen eingerichtet.

Essen & Trinken

Rustikal – **La Forge:** 22, av. Abbé Tarroux, Bédarieux, Tel. 04 67 95 13 13, www.restaurantlaforgebedarieux.fr, Sept.–Juni So abends, Mo mittags, Mi abends, Juli/Aug. Mo geschl., Menü ab 17 €. Die große Esse im Speiseraum erinnert an die alte Schmiede. Im Innenhof spenden Platanen Schatten. Ausgesuchte klassische Küche mit individueller Note.
Genuss ohne Qual der Wahl – **Auberge de Gorges de Madale:** Sévirac, 1,5 km östlich von Colombières-s-Orb, Tel. 04 67 23 01 93, http://aubergedesgorgesdemadale.jimdo.com, So abends, Mo/Di geschl., Menü inkl. Apéro, Wein, Café 30 €. Die versteckt liegende Auberge ist längst kein Geheimtipp mehr, unbedingt reservieren! Es gibt ein einziges Menü, das alle 7–14 Tage wechselt und im Internet vorgestellt wird.
Postkartenansicht – **Les Fleurs d'Olargues:** Pont du Diable, D 908, Olargues, Tel. 04 67 97 27 04, www.fleurs-de-olargues.com, Ostern–Mitte Nov. und Mi geschl., Menü mittags 22 €, *menu-carte* ab 29 €. Akzent und Aussehen des jungen Chefs verraten, dass man bei Dänen zu Gast ist, das Ambiente ist allerdings mediterran, die Küche regionalen Produkten verpflichtet. Von der zauberhaften Terrasse schauen die Gäste direkt auf die Teufelsbrücke und Olargues. Es gibt auch hübsch eingerichtete *chambres d'hôte*.

Aktiv

Paddeltouren – **Canoë Moulin de Tarassac:** Mons-la-Trivalle, Tel. 04 67 97 74 64, www.canoe-tarassac.com, Mitte April–Sept. Kanuverleih; Strecken 5 km (1,5 Std.) bis 36 km (3 Tage).

Infos & Termine

OT: 1, rue de la République, 34600 **Bédarieux,** Tel. 04 67 95 08 79, www.parc-haut-languedoc.fr; av. de la Gare, 34390 **Olargues,** Tel. 04 67 23 02 21, www.ot-caroux.fr; 2, pl. du Foiral, 34220 **St-Pons-de-Thomières,** Tel. 04 67 97 06 65, http://ot-pays-saint-ponais.fr.
Festival de Lamalou: Mitte Juli–Aug. Operetten im Festsaal von 1870. (www.festivaldelamalou.com).
Festibaloche: Mitte Aug. Fünftägiges Open-air-Musikfestival in Olargues. Allabendlich Konzerte, gesellige Essen und Bar à Vin.
Fête de la Châtaigne/Fête du Marron: Letzter Sa/So Okt. in St-Pons, erster Sa/So Nov. in Olargues. Großer Markt, diverse Speiseangebote und über offenem Feuer geröstete Kastanien.

Minervois ▸ E/F 12/13

Zwischen dem Haut-Languedoc und der Ebene der Aude erstrecken sich die mit Reben überzogenen Hügel des Minervois. Flüsse und Bäche haben tiefe Furchen in die Karstlandschaft gegraben. Alte Domänen und kleine Winzerdörfer locken zur Dégustation der regionalen Appelationsweine.

Minerve – wie ein mahnender Finger reckt sich La Candela in den Himmel

Minerve ▸ F 12

Obligatorische, kostenpflichtige Parkplätze am Ortsrand

Die Kapitale der Weinregion liegt uneinnehmbar auf einem steilen Felsrücken am Zusammenfluss von Cesse und Brian. Im Mittelalter war Minerve eine Hochburg der Katharer, die sich hier 1210 mehrere Wochen verschanzten. Aber schließlich mussten sie sich Simon de Montfort ergeben. Mehr als 140 Ketzer, die sich weigerten, ihrem Glauben abzuschwören, wurden auf dem Scheiterhaufen hingerichtet. Wie ein mahnender Finger reckt sich am Ortseingang **La Candela** in den Himmel. Der achteckige Turm stammt allerdings von einer erst später errichteten Burg. Die Geschichte der Katharer wird im **Musée Hurepel** (5, Rue des Martyrs, April–Okt. tgl. 10.30–12.45, 14–18 Uhr, 3 €) erstaunlich realistisch in szenischen Bildern anhand von Tonfiguren, den *santons*, erzählt.

Caunes-Minervois ▸ E 13

Das Städtchen, das aus einer im 8. Jh. gegründeten Benediktinerabtei hervorging, liegt zwischen Minervois und Montagne Noire. Im alten Ortskern blieben bemerkenswerte Renaissance-Häuser sowie die imposante romanische Abteikirche **St-Pierre-et-St-Paul** erhalten. Bekannt ist Caunes in erster Linie wegen seiner 32 **Marmorsteinbrüche.** Der rote und grüne Stein war im 18. Jh. sehr geschätzt und wurde bis nach Versailles und Paris geliefert. Nun soll er sogar in Saudi-Arabien beim Bau des Kingdom Tower Verwendung finden. Wissenswertes über den Marmor erfährt man bei einem Tee oder Eis in der **Marberie** (s. u.).

Übernachten, Essen

Gepflegt – **Relais Chantovent:** 17, Grand Rue, Minerve, Tel. 04 68 91 14 18, www.relaischantovent-minerve.fr, So abends, Di abends, Mi (Mitte Juli–Mitte Aug. nur Mi) geschl., Menü ab 21 €. Speisesaal und Terrasse mit atemberaubendem Blick über die Brian-Schlucht. Sieben schlichte Zimmer im Haus gegenüber (DZ 53 €).

Vielseitig – **La Marberie:** Av. de l'Argent Double, Caune-Minervois, Tel. 04 68 79 28 74, www.la-marbrerie.fr, DZ ab 50 €. Die ehemalige Marmorschleiferei wurde gründlich entrümpelt und beherbergt heute neben vier schönen *chambres d'hôte* ein geselliges Restaurant (Sept.–Juni Mi geschl., Menü um 20 €) und einen Spezialitätenladen.

Infos

OT: 9, rue des Martyrs, 34210 Minerve, Tel. 04 68 91 81 43, www.minervois-tourisme.fr.

Canal du Midi ▸ D–J 12

Das Bild des Canal du Midi (s. auch S. 57) wird sich durch die Abholzung der Platanen in den nächsten Jahren sehr verändern. Noch aber fließt er auf etlichen Strecken unter einem grünen Baumgewölbe. Den besonderen Charme der 300 Jahre alten Wasserstraße kann man keineswegs nur bei einer Bootsfahrt, sondern ebenso gut zu Fuß oder per Fahrrad entdecken. Autofahrer gelangen im Zickzackkurs auf schmalen Sträßchen zu den Hauptbauwerken und schönsten Häfen des Kanals.

Erstes Ziel westlich von Béziers ist der **Tunnel de Malpas** nahe Colombiers, wo der Kanal in einer 172 m langen Röhre verschwindet. Hier lohnt ein Abstecher zum Oppidum d'Ensérune (s. Entdeckungstour S. 186). Etwas weiter macht **Capestang,** einst Sommerfrische der Erzbischöfe von Narbonne, durch eine überdimensionierte Kirche (14. Jh.) auf sich aufmerksam.

Bei Mirepeisset zweigt der **Canal de la Robine** ab, der 1789 Narbonne den Zugang zum Canal du Midi eröffnete. Nach knapp 2 km passiert er **Amphoralis,** eine Töpfersiedlung aus gallo-römischer Zeit, die über drei Jahrhunderte Amphoren, Ziegel und Ziegelsteine, Tonröhren und Geschirr in Massenproduktion fertigte (Allée des Potiers, Sallèles-d'Aude, Juni–Sept. tgl. 10–12, 15–19, Okt.–Mai Di–Fr 13.30–17, Sa/So 10–12, 14–18 Uhr, 5 €).

Einer der idyllischsten Orte am Kanal ist **Le Somail,** wo eine alte Steinbrücke von Ufer zu Ufer buckelt. An sie schmiegt sich eine kleine Kapelle, in der die Schiffspassagiere seinerzeit himmlischen Beistand für eine glückliche Reise erflehten. An beiden Seiten des Kanals sorgen Restaurants für mediterranes Lebensgefühl. Auf einer *péniche* hält ein schwimmender Tante-Emma-Laden Proviant für die Bootstouristen bereit.

Versteckt in den Weinfeldern ca. 1 km hinter dem Örtchen **Ventenac-en-Minervois** überwindet der Kanal in einer gemauerten Rinne das Flüsschen **Répudre.** Es ist die älteste (bereits 1676 erbaute) von insgesamt 50 Kanalbrücken. Vor den Schleusen von **Argens-Minervois, Pechlaurier** und **Ognon** warten in der Saison stets zahlreich Boote auf die Weiterfahrt. Ab **Homps,** bis heute einer der größten Kanalhäfen und einst Umschlagplatz für die Weine des Minervois und der Corbières, verläuft der Kanal parallel zur Aude in einer weiten, monotonen Ebene. Abwechslung versprechen die Doppelschleuse bei **Puichéric** und die **Ecluse de l'Aiguille,** die von allerlei merkwürdigen Tierskulpturen umringt wird. Der letzte größere Hafen vor Carcassonne ist **Trèbes** – einer der ersten Orte, dessen Kanalufer nach den Rodungen mit neuen resistenten Platanen bepflanzt wurden.

Übernachten, Essen

Strategisch günstig – **La Bastide Cabezac:** Hameau de Cabezac, 11120 Bize-Minervois, Tel. 04 68 46 66 10, www.la-bastide-cabezac.com, DZ ab 72 €, Restaurant So abends, Mo, Di mittags geschl., Menü ab 28 €. Die ehemalige Poststation empfiehlt sich mit behaglicher Einrichtung, eleganten Zimmern, guter Küche, Pool und Garten als Standort für die Erkundung des Canal du Midi und des Minervois.

Essen & Trinken

Alle aussteigen! – **Le Terminus:** Av. de la Gare, Cruzy, Tel. 04 67 89 71 26, www.restaurantleterminus.com, Mo geschl., im Winter auch abends So–Mi, *formule* ab 16 €, Menü ab 30 €. Der alte Bahnhof wurde zum schicken Bistro-Restaurant. Hier gibt Sébastien Caille den Produkten der Region die Ehre. Die Fleischgerichte sind herzhaft-würzig, seine Desserts ein süßer Traum.

Terrasse am Kanalufer – **Le Comptoir Nature:** 1, chemin de Halage, Le Somail, Tel. 04 68 46 01 61, http://comptoirnature.free.fr, tgl. Ende März–Nov., mittags ab 14,50, Menü ab 17 €. Bei einem Gläschen Landwein am Kanalufer sitzen und die Anlegemanöver der Boote verfolgen – das ist Urlaub im Midi wie aus dem Bilderbuch. Mitte Juni–Mitte Sept. Mi abends Jazz-Konzerte, Fr abends Gitarrenspiel und Chansons.

Einkaufen

Ölmühle – **L'Oulibo:** Cabezac, D 5, 15 km westl. von Capestang, www.loulibo.com. Alles rund um die Olive.

Wein – **Le Chai d'Homps:** 35, quai des Tonneliers, Homps. Über 80 Winzer und Referenzen aus dem Minervois.

Aktiv

Kanalfahrten – **Croisières du Midi:** Homps, Tel. 04 68 91 33 00, www.croisieres-du-midi.com, Ostern–Okt. Entdeckungsfahrten mit der St-Ferréol.

Canal du Midi mit dem Rad – **Mellow Velos:** Paraza, Tel. 06 50 50 01 49, www.mellowvelos.com. Radverleih mit Zubringerdienst und Tourentipps. Weiterführende Infos bietet die Website www.canal-et-voie-verte.com.

Abends & Nachts

Musikbar – **Plan B:** 135, rue de la Bergerie, Le Somail, Tel. 06 72 22 60 47, tgl. 18–2 Uhr. Eine Adresse, ein paar Schritte vom Kanal entfernt, die nicht nur von Touristen besucht wird. Gute Auswahl an Cocktails, regelmäßig Livekonzerte, Billard.

Infos

Internet: www.canaldumidi.com und www.canalmidi.com.

Maison du Malpas: Rte. de l'Oppidum, 34440 Colombiers, Tel. 04 67 32 88 77, www.ladomitienne.com.

Auf Entdeckungstour: Oppidum d'Ensérune – Ausgrabungen und Ausblicke

In Ensérune wurden die Reste eines der ältesten Dörfer im Süden Frankreichs freigelegt. Ebenso faszinierend wie die archäologischen Funde ist die Lage des Felsplateaus über dem Canal du Midi.

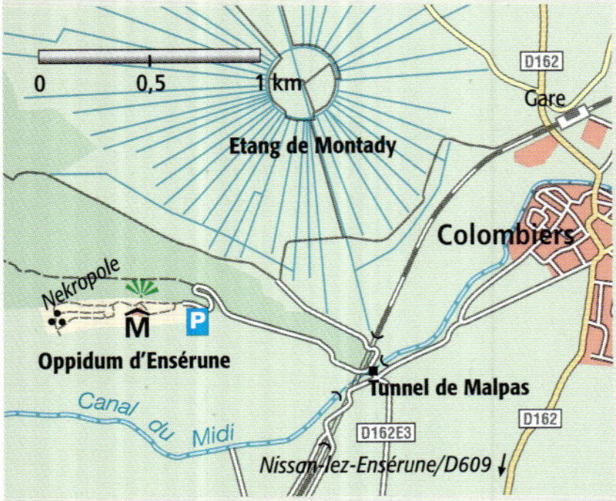

Reisekarte: ▶ K 13

Dauer: 1,5–2 Std.
Ort: Westl. von Béziers, D 609 und D 162E, http://enserune.monuments-nationaux.fr

Öffnungszeiten: Mai–Aug. tgl. 10–19, April, Sept. Di–So 10–12.30, 14–18, Okt.–März Di–So 9.30–12.30, 14–17.30 Uhr, letzter Einlass 1 Std. vor Schließung, 5,50 €, Faltblatt in Deutsch, Audioführer (frz./engl.)

Wie ein Burgberg mutet das 120 m hohe Plateau von Ensérune in der Ebene des Biterrois an. Bei Grabungen entdeckten Archäologen 1915 hier eines der ältesten Dörfer im Süden Frankreichs. Derartige Siedlungen *(oppidae)* wurden in der Eisenzeit entlang der Verbindungswege vorzugsweise auf Hügeln errichtet.

Zufluchtsort über der Ebene

Die steilen Hänge des Plateaus, die man heute problemlos im Auto hochfährt, boten im 6. Jh. v Chr. Schutz vor feindlichen Angriffen. Zudem war Ensérune in jener Zeit fast vollständig von Wasser und Sümpfen umgeben. Von der Nordflanke des Hügels hat der Besucher einen grandiosen Blick auf den im 13. Jh. trockengelegten, kreisrunden **Etang de Montady.** Entwässerungskanäle verleihen ihm das Aussehen einer überdimensionalen Torte.

Die **Mauerreste** und die **Steinsäule** an der nördlichen Hügelseite stammen aus der letzten Siedlungsphase von Ensérune, die Ende des 3. Jh. v. Chr. begann. Zu jener Zeit lebten hier bis zu 7000 Menschen, die das Plateau und seine Hänge vollständig bebauten. Die Architektur ihrer Häuser sowie die Anlage von Zisternen und Abwasserkanälen lässt deutlich den griechisch-römischen Einfluss erkennen.

An die erste Besiedlung von Ensérune ab Mitte 6. Jh. v. Chr. erinnern nur die in den Fels gehauenen **Vorratsspeicher** im oberen Teil des Plateaus rund um das **Museumsgebäude.** Die einfachen Behausungen, vermutlich aus Strohlehm und Holz, hinterließen keine Spuren. Bei Ausgrabungen gefundene Keramikscherben weisen darauf hin, dass bereits die frühen Bewohner Handel mit Etruskern und Griechen trieben.

In der Ebene südlich des Plateaus kann man nahe dem Canal du Midi die Trasse der römischen *Via Domitia* ausmachen, die im Wesentlichen dem Lauf eines noch älteren Verbindungswegs folgt. Bei klarer Sicht taucht am Horizont sogar die Silhouette des Pic du Canigou auf.

Durch den Handel prosperierte die Siedlung. An Stelle der einfachen Hütten wurden ab Ende des 5. Jh. v. Chr. **Häuser aus Stein** errichtet, die auf schachbrettartigem Grundriss standen. In jedem Haus wurden zur Vorratshaltung große Tonkrüge in den Boden eingelassen *(dolium).* Ihre Toten beerdigten die Bewohner von Ensérune am Westrand des Plateaus, 400 m von den Wohnbereichen entfernt.

Die Nekropole lüftet manches Geheimnis

In der **Nekropole** entdeckte man etwa 500 Urnengräber. Nur wenige Gefäße, in denen die Asche der Toten beigesetzt worden war, waren noch intakt. In der Regel fanden die Archäologen nur Scherben, die in mühevoller Puzzlearbeit zusammengefügt wurden. Die Urnen sowie Gefäße mit Wegzehrung und sonstige Grabbeigaben, etwa Schmuck und Waffen, zeigt das **Museum.** Sie geben nicht nur Aufschluss über die Bestattungsriten in der vorrömischen Zeit, sondern auch über das Leben der Bewohner von Ensérune.

Die Begräbnisstätte selbst wurde gegen Ende des 1. Jh. v. Chr. überbaut. So sieht der Besucher die Mauerreste eines großen Anwesens, das nach römischem Vorbild um einen zentralen Innenhof errichtet war. Es dürfte einer der letzten Neubauten von Ensérune gewesen sein. Im Laufe des 1. Jh. n. Chr. wurde Ensérune aufgegeben – die Zeiten waren friedlich und das Leben in der Ebene bequemer.

Das Beste auf einen Blick

Pays Cathare und Pays Narbonnais

Highlights!

Carcassonne: Der mächtige Mauerring, gespickt mit unzähligen großen und kleinen Türmen, lässt die Ritterzeit lebendig werden. Allerdings schuf erst die Romantik diesen Idealtypus der mittelalterlichen Festungsstadt. S. 190

Château de Peyrepertuse: Die größte und beeindruckendste Katharerburg wächst in schwindelerregender Höhe aus einem schroffen Berggrat hervor. Ein unvergessliches Erlebnis ist es, am Gleitschirm über die Ruine zu fliegen. S. 201

Auf Entdeckungstour

Salin de l'Ile St-Martin: In den Salzgärten bei Gruissan wird anschaulich erklärt, wie aus Meerwasser Salz gewonnen wird. Zudem lernt man viel über die Natur und Umwelt in diesem fragilen Ökosystem und erfährt, dass sogar Austern in den nicht mehr genutzten Salinenbecken gedeihen. In der Combuse du Saunier kann man die Schalentiere probieren. S. 214

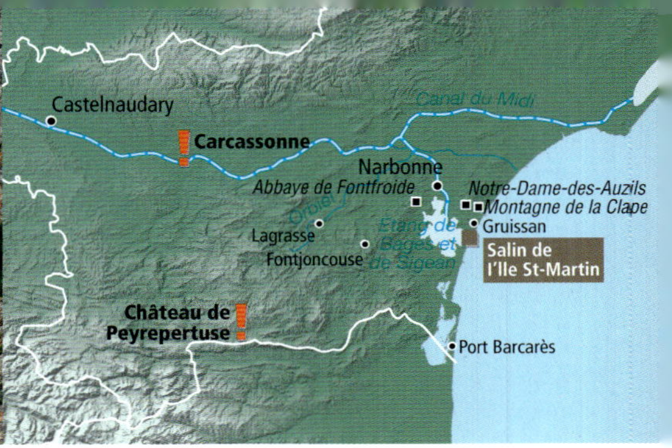

Kultur & Sehenswertes

Lagrasse: Das Dorf am Orbiel zählt mit seiner Abtei, der Markthalle und der mittelalterlichen Brücke zu Frankreichs schönsten Dörfern. S. 204

Abbaye de Fontfroide: Im Mittelalter war die Zisterzienserabtei eines der einflussreichsten Klöster im Süden Frankreichs. S. 205

Narbonne: Einst Kapitale der römischen *Provincia Gallia Narbonensis,* später Bischofssitz mit mächtiger Kathedrale, heute ein ruhiges Provinzstädtchen mit heiterem Flair. S. 208

Zu Fuß & mit dem Rad

Montagne de la Clape: Hoch über dem Meer wacht Notre-Dame-des-Auzils – ein Ziel von Pilgern und Wanderern. S. 213

Sentier du Golfe Antique: Von Narbonne aus mit dem Rad um den Etang de Bages et de Sigean. S. 217

Genießen & Atmosphäre

Castelnaudary: Renommee des Städtchens am Canal du Midi ist das *cassoulet*. Den herzhaften Eintopf serviert hier jedes Restaurant, die Kostprobe für daheim verkauft die Maison Escourrou. S. 197

Fontjoncouse: In einem abgelegenen Tal der Corbières zaubert der einzige Drei-Sternekoch der Region. S. 204

Chateau le Bouïs: Das Weingut mit Restaurant bei Gruissan profitiert von einer zauberhaften Lage in den Rebhügeln über dem Meer. S. 216

Abends & Nachts

Carcassonne: In Restaurants, Bars und Cafés erlebt man die Cité, wenn die Touristenmassen abgereist sind, von ihrer zauberhaften Seite. S. 193

Port-Barcarès: Der Badeort lockt die Nachteulen und Partygänger unter den Urlaubern an. S. 218

Über der Ebene der Aude erhebt sich Carcassonne mit zinnen- und turmbewehrten Mauern als Idealbild einer mittelalterlichen Ritterburg. Im weiten, hügeligen Bauernland westlich der Stadt liegt Castelnaudary, die Wiege des *cassoulet*. Aude-aufwärts lädt Limoux zur Verkostung der Blanquette sowie zum Karneval ein. Die Corbières, das ruppige Mittelgebirge zwischen Pyrenäen und der Aude, ist vor allem bei Weinliebhabern bekannt. An schroffe Karsthügel schmiegen sich die grünen Rebflächen. Die Burgen von Quéribus und Peyrepertuse tragen die Stigmata der Katharerfeldzüge und zeugen von der bewegten Geschichte des Grenzlands zwischen Frankreich und Spanien. Aber auch die Abteien wie Lagrasse und Fontfroide entführen den Besucher in das Mittelalter. Narbonne, einst die älteste Kolonie Roms und eine der bedeutendsten römischen Städte Galliens, ist heute ein reizendes, verschlafenes Provinzstädtchen. Nur wenige Kilometer vom Zentrum entfernt locken die Strände des Mittelmeers, wo neben alten Fischer- und Winzerdörfern wie Gruissan und Leucate moderne Ferienzentren entstanden sind.

Infobox

Regionale Websites

www.audetourisme.com
www.payscathare.org
www.pyreneesaudoises.com
www.escapadesenpaysnarbonnais.com

Verkehr

Regionalzüge verkehren auf den Strecken Carcassonne–Quillan, Toulouse–Carcassonne–Narbonne, Narbonne–Perpignan. Kleinere Orte erreicht man ab Carcassonne, Castelnaudary, Limoux, Quillan, Narbonne per Bus (www.aude.fr, Ticket 1 €). Für die Fahrt zu den Burgen und Klöstern in den Corbières ist das Auto allerdings unentbehrlich.

Carcassonne ! ▶ D 13/14

So sollte eine mittelalterliche Ritterburg aussehen: ein mächtiger Mauerring, gespickt mit zahlreichen großen und kleinen Türmen. Dieses als UNESCO-Welterbe (1997) gefeierte museale Ensemble fasziniert jährlich knapp drei Mio. Touristen, und Walt Disney wählte es sogar als Vorlage für sein Dornröschenschloss.

Stadtgeschichte

Erste Siedlungsspuren auf dem an der Aude gelegenen Hügel reichen bis ins 6. Jh. v. Chr. zurück. Unter römischer Herrschaft wurde der wichtige Stützpunkt an der historischen Trasse zwischen Mittelmeer und Atlantik erstmals befestigt. In den folgenden Jahrhunderten bemächtigten sich zunächst Westgoten, später Araber des Bollwerks, bevor Pippin es schließlich 759 ins Frankenreich eingliederte.

Unter der mächtigen Familie von Trencavel, die als Vizegrafen über Teile des Languedoc herrschten, wurde die Festungsstadt im 12. Jh. weiter ausgebaut. Dennoch widerstand Carcassonne der Belagerung durch das nordfranzösische Kreuzfahrerheer im heißen und trockenen August 1209 nur wenige Tage. Raymond-Roger de Trencavel, der entgegen päpstlicher Anordnung den Katharern Schutz geboten hatte, wurde gefangen genommen und starb wenige Monate später im Kerker. Sein Titel und sein Besitz fielen an Simon de Montfort, den obersten Heerführer

Dame Carcas wacht an der Porte Narbonnaise über den Zugang zur Burg

der Kreuzfahrer. Sämtliche Einwohner Carcassonnes mussten die Stadt ohne ihr Hab und Gut verlassen.

Carcassonne wurde zu einem wichtigen Militärstützpunkt an Frankreichs Südgrenze ausgebaut und unter Ludwig dem Heiligen Mitte des 13. Jh. durch einen zweiten Mauerring verstärkt. Das gemeine Volk musste die Festungsstadt verlassen und ans linke Aude-Ufer ausweichen, wo auf schachbrettartigem Grundriss die Bastide St-Louis, die Ville Basse, entstand.

Mit dem Pyrenäenfrieden 1659 verlor Carcassonne seine militärische Bedeutung und wurde dem Verfall preisgegeben. Erst 1844 gelang es dem Dichter Prosper Mérimée, seines Zeichens Generalinspektor der historischen Denkmäler Frankreichs, dieser Entwicklung Einhalt zu gebieten. Unter der Ägide des berühmten Architekten Viollet-le-Duc entstand der Idealtypus einer Festungsstadt mit Türmen und Zinnen, die der romantischen Vorstellung der Zeit entsprachen.

Ville Basse

Während die Besuchermassen die mittelalterliche Festung stürmen, bewahrt die Unterstadt (47 000 Einw.) und Verwaltungszentrale des Départements Aude die beschauliche Atmosphäre einer südfranzösischen Kleinstadt. Am lebhaftesten geht es auf dem Wochenmarkt zu, der am Dienstag-, Donnerstag- und Samstagvormittag auf der zentralen **Place Carnot** 1 stattfindet.

Der Hafen des **Canal du Midi** 2 am Nordrand der Unterstadt entstand erst 1810, denn zunächst war der Kanal aus Kostengründen nicht an Carcassonne herangeführt worden.

Cité

Vom Ufer der Aude schweift der Blick über den **Pont Vieux** (14. Jh.) zu der einzigartigen Festungsarchitektur, die abends märchenhaft illuminiert wird. Hier, an der Flussseite, gibt die klei-

Carcassonne

Sehenswert
1 Place Carnot
2 Canal du Midi
3 Porte Aude
4 Porte Narbonnaise
5 Promenade de Lices
6 Château Comtal und Remparts
7 St-Nazaire

Übernachten
1 Le Donjon
2 Les Trois Couronnes
3 La Maison sur la Colline

Essen & Trinken
1 La Barbacane
2 Le Jardin de la Tour
3 Auberge des Lices

Einkaufen
1 La Maison Cabanel

Abends & Nachts
1 Le Bar à Vins
2 Le Conti

nere **Porte Aude** 3 Durchlass durch den zweifachen Mauerring, während im Osten das Haupttor, die von zwei wuchtigen Türmen flankierte **Porte Narbonnaise** 4, den Zugang sichert. Eine riesige Büste neben dem Tor erinnert an die Namensgeberin der Stadt, die maurische Burgherrin Carcas. Diese soll durch eine geniale Finte die jahrelange Belagerung der Stadt durch Karl den Großen beendet haben: Als nahezu alle Vorräte aufgezehrt waren, ließ sie das letzte Schwein mästen und über die Burgmauer werfen. Die Feinde verkannten die tatsächliche Lage und zogen ab. Da ließ Carcas die Glocken läuten *(sonner)*, um mit Karl Frieden zu schließen. Eine schöne Geschichte – allerdings historisch unhaltbar!

Promenade de Lices 5

Von beiden Stadttoren aus erreicht man die Promenade de Lices, das Niemandsland zwischen den beiden gewaltigen, von 38 Türmen bewachten Mauerringen. Während *intra muros* wahre Heerscharen von Touristen die zahlreichen Cafés, Restaurants und unvermeidlichen Souvenirläden in den kopfsteingepflasterten Gassen und Plätzen belagern, herrschen hier vergleichsweise Stille und Leere.

Château Comtal und Remparts 6

www.carcassonne.culture.fr, tgl. April–Sept. 10–18.30, Okt.–März 9.30–17 Uhr, 8,50 €

Umschlossen von Mauerring und Graben, zeigt sich das Schloss der Grafen von Trencavel aus dem 12. Jh. als Festung innerhalb der Festung. Ein Film im 3-D-Format gibt einen kurzweiligen Überblick über die komplizierte Anlage. Im **Musée Lapidaire** fügen sich Fundstücke aus 2500 Jahren Siedlungsgeschichte zu einer beredten Retrospektive der Cité.

St-Nazaire 7

Von der romanischen Basilika St-Nazaire, im 10. Jh. begonnen, blieb nur das Langhaus erhalten. Chor und Querschiff wurden 1269–1330 im Stil der nordfranzösischen Gotik erbaut. Bemerkenswert sind die Glasfenster und Rosetten in Chor und Querschiff.

Übernachten, Essen

Behaglich – **Le Donjon** 1: 2, rue Comte Roger, Cité, Tel. 04 68 11 23 00, www.hotel-donjon.fr, DZ ab ca.100 € bei frühzeitiger Reservierung. Ein Hotel der Best-Western-Gruppe in drei mittelalterlichen Gebäuden. Die 62 Zimmer und Suiten sind teils romantisch mit Antiquitäten, teils modern möbliert. Kleiner Garten. Schicke Brasserie (tgl., ab 18 €). Mit Garage.

Modern und komfortabel – **Les Trois Couronnes** 2: 2, rue des Trois Couronnes, Ville Basse, Tel. 04 68 25 36 10, www.hotel-destroiscouronnes.com, DZ ab 98 €. Das Einmalige an diesem

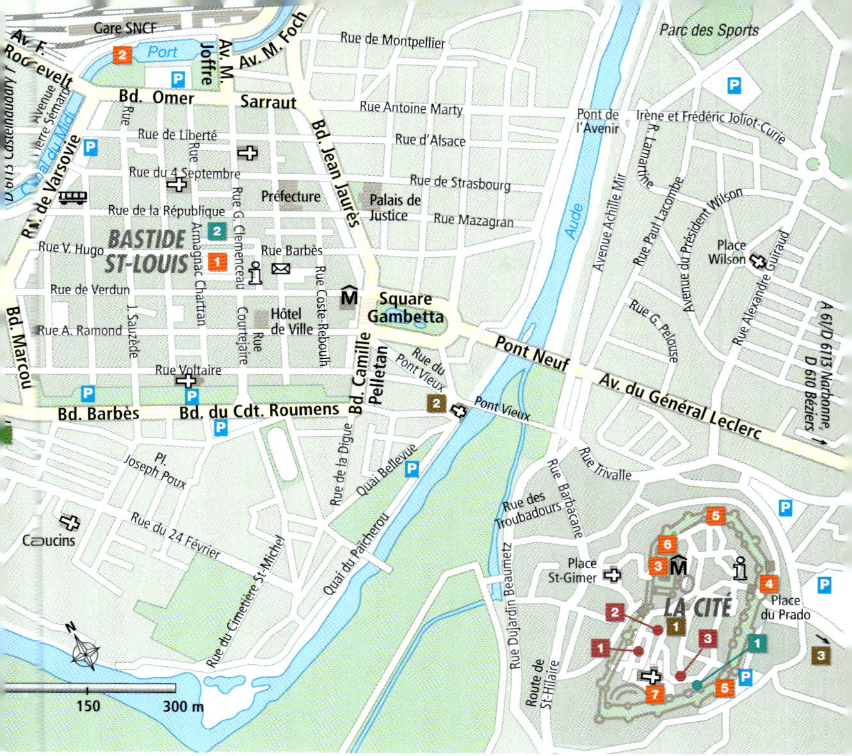

Haus ist seine Lage gegenüber der Cité, die man beim Aufstehen und Zubettgehen, im Restaurant (abends geöffnet, Menü 28 €), in der Bar und sogar im Pool zum Greifen nah vor sich sieht. 68 Zimmer. Mit Garage.

Wie bei Freunden – **La Maison sur la Colline** 3: Chemin de Ste-Croix (von der Tour Narbonnaise Rtg. Friedhof fahren, dann Beschilderung folgen, ca. 2 km), Tel. 04 68 47 57 94, www.lamaisonsurlacolline.com, DZ ab 95 € inkl. Frühstück. Bezaubernde *chambre d'hôte* in ruhiger Lage in den Hügeln oberhalb der Cité. Vier nostalgisch-verspielte Zimmer und ein Gîte. Garten mit Pool. Empfehlenswerter Gästetisch (30 €, auf Reservierung). Sehr familiäre und heimelige Atmosphäre.

Essen & Trinken

Luxus pur – **La Barbacane** 1: Tel. 04 68 71 98 67, www.hoteldelacite.fr, Di, Mi geschl., Menü mittags 38 € (inkl. Wein, Café), abends ab 85 €, Reservierung erwünscht. Für das Restaurant des luxuriösen Hôtel de la Cité hat Chef Jérôme Ryon einen Michelinstern erkocht. Raffinierte Küche und ein prachtvolles neogotisches Dekor. Preiswerter und weniger förmlich speist man im Jardin de l'Evêque, dem Gartenrestaurant des Hotels.

Romantisch – **Le Jardin de la Tour** 2: 11, rue Porte-d'Aude, Tel. 04 68 25 71 24, Di–Sa abends geöffnet, Menü ab 21 €. Das wundervolle Restaurant liegt etwas versteckt an der Stadtmauer. Gemütlicher Gastraum mit riesigem Kamin und verwunschene Gartenterrasse unter Bäumen. Exzellente Cross-Over-Küche. Auch Apéro und Tapas. Manchmal Livemusik. Unbedingt reservieren!

Mit Gartenterrasse – **Auberge des Lices** 3: 3, rue Raymond-Roger-Trencavel, Tel. 04 68 72 34 07, www.blasco.fr, Sept.–Juni Di/Mi geschl., Menü ab 20 €. Hier speist man in behaglicher Atmosphäre traditionelle Gerichte des Südwestens wie etwa Cassoulet.

Einkaufen

Wein und Spirituosen – **La Maison Cabanel** 1: 72, Allée d'Iéna. Die Distillerie von 1868 ist eine Institution in Carcassonne und berühmt für ihren hausgemachten Pastis, den Aperitif *L'Or Kina,* den Likör *La Micheline* und – ganz ohne Alkohol – die köstliche Grenadine aus echten Granatäpfeln.

Abends & Nachts

Weinbar – **Le Bar à Vins** 1: 6, rue du Plô, Tel. 04 68 47 38 38, www.lebaravins.fr, tgl. 10–2 Uhr. Kleine Weinbar mit schattiger Gartenterrasse an der Stadtmauer, offene Weine, Tapas, dezente Musik.

Musikkneipe – **Le Conti** 2: 16, rue de l'Aigle d'Or, Di–So 22–2 Uhr. In der Bar nahe der Place Carnot wird oft bis zum frühen Morgen ausgelassen gefeiert. Offene Weine und Tapas.

Infos & Termine

Office de Tourisme

28, rue de Verdun, 11890 Carcassonne, Bastide St-Louis (Ville Basse), Tel. 04 68 10 24 30, www.carcassonne-tourisme.com. Nebenstellen in der Cité, Porte Narbonnaise, sowie im Juli/Aug. am Canal du Midi, av. du Maréchal Joffre (gegenüber vom Bahnhof).

Die Cité von Carcassonne gilt als das Ideal einer mittelalterlichen Ritterburg

Termine

Embrasement de la Cité: Traumhaftes Feuerwerk am Nationalfeiertag (14. Juli, ca. 22.30 Uhr) sowie Tanzabend auf der Place Carnot.

Festival de Carcassonne: Mitte Juni–Mitte Aug. Konzerte, Theater-, Tanz- und Operndarbietungen auf der Freilichtbühne des Grand Théâtre (www.festivaldecarcassonne.fr).

Spectacles Médiévaux: Juli/Aug. Ritterturniere, Mittelaltermarkt, Ton- und Lichtspiele.

Verkehr

Bahn: Gare SNCF am Kanalhafen. Mehrmals tgl. Verbindung nach Narbonne, Castelnaudary, Limoux und Quillan.

Bus: Gare routière, bd. de Varsovie. Infos unter http://audelignes.cg11.fr.

Pkw: Kostenpflichtige Parkplätze außerhalb der Cité. Im Sommer überfüllt!

Montagne Noire

▶ C–E 11/13

Den südlichsten Ausläufer des Massif Central bildet die wald- und wasserreiche Montagne Noire, deren Quellen u. a. den Canal du Midi speisen. Die D 12 schlängelt sich durch die **Gorges de la Clamoux** zum **Gouffre Géant de Cabrespine.** Das gigantische, bis zu 250 m tiefe Erdloch ist Teil eines ausgedehnten Höhlensystems, durch das der Clamoux fließt. Ein besonderes Erlebnis ist die reservierungspflichtige fünfstündige Höhlensafari (▶ E 12, Tel. 04 68 26 14 22, www.gouffre-de-cabrespine.com, 45-minütige Führung tgl. Juli/Aug. 10.15–18, April–Juni, Sept./Okt. 10.30, 11.30, stdl. 14.30–17.30, 9,90 €, warme Jacke!).

Von Cabrespine geht es weiter zum Gipfel der Montagne Noire, dem 1211 m hohen **Pic de Nore,** auf dem

weithin sichtbar eine Relaisstation thront. Über die von Heidekrautteppichen überzogene runde Bergkuppe pfeift nahezu immer ein frischer Wind. Das Panorama reicht im Osten bis zum Mittelmeer, im Süden bis zu den Pyrenäen und im Nordosten bis zu den Cevennen.

Châteaux de Lastours

▶ D 12

Lastours, D 101, www.chateauxdelastours.fr, tgl. Juli/Aug. 9–20, April–Juni, Sept./Okt. 10–17/18, Nov./Dez., Febr./März Sa/So 10–17 Uhr, 6 €
Über dem wilden Tal des **Orbiel** thronen bei Lastours gleich vier Burgen. Vergeblich versuchte Simon de Montfort diese mächtige Festung 1210 zu erstürmen. Erst als sich der Burgherr gegen Zusicherung von Straffreiheit ergab, fiel die Festungsanlage in Feindeshand. Vom Besucherzentrum im Flusstal führt ein Rundweg in ca. 1,5–2 Std. (Wanderschuhe!) zu den Resten des mittelalterlichen Burgdorfes sowie zu den Burgruinen mit den klingenden Namen **Cabaret, Tour Régine, Surdespine** und **Quertinheux.** Der **Belvédère** oberhalb von Lastours, der bequem mit dem Auto zu erreichen ist, ermöglicht einen guten Überblick über das malerische Quartett auf dem Kamm eines mit Zypressen dunkel betupften Berges.

Montolieu ▶ C 13

Der alte Tuchmacherort an den südwestlichen Ausläufern der Montagne Noire lockt seit Beginn der 1990er-Jahre mit gut einem Dutzend Buchläden und Antiquariaten sowie einer Buchmacherwerkstatt bibliophile Zeitgenossen an. Die Geschichte des Buches erzählt das kleine **Musée des Arts et Métiers du Livre** (39, rue de la Mairie, www.montolieu-livre.fr, April–Mitte Nov. Mo–Fr 10–12, tgl. 14–18, Mitte Nov.–März Mo–Sa 14–17, So 15–17 Uhr, 2,50 €).

Im benachbarten **Brousses-et-Villaret** wird in einer Papiermühle aus dem 18. Jh. traditionell Papier geschöpft und vor Ort verkauft (www.moulinapapier.com, einstündige Führungen Juli/Aug. tgl. stdl. 10–18, Sept. tgl., Okt.–Juni Sa/So 11, 14.30, 15.30, 16.30, 17.30, Okt.–Juni Mo–Fr 11, 15.30 Uhr, 7,30 €).

Übernachten, Essen

Design-Herberge – **La Maison Pujol:** 17, rue Frédéric Mistral, Conques-sur-Orbiel, 10 km südl von Lastours, Tel. 04 68 26 98 18, www.lamaisonpujol.net, DZ 100 € inkl. Frühstück. Durchgestylt, vom ehemaligen Pferdestall – heute das Speisezimmer – über die fünf Gästezimmer bis zum Garten und Pool, dabei jedoch keineswegs kühl oder überkandidelt.

Essen & Trinken

Feinschmeckeradresse und Auberge Rurale – **Le Puits du Trésor:** Rte. des Quatre-Châteaux, Lastours, Tel. 04 68 77 50 24, www.lepuitsdutresor.com, Mo/Di, Mitte Sept.–Mai auch So abends geschl., Menü ab 47 €. Das ehemalige Fabrikgebäude am Orbiel birgt neben dem schnieken Sterne-Restaurant auch die Auberge du Diable au Thym für ein Essen in legerem Rahmen (Juli/Aug. tgl. geöffnet, sonst Mi–So mittags, Menü 18 €, 27 €) – beide stehen unter der Regie des kreativen Küchenchefs Jean-Marc Boyer.
Wie in Omas Küche – **Les Anges au Plafond:** Rue de la Mairie, Montolieu, Tel. 04 68 24 97 19, www.lesangesau

plafond.com, Do–Di 12–18, Fr/Sa abends ab 19 Uhr geöffnet, Menü ab 15 €. Ein fröhlich-buntes Dorfbistro, die Gerichte sind italienisch inspiriert, nachmittags gibt es hausgemachtes Eis und Kuchen. Terri und Bernard Brique vermieten auch drei verspielte Gästezimmer (DZ ab 65 € inkl. Frühstück).

Infos

OT: 1, pl. Jean-Guéhenno, 11170 Montolieu, Tel. 04 68 24 80 80, www.tourisme-cabardes.fr.

Castelnaudary ▸ B 13

Nordwestlich von Carcassonne durchfließt der Canal du Midi die fruchtbare Ebene des **Laugarais,** die Wiege der Katharerbewegung in Südfrankreich. Auf halbem Weg nach Toulouse liegt das bäuerlich geprägte **Castelnaudary** (11 600 Einw.), das sich stolz als Weltkapitale des *cassoulet* anpreist. Mit Carcassonne und Toulouse wetteifert es um das beste Rezept für diesen gehaltvollen Eintopf, der während der Belagerung der Stadt im Hundertjährigen Krieg als Kraftspeise aus den letzten Vorräten zusammengemischt worden sein soll. Nicht nur bei der *Fête du Cassoulet,* die Ende August mit großem Spektakel gefeiert wird, wird das Gericht in allen Gasthäusern serviert.

Riquet ließ in Castelnaudray einen wichtigen Kanalhafen anlegen. Im 7 ha großen **Grand Bassin,** das zur Versorgung der vier Schleusen von **St-Roch** dient, spiegeln sich die Häuser und die gotische Kirche **St-Michel** mit dem spitzen, 56 m hoch aufragenden Glockenturm. Ein Besuch des Städtchens empfiehlt sich vor allem zum traditionellen Markt montagsvormittags auf der Place de Verdun.

Fanjeaux ▸ B 14

Südlich von Castelnaudary lohnt der vom Tourismus vergessene alte Klosterort schon allein aufgrund seines Panoramas einen Abstecher. Von der Aussichtsterrasse **Seignadou** reicht der Blick über wogende Hügel bis zu den majestätischen Pyrenäengipfeln. Hier soll der hl. Dominikus eine Vision erlebt und daraufhin sein erstes Kloster gegründet haben.

Essen & Trinken

Keine leichte Kost – **Le Tirou:** 90, av. Monseigneur de Langle, Tel. 04 68 94 15 95, www.letirou.com, mittags Di–So, Sa abends, Menü ab 25 €. Das Restaurant in einem Gewerbegebiet am Stadtrand ist unprätentiös, aber hier schmecken *cassoulet* und die deftigen

Mein Tipp

Deftiges aus einem Topf

Die Tradition verlangt, dass das *cassoulet* nur mit Zutaten aus der Region Laugarais in der *cassole,* einem rostbraunen irdenen Topf, über Stunden in Gänseschmalz geköchelt wird. Grundlage des Eintopfs sind weiße Bohnen, Speckschwarte und Knoblauch, die durch Würste, Enten- oder Gänseconfit sowie Schweinefleisch gehaltvoll ergänzt werden. Berühmt für ihr *cassoulet* ist die **Metzgerei Escourrou** (30, rue de Dunkerque). Die Kostprobe für daheim gibt es hier in der Konservendose oder im dekorativen Tontopf. Die *cassole* in verschiedenen Größen verkauft die **La Ferme du Pays d'Oc** (36–38, cours de la République).

Gerichte des Südwestens besonders gut.

Aktiv

Kanalfahrten – **Le St-Roch:** Quai du Port, Tel. 04 68 23 49 40, www.saintroch11.com. April–Okt. Ausflüge von einer halben Stunde bis zu einem Tag.

Limoux ▸ C 15

Der Karneval, dessen Ursprünge ins 14. Jh. datieren, und die Blanquette de Limoux, Frankreichs ältester Schaumwein, haben die ehemalige Textilstadt an der Aude (10 200 Einw.) überregional bekannt gemacht.

Stolz reckt sich die gotische Pfarrkirche **St-Martin** mit spitzem Turm über die Altstadt und den **Pont Neuf** (1329), der in zahlreichen Bögen die Aude überspannt. Im Herzen der Altstadt liegt die große, von Arkaden gefasste **Place de la République.** In der Karnevalszeit, die hier von Mitte Januar bis in den April dauert, defilieren täglich dreimal an jedem Samstag und Sonntag maskierte Gruppen im Tanzschritt vor den Cafés des Platzes. Gut besucht sind auch die Cafés unter den Platanen der **Promenade du Tivoli,** obwohl hier der Durchgangsverkehr vorbeirauscht.

Abbaye St-Hilaire ▸ D 14

St-Hilaire, D 104, http://abbayedesainthilaire.pagesperso-orange.fr, tgl. Juli/Aug. 10–19, April–Juni, Sept./Okt. 10–18, Nov.–März 10–17 Uhr, 5 €
Das Kloster verbirgt sich in zauberhafter Hügellandschaft 12 km nordöstlich von Limoux. 1531 soll hier ein Mönch die Herstellung des Schaumweins entwickelt haben. Sehenswert sind der gotische Kreuzgang und ein reich verzierter Sarkophag (12. Jh.).

Der Tanz der Masken im Carneval de Limoux

Übernachten, Essen

Bodenständigkeit mit Stil – **Grand Hôtel Moderne et Pigeon:** 1, pl. Général Leclerc, Tel. 04 68 31 00 25, www.grandhotelmodernepigeon.fr, DZ ab 100 €. Traditionshaus in einem stattlichen Gebäude mit wechselvoller Geschichte. 14 elegante, sehr unterschiedlich eingerichtete Zimmer. Ob das Restaurant seinen hohen Standard nach dem Besitzerwechsel Anfang 2015 beibehält, muss sich zeigen.

Essen & Trinken

Der Region verpflichtet – **La Maison de la Blanquette:** 46 bis, promenade du Tivoli, Tel. 04 68 31 01 63, So abends, Di abends, Mi geschl., Menü mittags ab 16 €, abends ab 26 €. Bodenständige Gerichte und dazu die Weine und Crémants der örtlichen Winzer.

Einkaufen

Blanquette – **Caves du Sieur d'Arques:** Av. du Mauzac (Richtung Chalabre), www.sieurdarques.com. Kellereibesichtigung mit Filmvorführung zur Blanquette-Herstellung sowie Gratis-Verkostung und natürlich Verkauf.

Infos & Termine

OT: 7, av. du Pont de France, 11300 Limoux, Tel. 04 68 31 11 82, www.limoux.fr.
Carnaval de Limoux: s. S. 34.

Haute Vallée de l'Aude ▸ C 15–17

Das obere Aude-Tal verbindet die mediterran geprägte Ebene des Languedoc mit der alpinen Landschaft der Pyrenäen. **Alet-les-Bains,** dessen Thermalquellen bereits die Römer schätzten, konnte innerhalb eines Mauerrings aus dem 12. Jh. ein charmantes historisches Zentrum bewahren. Von der einst bedeutenden Abtei (11. und 14. Jh.) blieben nach den Religionskriegen allerdings nur Ruinen übrig.

In aussichtsreicher Lage über der Aude thront das Dörfchen **Rennes-le-Château**. Von der Burgterrasse schaut man weit ins Land. Imposant erhebt sich mit 1231 m die markante Felsensilhouette des Pic de Bugarach, der Treffpunkt zum Weltuntergang im Dezember 2012. Aber nicht das Panorama, sondern ein verborgener Schatz locken Glücksritter und Okkultisten nach Rennes-le-Château. Als Ende des 19. Jh. der Dorfpfarrer Bérenger Saunière aufwendige Bauarbeiten an Kirche und Pfarrhaus durchführen ließ und zudem mit seiner Haushälterin in Saus und Braus lebte, keimten erste Gerüchte auf. Hatte er die Schatulle der Westgoten oder Templer gefunden, oder war er sogar auf den Heiligen Gral gestoßen? Das Geheimnis um die Herkunft seiner Mittel nahm er mit ins Grab. Der furchteinflößende Teufel am Kircheneingang, auf dessen Schulter das Weihwasserwecken ruht, scheint eine Warnung zu sein, daran zu rütteln.

Ein Abstecher folgt der Sals und dem Rialsesse zum **Château d'Arques**. Die kleine Burganlage mit dem klotzigen Donjon steht etwas abseits des Dorfes Arques. Sie entstand zwischen 1280 und 1310 – nach den Kreuzzügen gegen die Katharer (www.chateau-arques.fr, tgl. Juni–Sept. 10–18/19, Okt./Nov., März–Mai 10–13, 14–17/18 Uhr, 5 €). Über die ›Ungläubigen‹ informiert im Dorfzentrum die **Maison Déodat Roché** (s. S. 69).

Mitte des 19. Jh. entwickelte sich rund um **Espéraza** das Hutmacherhandwerk zur wichtigsten Wirtschaftskraft. 16 Hutfabriken zählte das Örtchen Anfang des 20. Jh. Heute arbeitet nur noch ein Betrieb im benachbarten Montazels. Anschaulich demonstriert das **Musée de la Chapellerie** (http://musee-chapellerie.fr) die Entstehung eines Filzhutes. Besuchermagnet im modernen Museumskomplex sind allerdings die lebensgroßen Saurierskelette des **Musée des Dinosaures,** das auch die Arbeit der Paläontologen in den nahe gelegenen Ausgrabungen dokumentiert (www.dinosauria.org, 8,70 €; beide Museen av. de la Gare, tgl. Juli/Aug. 10–19, Sept.–Anfang Dez., Febr.–Juni, 10.30–12.30, 13.30–17.30 Uhr).

Südlich von **Quillan,** dem zentralen Städtchen an der oberen Aude, zwängt sich der Fluss zwischen 700 m senkrecht aufragenden Granitfelsen hindurch, dem **Défilé de Pierre-Lys.** Erst Anfang des 19. Jh. wurde der Durchbruch für eine Straße geschaffen. Südlich von **Axat** folgen mit den **Gorges de St-Georges** und **Gorges de l'Aude** weitere atemberaubende Streckenabschnitte.

Château de Puivert ▸ B 16

Puivert, www.chateau-de-puivert.com, Ostern–Mitte Nov. 9–19, Mitte Dez.–Ostern So–Fr 10–17 Uhr, 5 €

Puivert, knapp 20 km westlich von Quillan, war einst französische Grenzfeste zum Königreich von Aragón. Von der älteren Burg aus dem 12. Jh., 1210 von Simon de Montfort belagert und eingenommen, blieb nur eine Ruine. Die neuere Burg (14. Jh.) mit dem 35 m hohen Donjon wird hingegen nach und nach restauriert und zeigt im Innern schöne Gewölbesäle.

Eine lebendige Einführung in die traditionellen Handwerke der Pyrenäen sowie in die Kunst der Troubadoure vermittelt im Ort Puivert das **Musée de Quercorb** (16, rue Barry du Lion, www.quercorb.com/musee, tgl. Mitte Juli–Aug. 10–19, April–Mitte Juli, Sept. 10–12.30, 14–18, Okt. 14–17 Uhr, 4 €).

Einen Eindruck vom **Quercorb,** dem gebirgigen, grünen Westen des Département Aude, erhält man bei der Weiterfahrt nach **Chalabre** im Tal des Hers. Der pittoreske Ortskern mit Fachwerkfassaden und sehenswerter Markthalle ist nach Art der Bastide rundum befestigt.

Château de Puilaurens

▸ D 17

Tgl. Juli/Aug. 9–20, Juni, Sept. 10–19, Mai 10–18, April, Okt.–Mitte Nov. 10–17, Febr./März Sa/So 10–17 Uhr, 5 €

Oberhalb von **Lapradelle** hebt sich die Silhouette der Burgruine stolz gegen den Himmel ab. Mit Aguilar, Quéribus, Termes und Peyrepertuse bildete Puilaurens als einer der ›Fünf Söhne von Carcassonne‹ eine Verteidigungslinie an der Grenze zum Königreich Aragón. Die ausgeklügelte Militärarchitektur war uneinnehmbar und widerstand auch den Heeren der Kreuzfahrer. Mit dem Pyrenäenfrieden verlor die Festung ihre Bedeutung und wurde Wind und Wetter sowie schließlich den Touristen überlassen. Ein Waldweg führt in 15 Minuten zur Ruine in 700 m Höhe.

Gorges de Galamus

▸ E 16

D 7, für Wohnmobile gesperrt

Östlich von Axat hat das Flüsschen Agly eine tiefe und wilde Klamm in den Südrand der Corbières gefräst. Vom Belvedere aus entdeckt man die Einsiedelei **St-Antoine-de-Galamus,** die sich im Talgrund unter Steilwände duckt. Zu Fuß ist die Kapelle mit der Einsiedlergrotte in 15 Minuten zu erreichen. Im Sommer lädt der Agly zu einem erfrischenden Bad ein. Unter bedrohlich überhängenden Felsbrocken bahnt sich die Straße ihren Weg durch das Gesteinschaos. An manchen Stellen scheinen sich die steil abfallenden Felsen fast zu berühren.

Übernachten, Essen

Für Prinzen und Prinzessinnen – **Château des Ducs de Joyeuses:** Couiza, 16 km südl. von Limoux, Tel. 04 68 74 23 50, www.chateau-des-ducs.com, März–Nov., DZ ab 118 €. 35 Zimmer wie aus dem Märchenbuch in einem herzoglichen Château aus dem 16. Jh. und dazu *terroir*-Küche auf hohem Niveau (Mo–Fr nur abends geöffnet, Menü ab 28 €). Garten mit Pool.
Nostalgisch – **Hostellerie du Grand Duc:** 2, rte. de Boucheville, Gincla, 10 km südl. von Puilaurens (D 22), Tel. 04 68 20 55 02, www.host-du-grand-duc.com, April–Okt., DZ ab 85 €. Herrenhaus im Wald von Boucheville. Zwölf bourgoise Zimmer. Klassische Küche (Mi mittags geschl., Menü ab 30 €).

Aktiv

Extremsport – **Association Pyrène:** Camping du Pont-d'Aliès, Axat, Tel. 04 68 20 52 76, www.pyrenerafting.com. Rafting, Wildwasserkajak, Hydrospeed, Canyoning.

Infos

OT: 17, rte. des Pyrénées, 11190 Couiza, Tel 04 68 69 69 85 www.paysdecouiza.com; Square André Tricoire, 11500 Quillan, Tel. 04 68 20 07 78, www.pyreneesaudoises.com.

Château de Peyrepertuse ! ▶ E 16

Duilhac-sous-Peyrepertuse, www.chateau-peyrepertuse.com, tgl. Juli/Aug. 9–20, Mai–Juni, Sept. 9–19, April 9.30–19, März, Okt. 10–18, Nov.–Anfang Jan., Febr. 10–16.30 Uhr, 6,50–9 €. Achtung: Kein Zugang bei Starkwind und Unwetter!
Die größte und beindruckendste Burgruine (Abb. s. S. 203) in den südlichen Corbières musste niemals ihre Wehrkraft unter Beweis stellen, denn der Burgherr unterwarf sich freiwillig der französischen Krone. Über zwei Ebenen erstreckt sich die Anlage auf einem imposanten Berggrat in 780 m Höhe. Die kühne Silhouette der Ruine, die mit dem Fels verschmolzen zu sein scheint, ist nur von Norden aus zu sehen.

Vom Parkplatz oberhalb von Duilhac führt ein beschwerlicher Waldweg in 20 Minuten zur **Unterburg** aus dem 11./12. Jh. Von dort geht es weiter über eine schwindelerregende, in den Fels gemeißelte Treppe zum jüngeren **Château Sant-Jordi** (St-Georges), das 1242 unter der Regie Ludwig des Heiligen erbaut wurde. Nach dem Pyrenäenfrieden im Jahr 1659 verlor die Festung ihre Bedeutung. Sie wurde während der Französischen Revolution zerstört, als die Bauern der umliegenden Dörfer die Mauern zum Bau ihrer Häuser abtrugen.

Aktiv

Gleitschirmflug – **Oser voler:** Tel. 06 76 75 18 91, www.parapentebiplace.fr, ab 75 €. Wie ein Vogel die Ruine von Peyrepertuse umkreisen – ein atemberaubendes Erlebnis! Mut gehört dazu, doch im Tandemgleiter mit Didier Trocquemé ist man sicher aufgehoben.

Termine

Festival Médiéval: Mitte Aug. Eines der größten Mittelalterspektakel in Südfrankreich mit Rittern und Gauklern (Eintritt 12 €).

Cucugnan ▸ F 16

Das Weindorf liegt für motorisierte ›Kreuzritter‹ strategisch günstig zwischen den beiden Katharerburgen Peyrepertuse und Quéribus. Auf dem höchsten Punkt der Bergkuppe, an die sich das Dorf schmiegt, drehen sich die Flügel der authentisch restaurierten **Moulin d'Omer.** In der benachbarten Backstube bereiten die *Maîtres de mon Moulin* aus dem Mehl der Mühle köstliches Brot und Gebäck zu. Alphonse Daudet hat den Ort in den *»Lettres de mon Moulin«* literarisch verewigt. Eine audiovisuelle Vorführung des Klassikers zeigt das **Théâtre Achille Mir** (Rue Achille-Mir). Vom Theater aus kann man das Château de Quéribus auf einem teilweise anstrengenden Rundweg erwandern (12 km, Markierung orange und gelb/blau, Plan im Theater).

Château de Quéribus ▸ F 16

D 123, www.cucugnan.fr, tgl. Juli/Aug. 9–20, März 10–18, April–Juni, Sept. 9.30–19, Okt. 10–18.30, Nov.–Febr. 10–17/17.30 Uhr, 6 € inkl. Besuch des Théâtre Achille-Mire

Wie ein Adlerhorst thront die Burgruine, beherrscht von dem massigen eckigen Hauptturm, in 729 m Höhe auf einem windumpeitschten Felsdorn über dem Bergsattel von Maury. Der nur zehnminütige, aber anstrengende Anstieg (Vorsicht bei Wind!) wird belohnt mit einem atemberaubenden Blick auf die Ebene des Roussillon und die Hügel der Fenouillèdes, über die der Pic du Canigou sein markantes Haupt erhebt. Nach dem Fall von Montségur (1244) war Quéribus die letzte Zufluchtsstätte der Katharer. Zehn Jahre später wurde die Festung nach sehr kurzer Belagerung kampflos übergeben und diente bis zum Pyrenäenfrieden als französische Grenzfeste.

Übernachten, Essen

Rustikaler Landgasthof – **Auberge du Vigneron:** 2, rue Achille-Mir, Tel. 04 68 45 03 00, www.auberge-vigneron.com, DZ ab 89 €, Restaurant Mo geschl., Menü ab 21 €. Stimmungsvolles Restaurant in einem alten Weinkeller. Auf der Terrasse hat man das Château de Quéribus im Blick. Fünf frisch renovierte Zimmer zum Wohlfühlen.

Einkaufen

Wein – **Route20 Corbières:** Die Route des Châteaux Cathares, eine von fünf ausgeschilderten Weinstraßen, führt zu Winzern zwischen Cucugnan und Lagrasse (http://20decorbieres.com).

Aktiv

Reiten – **Cheval Cathare:** Reiterhof 500 m südöstl. von Cucugnan, Tel. 04 68 45 05 37, http://chevalcathare.free.fr. Mai–Okt. Schnuppertouren und mehrtägige Ausritte.

Infos

OT: Rte. de Padern, 11350 Cucugnan, Tel. 04 68 45 69 40, www.corbieres sauvages.com.

Château de Peyrepertuse – Katharerburg auf hohem Fels

Château Villerouge-Termenès ▸ F 15

Plaça de la Comuna, http://chateau villerouge.wix.com, Juli/Aug. tgl. 10–19.30, März Sa/So 10–17, April–Juni, Sept.–Mitte Okt. Mo–Fr 10–13, 14–18, Sa/So 10–18, Mitte Okt.–Mitte Dez. Sa/So (Herbstferien tgl.) 10–13, 14–17 Uhr, 6 €

Der Anblick der trutzigen Burg mit ihren vier Ecktürmen, um die sich die Häuser eines mittelalterlichen Weilers scharen, lässt die Epoche der Ritter lebendig werden. 1321 wurde hier Guilhem Bélibaste, der letzte ›Vollkommene‹, auf dem Scheiterhaufen verbrannt, womit die Katharerbewegung im Languedoc schließlich ihr offizielles Ende fand. Eine Audioführung im perfekt restaurierten Burggeviert beleuchtet sowohl das Schicksal von Bélibaste als auch die Geschichte von Villerouge.

Essen & Trinken

Mittelalter-Romantik – **La Rôtisserie:** Tel. 09 81 64 09 11, www.restau rant-medieval.com, Di–So mittags geöffnet, Juli/Aug. tgl. mittags, Fr/Sa abends, Menü ab 35 € inkl. Wein. Im ehemaligen Pferdestall der Burg wird Speis und Trank nach Ritterart serviert. Regelmäßig werden vierstündige mittelalterliche Bankette veranstaltet mit Bedienung in Kostümen der Zeit sowie zünftiger Unterhaltung.

In Fontjoncouse ▸ G 15

Ein Handwerker de Luxe – **Auberge du Vieux Puits:** 5, av. St-Victor, Fontjoncouse, ca. 20 km westl. von Termenès, Tel. 04 68 44 07 37, www.au bergeduvieuxpuits.fr, Betriebsferien Jan.–März, Ruhetage So abends–Di, Menü ab 98 €. Mit meisterlicher Kochkunst hat Gilles Goujon das winzige Dorf in einem abgeschiedenen Tal der Corbière in der Welt der Gastronomie berühmt gemacht – Michelin verleiht mit drei Sternen die höchste Auszeichnung, Gault & Millau vergibt fünf Mützen. Wer nach opulentem Mahl ein Nachtquartier sucht, findet in der Auberge oder im Maison des Chefs vierzehn schnörkellos elegante Zimmer und Suiten (DZ ab 165 €).

Lagrasse ▸ F 14

Seinem pittoresken Erscheinungsbild sowie der malerischen Lage am Orbieu inmitten von Weinbergen verdankt Lagrasse (600 Einw.) die Aufnahme in die Liste der *plus beaux villages de France, der* schönsten Dörfer Frankreichs. Im Mittelalter stellte der durch eine Stadtmauer geschützte Ort den wichtigsten Handelsplatz der Corbières dar. In diese Epoche datiert auch die alte, von steinernen Pfeilern getragene offene **Markthalle** (1315).

Eine **Eselsbrücke** (12. Jh.) verbindet das Dorf mit der im Jahr 779 gegründeten Benediktinerabtei **Ste-Marie d'Orbieu,** einem der ältesten und mächtigsten Klöster im Languedoc. Im 12. Jh. erstreckte sich sein Besitz über die Pyrenäen bis nach Saragossa. Bis in das 18. Jh. wurde die Klosteranlage immer wieder baulich verändert und ergänzt. Während der Revolution erfolgten die Teilung und der Verkauf des Klosteranwesens. Heute gehört es teils der öffentlichen Hand, teils dem Orden der *chanoines.*

Abbaye Bénédictine

www.abbayedelagrasse.com, tgl. Mitte Juni–Mitte Sept. 10–19, Mitte Sept.–Okt., April–Mitte Juni 10–18, Nov.–Mitte Dez., Mitte Jan.–März 10–17 Uhr, 4 €

Die mittelalterlichen Gebäude, die sich um den Hof des **Palais Vieux** (Ende 13. Jh.) gruppieren, sind im Besitz der öffentlichen Hand. Besondere Beachtung verdienen die Fresken in der **Chapelle St-Barthélémy.**

Abbaye Canoniale Ste-Marie
www.chanoines-lagrasse.com, Mitte April–Okt. Fr–Mi, Nov.–Mitte April Sa/So 15.15–17.25 Uhr, 4 €
2004 fand die Abtei mit den Chanoines Réguliers de la Mère de Dieu zu ihrer eigentlichen Bestimmung zurück. Der Orden hat es sich aber auch zur Aufgabe gemacht, die von ihm übernommenen Gebäude wieder in Stand zu setzen. Dazu gehören die gotische **Abteikirche,** die im 13. Jh. auf den Fundamenten eines karolingischen Bauwerks entstand, der wuchtige **Glockenturm** (16 Jh.) sowie das feudale **neue Abtpalais** im Stil des Klassizismus (17./18. Jh.) samt Kreuzgang und Klostergarten.

Übernachten, Essen

Ungestörte Ruhe – **Hostellerie des Corbières:** 9, bd. de la Promenade, Tel. 04 68 43 15 22, www.hostellerie-des-corbieres.com, DZ ab 70 €, Mi abends, Do geschl., Menü mittags 17 €, abends ab 25 €. Sechs schöne Zimmer mit Dielenböden und Stilmöbeln – aber ohne Chichi, ebenso wie die entschlackt regionale Küche. Terrasse mit Blick auf die Weinberge. Charmante Bewirtung.
Im Reich der Zikaden – **La Fargo:** St-Pierre-des-Champs, ca. 5 km südl. von Lagrasse, Tel. 04 68 43 12 78, www.lafargo.fr, April–Okt., DZ ab 120 €. Eine alte Schmiede aus Naturstein mitten im Grünen. Garten mit Pool. Zwölf luftige Zimmer im südostasiatischen Stil. Auf dem Teller frische Mittelmeerkost (geöffnet abends Mo–Fr, Sa/So, Menü 30 €).

Infos

OT: 16, rue Paul Vergnes, 11220 Lagrasse, Tel. 04 68 43 11 56, www.lagrasse.com.

Abbaye de Fontfroide ▸ G 14

D 613, www.fontfroide.com, tgl. Juli–Sept. 10–19, Juni 10–18, April/Mai, Okt./Nov. 10–17.30, Dez.–März 10–12.30, 13.30–16 Uhr, Abtei und Gärten 10,80 €
In einem weltabgeschiedenen Tal der Corbières entstand Ende des 11. Jh. eine Mönchsgemeinschaft nach den Regeln des hl. Benedikts. Nachdem sich diese Gemeinschaft 1144 den Zisterziensern angeschlossen hatte, entwickelte sich eines der einflussreichsten Klöster Südfrankreichs, das zu einem geistigen Bollwerk gegen die Häresie werden sollte. So bestieg im 14. Jh. sogar ein Abt von Fontfroide als Benedikt XII. den Papststuhl in Avignon. Während der Revolution aufgelöst, diente die Klosteranlage als Krankenhaus, bevor sie 1908 endgültig in Privatbesitz wechselte und nach allen Regeln der Kunst restauriert wurde.

Der Kreuzgang (s. Lieblingsort S. 206) und die Abteikirche zählen zu den Höhepunkten zisterziensischer Baukunst. Beachtung verdienen die von René Billa (alias Richard Burgsthal) um 1914 gestalteten Fenster. Blumengeschmückte Höfe, Rosenrabatten und Terrassengärten mit schlank aufragenden Zypressen runden das charmante Bild des Gebäudeensembles ab. Regelmäßig lädt Fontfroide zu Ausstellungen, Konzerten und botanischen Veranstaltungen ein. Zur Abtei gehört auch eine Domäne, deren Weine vor Ort verkostet werden können.

Lieblingsort

Abbaye de Fontfroide – Einkehr im Kloster ▶ G 14

Der fast quadratische, von vier Galerien umschlossene Kreuzganghof im Herzen des klösterlichen Ensembles ist mit seinen perfekten Proportionen und seiner schlichten Eleganz ein außerordentlich schönes Beispiel zisterziensischer Architektur. Trotz des touristischen Andrangs bewahrt der Ort seine mystische Ausstrahlung (Öffnungszeiten s. S. 205).

Massif de Fontfroide ▸ G14

Zum Reiz von Fontfroide trägt nicht unwesentlich die Lage in typischer Corbières-Landschaft bei, die man auf Spazierwegen durchstreifen kann. 30 Minuten benötigt man für den Aufstieg zum Kreuz auf dem Felssporn über dem Kloster. Der Weg ist steinig und steil, das Panorama grandios. In 45 Minuten führt der *sentier des vignes* durch die Rebflächen rund um das Kloster. In ca. drei Stunden kann man das Massiv komplett umrunden, wobei sich Blicke auf Narbonne, die Küste mit den Etangs, die Pyrenäen und die Montagne Noire ergeben (Wegbeschreibungen im Klostershop, teils beschildert).

Essen & Trinken

Klosterrestaurant – **La Table de Fontfroide:** Tel. 04 68 41 02 26, März–Mitte Nov. tgl. 12–14.30 Uhr, Juli/Aug. auch Di–Sa abends, Menü mittags ab 19,50 €, abends ab 34,50 €. Im ehemaligen Schafstall des Klosters mit großer Terrasse. Traditionelle Rezepte aus regionalen Produkten und dazu die Weine des Klosters.

Narbonne ▸ H 14

An die glorreiche Vergangenheit als Hafen und Kapitale der römischen *Provincia Gallia Narbonensis,* als Residenz der westgotischen Könige sowie als Sitz eines Erzbischofs konnte Narbonne (51 000 Einw.) in seiner späteren Geschichte nicht mehr anknüpfen. Mit der Versandung der Aude und dem damit einhergehenden Verlust des Hafens im 14. Jh. geriet die Stadt ins Abseits. Und auch heute spielt sie im Département Aude nur die zweite Rolle nach Carcassonne.

Mit Erzbischöflichem Palast und der Kathedrale, deren majestätische Silhouetten bereits aus der Ferne den Blick auf sich lenken, bewahrt Narbonne beeindruckende Zeugnisse des Mittelalters. Das römische *Narbo Martius* hingegen hinterließ im Stadtbild keine Spuren. Die Grabungen im **Clos de la Lombarde** förderten allerdings Erstaunliches ans Licht. Im geplanten Musée Régional de la Narbonne Antique (MuRéNa, Baubeginn 2016) sollen die antike Schätze angemessen präsentiert werden.

Der von Promenaden gesäumte **Canal de la Robine,** der in einem alten Bett der Aude durch die Altstadt geführt wird, verleiht Narbonne eine heitere, mediterrane Note. Er verbindet die Stadt mit dem Meer und dem Canal du Midi.

Quartier de Cité

Palais des Archevêques 1

Pl. de l'Hôtel de Ville, Museen und Donjon Juni–Sept. tgl. 10–18, Okt.–Mai Mi–Mo 10–12, 14–17 Uhr, 4 € je Museum; Pass Monuments et Musées für alle Museen der Stadt 9 €

In der Cité am linken Ufer der Aude bzw. des heutigen Canal de la Robine residierten vom Ende des 11. Jh. bis zu Beginn des 19. Jh. die Erzbischöfe. Ihr Palast und die angrenzende Kathedrale beherrschen bis heute den Rathausplatz, über den die Trasse der **Via Domitia** verläuft. Der verschachtelte Palais des Archevêques, in dem sich das Rathaus sowie das archäologische Museum und das Kunstmuseum befinden, ist über mehrere Jahrhunderte hinweg immer wieder umgestaltet worden. Ältester Baukörper ist rechter Hand der romanische **Palais Vieux** (12. Jh.), der direkt an die Kathedrale grenzt. Links neben dem alten Palais wurde im 14. Jh. der **Palais Neuf** errichtet. Seine dem Platz zugewandte Fassade wurde im 19. Jh. von Viollet-le-Duc im neugotischen Stil umgestaltet. Die äußere linke Ecke des Gebäudeensembles markiert der mächtige **Donjon Gilles-Aycelin** (13. Jh.), dessen Wehrgang in 42 m Höhe eine schöne Aussicht über die Stadt bis hin zum Massif de la Clape gewährt. Eingerahmt von der **Tour de la Madeleine** (13. Jh.) und der **Tour St-Martial** (14. Jh.) führt die **Passage de l'Encre** zu den hübschen Innenhöfen und zum Kreuzgang der Kathedrale (Höfe tgl. 8–20 Uhr).

Im Palais Vieux zeigt das **Musée Archéologique** neben Fundstücken aus Neolithikum sowie griechischer und gallo-römischer Epoche eine einzigartige Sammlung römischer Fresken und Mosaiken, die bei den Grabungen im Clos de la Lombarde freigelegt wurden. Exponate zur Lokalgeschichte, Fayencen aus großen französischen Manufakturen, Tapisserien aus Beauvais sowie Gemälde des 16.–20. Jh. vereint das **Musée d'Art et d'Histoire** in den ehemaligen Gemächern der Erzbischöfe (17. Jh.).

Cathédrale St-Just St-Pasteur 2

Rue A. Gautier, tgl. 9–12, 14–18 Uhr

Neben dem Bischofspalast strebt die gotische Kathedrale zum Himmel. Mit 40 m Scheitelhöhe zählt das Chorgewölbe zu den höchsten in Frankreich. Der Grundstein für den Chor, den Papst Clemens IV., ehemals Erzbischof von Narbonne, eigens aus Rom schickte, wurde 1272 gelegt. Nach Vollendung des Chors 1332 stockten die Arbeiten und der von Türmen flankierte westliche Abschluss der Kathedrale blieb bis heute ein Provisorium. Die **Schatzkammer** der Kathedrale birgt u. a. einen kostbaren flämischen Wandteppich, in den aus Seide und Goldfäden die Schöpfungsgeschichte gewebt ist (15. Jh.). In der **Chapelle de Bethléem** fällt ein monumentaler Altaraufsatz mit reichem Skulpturenwerk aus farbigem Stein (14. Jh.) ins Auge. Das Stre-

Die gotische Kathedrale überragt Narbonne himmelhoch

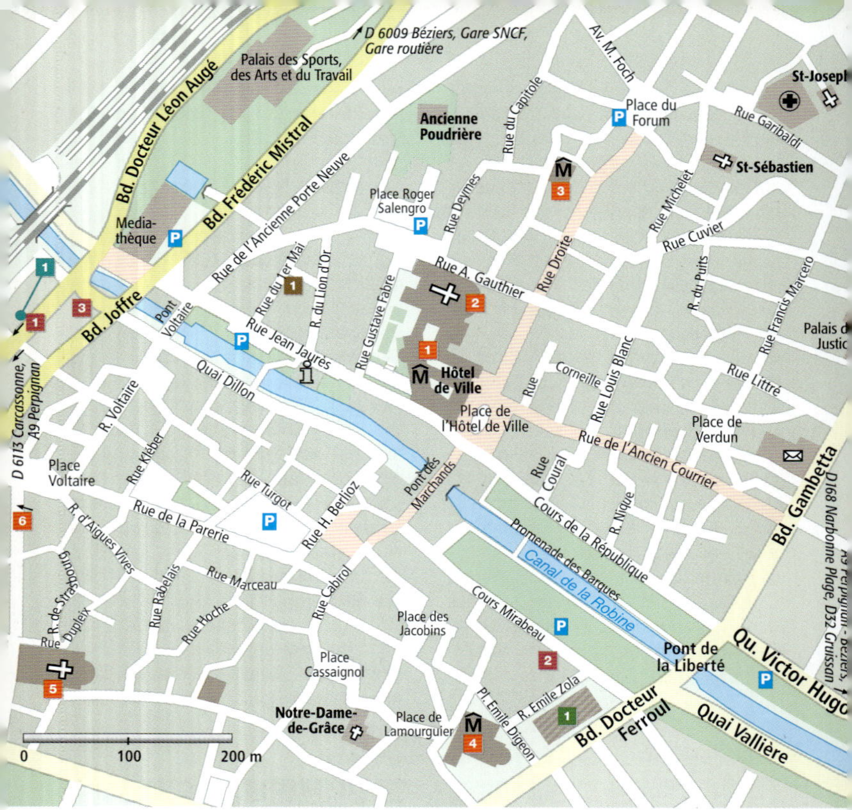

bewerk der Kathedrale, aus dem sich zahlreiche wasserspeiende Dämonen hervorrecken, kann vom **Kreuzgang** (14. Jh.) und vom **Jardin des Archevêques** (18. Jh.) aus begutachtet werden.

Horreum 3

7, rue Rouget de Lisle, Öffnungszeiten/Eintritt s. Palais des Archevêques
Die unterirdischen Galerien aus dem 1. Jh. v. Chr., denen eine Ton- und Lichtschau Leben verleiht, verdeutlichen, wie die Römer ihre Vorräte aufbewahrten. Das Horreum, in das man von der Rue Rouget de Lisle hinabsteigt, stellt das einzige intakte antike Bauwerk in Narbonne dar.

Quartier de Bourg

Musée lapidaire 4

Pl. Lamourguier, Öffnungszeiten/Eintritt s. Palais des Archevêques
Im ehemaligen Bourg, der Stadt der Vizegrafen, stößt man auf die gotische Kirche **Notre-Dame-de-Lamourguier** (13. Jh.). Ab 1868 wurde sie als Lapidarium zweckentfremdet, als man hier Steine der abgebrochenen Stadtmauer deponierte. In vier Reihen türmen sich an die 1300 Steinquader, u. a. römische Grabsteine mit gemeißelten Inschriften und Friese, die im Mittelalter beim Bau der Stadtmauer verwendet worden waren. Eine Multimediashow erweckt

Narbonne

Sehenswert
- 1 Palais des Archevêques
- 2 Cathédrale
- 3 Horreum
- 4 Musée lapidaire
- 5 Basilique St-Paul
- 6 Maison Natale de Charles Trenet

Übernachten
- 1 La Résidence

Essen & Trinken
- 1 La Table Saint-Crescent
- 2 L'Estagnol
- 3 Le Petit Comptoir

Einkaufen
- 1 Les Halles

Abends & Nachts
- 1 Le Botafogo

den Steinfriedhof zum Leben und gibt Einblicke in die Stadtgeschichte.

Basilique St-Paul 5

Rue de l'Hôtel Dieu, Mo–Sa 9–12, 14–18 Uhr
Der Glockenturm der Kirche, die romanische und gotische Architekturelemente vereint, setzt einen markanten Sichtpunkt am rechten Kanalufer. St-Paul wurde über dem Grab des ersten Bischofs von Narbonne erbaut. Im Innern amüsiert das Weihwasserbecken mit dem Frosch. Da das Tier während der Messe zu laut quakte, wurde es an Ort und Stelle versteinert.

Maison Natale de Charles Trenet 6

13, av. Charles Trenet, Öffnungszeiten/Eintritt s. Palais des Archevêques
Für Liebhaber des französischen Chansons ist das Geburtshaus des Sängers, Schauspielers und Dichters (1813–2001) eine wahre Fundgrube – »*Y a d'la joie!*«

Übernachten

Klassische Eleganz – **La Résidence** 1: 6, rue du 1er Mai, Tel. 04 68 32 19 41, www.hotelresidence.fr, DZ ab 95 €. Im Zentrum und dennoch ruhig gelegenes altes Stadtpalais mit Marmortreppe, hohen Stuckdecken, Kronleuchtern und Seidentapeten. 26 bequem eingerichtete Zimmer, denen einige Antiquitäten Charme verleihen. Moderne Bäder. Von den Zimmer Nr. 33 und 34 hat man einen guten Blick auf die Türme der Kathedrale.

Essen & Trinken

Haute cuisine ohne Allüren – **La Table Saint-Crescent** 1: Im Palais du Vin, 68, av. du Général-Leclerc (AB-Ausfahrt 38 Narbonne Sud), Tel. 04 68 41 37 37, www.la-table-saint-crescent.com, Mo/Di geschl., Menü mittags 31 €, abends ab 57 €. Die unvorteilhafte Lage am Stadtrand ist unter dem lichten Gewölbe einer alten Kapelle schnell vergessen. Die mit einem Stern ausgezeichneten Kochkünste des Chefs Lionel Giraud lohnen allemal den Abstecher – etwa Tartar von St-Jacques-Muscheln mit Sesamöl. Die Weinkarte erweist dem Languedoc die Ehre.
Der Klassiker – **L'Estagnol** 2: 5 bis, cours Mirabeau, Tel. 04 68 65 09 27, http://lestagnol.fr, So geschl., *formule* 13 €. Menü ab 20 €. Gut besuchte Brasserie neben den Hallen.
Im Bistrostil – **Le Petit Comptoir** 3: 4, bd. du Maréchal Joffre, Tel. 04 68 42 30 35, www.petitcomptoir.com, So/Mo geschl., Menü mittags ab 16 €, abends ab 29 €. Unbedingt reservieren! Das nostalgisch eingerichtete Restaurant ist eine der beliebtesten Adressen der Stadt. Der *patron* legt beim Einkauf großen Wert auf Frische und Qualität, und das schmeckt man. Die Weinkarte mit über 300 Referenzen ermöglicht es, die schönsten *crus* der Region zu

probieren. Verkauf der Weine im Cave à Vin gleich neben dem Restaurant.

Einkaufen

Täglich frisch – **Les Halles** 1 : Bd. Docteur Ferroul, www.halles-de-narbonne.com, tgl. 7–13 Uhr. Durch die prächtige Markthalle aus der Belle Époque weht dank des reichen Angebots an Fisch und Meeresfrüchten immer eine frische Meeresbrise. Impressionen aus dem Eröffnungsjahr (1901) der Halle zeigen große Schwarzweißfotografien an der Fassade.

Abends & Nachts

Unterm Buddha – **Le Botafogo** 1 : 8, av. des Pyrénées, Tel. 04 68 41 95 09, www.botafogo.fr, Di/Mi 11–2, Do/Fr 11–5, Sa 19–5 Uhr. Asiatisch dekoriertes Restaurant, Musikbar und im Keller die Disco Zagora Club.

Infos & Termine

Office de Tourisme

31, rue Jean-Jaurès 11100 Narbonne, Tel. 04 68 65 15 60, www.narbonne-tourisme.com.

Termine

Horizon Méditerranée: Mitte Juli. Konzerte, Ausstellungen, Umzüge zeigen die Vielfalt der Mittelmeerkulturen – vom Okzident bis zum Orient.
Festival Trenet: Ende Aug. Straßenfest, Openair-Konzerte, Straßentheater, Chanson-Abende.

Verkehr

Bahn: Gare SNCF, av. Carnot. Nach Montpellier, Perpignan, Carcassonne.
Bus: Gare routière, bd. du Docteur-Auge (http://audelignes.cg11.fr).
Innerorts: Der Citybus fährt bis zu den Stränden (www.citibus.fr, 1 €/Fahrt).

Gruissan ▸ H 14

Schneckenhausförmig gruppieren sich die Häuser des alten Fischerhafens um den Felsen mit der Ruine der **Tour Barberousse.** Die Burg bewachte einst die Hafenzufahrt nach Narbonne. Neben der Fischerei stellte die Salzgewinnung (s. Entdeckungstour S. 214) in Gruissan über Jahrhunderte eine wichtige Erwerbsquelle dar.

Um 1850 kamen die ersten Narbonnais zur Erholung ans Meer und errichteten direkt am Strand relativ einfache Ferienhäuschen aus Holz, die sie zum Schutz gegen das Meer auf Stelzen setzten. Noch heute besteht **Gruissan-Plage** aus diesen kuriosen Chalets *(les pilotis)*. Regisseur Jean-Jacques Beinex nutzte sie 1986 als Kulisse für die Verfilmung von Philippe Dijans Roman »Betty Blue – 37,2 Grad am Morgen«. Südlich der Siedlung erstreckt sich ein weiter Naturstrand.

Unmittelbar neben dem alten Fischerdorf wurde in den 1970er-Jahren aus ockergelb und rot gefärbten Betonteilen **Gruissan-Port** zusammengefügt, ein modernes Ferienzentrum mit Marina (3400 Einw.). Von hier dehnt sich Gruissan immer weiter auf dem Lido des **Etang de Mateille** aus, während von Norden her die Ferienhausanlagen von **Narbonne-Plage** und **St-Pierre-sur-Mer** stetig näherrücken.

Montagne de la Clape

▸ H/J 14

Bei Gruissan türmt sich die Montagne de la Clape auf und unterbricht die endlose flache Sandküste. Zwar ist das Karstmassif mit 214 m nicht sonderlich hoch, gibt sich allerdings mit ruppiger Garriguelandschaft, Schluchten und Felskämmen recht verwegen. An seinen Hängen gedeihen aber auch vorzügliche Weine (www.la-clape.com). Wander-, Rad- und Reitwege durchqueren das Massiv. Klettersportlern bieten die Kalkfelsen einige Herausforderungen. Ein kurzer Spazierweg (knapp 1 km) führt von einem ausgeschilderten Parkplatz an der D 1118 zum **Gouffre de l'Oeil Doux.** Der kraterähnliche See, der von 40 m hohen Felsen eingerahmt wird, verführt zum Baden, aber es gibt immer wieder Unfälle. Es ist also Vorsicht geboten!

Wanderung zu Notre-Dame-des-Auzils ▸ H 14

Rundweg 9 km, ca. 3 Std.; Karte IGN 2546 OT, Wasser und feste Schuhe; Öffnungszeiten Kapelle Mi–So Ostern–Mai 10–12.20, 15–18.30, Juni–Anfang Sept. 10–12.20, 15.30–19, Mitte Sept.–Okt. 10–12.20, 14.30–17.30 Uhr, während der Öffnungzeiten weht eine rote Fahne

Hoch über dem Meer wacht die **Chapelle Notre-Dame-des-Auzils** (1635), in der Bilder und Modelle von Schiffen von Rettung aus höchster Seenot erzählen. 50 der Votivbilder wurden 1967 gestohlen, konnten aber anhand von Fotografien als Trompe-l'œil auf den Wänden reproduziert werden. Vom **Besucherparkplatz** kann man in etwa 15 Minuten bergauf zu der Wallfahrtskapelle steigen. Oder aber man kombiniert den Besuch der Kapelle mit einer längeren Wanderung.

Hierzu folgt man vom **Parkplatz** rechts dem Schild **Route Verte** und hält sich an der ersten Weggabelung rechts. Linker Hand liegt ein Weinfeld, an dessen Ende ein schmaler Weg geradeaus in einen lichten Kiefernwald führt. Über eine Wegkreuzung geradeaus weiter stößt er nach ca. 500 m auf einen befestigten Weg, dem man links folgt. Links im Hintergrund liegt die auf Pferde- und Eselzucht spezialisierte **Domaine St-Obre,** nah am Weg steht das als Ferienhaus restaurierte Gehöft **Les Tinas.** In der Kurve bleibt man rechts auf dem befestigten Weg und gelangt zu einer gerodeten Fläche. Hier zweigt die Wanderroute links ab, steigt leicht an und beschreibt nach ca. 2 km eine Linkskurve. Voraus erhebt sich der **Pech Redon,** mit 214 m der höchste Punkt der Clape. Rechts zweigt ein Weg zum Château Pech Redon ab. Weiter geht es aber links auf schmalem Pfad an der Felskante entlang. Nach einer Rechtskehre führt links ein kurzer Abstecher zu einem **Feuerwachturm** *(la vigie),* wo sich ein atemberaubendes Panorama öffnet. Die Wanderroute schlängelt sich weiter über das Felsplateau und trifft auf den gelb markierten **Chemin de la Clape,** dem man links ca. 800 m folgt. In einer Spitzkehre verlässt man den markierten Weg und erreicht geradeaus auf schmalem Pfad ▷ S. 216

Wanderung zu Notre-Dame-des-Auzils

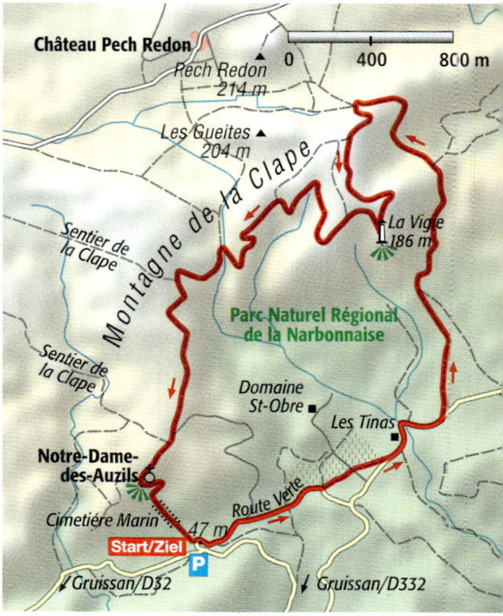

Auf Entdeckungstour: Salin de l'Ile St-Martin – Naturkunde und Chemie

Seit Zeitengedenken versteht es der Mensch, aus Meerwasser Salz zu gewinnen. Hierzu braucht es nicht viel mehr als Sonne und Wind. Und die gibt es im Languedoc und im Roussillon im Übermaß.

Reisekarte: ▶ H 14
Salin de l'Ile St-Martin: Rte. de l'Ayrolle Gruissan, Tel. 04 82 53 10 61, www.lesalindegruissan.fr
Dauer: ca. 2 Std. ohne Einkehr
Öffnungzeiten: Vorsichtshalber telefonisch bestätigen lassen; **Ecomusée/ Boutique:** Mitte Febr.–Mitte April Fr–So 10.30–12.30, 14.30–17.30, Mitte April–Okt. tgl. 10.30–19.30, Eintritt frei; 90-minütige **Führungen** (frz.) 11, 15, 16.30, Juli/Aug. 18 Uhr, 7,60 €; **Austernverkauf** ganztägig; **La Cambuse du Saunier,** s. S. 216

Die ersten Salzgärten der Region legten die Römer bei Aigues-Mortes an. Zahlreiche weitere Salinen folgten im Lauf der Jahrhunderte zwischen Hyères an der Côte d'Azur und Canet im Roussillon. Die Salin de l'Ile St-Martin wurde 1911 eingerichtet. Das hier gewonnene Salz fand Verwendung bei den Fischern an der Küste, bei den Metzgern im Haut Languedoc sowie bei den Gerbern in Millau. Zuletzt produzierten die Salins du Midi in Gruissan jährlich bis zu 20 000 t Salz ausschließlich für die Enteisung der Straßen, gaben den Standort aber 2008 auf. Inzwischen ist die Saline unter einem neuen Pächter wieder in Betrieb. Und es wird nicht nur Salz gewonnen.

Die Alchemie des Salzes

Im **Museum** dokumentieren Gerätschaften, Fotos und Lagepläne sowie Filme die Geschichte der Salzgewinnung. So gewappnet beginnt die etwa 2 km lange Entdeckungstour durch die Salzgärten beginnen.

Im März wird das Meerwasser mittels elektrischer Pumpen über ein Kanalsystem in die flachen **Verdunstungsbecken** *(partènements)* befördert. Dort zirkuliert es unter den wachsamen Augen des *maître saunier,* des Salzmeisters. Abhängig von der Topografie der Saline und dem Wetter reguliert er den Wasserfluss. Unter dem Einfluss von Sonne und Wind, insbesondere dem trockenen *cers* aus dem Norden, verdunsten schließlich 90 % des Wassers. Übrig bleibt eine konzentrierte Lauge mit 260 g Salz pro Liter, die zwecks Kristallisierung in **Trockenbecken** *(tables salantes)* gepumpt wird. Das Wasser in diesen Becken leuchtet in Tönen von rot über rosa bis grell violett. Für dieses Farbwunder ist eine mikroskopisch kleine Alge verantwortlich, die Karotin produziert und zudem von einem winzigen Krebs, *Artemia salina,* gefressen wird.

Sobald der *saunier* das Restwasser aus den Becken ablaufen lässt, wird ein 4–7 cm dicker Salzkuchen sichtbar. Diesen trägt man in der Salin de l'ILe St-Martin im Juli und August wieder nach Vorväter Sitte in Handarbeit ab. Mit Holzschaufeln werden dabei viele kleine Salzpyramiden *(gerbes)* zum Trocknen aufgetürmt. Nach einer guten Woche kann das Salz dann mit Schubkarren abtransportiert werden.

In hübschen Dosen und Säckchen verpackt, wird es im **Museumsshop** angeboten. Besonders begehrt ist die *fleur de sel,* die sich während der Nacht auf der Salzlake absetzt und früh morgens mit rechenartigen Werkzeugen abgeschöpft werden muss. Einst war das besonders feinkörnige und delikate Salz ausschließlich dem *maître saunier* vorbehalten.

Salzliebende Fauna und Flora

Generell ist der Erhalt der Salinen am Golfe du Lion ein wichtiges Anliegen von Naturschützern. Denn hier gedeihen salzliebende, teils geschützte Pflanzen wie Queller, Strandflieder oder Strandsode. Außerdem finden Seeschwalben, Säbelschnäbler, Regenpfeifer und Schnepfen in den Salinen reichhaltige Nahrung und ideale Nistplätze. Im Frühjahr sind daher einige Wege für Besucher gesperrt. Emblemvogel der Salinen ist der Flamingo. Zu seiner Lieblingsspeise zählen die kleinen Krebse, die sein Gefieder rosa färben.

Nachdem die Salzproduktion 2008 gedrosselt wurde, ist ein Teil der Verdunstungsbecken für die Austernzucht geflutet worden. In der **Cambuse du Saunier** kann man die Edelmuscheln mit Blick auf die Salzgärten probieren und dabei am Abend den Sonnenuntergang genießen – ein einmaliger Ort!

nach ca. 250 m die **Kapelle.** Auch hier ist der Blick hinab nach Gruissan und aufs Meer grandios. Das letzte Stück der Wanderung führt in Serpentinen abwärts über die sogenannte **Allée des Naufragés.** An dieser ›Straße der Ertrunkenen‹ ehren 27 Gedenksteine die auf dem Meer verschollenen Seeleute aus Gruissan und bilden so einen einzigartigen **Cimetière Marin**.

Übernachten

Am Jachthafen – **Hôtel Port Beach:** Quai Ponant, Tel. 04 68 75 42 51, www.port-beach.com, März–Nov., DZ ab 72 €. Ein modernes Gebäude mit 32 Balkonzimmern, großenteils mit Blick auf den Hafen.

Essen & Trinken

Genießen im Weinberg – **Château le Bouïs:** Rte. Bleue, ab Kreisverkehr D 32/D 332 ausgeschildert, Tel. 04 68 75 25 25, www.chateaulebouis.fr, Juni–Sept. Di–So ab 17 Uhr Tapas, ab 19 Uhr Menü, mittags auf Anfrage ab mind. 8 Pers., Menü um 33 €. Bei einem Besuch in Le Bouïs kommt garantiert Ferienstimmung auf. Von der großen Terrasse schweift der Blick über Weinfelder bis zum Meer. Dazu genießt man regionale Küche und die Weine der Domäne. Für einen längeren Aufenthalt stehen vier elegante *chambres d'hôte* und ein *gîte* bereit (DZ ab 90 € inkl. Frühstück). Weinverkauf ganzjährig.
Der beste Ort für Meeresfrüchte – **La Cambuse du Saunier:** Rte. de l'Ayrolle, Tel. 04 84 25 13 24, www.lesalinde gruissan.fr, Mitte Febr.–Mitte April Fr–So, Mitte April–Okt. tgl. geöffnet, ab 15 €, reservieren! Außer Austern und Fruits de Mer kommen z. B. Fisch oder Fleisch in der Salzkruste auf die rustikalen Holztische des urigen Lokals in der Saline (s. auch S. 214).

Aktiv

Wassersport – **Pole Nautique Gruissan:** 50, av. de la Jetée, Tel. 04 68 49 33 33, http://polenautique-gruissan.com. Wind- und Kitesurfen, Katamaran, Seekajak, Stand Up Paddling (SUP).

Infos & Termine

OT: 1, bd. du Pech Maynaud, 11430 Gruissan, Tel. 04 68 49 09 00, www.gruissan-mediterranee.com.
Fête des Pêcheurs: Um den 28./29. Juni. Schiffsprozession mit Segnung der Boote.

Etang de Bages et de Sigean ▶ G/H 14/15

Der Lagunensee im Herzen des **Parc Naturel Régional de la Narbonnaise Méditerranée** formte in antiker Zeit einen zum Meer hin offenen Golf, an dessen nördlichem Zipfel der Hafen des römischen Narbonne lag. Bis an seine Ufer reichen die Anbaugebiete der AOC Corbières, die man auf einer Route 20 entdecken kann. In **Portel-des-Corbières** lagern die guten Tropfen in den Stollen eines alten Gipsbruches rund 80 m unter der Erde. **Terra Vinea** gibt auf einer einstündigen Besichtigungstour Einblick in das unterirdische Depot und lädt zu Weinverkostung und -kauf ein (Chemin des Plâtrières, Tel. 4 68 48 64 90, www.terra-vinea.eu, Verkauf tgl. mind. 10.45–17.15 Uhr, Führungen tgl. ab 13.45 Uhr, 8,90 €, mit Restaurant).

Réserve Africaine ▶ H 15

Sigean, Tel. 04 68 48 20 20, www.reserveafricainesigean.fr, tgl. ab 9

bis mind. 16.30, April–Aug. bis 18.30 Uhr, 31 €
Größter Besuchermagnet am Etang de Bages ist der Safaripark. In einer afrikanisch anmutenden Steppenlandschaft tummeln sich auf 300 ha mehr als 3800 Wildtiere – Löwen, Zebras, Giraffen, Elefanten und viele andere Arten. Im eigenen Pkw nähert man sich ihnen auf einer 7,5 km langen Rundfahrt. Darüber hinaus kann man sich auf gesicherten Wegen auch zu Fuß auf die Pirsch begeben.

Radeln auf dem Sentier du Golfe Antique ▸ H 14/15

Radrundweg 75 km, Markierung rot/gelb, Karte IGN 2546 OT; Start in Narbonne; Radverleih u. a. Location Vélo, 12bis, rue Guiraut Riquier, Narbonne, Tel. 06 74 89 75 98, http://languedocvttevasion.over-blog.com, Zubringerdienst; Info www.parc-naturel-narbonnaise.fr
Natürlich kann man den Etang des Bages et de Sigean im Auto erkunden, doch mit dem Rad taucht man viel tiefer in die Lagunenlandschaft ein. Von **Narbonne** aus erreicht man auf der **Voie verte du Canal de la Robine** die **Ecluse de Mandirac.** Hier zweigt man rechts Richtung Etang-Ufer ab und radelt weiter nach **La Nautique** – einst der Hafen des römischen Narbonne. Südlich schiebt sich das pittoreske Fischerdorf **Bages** auf einer Felszunge in den Etang. In **Peyriac-de-Mer** ist das Meer zwar noch weit, aber der Ort wird immerhin vom Wasser kleinerer Etangs umspült. Landseitig reifen die Weine, die man im Winzerort **Portel-des-Corbière** kennenlernen kann. **Sigean,** Etappe an der antiken Via Domitia, ist vor allem wegen seines **Wildparks** bekannt, aber auch der alte Ortskern lädt zu einem Bummel ein. Im Industrie- und Fischereihafen **Port-la-Nouvelle** ist das Meer dann endlich erreicht. Die Pause am langen **Sandstrand** hat man sich verdient. Von der **Mole** aus, die Ziel vieler Angler und Spaziergänger ist, fährt man am Ufer des **Kanals** entlang und überquert ihn dann rechts Richtung **Ile Sainte-Lucie.** Dort folgt man der **Voie Verte du Canal de la Robine** mitten durch die Etangs zurück nach Narbonne.

Essen & Trinken

Mit Seeblick – **Le Portanel:** La Placette, Bages, Tel. 04 68 42 81 66, www.leportanel.net, So abends/Mo geschl., Menü mittags 21 €, ›Autour des Etangs‹ ab 31 €. Eine zauberhafte Adresse, um

Radtour um den Golfe Antique

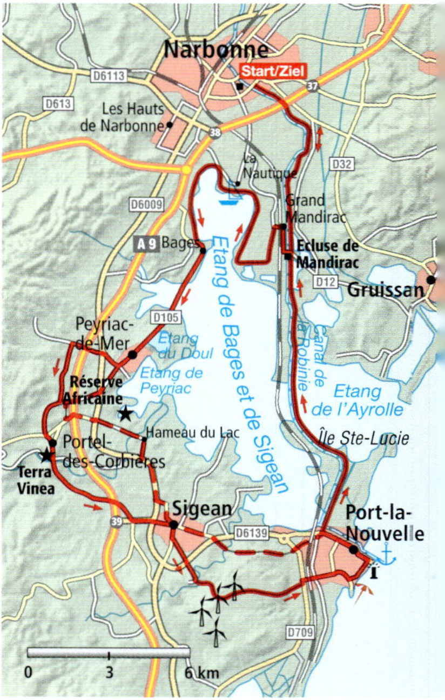

Mein Tipp

Lieu d'Art contemporain ▶ H 15
Der holländische Maler Piet Moget und seine Tochter Layla haben ein Weinlager am Etang de Leucate in eine Galerie moderner Kunst verwandelt. Jedes Jahr finden bis zu drei Ausstellungen statt (Hameau du Lac, nördl. von Sigean, Tel. 04 68 48 83 62, http://lac.narbonne.com, Juni–Aug. Mi–Mo 15–19, April/Mai, Sept. Mi–Mo 14–18, Okt./Nov. Sa/So 14–17 Uhr).

die Produkte des Etangs zu genießen, den man vom Tisch aus im Blick hat. Aal gibt es in unterschiedlichen Zubereitungsarten, aber auch die Fleischgerichte sind zu empfehlen.

Etang de Leucate

▶ H 16/17

Der zweitgrößte Etang des Languedoc-Roussillon, wahlweise nach den Orten Leucate oder Salses benannt, erstreckt sich über die beiden Départements Aude und Pyrénées-Orientales. Im Norden reicht das Weinanbaugebiet von **Fitou** bis an seine Ufer. Auf einem Felsplateau überschaut das Winzer- und Fischerdorf **Leucate** die Lagune. Der Erfolg der Austern- und Muschelzucht im Etang de Thau bei Sète bewog die Fischer von Leucate zu Beginn der 1960er-Jahre, ebenfalls in dieses Gewerbe einzusteigen.

Zwischen dem Sandbuckel **Les Coussoules,** dem Reich der Strandsegler und Camper, und dem Etang schiebt sich **Cap Leucate** ins Meer. Das Kap wird von Wanderpfaden durchzogen, für Autofahrer ist die Zufahrt am Ortseingang von Leucate-Plage ausgeschildert (Cap Leucate/Phare Sémaphore). In den kleinen Badeorten **La Franqui** und **Leucate-Plage** zu beiden Seiten des Felsrückens geht es nach wie vor mediterran gemächlich zu.

Ganz anders verhält es sich auf dem sich südlich anschließenden Lido, der von Bungalowsiedlungen und Apartmentanlagen überwuchert wird. Ungeachtet der Departementgrenze sind **Port-Leucate** und **Port-Barcarès** zu einer riesigen Betonwüste verschmolzen, die mit einem weitläufigen Jachthafen und einem vielfältigen Wassersport- und Freizeitangebot jährlich bis zu 200 000 Urlauber anzieht. Permanent wohnen in dem Doppelort nur ca. 6500 Menschen. Symbol von Port-Barcarès ist das griechische Fährschiff **Lydia,** das 1967 absichtlich auf Sand gesetzt wurde.

Übernachten

Beim Maler – **Les Chambres de la Franqui:** 20 bis, rue de la Fount D'Amand, La Franqui, Tel. 06 79 18 37 30, www.chambreslafranqui.com, DZ ab 100 € inkl. Frühstück. In einem modernen Holzbungalow hoch über dem Meer lebt und malt Patrick Chappert-Gaujal. Seine Frau Nathalie hat drei traumhafte Gästezimmer eingerichtet, jedes mit eigenem Zugang. Große Terrasse mit Blick bis zum Horizont.

Unmittelbar am Strand – **La Côte Rêvée:** 55, av du Front de Mer, Leucate-Plage, Tel. 04 68 40 72 72, www.coterevee.com, DZ ab 58 €. Einfaches Elf-Zimmer-Haus am Fuß des Cap Leucate. Vorzugsweise wählt man ein Zimmer mit Meerblick. Ideal für einen Badeurlaub, aber ungeeignet für Ruhebedürftige, denn im Erdgeschoss befinden sich ein Restaurant mit großer Terrasse und eine Strandbar.

Essen & Trinken

Aussichtsreich – **Klim & Ko:** Chemin du Phare, Cap Leucate, Tel. 04 68 70 06 84, www.klimenko.fr, So abends, Di abends, Mi geschl., *formule* ab 32 €, Menü ab 59 €. Feinschmecker- und Panoramarestaurant in einem modernen Pavillon auf dem Kap.

Im alten Dorf – **Le Jardin des Filoche:** 64, av. Jean-Jaurès, Tel. 04 68 40 01 12, So abends, Mo, geschl., Menü um 30 €. In dem hübschen Gartenlokal verwöhnt Serge Filoche mit raffiniert angerichteten Klassikern der regionalen Küche. Da alles frisch zubereitet wird, ist ein wenig Geduld gefragt.

Aktiv

Wassersport – **Cercle de Voile du Cap Leucate (CVCL):** Tel. 04 68 40 72 66, http://cercledevoile.free.fr. Standorte in Les Coussoules, Port-Leucate, Port-Barcarès. Segeln und Surfen im Etang und Meer sowie Strandsegeln. Kurse und Ausrüstung.

Abends & Nachts

Schlaflos – **Port-Barcarès:** Mit abendlichen Märkten, Openair-Festivals, Strandkonzerten, Luna Park und der gigantischen Marina-Disco sind die Nächte in dem Badeort garantiert zu kurz.

Infos & Termine

OT: Espace Henry de Monfreid, 11370 **Port-Leucate,** Tel. 04 68 40 91 31, www.tourisme-leucate.fr; pl. de la République, 66420 **Port-Barcarès,** Tel. 04 68 86 16 56, www.vacancesportbarcares.fr.

Mondial du Vent: Mitte April, Weltmeisterschaft im Kite- und Windsurfen an der Plage des Coussoules.

Sol y Fiesta: Christi Himmelfahrt, Straßenfest mit Musik, Theater und Tanz in Leucate.

Bahn: Gare SNCF, nördl. von Leucate. Verbindungen mit Narbonne und Perpignan. Zwischen Bahnhof und den Ortsteilen von Leucate pendelt **Ma Navette** (kostenloser Service).

In Wind und Wellen – Surfer an der Plage des Coussoules

Das Beste auf einen Blick

Roussillon und Pyrenäen

Highlight!

La Côte Vermeille: Tief im Süden endet der Golfe du Lion in der faszinierenden ›roten‹ Felsenküste. Das Blau des Himmels und das Blau des Meeres überbieten sich hier an Tiefe und Leuchtkraft. Auf Terrassen über dem Meer stehen Rebstöcke in endlosen Zeilen Spalier. In enge Buchten schmiegen sich die charmanten Fischer- und Winzerorte Collioure, Port-Vendres, Banyuls und Cerbère. S. 232

Auf Entdeckungstour

Klöster am Fuß des Canigou: Die Abteien St-Michel-de-Cuxa und St-Michel-du-Canigou sowie die Prieuré de Serrabone zeugen vom Genie romanischer Baumeister und Steinmetze. S. 246

Train Jaune: In Villefranche-de-Conflent besteigt man die gelbe Schmalspurbahn, die durch etliche Tunnel und über atemberaubende Brücken hinauf in die Cerdagne zu Frankreichs höchstem Bahnhof rumpelt. S. 252

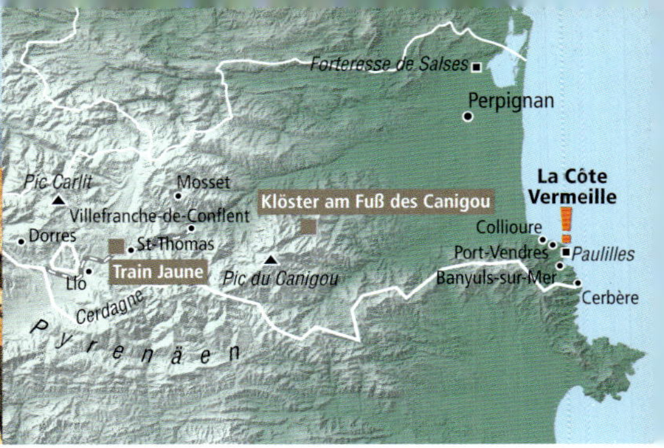

Kultur & Sehenswertes

Forteresse de Salses: Die genial konzipierte Festung markierte bis zum Pyrenäenfrieden die Grenze zwischen Frankreich und Spanien. S. 222

Perpignan: Die katalanisch-spanische Vergangenheit prägt bis heute den Rhythmus der Stadt, die einst Residenz der Könige von Mallorca war. S. 224

Villefranche-de-Conflent: Die Festungsstadt im engen Tal der Têt wurde von Vauban zur Sicherung der französischen Grenze ausgebaut. S. 250

Zu Fuß unterwegs

Panoramawege: Von Collioure aus steigt man durch Weinterrassen zur Chapelle de Consolation und weiter zur Tour Madeloc empor. S. 235

Etangs du Carlit: Am Fuß des höchsten Gipfels der Ostpyrenäen, dem Pic Carlit, durchstreifen Wanderer eine alpine Bilderbuchlandschaft. S. 255

Genießen & Atmosphäre

Anse de Paulilles: Den Tag am Strand verbummeln und am Abend auf dem Clos de Paulilles zwischen Reben und Meer dinieren. S. 239

Mosset: In dem mittelalterlichen Burgdorf lädt die Tour des Parfums in die Welt der Düfte ein. S. 249

Bains chauds: In den warmen Thermalquellen von St-Thomas, Llo und Dorres kann man nach einem anstrengenden Tag in den Bergen herrlich relaxen. S. 251, 254

Abends & Nachts

Perpignan: In der Altstadt ziehen die Nachtschwärmer von Bar zu Bar, die Auswahl ist groß, die Stimmung temperamentvoll. S. 229

Bar des Templiers: Eine Institution in Collioure ist die urige Schänke, deren Wände unzählige Gemälde schmücken. S. 236

Zwischen der eindrucksvollen Felsbarriere von Vingrau und dem Etang de Leucate hat im ehemaligen Grenzland die Forteresse de Salses Stellung bezogen. Weiter südlich liegt inmitten einer von Agly, Têt und Tech bewässerten, fruchtbaren Ebene Perpignan, das im Mittelalter kurze Zeit Residenz der Könige von Mallorca war. Bei Collioure findet die Küste des Golfe du Lion ihr grandioses Ende in der Côte Vermeille, deren Farben- und Lichtspiel Anfang des 20. Jh. zahlreiche Maler begeisterte. Die bunten katalanischen Barken und der knubbelige Glockenturm des Fischerortes waren ihr bevorzugtes Motiv. Von der Küste, wo erstklassige Weine gedeihen, steigen das Tal des Tech an der Südflanke des Canigou sowie das Tal der Têt an seiner Nordflanke in die alpine Welt der Pyrenäen empor. Mediterrane Korkeichenwälder und Garrigue weichen mit zunehmender Höhe dem Grün von Eichen und Buchen, bis schließlich Nadelhölzer und ausgedehnte Almweiden die Vegetation bestimmen. Keine Autostunde von den Stränden entfernt laden die alpinen Hochtäler von Cerdagne und Capcir zum Wandern oder im Winter zum Skilaufen ein. Festungsstädte wie Prats-de-Mollo, Mont-Louis oder Villefranche-de-Conflent bewachten hier einst die Grenze nach Spanien. Die mittelalterlichen Klöster St-Michel-de-Cuxa und St-Martin-du-Canigou künden davon, dass in abgelegenen Pyrenäentälern Architekturgeschichte geschrieben wurde.

Infobox

Regionale Websites

www.tourisme-pyreneesorientales.com
www.reseauculturel.fr
www. parc-pyrenees-catalanes.fr

Verkehr

Von Perpignan fahren Regionalzüge an die Côte Vermeille sowie nach Villefranche-du-Conflent. Busverbindung besteht zur Côte Vermeille, ins Vallespir, Conflent, Capcir und in die Cerdagne (http://bus1euro.cg66.fr, 1 €/Fahrt). Kleinere Bergdörfer sind aber nur per Pkw zu erreichen.

Rivesaltes ▶ G 17

Das große Dorf am Ufer des Agly ist eines der Weinzentren des Roussillon. Sein Name steht für einen natursüßen Muscat, verknüpft sich aber auch mit einem dunklen Kapitel europäischer Geschichte. So wurden im nahen Internierungslager zunächst spanische Bürgerkriegsflüchtlinge, ab 1942 Juden, später deutsche Kriegsgefangene und nach 1962 *harkis* aus Algerien zusammengepfercht.

Forteresse de Salses ▶ G 16

Salses-le-Château, www.salses.monuments-nationaux.fr, tgl. April–Sept. 10–18.30, Okt.–März 10–12.15, 14–17 Uhr, letzter Einlass 1 Std. vor Schließung, 7,50 €

Die Ebene zwischen den Hängen der Corbières und dem Ufer des Etang de Leucate wird von dem mächtigen Bollwerk von Salses beherrscht. Ferdinand von Aragón ließ es 1497 an der Nordgrenze seines Königreichs errichten. Die halb in den Boden gebaute Festung auf rechteckigem Grundriss mit einer bis zu 11 m dicken Schutzmauer ist ein einmaliges Beispiel der Militärarchitektur zu Beginn der Neuzeit. Unter französischer Regie wurde das

Fort 1691 nach Plänen Vaubans verstärkt, um gegen Artillerieangriffe gewappnet zu sein. Doch da hatte Salses bereits seine militärische Bedeutung eingebüßt, denn die Befestigungslinie verlagerte sich nach dem Pyrenäenfrieden 1659 auf den Pyrenäenkamm.

Le Musée de Tautavel

▶ F/G 16/17

Av. Léon-Jean-Grégory, Tautavel, http://450000ans.com, tgl. Juli/Aug. 10–19, Sept.–Juni, 10–12.30, 14–18 Uhr, 8 €; auch gültig für das Musée des Premiers Habitants de l'Europe im Palais des Congrès, av. Anatole France

Mit dem sensationellen Fund eines 450 000 Jahre alten menschlichen Schädels in der Caune de l'Arago rückte das Weinbauerndorf Tautavel 1971 in den Fokus archäologischer Untersuchungen und prähistorischer Forschung. Das **Musée de Tautavel – Centre Européen de Préhistoire** präsentiert auf 2000 m² Fossilien und Steinwerkzeuge aus 40 Jahren Grabungen. Die naturgetreue Nachbildung der Caune de l'Arago fehlt ebenso wenig wie die des *homme de Tautavel.* Fliehende Stirn, wülstige Augenbrauen und tiefliegende Augen charakterisieren diesen etwa 1,60 m großen Urmenschen, der zur Spezies des *homo erectus* gehört. Vor dem Museum jagt der Tautavel-Mensch – in Bronze gegossen. Daneben zeigt »Le Mur« von Raymond Moretti auf 40 x 4 m die Entwicklung der Menschheit.

Die Reise in die Vergangenheit lässt sich im **Musée des Premiers Habitants de l'Europe** fortsetzen. Multimediale Animationen setzen hier die ersten Bewohner Europas effektvoll in Szene. Zudem kann man die **Caune de l'Arago** südlich des Dorfes besuchen (April–Aug. 9–12, 14–18 Uhr).

Essen & Trinken

Produkte aus dem Bio-Anbau – **La Table d'Aimé:** 4, rue Francisco-Ferrer, Maison Cazes, Rivesaltes, Tel. 04 68 34 35 77, www.cazes-rivesaltes.com, Okt.–April So/Mo geschl., *formule* ab 16 €, Menü ab 31 €. Cazes ist mit 220 ha eines der größten Bio-Weingüter Frankreichs. Auf der Domaine im typischen Baustil des Roussillon lädt die Table d'Aimé zu einer wundervollen Mahlzeit ein. Alle Gerichte harmonieren aufs Beste mit den hauseigenen Weinen, die in großen Eichenholzfässern reifen. Elegant-schlichter Speisesaal und Hofterrasse.

Zu Gast auf dem Weingut – **Domaine de Rombeau:** Av. de la Salanques (D 12B), Rivesaltes, Tel. 04 68 64 35 35, www.domaine-de-rombeau.com, Menü ab 23 €. Unter der hohen Balkendecke des ehemaligen Weinlagers werden katalanische Gerichte, z. B. auf Rebenholz gegrillte Fisch- und Fleischspezialitäten, aufgetischt. Dazu gibt es Weine aus eigener Produktion. Angeschlossen ist im Ort das einfache 60-Zimmer-Hotel **Des Vignes** (DZ ab 62 €).

Heiter und gelassen – **Le Petit Gris:** Rte. d'Estagel, Tautavel, Tel. 04 68 29 42 42, Okt.–April Mo geschl. sowie abends außer Fr/Sa, Menü ab 20 €. Im großen Kamin brutzeln katalanische Grillspezialitäten, wie z. B. die *petits gris* genannten Weinbergschnecken. Sehr hübsche Terrasse mit Blick auf die Serre de Vingrau.

Aktiv

Bahnfahrt – **Le Train du Pays Cathare et du Fenouillèdes (TPCF):** Ab Rivesaltes düst der alte Schienenbus am Südrand der Corbières entlang bis nach Axat, auch offene Wagen (www.tpcf.fr, Ostern–Okt., ca. 21 €).

Gemütlich den Tag ausklingen lassen: im Schatten des Castillet von Perpignan

Perpignan ▸ G 17

Seit gerade mal 350 Jahren gehört die Präfektur des Départements Pyrénées-Orientales (118 000 Einw.) zu Frankreich. Die katalanisch-spanische Vergangenheit prägt bis heute Rhythmus und Temperament von *Perpinyà,* dem geistigen und kulturellen Zentrum Kataloniens diesseits der Pyrenäen. Dass Perpignan aber auch eine moderne, europäische Stadt sein will, demonstrieren ehrgeizige Architekturprojekte wie das neue Stadtviertel um den alten Bahnhof, in dem Salvador Dalí 1965 den »Nabel der Welt« sah, und das Théâtre de l'Archipel, das Stararchitekt Jean Nouvel entwarf.

Geschichte

Die Geschichte Perpignans beginnt mit einer römischen Villa am Südufer der Têt. Um das Jahr 1000 errichteten hier die Grafen des Roussillon ihre Residenz, die Ende des 12. Jh. mangels Erben dem Grafen von Barcelona, seines Zeichens König von Aragón, unterstellt wurde. Ihren politischen und wirtschaftlichen Höhepunkt erlebte die Stadt ab 1276 als Festlandskapitale der Könige von Mallorca. Doch die Herrlichkeit dauerte nur 68 Jahre: 1344 fiel das Inselkönigreich zurück an das Stammhaus Aragón. Bis zum Pyrenäenfrieden 1659 war Perpignan Zankapfel spanischer und französischer Interessen. Schließlich verleibte Richelieu Perpignan und das Roussillon der französischen Krone ein, wobei ihm die Unzufriedenheit der Katalanen mit der absolutistischen Regierung in Madrid zu Gute kam. Ungeachtet der politischen Grenzen blieb jedoch die kulturelle Einheit Kataloniens beidseitig der Pyrenäen bestehen. Nicht zuletzt rücken dank der neuen TGV-Verbindung die Schwesterstädte Perpignan und Barcelona wieder enger zusammen.

Altstadt

Das historische und touristische Zentrum Perpignans strahlt ursrpüngliche mediterrane Atmosphäre aus. Das Netzwerk aus kleinen Sträßchen und Plätzen mit hübschen Boutiquen, zahlreichen Cafés und Restaurants brummt tagsüber vom Stimmengewirr der Passanten, während abends die Nachtschwärmer von Bar zu Bar ziehen.

Castillet 1

Pl. de Verdun, Di–So 10.30–18 Uhr, 2 €

Wahrzeichen Perpignans ist der burgartige Torbau (14. Jh.) mit seinem Kostüm aus rotem Ziegelmauerwerk, über dem stets die katalanische Flagge weht. Er ist das einzige Überbleibsel der zu Beginn des 20. Jh. geschleiften Stadtmauer und beherbergt das **Musée de l'Histoire de la Catalogne Nord,** auch als **Casa Païral** bezeichnet. Von der Turmterrasse – 142 Stufen! – hat man eine grandiose Aussicht auf Stadt und Umland mit der Silhouette des Canigou am Horizont. Auf dem Gipfel dieses emblematischen Berges entzünden die Katalanen alljährlich am Abend des 23. Juni das Johannisfeuer mit einer Flamme, die das Jahr über im Castillet gehütet wird. Im Juli und August versammeln sich die Perpignanaises vor dem Castillet zum Tanz der Sardane (Mo ab 21 Uhr).

Cathédrale St-Jean-Baptiste 2

Pl. Gambetta, Mo–Sa 8–18, So 14–18 Uhr, Juni–Sept. bis 19 Uhr

Die Kathedrale wurde 1324 von den Königen von Mallorca als eines der größten und prächtigsten Gotteshäuser im Roussillon konzipiert. Doch die kurze Herrschaftszeit setzte den ambitionierten Plänen ein vorzeitiges Ende. Hinter der schlichten Westfassade, die von einem **Uhrturm** mit schmiedeeisernem Glockenkäfig (18. Jh.) flankiert wird, verbirgt sich ein beeindruckend großer, einschiffiger **Kirchenraum** im Stil der südfranzösischen Gotik.

Neben Altären aus dem 16. und 17. Jh. zählt das hölzerne Kruzifix **Dévôt Christ,** das in der gleichnamigen Kapelle aufbewahrt wird, zu den wertvollsten Ausstattungsgegenständen der Kathedrale. Die ausdrucksstarke Christusfigur wurde im frühen 14. Jh. von einem rheinischen Künstler gefertigt. Jährlich soll sie ihren Kopf ein wenig mehr zur Schulter neigen, berührt er diese, steht das Weltenende bevor, so die Legende.

Links an die Kathedrale grenzt **St-Jean-le-Vieux,** die älteste, im Jahr 1025 geweihte Kirche der Stadt. Rechter Hand liegt der **Campo Santo** 3, ein ungewöhnlicher Friedhof aus dem 14. Jh. in Form eines Kreuzgangs. Im Sommer bildet er den zauberhaften Rahmen für Konzerte und andere kulturelle Veranstaltungen (Anfang Okt.–Anfang Aug. Di–So 10.30–18 Uhr).

Casa Xanxo 4

8, rue de la Main de Fer, Di–So 10.30–18 Uhr, regelmäßig Ausstellungen

Das repräsentable Heim eines reichen Tuchhändlers ist eines der wenigen erhaltenen gotischen Häuser der Stadt. Seine Fassade zeigt qualitätvolle Steinmetzarbeiten, vor allem der Fries mit einer Darstellung der sieben Todsünden. Innen ist ein Modell Perpignans von 1659 zu sehen.

Place de la Loge 5

Die Place de la Loge gilt vielen als der Nabel Perpignans. Unberührt vom quirligen Treiben überblickt die bronzene »Venus« von Aristide Maillol den Platz. Ihr gegenüber strahlt die **Loge de Mer** (1397) mit Spitzbögen im spätgotischen Flamboyant-Stil. Eine schmiedeeiserne Wetterfahne in Form eines Schiffes (16. Jh.) weist auf die

Perpignan

Sehenswert
- 1 Castillet
- 2 Cathédrale St-Jean
- 3 Campo Santo
- 4 Casa Xanxo
- 5 Place de la Loge
- 6 Musée Hyacinthe Rigaud
- 7 St-Jacques
- 8 Palais des Rois de Majorque

Übernachten
- 1 Château La Tour Apollinaire
- 2 Park Hôtel

Essen & Trinken
- 1 La Galinette
- 2 Le Saint-Jean
- 3 Le Barathym
- 4 Le Sud

Einkaufen
- 1 Marché de la Place Cassanyes
- 2 Marché aux Puces
- 3 Aux Bonnes Olives

Abends & Nachts
- 1 Republic Café
- 2 Habana Bodeguita
- 3 Théâtre de l'Archipel

einstige Bestimmung des Gebäudes als Seehandelsgericht und Börse hin. Den Arkadenhof des **Hôtel de Ville** (14. Jh.), gleich neben der Loge, ziert eines der Hauptwerke Maillols, die wohlgeformte »La Méditerranée«.

Die winzigen Gassen **Fabriques d'en Nabot, Fabriques d'en Nadal** und **Fabriques Couvertes** gegenüber dem Rathaus erinnern an die Werkstätten der Stoffveredler, die im Mittelalter den Reichtum Perpignans begründeten. Die **Maison Julia** (2, rue des Fabriques d'en Nabot), ein elegantes Wohnhaus aus dem 14. Jh., ist mit ihrer Fassade aus Ziegeln und Flusskieseln ein typisches Beispiel traditioneller Architektur des Roussillon.

Place Arago

Vom Strom der Fußgänger getrieben, gelangt man unweigerlich zu den Caféhausterrassen unter den Palmen und Magnolien der Place Arago. Eine Institution am Platz ist die Brasserie Le **Café Vienne,** wo von mittags bis spät am Abend Essen serviert wird. Wenige Schritte entfernt in der Rue de l'Ange residiert in einem Patrizierhaus des 18. Jh. das städtische Kunstmuseum **Hyacinthe Rigaud** 6, das den Namen des aus Perpignan stammenden Porträtmalers Ludwig XIV. trägt. Wegen einer umfassenden Renovierung bleibt das Museum bis 2016 geschlossen. Im Erdgeschoss informiert eine Ausstellung über die Maßnahmen (16, rue de l'Ange, Di–Sa 10.30–18 Uhr).

Quartier St-Jacques

Im Kontrast zum Boutiquenchic steht das ärmliche Wohnviertel in der westlichen Altstadt. Rund um die Plätze **Puig** und **Cassanyes** taucht man in eine fremde Welt ein: Teestuben und Kebabläden säumen die Gassen, Wäscheleinen spannen sich zwischen blätternden Fassaden, vor den Türen toben unter den wachsamen Augen korpulenter Frauen Kinderhorden.

St-Jacques ist die Heimat sozialer Randgruppen: Eine große Zigeunergemeinde ist bereits seit dem 14. Jh. hier sesshaft, Einwanderer aus Nordafrika verschlug es nach dem Algerienkrieg in das Viertel. Die räumliche Enge in überteuerten, heruntergekommenen Unterkünften, Diskriminierung sowie Arbeits- und Perspektivlosigkeit münden gelegentlich auch hier in gewalttätigen Konflikten, so etwa im Frühjahr 2005, als Perpignans Altstadt eine Woche im Ausnahmezustand lebte.

Dominiert wird das Viertel von der Kirche **St-Jacques** 7 aus dem 13. Jh., die Jakob I. von Aragón ab 1245 bauen ließ. In ihrem Innern birgt sie sehenswerte Altäre im Stil des Ba-

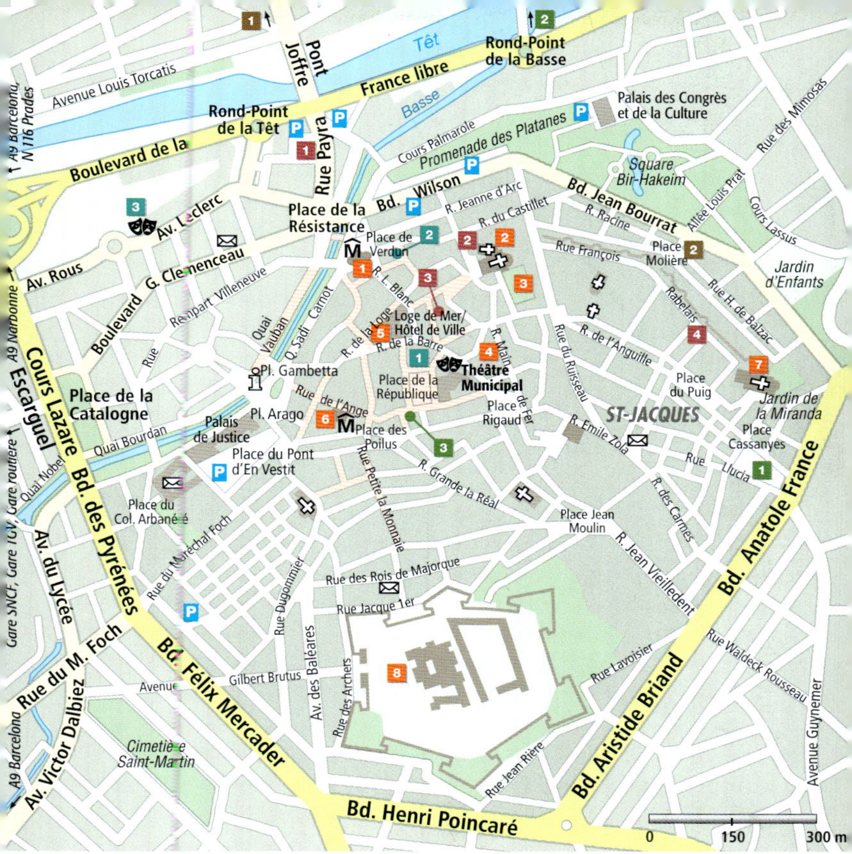

rock. An Karfreitag startet an ihrem Portal die Procession de la Sanch (rue de la Miranda, Di–So 11–17 Uhr).

Citadelle

Palais des Rois de Majorque 8

Eingang 4, rue des Archers, tgl. Juni–Sept. 10–18, Okt.–Mai 9–17 Uhr, 4 €

Auf einer Erhebung im Süden der Altstadt ließen die Könige von Mallorca ab 1276 ihre Festlandsresidenz errichten. Im 16. Jh. wurde der Königspalast vom spanischen Regenten Philipp II. mit einer riesigen sternförmigen Zitadelle ummantelt, in die nach dem Pyrenäenfrieden 1659 die französischen Truppen einzogen. Vauban ergänzte nur einige Verstärkungen. Im quadratischen **Ehrenhof** mit zwei monumentalen Treppenaufgängen und eleganten Arkadengalerien lässt sich ein wenig von der einstigen Pracht erahnen, wohingegen die Innenräume ihrer Ausstattung beraubt sind und sich karg und kahl präsentieren. Der schönste Teil des Palastes ist die **Torre Major,** die zwei übereinanderliegende Kapellen birgt. Die untere, in reiner

Gotik, dokumentiert das Zusammenspiel europäischer und arabischer Baukunst. Ein grandioses Panorama öffnet sich von der **Tour de l'Hommage.** Die gepflegten **Palastgärten** machen bekannt mit einheimischen Bäumen und Sträuchern. Die tropische Palme soll die Verbundenheit mit den Balearen zeigen.

Centre de Sculpture Romane ▸ H 18

Parc Guilhem, Cabestany, www.maitre-de-cabestany.com, Juli/Aug. tgl., Sept.–Juni 10–12.30, 13.30–18/18.30 Uhr, 3 €

In Cabestany, 5 km östlich von Perpignan, wird die Schaffensgeschichte des genialen Maître de Cabestany erzählt. In den Kirchen und Klöstern des Midi – etwa in Rieux-Minervois, St-Papoul bei Castelnaudary, in St-Hilaire bei Limoux oder in Lagrasse – begegnet man Skulpturen, die ihm und seiner Werkstatt zugeschrieben werden. Das Museum zeigt originalgetreue Reproduktionen der Meisterwerke.

Strände

12 km vom Stadtzentrum entfernt erstreckt sich zwischen der Têt-Mündung und dem **Etang de Canet** der Badeort **Canet-Plage,** dessen Strandpromenade von mehrstöckigen Apartmenthäusern gesäumt wird. Naturbelassene Strände finden sich nördlich der Têt bei **Ste-Marie** und **Toreilles.**

Übernachten

Verborgenes Schmuckstück – **Château la Tour Apollinaire** **1**: 15, rue Guillaume Apollinaire, Tel. 04 68 64 45 72, www.latourapollinaire.com, DZ ab 100 €. Ein Haus aus der Belle Époque, zehn Gehminuten vom Zentrum, mit neun geräumigen Zimmern, die jeweils Zugang zu einem Salon und einer kleinen Küche haben. Zudem ein Garten mit Pool und lauschigen Ecken.

Mit Design-Restaurant – **Park Hôtel** **2**: 18, bd. Jean Bourrat, Tel. 04 68 35 14 14, www.parkhotel-fr.com, DZ ab 60 €. Modernes Haus am Park Bir-Hakeim. 69, meist großzügig geschnittene Zimmer. Mit Garage.

Aux Bonnes Olives verkauft Spezereien aus aller Welt

Essen & Trinken

Gemüse aus eigenem Anbau – **La Galinette** 1: 23, rue Jean-Payra, Tel. 04 68 35 00 90, www.restaurant-galinette.com, So/Mo sowie Juli geschl., Menü mittags ab 23 €, abends ab 48 €. Christophe Comes erhielt 2007 einen Michelinstern – und das zu Recht. Vom Roussillon inspirierte Cross-over-Küche. Junges, engagiertes Serviceteam. Unbedingt reservieren!

Weinbistro – **Le Saint-Jean** 2: 1, rue Cité Bartissol, Tel. 04 68 51 22 25, *formule* 15 €, Menü ab 27 €. Zum Wein gibt es regionale Gerichte wie *boles de picolat* (Fleischklösschen mit weißen Bohnen). Schöne Außenplätze neben der Kathedrale.

Gut, frisch und preiswert – **Le Barathym** 3: 7, rue des Cardeurs, Tel. 04 68 50 98 14, So/Mo geschl., Menü ab 10 €. Erfolgsgeheimnis des Restaurants sind erstklassige Produkte, eine oft wechselnde Karte und ein sehr freundlicher Service. Gute Auswahl an Wein und Whisky.

Für Sommertage – **Le Sud** 4: 12, rue Louis-Bausil, Tel. 04 68 34 55 71, www.restaurantlesud.fr, April–Nov. Di–Sa abends, Menü ca. 25 €. Das Ambiente im Patio lässt an Andalusien denken, die Speisekarte lädt zu einer Reise rund ums Mittelmeer ein.

Einkaufen

Märkte – **Marché de la Place Cassanyes** 1: Tgl. 7.30–13 Uhr. Einkauf mit orientalischem Flair, besonders am So.

Marché aux Puces 2: Av. du Palais des Expositions, So 7.30–13.30 Uhr. Trödel am nördlichen Têt-Ufer.

Spezereien – **Aux Bonnes Olives** 3: 2 bis, rue Adjuant-Pilote-Paratilla. Der Ali Baba von Perpignan, Tausende Gewürze und Lebensmittel aus aller Herren Länder.

Abends & Nachts

Am Abend kann man rund um die Place Gambetta und den Castillet von Bar zu Bar ziehen: Die Auswahl ist groß. Im Juli/August spielt die Musik allerdings in Canet-Plage.

Ausgefallene Deko – **Republic Café** 1: Pl. de la République, Tel. 04 68 51 11 64, Mo geschl. Zu den festen Größen im Nachtleben zählt das ›Rep‹. Die Musik tendiert zu House und Lounge.

Im Salsa-Rhythmus – **Habana Bodeguita** 2: 5, rue Grande-des-Fabriques, Tel. 04 68 34 11 00, So geschl. Zu lateinamerikanischen Klängen wird natürlich Mojito geschlürft. Dazu Cross-over-Küche. Zigarrenkeller für Havanna-Fans.

Theater- und Konzertsaal der Superlative – **Théâtre de l'Archipel** 3: Av. Général Leclerc, Tel. 04 68 62 62 00, www.theatredelarchipel.org.

Infos & Termine

Office de Tourisme

Pl. François Arago, Palmarium, 66000 Perpignan, Tel. 04 68 66 30 30, www.perpignantourisme.com.

Termine

La Procession de la Sanch: Karfreitag, 15 Uhr (s. S. 82).

Sant Joan – Festa Major: Ende Juni. Mehrtägiges Stadtfest mit Entzündung des Johannisfeuers am 23. Juni.

Les Estivales de l'Archipel: Ende Juni–Anfang Juli. Tanz- und Musikveranstaltungen (www.lesestivalesdelarchipel.org).

Les Jeudis de Perpignan: Juli/Aug. Jeden Do abend in der Altstadt, Straßentheater, Konzerte, Tanz.

Visa pour l'Image: Anf. Sept. Internationales Festival des Fotojournalismus. Ausstellungen u. a. im Couvent des Minimes (16./17. Jh.), in der Eglise des

Dominicains (13. Jh.) und der Poudrière, alle in der Rue Rabelais (www.visapourlimage.com).
Jazzèbre: Ende Sept–Mitte Okt. Musikfestival (www.jazzebre.com).

Verkehr

Bahn: Gare SNCF, pl. Salvador Dalí, Lokalzüge nach Collioure, Villefranche, Rivesaltes. Vom neuen TGV-Bahnhof vis-à-vis am Bd. du Conflent nach Paris, Barcelona, Carcassonne.
Bus: Gare routière, bd. St-Assiscle, vis-à-vis des Bahnhofs, http://bus1euro.cg66.fr.
Innerstädtisch: Im Zentrum verkehrt der kostenlose P'tit Bus auf zwei Linien (www.ctpmperpignan.com).
Auto: Mehrere ausgeschilderte Parkhäuser rund um die Altstadt.
Fahrrad: Verleih an 15 Stationen von BIP Location nach Registrierung per Internet oder Mobiltelefon. Zahlung per Bankkarte (www.bip-perpignan.fr).

St-Cyprien ▸ H 18

Wie die meisten Orte an der Küste des Roussillon hat auch **St-Cyprien** (10 000 Einw.) eine Dependance am Meer. **St-Cyprien-Plage** ist weitläufig mit Ferienhäusern bebaut, nur am Strand stehen einige mehrstöckige Apartmentanlagen. Rund um den großen Jachthafen scharen sich Restaurants, Cafés, Kneipen und Andenkenläden. Sechs Kilometer feinsandige Strände, zahlreiche Wassersportangebote, ein 27-Loch-Golfplatz sowie die Auszeichnung *FamillePlus* machen St-Cyprien zu einem beliebten Badeort für Familien.

Collections de St-Cyprien

Rue Emile Zola, www.collectionsdesaintcyprien.com, Di–Fr 14–18, Sa 10–12, 14–18 Uhr, 4 €

Die Sammlungen gehen auf eine Stiftung des Malers François Desnoyer (1894–1972) zurück. Neben zahlreichen eigenen Werken und Gemälden des 19. und 20. Jh. sind in zwei Museen auch zeitgenössische Kunst und afrikanische Volkskunst zu sehen.

Elne ▸ H 18

Schon von Weitem weckt der massige, eckige Glockenturm der **Cathédrale Ste-Eulalie-et-Ste-Julie** (11. Jh.) die Neugier. Das romanische Gotteshaus zeugt von der einstigen herausragenden Stellung Elnes, das ab dem 6. Jh. über einen Zeitraum von 1000 Jahren Bischofssitz war.

Cloître d'Elne

Place de l'Eglise, Elne, www.ot-elne.fr, Juni–Sept. tgl. 9.30–12.30, 14–18, Okt.–Mai Di–So 9.30–12.30, 14–17 Uhr, 4,50 €

Ein absolutes Muss für Architekturinteressierte ist der original erhaltene Kreuzgang der Kathedrale. Die kunstvoll gearbeiteten, durch Pflanzen- und Tiermotive sowie Bibelszenen ausgestalteten Kapitelle sind ein beeindruckendes Zeugnis des Stilwandels, den die Bildhauerkunst zwischen dem 12. und 14. Jh. – also von der Romanik zur Gotik – vollzog.

Maternité Suisse d'Elne

Rte. de Bages, Elne, Öffnungszeiten wie Cloître, 3,50 €

Ein Zeugnis der jüngeren Geschichte ist das Entbindungsheim, das ein schweizerisches Hilfswerk 1939 im Château d'en Bardou einrichtete. Hier fanden bis 1944 Mütter und Kinder, die vor dem Franco-Regime fliehen mussten, aber auch verfolgte Jüdinnen sowie Schwangere und kranke Kinder aus Rivesaltes Schutz.

Übernachten, Essen

Fusion-Küche – **L'Almandin:** Bd. de l'Almandin, Tel. 04 68 21 01 02, www.almandin.fr, tgl. geöfnet, Menü mittags ab 30 € abends ab 49 €. Das Restaurant gehört zum luxuriösen Hotelkomplex L'Ile de la Lagune (http://fr.hotel-ile-lagune.com, DZ ab 170 €). Chefkoch Philippe Galindo, ein Meister ungewöhnlicher Kompositionen, hat seine Lehrjahre in den großen spanischen Küchen absolviert.

Clubhotel – **La Lagune:** Av. A. Lanoux, Tel. 04 68 21 24 24, http://fr.hotel-lalagune.com, April–Okt., DZ ab 95 €. 49 Zimmer sowie Studios in einem Resort im Süden von St-Cyprien-Plage. Zur Ausstattung gehören Pool, Tennisplätze, Spa, Fitness, Restaurant (Buffet ab 29 €/Pers.) und Strandbar.

Beim Winzer – **Mas Bazan:** Rte. de Saleilles, Alénya, an der D 22 nördl. von St-Cyprien, Tel. 04 68 22 98 26, www.masbazan.com, DZ ab 61 € inkl. Frühstück. Typisches katalanisches Mas mit allerlei Viehzeug und Pool, idyllisch inmitten von Wein- und Pfirsichfeldern. Natursteinmauern und Dielenböden verleihen den vier Gästezimmern einen rustikalen Charakter. Für Selbstversorger gibt es drei hübsche *gîtes.* Am Gästetisch werden Weine aus eigenem Anbau serviert (Vorbestellung erforderlich, Menü 26 € inkl. Wein).

Infos

OT: Quai Arthur Rimbaud, 66750 St-Cyprien, Tel. 04 68 21 01 33, www.tourisme-saint-cyprien.com.

Argelès-sur-Mer ▸ H 19

Das lebhafte katalanische Städtchen (10 000 Einw.) am Fuß des Massif des Albères lebt vom Weinbau und Tourismus. 100 000 Gäste kommen jährlich nach **Argelès-Plage,** das dennoch eine familiäre Atmosphäre bewahren konnte. Am **Racou-Plage,** dem südlichen Ende des Strandes, mündet die Sandküste des Languedoc-Roussillon in die felsige Côte Vermeille. Mit etwa 60 Zeltplätzen ist Argelès die Camping-Hochburg an der französischen Mittelmeerküste.

Im alten Ortsteil vermittelt die **Casa de l'Albera** Informationen über katalanische Handwerkskünste sowie über Volkskunst und Brauchtum in den Albères-Bergen (4, pl. des Castellans, Juni–Sept. Di–Fr 10–18, Sa/So 10–13, 14–18, Okt.–Mai Di–Sa 10–12, 14–17 Uhr, 3 €) Lebendige katalanische Tradition ist der Tanz der *sardane,* zu der sich Einwohner und Touristen im Sommer montags und freitags abends auf der Place St-Côme treffen.

Réserve Naturelle de la Massane ▸ H 19

Die 300 ha große Naturschutzzone im östlichen Teil des Massif des Albères, die größtenteils aus Buchenwäldern besteht, ist ein Paradies für Wanderer. Sie reicht von 600 m Höhe bis zum Gipfel des **Pic des 4 Termes** (1158 m) auf der Grenze zu Spanien. Wege führen u. a. zur **Tour de la Massane,** 1285 von Jakob I. als Signalturm errichtet. Eine Broschüre mit neun Tourbeschreibungen erhält man im Office de Tourisme (4 €).

Übernachten

Mit Blick aufs grande bleue – **Mas Senyarich:** 3 km nördl. von Argelès (Rtg. Sorède, ab Eisenbahnunterführung ausgeschildert), Tel. 04 68 95 11 10, www.mas-senyarich.fr, DZ ab 85 € inkl. Frühstück. Drei Gästezimmer und fünf *gîtes* in einem authentischen katalanischen Bauernhaus oberhalb von Argelès. Bezaubernder Garten mit Pool – und in der Ferne glitzert das Mittelmeer.

Übernachten, Essen

Frisches Design in alten Mauern – **Auberge du Roua:** 46, chemin du Roua (nördl. von Argelès Rtg. Sorède), Tel. 04 68 95 85 85, www.aubergeduroua.com, DZ ab 89 €, Restaurant tgl. abends und So mittags geöffnet, Menü-Tapas 22 €, Menü ab 27 €. 17 schicke Zimmer in einem katalanischen Gehöft aus dem 17. Jh. in den Weinhügeln am Fuß der Albères-Berge. Das Restaurant des Hauses verführt mit raffinierter mediterraner Kost. Bei schönem Wetter wird im Garten neben dem Pool gedeckt.

Einkaufen

Märkte – **Wochenmarkt:** Mi und Sa vormittags in Argelès-Village, pl. de la République. **Bauernmarkt:** Mitte Juni–Sept. Mo, Mi, Fr vormittags in Argelès-Plage, av. des Platanes. **Kunsthandwerkermarkt:** Mitte Juni–Mitte Sept. tgl. 17–24 Uhr, av. des Platanes.

Aktiv

Bootsausflüge – **Roussillon Croisières:** Tel. 04 34 55 22 84, www.roussillon-croisieres.com. Ab Port-Argelès entlang der Felsenküste nach Collioure und Port-Vendres sowie zur Costa Brava. Außerdem Angeltouren.

Canyoning – **Paradise Aventure:** 7, impasse Copernic, Tel. 04 68 95 41 66, www.canyoning-park.com, Mitte April–Mitte Sept. 10 bis mind. 19 Uhr, ab 30 €. Abenteuerpark mit künstlicher Wasser- und Felslandschaft zum Canyoning oder Klettern.

Infos

OT: Pl. de l'Europe, 66700 Argelès, Tel. 04 68 81 15 85, www.argeles-sur-mer.com.

Côte Vermeille! ▶ J 19

Die ›rote‹ Felsenküste am Fuß der Pyrenäen bildet den landschaftlich faszinierendsten Abschnitt des Golfe du Lion. Schmale Buchten mit Kiesstränden schmiegen sich an steil abfallende Felsklippen, die zwischen das Blau des Himmels und des Meeres einen rostroten Trennstrich ziehen.

Die viel befahrene **Route de la Corniche** schlängelt sich in zahllosen Kehren von **Collioure** über **Port-Vendres** und **Banyuls** nach **Cerbère,** das vor allem als Grenzbahnhof bekannt ist und von einem großen Eisenbahnviadukt beherrscht wird. Seit Inbetriebnahme der TGV-Strecke Perpignan–Barcelona ist es allerdings in Cerbère merklich ruhiger geworden. Von **Cap Réderis** sowie von **Cap Cerbère** genießt man einen grandiosen Blick auf die gesamte Küste bis hinunter nach Spanien.

Ein Abstecher ins spanische **Portbou** führt zur Installation »Passages«, die Dani Karavan 1994 als Hommage an Walter Benjamin errichtete (Carrer la Barca). Aus Angst vor Entdeckung und Auslieferung an die Nazis nahm sich der deutsche Schriftsteller im September 1940 in Portbou das Leben. Auf dem Friedhof *(cimentiri)* oberhalb des Denkmals ist er beerdigt.

Zurück nach Collioure geht es über die **Route des Crêtes** oberhalb der Felsenküste. Von Banyuls schraubt sich das enge Sträßchen durch Weinterrassen und Korkeichenwälder empor zu einer verlassenen Kaserne aus dem 19. Jh. Hier erklärt eine **Table d'Orientation** das grandiose Panorma. Noch überwältigender ist der Blick, den Wanderer von der oberhalb gelegenen **Tour Madeloc** genießen (s. S. 235).

Die Bucht von Collioure zählt zu den schönsten der Côte Vermeille

Am Strand von Collioure genießt man den Blick über die Bucht

Sentier Littoral

Wanderkarte IGN 2549 OT; Broschüre in den Offices de Tourisme (4 €), Download unter www.cg66.fr; festes Schuhwerk; An-/Abfahrt Buslinie 400
Der markierte Küstenweg erlaubt es, die gesamte Côte Vermeille auf Schusters Rappen zu entdecken. Von vielen Stationen am Weg kann man mit dem Bus 400 zurück zum Ausgangspunkt fahren. Besonders schön ist der Abschnitt zwischen Cap Béar und Banyuls.

Collioure ▸ H/J 19

Tief im Süden liegt das mit Abstand schönste Küstendorf des Languedoc-Roussillon (3000 Einw.). Selbst der Touristenrummel im Sommer vermag den Reiz von Collioure nicht zu beeinträchtigen. Die malerische Kulisse mit Fort und Wehrkirche, die engen Gassen des **Quartier du Mouré** und die bunten katalanischen Barken vor dem glitzernden Blau des Meeres faszinierten Anfang des 20. Jh. Maler wie Matisse und Derain. 19 Arbeiten dieser sogenannten ›Wilden‹ zeigt der **Chemin du Fauvisme** (Info: Maison du Fauvisme, rue de la Prud'homie, s. auch S. 75). Und auch in der **Bar des Templiers** haben sie ihre Spuren hinterlassen (s. Lieblingsort S. 236). Bevor der Tourismus den Ort entdeckte, lebte Collioure hauptsächlich vom Fischfang und Weinbau. Für ihre Qualität bekannt sind die Sardellen *(anchois)*, die heute noch von zwei Traditionshäusern in Handarbeit zubereitet werden.

Château Royal

Quai de l'Amirauté, tgl. Juli/Aug. 10–18, Juni, Sept. 10–17, Okt.–Mai 9–16 Uhr, 4 €
Im 13. Jh. errichteten die Könige von Mallorca in der Bucht von Collioure zwischen dem Port d'Avall und Port d'Amont ihre Sommerresidenz. Nach dem Pyrenäenfrieden im 17. Jh. ließ der französische Festungsbaumeister

Vauban das Château Royal zur Bastion ausbauen, wobei die Siedlung zu Füßen der Burg den Schutzwällen weichen musste. Heute beherbergt die imposante Festung Sonderausstellungen.

Notre-Dame-des-Anges

Pl. de l'Eglise, tgl. 9–12, 14–18 Uhr

Am nördlichen Zipfel der Bucht von Collioure steht die Pfarrkirche (1648–91) mit den Füßen fast im Wasser. Der runde Glockenturm mit der markanten rosafarbenen Haube stammt noch aus dem Mittelalter und diente ursprünglich als Leuchtturm des alten Hafens. Zwölf Metallrahmen, die der Künstler Marc André De Figueres im Ort aufgestellt hat, zeigen den Turm aus unterschiedlichen Blickwinkeln – »Pointe2Vue«. Zur Ausstattung der Kirche gehören kostbare Barockaltäre und Reliquien.

Fort St-Elme

Rte. stratégique, www.fortsaintelme.fr, ab Collioure ca. 30 Min. Fußweg oder per Petit Train, ab Port-Vendres Autozufahrt, tgl. April–Sept. 10.30–19, Mitte Febr.–März, Okt.–Mitte Nov. 10.30–17 Uhr, 6 €

Das 360°-Panorama ist gigantisch. Aufgrund der strategisch wichtigen Position stand die Festung, deren Ursprung auf das 9. Jh. zurückgeht, oft im Mittelpunkt von Grenzstreitigkeiten. Im Zweiten Weltkrieg wurde sie von den Deutschen okkupiert. Im Innern sind eine Waffensammlung sowie Ausstellungen zur Militärarchitektur, speziell zum Werk von Vauban, zu sehen.

Panoramawege ▸ H 19

Wanderkarte IGN 2549 OT; Petit Guide Rando im Office de Tourisme (6 €), Downloads unter www.cg66.fr

Ein beliebtes Ausflugsziel oberhalb von Collioure ist die **Ermitage Notre-Dame-de-Consolation.** In der Votivkapelle aus dem 17. Jh. bitten die Einheimischen traditionell um Heilung von Krankheiten und um eine glückliche Heimkehr der Seeleute. Ein Besuch kann in eine Wanderung eingebunden werden, die durch die terrassierten Weinhügel führt und wunderbare Aussichten auf die Küste und in die Berge gewährt. Der Weg startet an dem großen **Kreisverkehr** im Ortskern von **Collioure.** Über die **Rue de Temple, Rue de la Galère** und den **Chemin de Consolation** gelangt man schnell in die Weinterrassen. Gelbe Balken markieren den Verlauf der Route. Nach dem **Oratoire Ste-Thérèse** folgt man links dem Sträßchen. Kurz darauf zweigt rechts eine Piste durch den Wald zur **Ermitage** ab. Nach dem Abstecher steigt man auf der Wanderroute bergauf zum **Col de Mollo** (231 m). Hier folgt man links der Straße Richtung Port-Vendres auf knapp 400 m, dann links der Piste N°AL 45 aufwärts. Der Hauptweg (rechts) führt in einem langen Abstieg über den **Col d'en Raixat** zum **Fort Dugommier.** Hinter dem Fort ist links ein Abzweig leicht zu übersehen, der in die Zufahrt zum **Fort St-Elme** mündet. Hier links und dann gleich rechts den Fußweg nach Collioure einschlagen. Am Ortsrand wird der Pfad zur Straße. Man geht links, an der **Mühle** *(moulin)* vorbei und über Treppen hinab zum **Musée d'Art Moderne.** Von dort sind es nur wenige Schritte links zurück zum Kreisverkehr (7,5 km, ca. 2,5 Std.).

Eine klassische Wanderung für Trainierte führt von der **Ermitage** über den **Col de la Serra** weiter zur **Tour de Madeloc**. Der Turm gehörte zu einem Netz von Signaltürmen, die Jakob II. von Mallorca errichten ließ. Die Mühen des Aufstiegs belohnen einzigar-

Lieblingsort

Bar des Templiers – wie im Kunstsalon

Anfang des 20. Jh. war das Templiers in Collioure (► H/J 19) der Treffpunkt der Maler, und so wurde der Wirt René Pous zum begeisterten Kunstsammler. Sein Enkel Jojo und seine Urenkelin Manée tragen heute dafür Sorge, dass der urige Schankraum seine ursprüngliche Atmosphäre bewahrt. Am Nachmittag spielen hier die alten Colliourencs Karten, am späteren Abend schaut die Jugend auf ein Bier oder einen Wein vorbei (Hostellerie les Templiers, 12, quai de l'Amirauté, Tel. 04 68 98 31 10, www.hotel-templiers.com).

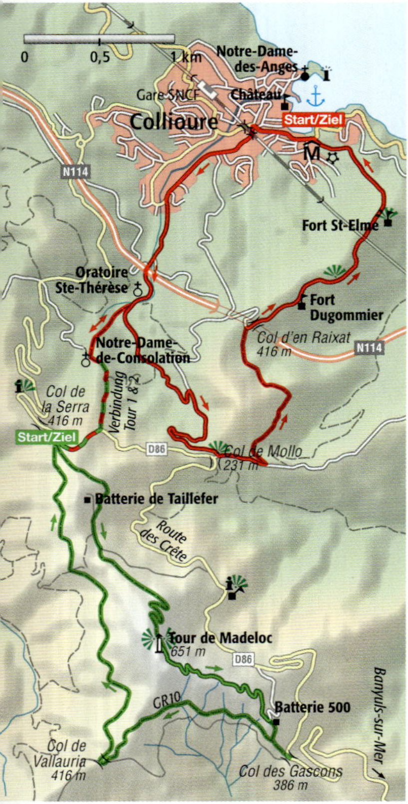

Von Collioure zur Tour de Madeloc

tige 360°-Panoramen. Wählt man ab dem Col de la Serra wieder den Weg an der Ermitage vorbei, so sind es insgesamt 15 km und 5,5–6 Std.

Man kann die Wanderung um das **Madeloc-Massiv** auch separat unternehmen. Hierzu fährt man auf der **Route des Crêtes** bis zum **Col de la Serra,** wo am Straßenrand Parkmöglichkeit für einige Autos besteht und der Weg beginnt. An der ersten Gabelung wandert man links zur **Batterie de Taillefer,** die zwei Kunsthandwerker als Atelier nutzen, und weiter bergan zur **Tour de Madeloc** (651 m). Der Weg führt abwärts zur **Batterie 500** und zum **Col des Gascons** (386 m). Kurz davor trifft man auf die rot-weiße Markierung des **GR 10,** der man rechts, vorbei an den Ruinen der **Caves Reig** zum **Col de Vallauria** folgt. Von dort führt der Weg fast immer auf gleicher Höhe zurück zum Col de la Serra (10 km, ca 2.45 Std.)

Übernachten

Eine Oase der Ruhe – **Casa Païral:** Impasse des Palmiers, Tel. 04 68 82 05 81, http://fr.hotel-casa-pairal.com, DZ ab 95 €. Elegante katalanische Villa in einem mediterranen Garten mit Springbrunnen und Pool. 27 geräumige Zimmer und Suiten mit nostalgischem Flair. Mit Parkplatz.

Mit Traumblick – **Le Bon Port:** 12, rte. de Port-Vendres, Tel. 04 68 82 06 08, www.bon-port.com, DZ ab 97 €. Modernes und sehr komfortables 22-Zimmer-Haus in Hanglage gegenüber vom alten Zentrum. Terrasse und Pool.

Essen & Trinken

Japanisch-katalanisches Crossover – **Le 5ème Péché:** 18, rue Fraternité, Tel. 04 68 98 09 76, www.le5peche.com, Mo, Di mittags geschl. außer Juli/Aug., *formule* ab 18 €, Menü ab 37 €. Allemal eine Sünde wert sind die Kreationen von Masashi Iijima – feinste regionale Küche und ein Hauch Asien, mit Charme serviert in einem winzigen Restaurant in der Altstadt.

Küche von hier und anderswo – **L'Arbre du Voyageur:** 19, pl. Jean-Jaurès, nur abends geöffnet, Hauptgericht um 13 €. Unscheinbares Lokal, aber ausgefallenes Essen mit exotischen Gewürzen und Aromen. Oft auch Livemusik.

Einkaufen

Kunst – Im **Quartiers du Mouré** gibt es viele kleine Läden und Ateliers, aber ebenso zahlreiche Souvenirshops.
Anchovis – **Anchois Roque:** 17, rte. d'Argèles-sur-Mer. **Anchois Desclaux:** 3, rte. d'Argelès-sur-Mer. Die Fischchen werden eingelegt in Öl und in Salz oder auch als Creme verkauft. Die Produktion kann besichtigt werden.
Wein – **Cellier des Dominicains:** Pl. Orphila. Weinkeller der Winzer von Collioure unter den Gewölben eines alten Dominikanerklosters. Achtung, bei Banyuls und Vieux Banyuls handelt es sich immer um natursüßen Wein!

Abends & Nachts

Im **Quartier du Moure** wimmelt es von Lokalen. Man kann hier auch noch spät eine Pizza oder ein paar Tapas essen, etwas trinken und Musik hören.

Infos & Termine

OT: Pl. du 18 Juin, 66190 Collioure, Tel. 04 68 82 15 47, www.collioure.com.
Procession de la Sanch: Karfreitag, ab 21 Uhr. Prozession ab Notre-Dame-des-Anges (s. S. 82).
Fête de la St Vincent: 14.–18. Aug. Stadtfest mit Straßenmusik, *sardanes* und Stierkampf, am 16. Aug. spektakuläres Feuerwerk (150 000 Besucher!)
Parken: Kostenpflichtige Parkplätze Quai de l'Amirauté/Glacie (im Sommer überfüllt); Rte. du Pla de las Fourques beim Fort Miradoux (ca. 10 Min. Fußweg); Cap Dourats (2 km, Mai–Sept. Gratisbus ins Zentrum).

Port-Vendres ▸ J 19

Der antike ›Hafen der Venus‹, in römischer Zeit ein wichtiger Handelsstützpunkt, steht ganz im Schatten von Collioure. Trotz der großen Marina lockt das traditionsreiche Fischerstädtchen (6000 Einw.) weniger Touristen an. Entlang der Quais mit den pastellfarbenen Häusern kann man zum Fischereihafen bummeln. Vom Handelshafen führt ein im späteren Verlauf holpriger Weg zum Leuchtturm am **Cap Béar.**

Anse de Paulilles ▸ J 19

D 914, www.cg66.fr, tgl. Juni–Aug. 9–20, April/Mai, Sept./Okt. 9–19, Nov.–März 9–17 Uhr
Lange Zeit war die idyllische Bucht No-go-Area, denn bis 1984 wurde Dynamit produziert. Heute sind das ehemalige Fabrikgelände und die drei **Strände** ein beliebtes Ausflugsziel. Die **Maison du Site de Paulilles** informiert über die Ortsgeschichte, in einer kleinen **Werft** werden original katalanische Fischerboote restauriert, es gibt Picknickmöglichkeiten und von April bis September öffnet das Strandlokal **Le Sole Mio**.

Essen & Trinken

Blick auf den Hafen – **La Côte Vermeille:** Quai Fanal, Tel. 04 68 82 05 71, www.restaurantlacotevermeille.com, Mo, im Winter So/Mo geschl., im Restaurant Menü mittags ab 32 €, abends ab 42 €, mittags auf der Terrasse *formule* ab 22 €. Schickes Bistro-Restaurant nahe der *criée*. Da versteht es sich von selbst, dass hier Fisch und Meeresfrüchte Vorrang haben. Frische Produkte und Kochkunst auf hohem Niveau rechtfertigen die Preise.
Ferme-auberge auf hohem Niveau – **Les Clos de Paulilles:** Baie de Paulilles, 3 km südl. von Port-Vendres, Tel. 04 68 81 49 79, www.cazes-rivesaltes.com, Mai–Okt. tgl. geöffnet, Menü mittags

25 €, abends ab 39 €. Ein raffinierter, moderner Rahmen, eine Terrasse inmitten von Reben und dazu Meeresrauschen. Die Gerichte basieren auf lokalen Produkten, die Weine kommen selbstverständlich von der Domäne. Außerdem Weinverkauf und ein Apartment in schickem Design.

Banyuls-sur-Mer ▸ J 19

Das alte Küstenstädtchen (4600 Einw.) liegt geschützt in einer weit geschwungenen Bucht zwischen **Cap Oullestreil** und **Cap l'Abeille.** Von der mit Palmen gesäumten Uferstraße aus klettern die Häuser den Taleinschnitt empor. Auf den umliegenden Terrassen gedeihen die Trauben, aus denen der berühmte natursüße rote Banyuls-Wein gekeltert wird.

Biodiversarium

www.biodiversarium.fr; Aquarium, av. du Fontaulé, tgl. 10–12.30, 14–18 Uhr, 5 €; Jardin Méditerranéen, Mas Reig, Juli/Aug. tgl. 10–12.30, 14–18, April–Juni, Sept. Mi–So 14–18 Uhr, 5 €, Kombiticket 7,50 €

Das 1883 eröffnete Aquarium am Hafen und der Garten des Mas de la Serre geben einen Eindruck von der reichhaltigen Flora und Fauna im Golfe du Lion und an seinen Ufern. Beide gehören zu einem Forschungszentrum für Meeresbiologie.

Cellier des Templiers

Rte. du Mas-Reig, www.terresdestempliers.fr, April–Okt. tgl. 10–19.30, Nov.–März Mo–Fr 10–13, 14.30–18.30 Uhr

Die Winzervereinigung erinnert an die Templer, die im Mittelalter den Weinbau auf Terrassen perfektionierten. Bis heute erfolgt die Arbeit im Weinberg auf traditionelle Art und Weise ohne Einsatz von Maschinen. Ein 15-minütiger Film lüftet die Geheimnisse des Banyuls. Im Hof altern die jungen Weine ein Jahr lang in Holzfässern unter freiem Himmel, denn Hitze und Kälte fördern den besonderen Charakter des Süßweins.

Port Vendres – der Hafen der Venus

Der Keller beeindruckt mit riesigen alten Eichenfässern. Der Rundgang ist zwar kostenlos, aber die Führer sind gewiefte Verkäufer.

Métairie de Maillol
Rte. des Mas, www.museemaillol.com, Di–So Mai–Sept. 10–12, 16–19, Okt.–April 10–12, 14–17 Uhr, 5 €
Im Roume-Tal außerhalb des Ortes liegt die Métairie de Maillol, wo der aus Banyuls gebürtige Bildhauer und Maler Aristide Maillol (1861–1944) jedes Jahr mehrere Monate verbrachte. Im Haus sind ca. 30 seiner Arbeiten zu besichtigen. Im Garten fand der Künstler seine letzte Ruhe.

Übernachten, Essen

Wellenrauschen – **Hôtel des Elmes/Restaurant la Littorine:** Plage des Elmes, Tel. 04 68 88 03 12, www.hotel-des-elmes.com, DZ ab 59 €. Modernes Haus in einer kleinen Bucht am Ortsrand mit 31 Zimmern. Vorzügliche regionale Küche, dazu die besten Tropfen aus Banyuls und dem Roussillon (Menü ab 29 €). Mit Parkplatz.

Aktiv

Kajak – **Les Aléoutes:** 13, rue Ferry, Tel. 04 68 88 34 25, www.kayakmer.net. Paddeltouren an der Felsküste.
Tauchen – **Rédéris Sub:** Parking Méditerranée, Tel. 04 68 88 31 66, www.rederis.com. Tauchgänge an der Felsküste zwischen Banyuls und Cerbère. Einführung und Materialverleih.
Wandern – Ab Banyuls führen markierte Wege auf die Berggipfel an der spanischen Grenze, darunter auch der Fluchtweg des Schriftstellers Walter Benjamin. Zudem ist Banyuls Start des legendären GR 10 – 850 km entlang des Pyrenäenkamms nach Hendaye am Atlantik (Info im OT).

Mein Tipp

Sentier sous-marin ▶ J 19
1974 stellte die **Réserve Marine de Cerbère-Banyuls** einen 650 ha großer Abschnitt der Côte Vermeille unter Naturschutz. Einblicke in das vielfältige Ökosystem der Felsenküste gibt ein Unterwasserlehrpfad, den man schnorchelnd erkunden kann. Der Zugang befindet sich an der **Plage de Peyrefite,** auf halbem Weg zwischen Banyuls und Cerbère (Tel. 04 68 88 56 87, www.cg66.fr, Juni–Aug. tgl. 12–18 Uhr, Ausrüstung 7 €).

Infos & Termine

OT: Av. de la République, 66650 Banyuls, Tel. 04 68 88 31 58, www.banyuls-sur-mer.com.
Fête des Vendanges: Mitte Okt. Fest zur Weinlese.

Céret ▶ F 19

Mit seinem beeindruckenden Sardane-Festival und der *feria* gilt der Hauptort des Vallespir (7550 Einw.) als ein Hort katalanischer Kultur. Außerhalb des Roussillon ist Céret vor allem für seine knackigen Kirschen bekannt, die bereits Mitte April reifen und von denen traditionsgemäß der französische Präsident eine erste Kostprobe erhält.

Den einzigen Zugang zu dem Städtchen bildete lange Zeit der steinerne **Pont du Diable** (14. Jh.), der in einem einzigen kühnen Bogen den Tech überspannt. Sein typisches südfranzösisches Flair verdankt Céret dem Boulevard, der unter mächtigen Platanen dem Verlauf der Stadtmauer folgt.

Am Samstagvormittag findet hier ein attraktiver Wochenmarkt statt.

Musée d'Art Moderne de Céret
8, bd. Maréchal Joffre, www.musee-ceret.com, tgl. Juli–Mitte Sept. 10–19, Mitte Sept.–Juni 10–18 Uhr, Mitte Okt.–April Di geschl., 8 €
Anfang des 20. Jh. verfiel Picasso dem Charme des Ortes und seiner Umgebung. Künstlerfreunde wie Braque, Jacob, Gris, Matisse oder Chagall folgten ihm und Céret avancierte zum ›Mekka des Kubismus‹. Eine hochkarätige Sammlung ihrer Werke präsentiert das Kunstmuseum, das 1950 in einem ehemaligen Kloster eingerichtet wurde.

Übernachten

Ein Traum – **Le Mas Trilles:** Pont de Reynes, 2 km westl. von Céret (D 115), Tel. 04 68 87 38 37, www.le-mas-trilles.com, DZ ab 85 €. Großartiger katalanischer Hof aus dem 17. Jh. mit zauberhaftem Park und Pool am Tech. Zehn elegante Zimmer zum Wohlfühlen.

Übernachten, Essen

Grillspezialist – **Hostalet de Vivès:** Vivès, 9 km nordöstl. von Céret (D 115, D 13), Tel. 04 68 83 05 52, www.hostalet-vives.com, Mi geschl., Menü ab 21,50 €. Rustikaler katalanischer Gasthof in einem kleinen Weiler. Im Kamin brutzeln Schnecken, Kaninchen und Lamm. Am Wochenende geht es oft hoch her – *c'est le sud!* Einige einfache Zimmer (DZ ab 72 €).

Infos & Termine

OT: 1, av. Clemenceau, 66400 Céret, Tel. 04 68 87 00 53, www.ot-ceret.fr.
La Fête de la Cérise et Céret de Bandas: Ende Mai/Anf. Juni, Fest der Kirschen und Musikkapellen.
Céret de Toros – Feria: Mitte Juli. Stierkämpfe und Straßenfest.
Festival de Sardane: Ende Juli. Riesiges Tanzspektakel in der Arena.

Vallespir ▸ E/F 19/20

Parallel zum Tech schlängelt sich die D 115 durch das waldreiche Vallespir hinauf zum Col d'Arès. Kurz nach Céret passiert sie **Amélie-les-Bains,** einen biederen Kurort mit vielen Hotels, wo Asthmatiker und Rheumakranke Linderung suchen. Hier steigt ein eindrucksvoller Wanderweg durch die Gorges du Mondony hinauf zum **Roc de France** (1450 m) an der spanischen Grenze.

Ähnlich wie Céret bewahrt **Arles-sur-Tech,** das früher von der Eisenverarbeitung und Weberei lebte, in Festen und Bräuchen die katalanische Tradition. Das Dorf entstand rund um die im 8. Jh. gegründete Benediktinerabtei **Ste-Marie,** die einen prächtigen gotischen Kreuzgang aus dem 13. Jh. besitzt. Rätsel gibt der Sarkophag neben dem Kirchenportal auf, der sich alljährlich auf wundersame Weise mit Wasser füllt (Le Palau, Zugang durchs Tourismusbüro, http://tourisme-haut-vallespir.com, Juli/Aug. Mo–Sa 9–19, Sept.–Juni Mo–Sa 9–12, 14–18, April–Okt. So 14–17 Uhr, 4 €).

Spektakulär sind westlich von Arles die etwa 2 km langen **Gorges de la Fou,** deren Felswände bis zu 200 m senkrecht aufragen und dabei einander fast berühren. Mit Metallstegen, unter denen der Wildbach braust, und Sicherheitsnetzen wurde die Klamm für eine gefahrenfreie Besichtigung hergerichtet (tgl. April–Sept. 10–18, Okt./Nov. 10–17 Uhr, 9,50 €).

Ein Panoramasträßchen führt von Arles-sur-Tech zu den hübschen Bergdörfern **Corsavy** und **Montferrer** am

Südhang des Canigou. Auf der gegenüberliegenden Talseite klettert die D 3 hinauf nach **St-Laurent-de-Cerdans.** Das Dorf war bis in die 1950er-Jahre ein wichtiges Zentrum für die Fabrikation von *espadrilles.* Wie diese Stoffschuhe gefertigt werden, erklärt die **Maison du Patrimoine et de la Mémoire.** Die obere Etage des Museums ist den spanischen Exilanten gewidmet, die 1939 vor dem Diktator Franco über die grüne Grenze nach Frankreich flohen (rue Joseph Nivet, www.ville-saint-laurent-de-cerdans.fr, Tel. 04 68 39 55 75, 2,50 €).

Wehrhaft zeigt sich **Prats-de-Mollo** mit Stadtmauer und einer befestigten Kirche (17. Jh.), die ein Glockenturm überragt. Über allem wacht das **Fort Lagarde,** ein weiteres Werk von Vauban. Im Juli und August wird in der Festung vorgeführt, wie die Soldaten im 18. Jh. gedrillt wurden (So–Fr nachmittags). Die fünf Thermalquellen im 3 km entfernten **La Preste** lindern u. a. rheumatische Erkrankungen.

Übernachten, Essen

Golf und Wellness – **Domaine de Falgos:** St-Laurent-de-Cerdans, Tel. 04 68 39 51 42, www.falgos.fr, DZ & Spa ab 139 €. Eines der schönsten Golfressorts Frankreichs bietet auf 1100 m Höhe einen anspruchsvollen 18-Loch-Parcours und herrliche Blicke auf die Pyrenäen. Entspannung findet man nach dem Spiel im luxuriösen Spa. Das Restaurant verwöhnt mit katalanischer Küche (Lunch & Spa ab 29 €).
In frischer Bergluft – **Case Guillamo:** ca. 6 km hinter Serralongue, westl. von St-Laurent-de-Cerdans (D 64), Tel. 04 68 39 60 50, www.caseguillamo.com, Halbpension ab 160 € für 2 Personen. Drei heimelige Gästezimmer in einem wunderschön restaurierten Bauernhaus von 1839 in einem einsamen Tal im Grenzgebirge mit Pool, Quelle und Forellenbach.
Preisgekrönt – **Bellevue:** Pl. du Foirail, Prats-de-Mollo, Tel. 04 68 39 72 48, www.hotel-le-bellevue.fr, DZ ab 56 €, Menü ab 20 €. Ansprechend modernisierter Dorfgasthof. 17 schöne Zimmer, teils mit Balkon. Der Chef im **Restaurant Bellavista** erhielt für seine hochwertige Regionalküche die Auszeichnung *Casserole d'Or*.

Einkaufen

Katalanische Stoffe – **Toiles du Soleil:** Av. Jean-Jaurès, St-Laurent-de-Cerdans, www.toiles-du-soleil.com, Mo–Do 10–12, 14–17, Fr 10–12 Uhr. Seit 1873 fertigt die Weberei bunte Baumwollstoffe für *espadrilles* und Tischwäsche. Verkaufsstelle im Hof der Fabrik.

Infos & Termine

OT: Pl. du Foiral, 66230 Prats-de-Mollo-la-Preste, Tel. 04 68 39 70 83, www.pratsdemollolapreste.com.
Fête de l'Ours: Febr. Arles-sur-Tech, St-Laurent-de-Cerdans, Prats-de-Mollo.
Procession de la Sanch: Karfreitag am Abend in Arles-sur-Tech.

Thuir und Aspres

▶ F/G 18

Im Westen von Perpignan liegt zwischen Tech und Têt das Gebiet der Aspres, dessen Hauport Thuir (8000 Einw.) ist. Endlose Spaliere von Aprikosen- und Pfirsichbäumen sowie weite Rebenflächen umgeben das einladende Städtchen und bilden zugleich seine wirtschaftliche Basis. Zur Bekanntheit von Thuir trugen entscheidend die **Caves Byrrh** bei, die seit Ende des 19. Jh. hier ihren Aperitif herstellen. Im Zentrum der Produktion steht ein riesiges Eichenfass, das sage und schreibe 1 Mio. l fasst (2, bd. Violet, www.caves-byrrh.fr, Führungen Juli/Aug. tgl. 10–11.30, 14–18.30, April–Juni, Sept./Okt. tgl. 9.30–11.30, 14.30–17.30, Nov.–März Di–So 10.45–15.30 Uhr, 10 €).

Castelnou ▸ F 18

Das bezauberndste Dorf der Aspres entfaltet sich malerisch auf einer Hügelkuppe, über der sich am Horizont die Silhouette des Canigou abzeichnet. Vom Stadttor steigen krumme Kopfsteingassen, an denen Kunsthandwerker ihre Produkte feilbieten, hinauf zum 1000-jährigen **Château.** Die ›neue Burg‹ *(castell nou)* ist eine der ältesten Militärarchitekturen im Roussillon (www.chateaudecastelnou.fr, Mitte April–Sept. tgl. 10–19, sonst Sa–Mi 14–17 Uhr, 5,50 €).

Von dem Bilderbuchdorf schlängeln sich schmale Sträßchen durch die ausgedörrten Hügel der Aspres, vorbei an der kleinen romanischen Kapelle **Fontcouverte** und der **Chapelle de la Trinité** (11. Jh.), die ein bemerkenswertes Kreuz birgt, bis zur **Prieuré de Serrabone** (s. Entdeckungstour S. 246).

Ille-sur-Têt ▸ F 18

Der Ort zwischen der Têt und ihrem Nebenfluss Boulès wird vom imposanten Glockenturm der **Eglise St-Etienne** (pl. de la Résistance) dominiert. Die 982 erstmals erwähnte Kirche wird im 11. Jh. und abermals 1664 komplett umgebaut. Um das Gotteshaus mit schmucker Barockfassade laden Gassen und Plätze unter Platanen zum Bummeln und Verweilen ein. Das ehemalige **Hospici d'Illa** (17./18. Jh.) beherbergt regionale Kunstwerke aus Romanik und Barock (10, rue de

Die Orgues vor den schneebedeckten Gipfeln der Pyrenäen

l'Hôpital, Febr.–Nov. 14–18 sowie Juli/Aug. 10–13, Juni, Sept. 10–12 Uhr, 4 €).

Orgues ▶ F 18
Chemin de Regleilles, tgl. April–Mitte Okt. 9.30/9.15–19/20, Mitte Okt.–Anfang Nov., Mitte Febr.–März 10–18, Nov.–Mitte Dez. 14–17.30 Uhr, 5 €
Am linken Ufer der Têt bilden erodierte Sandsteinfelsen, deren Form an riesige Orgelpfeifen *(orgues)* erinnert, ein natürliches Amphitheater. Vor allem im Abendlicht bilden die in Ocker- und Orangetönen leuchtenden Felsformationen ein einmaliges Naturschauspiel.

Força Réal ▶ F 17

Den grandiosen Ausblick von dem Bergkegel (507 m), dessen markante Silhouette mit der Antenne obenauf die Ebene des Roussillon überragt, sollte man sich nicht entgehen lassen. Zumal auch der Weg dorthin sehr reizvoll ist. Im 14. Jh. wachte auf dem Berg eine Burg der Könige von Mallorca, die Ermitage wurde Anfang des 18. Jh. gebaut.

Übernachten, Essen

Design-Cave – **Riberach Hôtel/Restaurant La Coopérative:** 2a, rte. de Caladroy, Bélesta, ca. 8 km nördl. von Ille (D 21), Tel. 04 68 50 30 10, www.riberach.com, DZ ab 140 €, Restaurant Mitte Juni–Sept. Di, sonst Mo/Di geschl., Menü ab 34 €. Die alte *cave coopérative* von Bélesta hat eine unglaubliche Verwandlung durchgemacht. Die schäbigen Betonfässer wurden zu 18 hochwertigen Zimmern umgestaltet, der Raum mit der Presse zu einem lichten Gastrotempel – ein Michelinstern. Große schattige Terrasse und Garten mit Naturpool.

Mein Tipp

Granatschmuck
Die Verarbeitung der dunkelroten Steine, die an den Flanken des Canigou und in den Fenouillèdes gebrochen werden, geht auf das 17. Jh. zurück. Zu den typischen katalanischen Pretiosen zählt ein aus fünf Steinen gefertigtes Kreuz. Die **Manufacture du Grenat** in Prades gibt Einblicke in die Fertigung (rond point du Canigou, Führungen Di–Sa 10, 11, stdl. 14.30–17.30 Uhr, 2 €; auch Verkauf).

Infos

OT: Bd. Violet, 66300 Thuir, Tel. 04 68 53 45 86, www.aspres-thuir.com; pl. H. Demay, 66130 Ille-sur-Têt, Tel. 04 68 84 02 62, http://tourisme.ille-sur-tet.com.

Prades ▶ E 18

Die Hauptstadt des Conflent, über die der mächtige Canigou sein Haupt erhebt, ist ein stilles Provinzstädtchen (5800 Einw.). Lebhaft wird es hier alljährlich im Sommer, wenn Musikfreunde aus aller Welt zum **Festival Pablo Casals** anreisen. Der berühmte spanische Cellist und überzeugte Pazifist, der 1939 in Prades Zuflucht vor der Franco-Diktatur fand, initiierte 1950 dieses Event der Kammermusik. Die Dorfkirche **St-Pierre** (pl. de la République), von deren Ursprungsbau nur der romanische Glockenturm blieb, birgt den größten barocken Altaraufsatz in ganz Frankreich. Der Katalane Joseph Sunyer baute und schnitzte dieses von Skulpturen und Bibelszenen überbordende Meisterwerk. ▷ S. 249

Auf Entdeckungstour: Klöster am Fuß des Canigou – Schmuckstücke der Romanik

St-Michel-de-Cuxa, St-Martin-du-Canigou und die Prieuré de Serrabone zählen zu den beeindruckendsten Zeugnissen der romanischen Baukunst im Roussillon. Trotz ihrer weltfernen Lage kreuzten sich hier die Wege von Gelehrten, Baumeistern und Steinmetzen.

Reisekarte: ▶ F 18 und D 19
Dauer: 1 Tag
St-Michel-de-Cuxa: Rte. de Taurinya, Codalet, Tel. 04 68 96 15 35, http://abbaye-cuxa.com, tgl. April–Okt. 9.30–11.50, 14–18, Nov.–März 9.30–11.50, 14–17 Uhr, 6 €
St-Martin-du-Canigou: Casteil, Tel. 04 68 05 50 03, http://stmartinducanigou.org, Führungen Juni–Sept. Mo–Sa 10, 11, 12, 14, 15, 16, 17, Okt.–Mai Di–Sa 10, 11, 14, 15, 16, ganzjährig So/Fei 10, 12.30 Uhr, nachmittags entsprechend Aushang, sicherheitshalber nachfragen, 6 €, feste Schuhe!
Prieuré de Serrabone: Boule d'Amont, D 618/D 84, Tel. 04 68 84 09 30, www.cg66.fr, tgl.10–18 Uhr, 4 €
Messfeiern: Tgl. in St-Michel und St-Martin, Zeiten s. Websites

Nachdem die Araber aus dem Süden Frankreichs vertrieben waren, gewann unter den Karolingern das Christentum an Bedeutung. Für die wachsende Schar an Gläubigen mussten Kirchen und Klöster erbaut werden. Ihre Architektur, die antikes römisches Erbe mit arabischer und westgotischer Kunst sowie mit italienischen Einflüssen mischt, ist wegweisend für die Frühromanik im Roussillon. Drei bemerkenswerte Bauwerke kann man auf einem Tagesausflug am Fuß des Canigou entdecken.

Hort des Glaubens und der Kunst

Südlich von **Prades** weist ein markanter vierstöckiger Glockenturm mit Zwillingsfenstern und Zinnenkranz den Weg durch die Pfirsichhaine zur Abtei **St-Michel-de-Cuxa.** Ihre Anfänge gehen auf das Jahr 878 zurück. Eine verheerende Überschwemmung zwang damals die Mönche, ihr Kloster Eixalada im Têt-Tal zu verlassen. Am Nordhang des Canigou überließen ihnen die Grafen von Cerdagne Land für eine Neugründung.

Unter dem gräflichen Schutz erlangte das neue Kloster sehr schnell Ruhm und Reichtum. Dass es zum religiösen Zentrum im Roussillon aufstieg und zu einem der majestätischsten präromanischen Architekturensembles der Region wurde, verdankte es seinem mächtigen Abt Oliba, der dem Grafengeschlecht von Cerdagne entstammte.

Auf Geheiß von Oliba entstand Anfang des 11. Jh. der Glockenturm nach lombardischem Vorbild. Auch der Bau der runden Krypta, deren Gewölbe auf einem einzigen zentralen Pfeiler ruht, datiert in seine Amtszeit. Vorbildcharakter für die romanische Architektur und Skulptur hatte der im 12. Jh. errichtete Kreuzgang, von dem allerdings nur Fragmente erhalten sind. Die Chortribüne ging zwar auch verloren, ihren Zwilling kann man jedoch in Serrabone entdecken.

Nach einer langen Zeit des Niedergangs wurde die Abtei nach der Französischen Revolution geplündert und dem Verfall preisgegeben. Die Marmorsäulen des Kreuzgangs und viele seiner reich verzierten Kapitelle gelangten 1907 in die USA, wo sie im Cloisters Museum am Hudson River wieder zusammengefügt wurden.

Zisterziensermönche aus Fontfroide setzten 1919 dem weiteren Verfall der Abtei ein Ende. Ab den 1950er-Jahren konnte der Kreuzgang zur Hälfte rekonstruiert werden. Heute lebt eine kleine Gemeinschaft von Benediktinern in Cuxa.

Adlerhorst in den Bergen

Wunderschön ist die Weiterfahrt auf der kurvigen D 27 über Taurinya und Fillols nach **Vernet-les-Bains** und zum Weiler **Casteil.** Von hier führt ein Fußweg durch schattigen Laubwald in 45 Minuten hinauf zur Abtei **St-Martin-de-Canigou**. (s. Abb. links). Wer den Weg scheut, bestellt ein Taxi (Tel. 04 68 30 02 82 oder 06 46 36 23 15).

Insbesondere die weltentrückte Lage auf einem Felssporn in 1055 m Höhe trägt zur Einzigartigkeit der Anlage bei. Guifred de Cerdagne, ein Bruder des Abtes Oliba von Cuxa, stiftete 1007 das Kloster, in das er sich die letzten 14 Jahre seines Lebens als einfacher Mönch zurückzog. Das bei einem Erdbeben 1428 stark beschädigte und nach 1781 von den umliegenden Dörfern als Steinbruch missbrauchte Gebäude wurde erst zu Beginn des 20. Jh. wieder aufgebaut. 1988 wurde das Kloster der katholischen Ordensgemeinschaft der Beatituden anvertraut.

Besonders reizvoll ist der Kreuzgang, dessen südliche Galerie sich heute zum Canigou hin öffnet. Allerlei Getier und dämonische Gestalten beleben die Kapitelle aus rosafarbenem und weißem Marmor. Archaisch muten die düstere dreischiffige Ober-

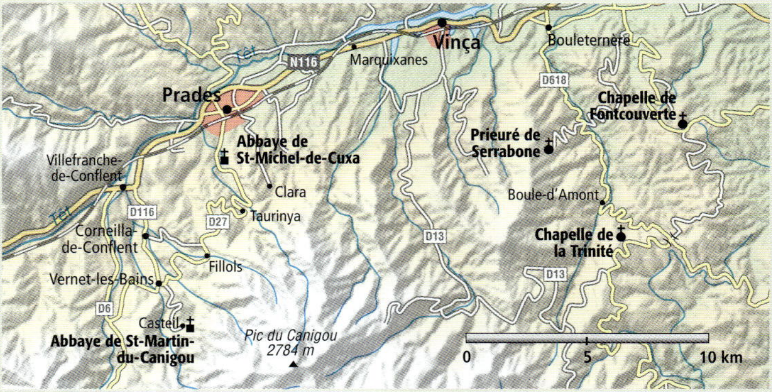

und Unterkirche an, deren Tonnengewölbe auf grob gearbeiteten Pfeilern ruhen. Architektonisch war der Bau jedoch wegweisend, denn hier dürfte erstmals ein größerer Raum mit Steingewölbe entstanden sein. Eine gedrungene Bauweise mit starken, nur von wenigen kleinen Öffnungen durchbrochenen Mauern sowie massive Pfeiler lieferten die nötige Stabilität. Der isoliert stehende lombardische Glockenturm war zusammen mit demjenigen von Cuxa der erste seiner Art im Roussillon.

Nicht versäumen sollte man den Aussichtspunkt *(point de vue)*, der einen faszinierenden Blick auf St-Martin ermöglicht. Er liegt rechts des ausgeschilderten Itinéraire N° 9. Wer die romantische Bergwelt intensiv genießen möchte, kann auf diesem Wanderweg in ca. 2,5 Std. über den Col Llavent nach Casteil absteigen. Aber Achtung, es sind eine steile, rutschige Strecke und ein felsiges Bachbett zu passieren!

Fabelwesen erzählen die Bibel

Von **Bouleternère** im Tal der Têt aus erreicht man nach kurvenreichen 8 km auf der D 618 und vielen weiteren Haarnadelkurven auf der engen D 84 die **Prieuré de Serrabone**. Augustinermönche gründeten diese Prioratskirche im 11. Jh. in der Abgeschiedenheit der Aspres.

Das schlichte und in seinem grauen Schiefergestein düster wirkende Gotteshaus lässt nichts von seinem prächtigen Innenleben erahnen. Die auf 14 Pfeilern und Säulen ruhende Chortribüne aus rosa Marmor zählt zu den Juwelen romanischer Bildhauerkunst im Languedoc-Roussillon. Meisterhaft gearbeitet sind die Kapitelle, um die sich Löwen, Greife und Adler, Engel und Dämonen winden. Ebenso kunstvoll gestaltet sind die Flachreliefs der Archivolten. Der reiche und fantasievolle Skulpturenschmuck, der im Kontrast zu den klaren Linien und der strengen Regelmäßigkeit der Architektur steht, sollte den Gläubigen in anschaulicher Weise die Inhalte der Bibel vermitteln.

Angst einflößende Fratzen zieren auch die Säulenkapitelle der Südgalerie, von der aus der Blick in ein stilles und einsames Tal fällt. Hier lädt ein botanischer Garten mit Weinstöcken, Feigenbäumen und Kräuterbüschen der Garrigue zu einer Entdeckung typischer Mittelmeerflora ein.

Eus ▶ E 18

Zu Recht zählt Eus, das in exponierter Lage auf einem Bergkegel über dem rechten Têt-Ufer thront, zu den »schönsten Dörfern Frankreichs«. Die steilen Gassen des alten Dorfs gipfeln bei der Eglise Saint-Vincent. Reizvoll ist von dort aus die Aussicht auf Prades und den Canigou.

Mosset ▶ D 18

Auf halbem Weg zum Col de Jau liegt in idyllischer Berglandschaft das mittelalterliche Burgdorf – ganz in Naturstein erbaut und ebenfalls eines der »schönsten Dörfer Frankreichs«. Hier lädt die **Tour des Parfums** zu einem interaktiven Spaziergang ins Reich der Düfte ein (D 14 ab Prades, Tel. 04 68 05 38 32, www.mosset.fr, Juli/Aug. tgl. 10–12, 15–19, Juni, Sept., Schulferien Di–So, sonst Sa/So 15–18 Uhr, 3 €).

Übernachten, Essen

Raffiniert – **Les Loges du Jardin d'Aymeric:** 7, rue du Canigou, Clara, Tel. 04 68 96 08 72, www.logesaymeric.com, Sept.–Juni Di abends, Mi geschl., Menü mittags 20 €, abends ab 38 €. Die Küche von Gilles Bascou lockt Feinschmecker aus der gesamten Region in das Dörfchen am Fuß des Canigou. Im schönen Anwesen findet man auch drei Gästezimmer und einen Pool (DZ ab 75 € inkl. Frühstück).
Urig – **Las Astrillas:** Taurinya, D 27, Tel. 04 68 96 17 01, www.lasastrillas.com, DZ ab 52 € inkl. Frühstück. Fünf verträumte, geräumige Gästezimmer in einem alten Bruchsteingehöft mit mehreren Nebengebäuden. Für die Gästetafel am Abend bereitet Bernard typische Gerichte der Region zu (Menü 20 €, reservieren!).

Aktiv

Outdoor – **Extérieur:** Marquixanes, Tel. 04 68 05 72 12, www.exterieur-nature.com. Canyoning, Rafting, Hydrospeed, Klettern, Via Ferrata.

Infos & Termine

OT: 10, pl. de la République, 66500 Prades, Tel. 04 68 05 41 02, http://prades.squarepartners.com.
Festival Pablo Casals: Ende Juli–Mitte Aug., www.prades-festival-casals.com. Kammermusik-Festival, Konzerte in St-Pierre und der **Abbaye St-Michel-de-Cuxa** (s. Entdeckungstour S. 246).

Pic du Canigou ▶ E 19

www.canigo-grandsite.fr; IGN Karte 2349 ET, FFRP-Topo-guide »Tours et Ronde du Canigó«; Geländewagen-Taxi: Tel. 04 68 05 27 08, Tel. 04 68 30 02 82, Tel. 04 68 05 51 14, ca. 25 €/Pers. bis Chalet des Cortalets
Über die Ebene des Roussillon erhebt sich majestätisch die Silhouette des Canigou. Lange Zeit hielt man den 2784 m hohen Berg für den höchsten Gipfel der Ostpyrenäen. Dass er nur Nummer drei ist, hat seinem Mythos keinen Abbruch getan. Katalanen beidseitig der Pyrenäen gilt er als heiliger Berg und als Symbol ihrer Einheit. So entfachen sie gemeinsam in der Nacht zum 24. Juni auf dem Gipfel das Johannisfeuer mit einer Flamme, die das Jahr über im Castillet in Perpignan bewahrt wird.

Von Prades führen zwei Fahrpisten in etwa einer Stunde zum **Chalet des Cortalets** in 2150 m Höhe, von wo selbst Untrainierte es in etwa zwei Stunden zum Gipfelkreuz schaffen. Die Fahrt hinauf zur Berghütte, insbesondere die schwindelerregende

Route über die spektakuläre **Escala de l'Ours** und den **Col de Voltes,** sollte man auch bei guten Wetterverhältnissen unbedingt den ortskundigen Profis im Geländewagen überlassen. Für den Gesamtaufstieg benötigt man ab Prades etwa acht Stunden. Vom Kurstädtchen **Vernet-les-Bains** am Fluss Cady sind es etwa sieben Stunden zum Gipfel. Diesen Weg hat 1925 Kurt Tucholsky ausprobiert und in seinem »Pyrenäenbuch« beschrieben.

Übernachten

Gute Basisstation – **Le Mas Fleuri:** 25, bd. Clémenceau, Vernet-les-Bains, Tel 04 68 05 51 94, www.hotel-pyrenees-orientales.com, Mitte Okt.–Mitte April geschl., DZ ab 59 €. Komfortables Haus mit ca. zwei Dutzend geräumigen Balkonzimmern und einigen schmalen Low-Cost-Zimmern (DZ ab 36 €). Großer Park und Pool.

Berghütten – **Chalet des Cortalets:** Tel. 04 68 96 36 19, http://cortalets.com, Mitte Mai–Mitte Okt. 86 Schlafplätze, Restaurant. Unbedingt zeitig reservieren! **Refuge de Mariailles:** Tel. 04 68 05 57 99, http://refugedemariailles.fr. 50 Schlafplätze, Restaurant.

Villefranche-de-Conflent ▸ D 18

Die Grafen von Cerdagne gründeten 1090 die ›freie Stadt‹ in einem tiefen Bergeinschnitt am Zusammenfluss von Cady und Têt und kontrollierten damit den Zugang ins obere Conflent. Unter Vauban wurde Villefranche im 17. Jh. mit sechs Eckbastionen verstärkt. Zusätzlich wurde im Hang ein Fort gebaut, um die strategisch wichtige Pyrenäenpassage zu sichern. Villefranche zählt nicht nur zu den »schönsten Dörfern Frankreichs« sondern auch zu den 14 Vauban-Stätten, die 2008 ins UNESCO-Welterbe eingetragen wurden (www.sites-vauban.org).

Die monumentalen **Porte de France** im Osten und **Porte d'Espagne** im Westen geben Einlass in die Festungsstadt, die dem Ansturm der Touristen keinen Widerstand bietet. Die beiden Hauptstraßen St-Jean und St-Jacques säumen Ateliers und Souvenirläden in gut erhaltenen mittelalterlichen Häusern. Einen interessanten Einblick in die Militärarchitektur des 11. bis 19. Jh. vermitteln die **Remparts,** die auf zwei übereinanderliegenden Galerien in ca. einer Stunde zu umrunden sind (2, rue St-Jacques, tgl. Juli/Aug. 10–20, Juni, Sept. 10–19, Okt.–Mai 10.30–12.30, 14–17 Uhr, 4 €).

Fort Libéria

www.fort-liberia.com, tgl. Mai/Juni 10–19, Juli/Aug. 9–20, Sept.–April 10–18 Uhr, 7 €, 10 € inkl. Zubringer

Ein ca. 20-minütiger Aufstieg führt von der Porte de France hinauf zur Festung Vaubans, die zeitweise als Gefängnis diente. Den Rückweg sollte man über die *mille marches,* eine von Napoléon III. angelegte unterirdische Treppe, antreten. Es sind allerdings nicht tausend *(mille),* sondern ›nur‹ 734 Stufen.

Grandes Canalettes ▸ D 18

N 116, www.3grottes.com, tgl. Juli/Aug. 10–17.45 (letzter Einlass), April–Juni, Sept./Okt. 10–17.30, Nov.–März Sa/So 11–17 Uhr, 10 €. Warme Jacke!

Am Ufer des Cady erstreckt sich bis hinunter zur Têt ein weit verzweigtes Höhlensystem, das vor 40. Mio. Jahren entstand. Im Juli/August setzt ein *son-et-lumière*-Spektakel die Tropfsteine effektvoll in Szene (18 Uhr).

Réserve de Nyer ▸ D 19

N 116/D 57, www.cg66.fr, Wanderkarte IGN 2250 ET
Seit 2007 steht das unzugängliche Waldgebiet beidseits der **Gorges de Nyer** und des **Vallée du Mantet** bis hinauf zum **Pic de Serra Gallinera** (2663 m) unter Naturschutz. Es ist das Reich von Steinadlern, Wanderfalken und Fledermäusen (22 Arten!). Auf markierten Wegen kann man zum verlassenen Dörfchen **En** laufen (knapp 5 km, ca. 1,5 Std.) oder zur **Chapelle de la Roque** am Beginn der **Gorges de Nyer,** von dort sogar weiter hinauf zum Dorf **Mantet** (ca. 10 km eine Strecke).

Gorges de la Carança ▸C19

Bei Thuès-entre-Vals, Parkplatz 2 €, Wanderkarte IGN 2250 ET, Rundweg 6 km, ca. 2.30 Std.
Durch die enge Klamm, deren Felswände über 100 m aufragen, führt ein atemberaubender Wanderweg, der allerdings Schwindelfreiheit erfordert. Nach etwa 1.20 Std. quert eine Hängebrücke die Schlucht und es geht auf der anderen Seite zurück. Von hier könnte man aber auch weiter zur Refuge de la Carança in 1831 m Höhe laufen (ca. 10 km eine Strecke).

Bains de St-Thomas ▸ C 19

Fontpédrouse/St-Thomas-les-Bains, Tel. 04 68 97 03 13, www.bains-saint-thomas.fr, tgl. 10–19.40, Juli/Aug. bis 20.40 Uhr, ab 6,50 €
Vor allem im Winter, wenn rund herum Schnee liegt, ist es eine Wohltat, in den beiden großen Außenpools in das 34 bis 38 °C warme Quellwasser einzutauchen. Hamam und Massagen runden das Verwöhnprogramm ab.

Essen & Trinken

Lustgewinn – **Auberge Saint-Paul:** 7, pl. de l'Eglise, Tel. 04 68 96 30 95, So abends, Mo geschl., *formule* 20 €, Menü ab 27 €. In der ehemaligen Pauluskapelle verwöhnt Küchenchefin Patricia Gomez mit raffinierten Gerichten. Einladende Terrasse unter einer mächtigen Platane.

Infos

Internet: www.office-de-tourisme-canigou-fenouilledes.com.
Bahn: Von Perpignan nach Villfranche, von dort weiter mit dem **Train Jaune** über Mont-Louis bis Latour-de-Carol (s. Entdeckungstour S. 252).
Parken: Kostenpflichtige Parkplätze vor den Stadttoren und am Bahnhof.

Cerdagne ▸ B/C 19/20

Das weite, von mächtigen Bergen gesäumte Tal zwischen Mont-Louis und Bourg-Madame/Puigcerda ist dank der prächtigen Gebirgslandschaft und der über 3000 Stunden Sonnenschein im Jahr sommers wie winters ein attraktives Ziel für Aktivurlauber.

Mekka des Wintersports in den Pyrénées-Orientales ist **Font-Romeu,** dessen touristische Karriere Anfang des 20. Jh. mit dem Bau des Grandhotels eingeläutet wurde. Allerdings wirken die gesichtslosen Bettenburgen und die von Skiliften verstellten Hänge rund um den Ort in der schneelosen Saison nicht sonderlich einladend. Aber in der Umgebung gibt es noch viele Dörfer mit urigen Natursteinhäusern unter Schieferdächern sowie kleinere romanische Kirchen, die ihren altertümlichen Charme bewahrt haben, so etwa **Dorres, Valcebollère** oder **Llo.** ▷ S. 254

Auf Entdeckungstour: Train Jaune – der kleine Bolide der Cerdagne

Auch im 21. Jh. rumpelt der gelbe Zug mit 55 km/h Höchstgeschwindigkeit munter durch das felsige Tal der Têt hinauf in die Cerdagne – ein schwindelerregendes Vergnügen.

Reisekarte: ▶ B–D 18–20
Start/Dauer: Ab Gare SNCF Villefranche-de-Conflent Anfang Juli–Ende Sept. 5 x tgl. bis Font-Romeu, 2 x tgl. bis Latour-de-Carol, Nebensaison 2–3 x tgl.; Fahrzeit bis Font Romeu 1.45 Std., bis Latour-de-Carol knapp 3 Std.
Fahrpreis: Rückfahrkarte bis Latour ca. 40 €, bis Font-Romeu ca. 20 €
Fahrplaninfo: Tel. 0800 88 60 91, www.ter.sncf.com/languedoc-roussillon/loisirs/ligne-touristique-train-jaune; unbedingt vorab Auskunft einholen!

Bereits eine Stunde vor der Abfahrt des Train Jaune haben sich zahlreiche große und kleine Eisenbahnfans auf dem Bahnhof von **Villefranche-de-Conflent** eingefunden. Die Zahl der Sitzplätze ist begrenzt, eine Reservierung nicht möglich und der Andrang in der Ferienzeit groß. Besonders begehrt sind natürlich die Plätze in den offenen Panoramawagen, wobei bergauf die Plätze auf der rechten Zugseite die besseren Ausblicke bieten. Wegen seiner auffälligen gelben Farbe trägt die Schmalspurbahn, die ein Symbol des

Pays Catalan ist, auch den Spitznamen *canari* (Kanarienvogel).

Atemberaubende Ausblicke

Endlich gibt der Bahnhofsvorsteher die Strecke frei. Die wilde Fahrt kann beginnen. Unterwegs passiert der gelbe Zug 20 Haltepunkte, darunter **Bolquère-Eyne** – mit 1593 m Frankreichs höchst gelegener Bahnhof. Achtung, an manchen Stationen hält der Lokführer nur nach vorheriger Absprache! Endstation ist **Latour-de-Carol.** Dort besteht Anschluss an die internationale Bahnstrecke Toulouse – Barcelona.

Besonders spektakulär ist der Abschnitt zwischen Villefranche-de-Conflent und **Font-Romeu** mit dem 237 m langen **Viaduc de Séjourné** und der 80 m hohen, eisernen Hängebrücke **Pont Gisclard.** Dort lässt der Blick in die Tiefe der Têt-Schlucht manchen Reisenden schwindeln. Beängstigend wild und rumpelig ist die Talfahrt, wenn der Bolide der Cerdagne mit gefühlter TGV-Geschwindigkeit durch die Kurven braust. Entspannen kann man hingegen bei der Durchquerung des alpinen Hochtals der Cerdagne. Aus den Panoramawagen bieten sich nun wundervolle Blicke in die Bergwelt.

Unglaublich steiles Gefälle

Im Sommer 1927 nahm der Train Jaune seinen Betrieb auf und befreite die Dörfer in Conflent und Cerdagne aus ihrer Isolation. Die größte Herausforderung für die Ingenieure hatte darin bestanden, auf nur 30 km Länge 1100 Höhenmeter zu überwinden. So zählt die insgesamt 62,6 km lange eingleisige Trasse 650 technische Bauwerke, darunter 19 Tunnel sowie zwölf Brücken und Viadukte. Der Antrieb des Zuges erfolgt elektrisch mittels einer dritten seitlichen Schiene. Um die notwendigen 850 Volt Strom zu erzeugen, wurden ein Wasserkraftwerk und der Stausee von Bouillouses oberhalb von Font-Romeu errichtet.

Werden dem Canari die Flügel gestutzt?

In letzter Zeit ist immer wieder zu hören, dass der Fortbestand der Zuglinie bedroht sei. Geschürt wurden diese Gerüchte, als im Herbst 2014 der Fahrplan aufgrund von Streckenwartungen unterbrochen war. Fest steht: Die Unterhaltung der Strecke ist kostenintensiv, ihr Betrieb defizitär und die staatliche französische Eisenbahngesellschaft SNCF muss sparen.

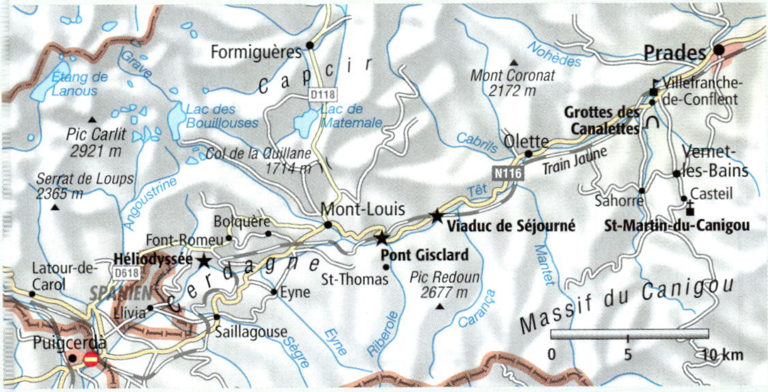

Ein historisches Kuriosum stellt die spanische Enklave **Llívia** dar. Im Pyrenäenvertrag hatten die Franzosen nämlich ausgehandelt, dass 33 Dörfer in der Cerdagne französisch werden, dabei aber übersehen, dass Llívia Stadtrechte besaß. Daher konnte das Örtchen nicht von Frankreich in Besitz genommen werden.

Mont-Louis ▸ C 19

Wieder einmal war Vauban, der Festungsbaumeister Ludwigs XIV., am Werk. 1679 beauftragte ihn der Sonnenkönig, auf einem Plateau am Schnittpunkt der Hochtäler von Conflent, Cerdagne und Capcir eine Verteidigungsanlage zu errichten. Zu Ehren des Königs erhielt sie den Namen ›Mont-Louis‹. Die befestigte Stadt samt **Zitadelle,** in der heute noch eine Elitetruppe der Armee ausgebildet wird, ist seit 2008 UNESCO-Welterbe (www.mont-louis.net, Führungen Juli/Aug. tgl. 10.30, 11.30, 14, 15, 16, Sept.–Juni Mo–Sa 11.30, 14 Uhr, 5,50 €).

Four Solaire

www.four-solaire.fr, Führungen Juli/Aug. halbstdl. 10–11.30, 14–18, Sept.–Juni stdl. 10, 11, 14–17 Uhr, 7 €
Wegen der konkurrenzlos vielen Sonnenstunden in der Cerdagne bot sich Mont-Louis 1949 als idealer Standort für dieses erste Solarkraftwerk der Welt an. Anschaulich werden hier das Prinzip eines Sonnenofens und dessen Nutzung erläutert.

Héliodyssée ▸ B 19

Font-Romeu Odeillo Via, Tel. 04 68 30 77 86, www.foursolaire-fontromeu.fr, tgl. Juli/Aug. 9.30–19, Sept.–Juni 10–12.30, 14–18 Uhr, 7 €

Bei Font-Romeu fasziniert der 40 m hohe Parabolspiegel des **Grand Four Solaire d'Odeillo** – eine gigantische Vergrößerung des Solarkraftwerks von Mont-Louis. Durch Bündelung der Sonnenstrahlen können in der Forschungsanlage, in der u. a. feuerfeste Stoffe entwickelt werden, Temperaturen von bis zu 3800 °C erreicht werden.

Übernachten, Essen

Uriges Berghotel – **Auberge les Ecureuils:** Valcebollère, Tel. 04 68 04 52 03, www.aubergeecureuils.com, DZ 90 €, Restaurant Nebensaison meist Mo, Di mittags geschl., Menü ab 25 €. Stattliches Haus in einem abgelegenen 20-Seelen-Dorf auf 1500 m Höhe. Pauschalangebote für Wanderer, Reiter, Wintersportler, aber auch Kurzurlauber sind willkommen. 15 großzügige Zimmer, Kaminecke, Billard, Dampfbad und maurisch inspirierter Indoorpool.
In Naturstein – **Cal Miquel:** Llo, Tel. 06 10 65 16 34, www.calmiquel.com, Halbpension im DZ 96 €. Fünf liebevoll eingerichtete, urgemütliche Gästezimmer und ein reich gedeckter Gästetisch in einem alten Bergbauernhof auf 1500 m Höhe.
Familienbetrieb – **Hôtel Planes:** 6, pl. de Cerdagne, Saillagouse, Tel. 04 68 04 72 08, www.bienvenuechezplanes.com, DZ ab 68 €, Restaurant Nebensaison So abends, Mo geschl. Menü ab 24 €, Brasserie ab 14 €. Gepflegtes 19-Zimmer-Haus, gute regionale Küche, Park und Pool in der Dependance.

Aktiv

Thermalquellen – **Bains de Dorres:** Tel. 04 68 04 66 87, www.bains-romains.dorres.eu, tgl. 9–19.45 Uhr, 4 €. **Bains de Llo:** Tel. 04 68 04 74 55, www.bains-de-llo.com, tgl. 10–19.30 Uhr, 11,50 €. In Dorres und Llo kann man in schwefelhaltigem, über 35 °C warmem Wasser unter freiem Himmel relaxen. In Llo gibt es auch Innenbecken, Hamam, Spa.

Outdoor – **Ozone 3:** 38, av. Brousse, Font-Romeu, Tel. 04 68 30 36 09, www.ozone3.fr. Zum breiten Angebot gehören u. a. Wandern, Radfahren, Klettern, Rafting, Ballonfahren.

Drachenfliegen – **Vol'Aime:** 92, rue Creu de Fé, Targassonne, 5 km westl. von Font-Romeu, Tel. 04 68 30 10 10, www.volaime.com. Tandemflüge für Anfänger und Kurse für jedes Niveau.

Infos

OT: 82, av. Brousse, 66120 Font-Romeu, Tel. 04 68 30 68 30, www.font-romeu.fr.

Internet: www.pyrenees-cerdagne.com.

Capcir ▸ B/C 18

Nördlich von Mont-Louis erstreckt sich die mit Gletscherseen blau betupfte Bilderbuchlandschaft des Capcir. Jedoch stören bei **Les Angles** und **Puyvalador** Skipisten und -lifte sowie Apartmentanlagen die Idylle. Den Hauptschwerpunkt des Wintertourismus bildet mit über 100 km gespurten Loipen der Skilanglauf. Im **Parc Animalier des Angles** können die in den Pyrenäen ursprünglich und teils noch heute heimischen Wildtiere – vom Murmeltier bis zum Braunbär – auf zwei Wanderwegen beobachtet werden (Pla del Mir, www.les-angles.com, tgl. 9–17 Uhr, 14 €). Wassersportmöglichkeiten bietet der **Lac de Matemale.**

Etangs du Carlit ▸ B 18

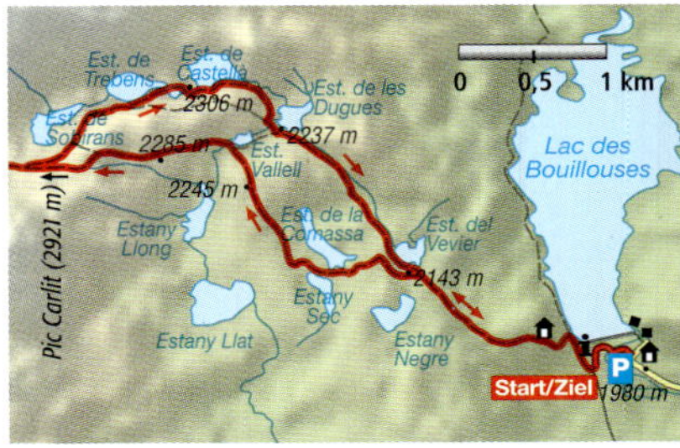

Wanderung zu den Etangs du Carlit

Rundweg 11 km, ca. 5 Std., kurze Variante ca. 3 Std.; gelbe Markierung; Wanderkarte IGN 2249 ET, Download unter www.cg66.fr; Anfahrt über die D 60 zum Lac des Bouillouses, Juli/Aug. obligatorischer Buszubringer ab Pla de Barrès (5 €)

Wanderwege erschließen das faszinierende Gletscherseengebiet am Fuß von **Pic Carlit** (2921 m) und **Pic Peric** (2810 m). Eine besonders schöne Tour startet an der Staumauer des **Lac des Bouillouses.** Nach einem steilen Anstieg durch den Kiefernwald gabelt sich der Weg zwischen dem **Estany Negre** und dem **Estany del Vivier.** Man wandert links weiter zu den **Estany de la Comassa** und **Sec,** über einen Bach, rechts auf ein Plateau, dann abwärts zum **Estany de Vallell.** Hier könnte man die Wanderung abkürzen. Nun steigt die Route nochmals an zum Fuß des **Pic Carlit.** Am Abzweig zum Gipfel hält man sich rechts Richtung **Estany de Sobirans,** dann am Ufer der **Estany de Trebens** und **de Castellà** entlang zum **Estany de les Dugues.** Von hier windet sich der Weg hinab zum **Estany del Vivier,** wo sich der Kreis schließt (s. Lieblingsort S. 257).

Infos

Maison du Capcir – Haut Conflent: 66210 La Llagonne, Tel. 04 68 04 49 86, www.capcir-pyrenees.com.

Lieblingsort

Les Etangs du Carlit – Bergseen und schneebedeckte Gipfel
▶ B 18
Oberhalb des Stausees Bouillouses öffnet sich für Wanderer eine alpine Traumlandschaft mit zwölf kleinen Gletscherseen, in denen sich die schneebedeckten Gipfel der Pyrenäen spiegeln. Im Frühsommer blühen Enzian, Hahnenfuß und Zahnlilie, mit etwas Glück sieht man Mufflons und hört den Warnpfiff des Murmeltiers (s. S. 255).

Das Beste auf einen Blick

Lozère und Cevennen

Highlights!

Viaduc de Millau: In etwa 270 m Höhe überspannt die Autobahnbrücke mit elegantem Schwung das weite Tal des Tarn. Der höchste der sieben schlanken Pylone ragt gar 343 m in den Himmel. S. 262

Gorges du Tarn: Zwischen Ispagnac und Le Rozier hat der Tarn sich tief in die Causses gefressen und eine wilde Felsschlucht hinterlassen. Besonders beeindruckend ist eine Fahrt mit dem Kanu durch die Gorges. S. 273

Auf Entdeckungstour

Aven Armand: Tief unter der Causse Méjean wächst in einem riesigen unterirdischen Saal ein märchenhafter Urwald aus Kalksteinsäulen. S. 280

Musée du Désert: Die Ausstellung im Geburtshaus des Kamisardenführers Pierre Laporte hält die Erinnerung an den Kampf der Protestanten für ihren Glauben lebendig. S. 286

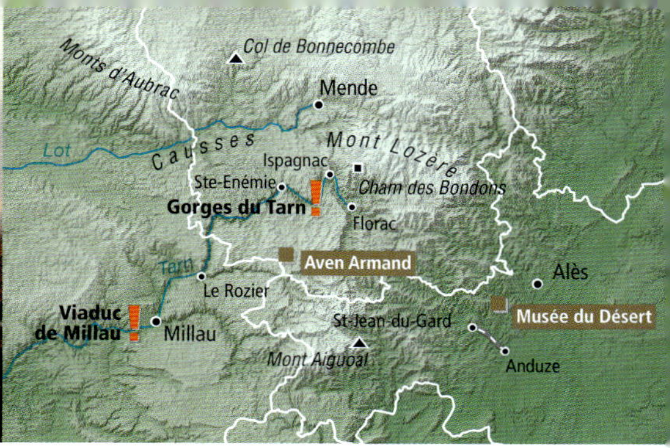

Kultur & Sehenswertes

Mende: Stolz reckt sich die mächtige Kathedrale mit ihrem markanten ungleichen Turmpaar über das schmucke Städtchen am Ufer des Lot. S. 266

Mont Lozère: Das mächtige Granitmassiv, dessen Kuppen vom Wind glatt gefegt sind, bildet das Dach des Cevennen-Nationalparks. S. 267

Zu Fuß unterwegs

Wanderung zu den Puechs: Auf der Cham des Bondons geben Megalithdenkmäler und zwei busenförmige Bergkuppen Rätsel auf. S. 270

Sentier des Couronnes: Der Wanderer wird bei dieser Tour von Florac aus mit wahrlich atemberaubenden Aussichten belohnt. S. 272

Les 4000 Marches: Irreführend ist der Name des Wanderklassikers, der Weg auf den wetterumtosten Mont Aigoual ist wesentlich weiter. S. 282

Genießen & Atmosphäre

Fête de la Transhumance: Der Auftrieb der Rinder auf die Weiden des Aubrac wird Ende Mai am Col de Bonnecombe gefeiert. S. 265

Bambouseraie de Prafrance: Ein tropischer Bambuswald bei Anduze, der im lauen Klima am Gardon gedeiht, entführt den Besucher nach Asien. S. 284

Train à vapeur: Zwischen St-Jean-du-Gard und Anduze schnaubt der Dampfzug mit Getöse durch das Tal des Gardon. S. 285

Abends & Nachts

Buron de Born: In der Sennhütte des Aubrac sitzt man abends vor prasselndem Kaminfeuer, probiert ein *aligot* und hört dazu Akkordeonmusik. S. 265

Ste-Enimie: Im Sommer animiert ein abendlicher Markt die Gassen des mittelalterlichen Dorfs am Tarn. S. 278

Die Fahrt ins Département Lozère im Norden der Region haben die A 75 und der spektakuläre Viaduc de Millau erheblich verkürzt. Mit nur 15 Einwohnern/km^2 ist das Lozère einer der am dünnsten besiedelten Landstriche Frankreichs. Massive Landflucht hatte die unwirtliche Bergregion in den 1960er-Jahren nahezu leer gefegt. Um den Erhalt dieses vielfältigen Naturraums bemüht sich seit 1970 der Parc National des Cévennes. 2011 erklärte die UNESCO die Causses et Cévennes und damit einen großen Teil des Lozère zum Welterbe. Ausgedehnte Weideflächen, Wälder und Bäche prägen das Plateau des Aubrac und die Margeride. Lieblicher mutet das Tal des Lot bei Mende, der Hauptstadt des Département Lozère, an. Doch auch hier ist die Nähe zum Mittelmeer kaum zu erahnen. Kahl und unwirtlich präsentiert sich das Massiv des Mont Lozère. Gehöfte und Dörfer aus grauem Granit sind wie für die Ewigkeit geschaffen. Tiefe Schluchten haben die Flüsse Tarn, Jonte und Dourbie in Jahrmillionen in die Kalkplateaus der Causses gefräst. Die weltentrückte Steppenlandschaft auf der Causse Méjean sowie die grandiose Felswelt der Gorges du Tarn begeistern Naturfreunde und Wassersportler. Vom Gipfel des windumtosten Mont Aigoual erstrecken sich die Cevennen in einem Labyrinth aus tiefen Tälern und schroffen Felskämmen bis hinunter in die Küstenebene des Languedoc. Diese wilde und arme Gegend, in der die Kastanie jahrhundertelang das tägliche Brot ersetzte, war schon immer ein Zufluchtsort für Andersgläubige und Freigeister.

Infobox

Regionale Websites
www.lozere-tourisme.com
http://lozere.fr, www.gevaudan.com
www.vacances-cevennes.com
www.cevennes-tourisme.fr

Verkehr
Über die A 75 ist der Norden gut an das Verkehrsnetz angeschlossen. Regionalzüge verkehren von Nîmes über Alès sowie von Béziers über Millau nach Mende. Das Busnetz ist jedoch nicht sehr dicht, sodass das Auto für die Erkundung des Lozère unentbehrlich ist (Infos unter http://lozere.fr).

Millau ▸ H 6

Die geschäftige Kleinstadt (ca. 22 000 Einw.) ist Verwaltungssitz des Départements Aveyron und gehört (noch) zur Nachbarregion Midi-Pyrénées. Im neuen Jahrtausend ist sie durch den Viaduc de Millau, die weltweit höchste Autobahnbrücke, berühmt geworden. Zuvor hatte sich Millau vor allem mit Lederwaren und feinen Handschuhen einen Namen gemacht und beachtlichen Wohlstand erlangt.

Durch die von einem Boulevard umschlossene, trapezförmig angelegte Altstadt führen verkehrsberuhigte Gassen zur lauschigen **Place Foch** mit Cafés und Restaurants unter Arkaden und alten Platanen. Vom **Beffroi,** einem gotischen Viereckturm mit achteckigem Oberbau aus dem 17. Jh., hat man einen schönen Ausblick über die Dächer der Stadt bis zum Viaduc (16, rue Droite, Mitte April–Sept.). Wem dies nicht genügt, der kann Millau auch aus der Vogelperspektive bestaunen. Steile Felswände am Zu-

In einem eleganten Bogen überspannt der Viaduc de Millau das Tal des Tarn

sammenfluss von Tarn und Dourbie, verbunden mit idealer Thermik, bieten Drachen- und Gleitschirmfliegern hierzu beste Voraussetzungen.

Musée de Millau
Pl. Foch, www.museedemillau.fr, Juli/Aug. tgl. 10–18, Sept. tgl., Okt.–Juni Mo–Sa 10–12, 14–18 Uhr, 5,50 €
Die Ausstellung im eleganten **Hôtel de Pégayrolles** informiert über Lederverarbeitung und Handschuhherstellung. Einen weiteren Schwerpunkt des Museums bildet gallo-römische Keramik aus den Ausgrabungen im 1 km südwestlich der Stadt gelegenen **La Graufesenque.** Sie belegen, dass Tonwaren im 1. Jh. n. Chr. einen Exportschlager Millaus darstellten.

Viaduc de Millau ! ▸ H 7

A 75, www.leviaducdemillau.com, Pkw Maut 7,30 €, Juli/Aug. 9,10 €; Viaduc Expo, Aire du Viaduc, tgl. Mai–Mitte Sept. 9–19.30, Mitte Sept.–April 10–17/18 Uhr; Espace Info, D 992, westl. von Millau bei Creissels, Tel. 05 65 61 61 54, tgl. April–Okt. 10–19, Nov.–März 10–17 Uhr, Führungen 6 €
Wie eine stolze Karavelle mit geblähten Segeln an sieben riesigen Masten überspannt seit 2004 die 2460 m lange Autobahnbrücke in 270 m Höhe das weite Tal des Tarn bei Millau. Der englische Stararchitekt Sir Norman Foster zeichnet für den Entwurf des kühnen Bauwerks verantwortlich. Für Durchreisende wurde direkt an der A 75 das Besucherzentrum **Viaduc Expo** mit **Aussichtspunkt** angelegt. In aller Ruhe bestaunen kann man den Giganten vom **Espace Info.** Fantastische Blickwinkel ergeben sich auch im sehenswerten troglodytischen Dörfchen **Peyre,** das unterhalb des Viadukts am Ufer des Tarn liegt.

Essen & Trinken

Bodenständig mit exotischen Anleihen – **Capion:** 3, rue Jean-François Alméras, Tel. 05 65 60 00 91, www.restaurant-capion.com, Di abends, Mi geschl., Menü ab 18,50 €. Mitten in der Altstadt überrascht das sehr gefragte Restaurant mit einem modernen, frischen Interieur.

Aktiv

Outdoor – **Horizon Millau Vol Libre:** 6, pl. Lucien Grégorie, Tel. 05 65 59 78 60, www.horizon-millau.com. Gleitschirmflüge, Klettern, Canyoning, *spéléo*.

Infos

OT: 1, pl. du Beffroi, 12100 Millau, Tel. 05 65 60 02 42, www.millau-viaductourisme.fr.

Gévaudan ▸ J 2–4

Die alte Grafschaft des Gévaudan umfasste im Wesentlichen das Gebiet des Départements Lozère. Heute wirbt der Landstrich zwischen Aubrac und Margeride mit seinem sagenumwobenen Namen: Ab 1764 zerfleischte die **Bête du Gévaudan** rund 100 Menschen, meist Kinder und junge Frauen. Die königlichen Dragoner wurden zur Wolfsjagd in die Region abkommandiert, doch die Bestie trieb weiter ihr Unwesen. Erst im Juni 1767, als ein Wolf mit geweihten Kugeln erlegt wurde, endete der Schrecken schlagartig.

Das wehrhafte Städtchen **Marvejols** (ca. 5500 Einw.) am Fuß des **Truc du Midi** verdankt seinen Wiederaufbau nach der Zerstörung im Religionskrieg der Großzügigkeit Heinrich IV. Drei von trutzigen Rundtürmen flankierte Stadttore kontrollierten einst den

Zugang zum historischen Stadtkern. Leider spielt sich das Geschäftsleben heute vornehmlich außerhalb der alten Mauern ab. Am Samstagmorgen jedoch trifft man sich beim Wochenmarkt auf der Place du Soubeyran.

Durchzogen von der Urugne und kleinen Kanälen, an denen früher Weiß- und Lohgerber ihre Werkstätten hatten, nennt sich das ehemalige Klosterdorf **La Canourgue** vollmundig ›Kleines Venedig der Cevennen‹. Markantes Zeichen des Ortes (ca. 2000 Einw.) ist der windschiefe runde Uhrturm. Im Zentrum stehen schöne Fachwerk- und Renaissancehäuser, teils mit vorkragenden Obergeschossen.

Château de la Baume ▸ J 2

D 73 (A 75, Ausfahrt 37 Le Buisson), www.chateaudelabaume.org, Juli/Aug. tgl. 10–12, 14–18 Uhr, 6,50 €

In einem lieblichen Wald- und Wiesental an der Ostflanke des Aubrac taucht unvermutet das vierflüglige, mit wehrhaften Ecktürmen versehene Schloss auf. Es bringt ein wenig von der Pracht, die am Hof von Sonnenkönig Ludwig XIV. herrschte, in diese abgelegene ländliche Idylle.

Parc des Loups du Gévaudan ▸ J 2/3

Ste-Lucie, A 75, Ausfahrt 38, www.loupsdugevaudan.com, Juli/Aug. 10–19, April–Juni, Sept./Okt. 10–18, Nov./Dez, Febr./März 10–17 Uhr, 7,80 €

Seit 1985 versucht der Wolfspark ein realistischeres Bild vom ›bösen‹ Wolf zu vermitteln. Etwa 120 Exemplare aus Polen, Sibirien, Kanada und der Mongolei leben hier in weiträumigen Freigehegen.

Übernachten, Essen

Stilmix – **Domaine de Carrière:** Quartier de l'Empéry, Marvejols, Tel. 04 66 32 47 05, www.domainedecarriere.com, DZ ab 100 € inkl. Frühstück, Menü 19–40 €, Restaurant Mo geschl. Das ehemalige Jagdschlösschen aus dem 17. Jh. gibt sich zeitgemäß. Fünf durchgestylte Gästezimmer und im ehemaligen Pferdestall ein Speisesaal ganz in Weiß. Täglich stehen drei Menüs zur Auswahl. Dazu ein 9 ha großer Park voll Harmonie, mit Pool.

Infos

OT: Porte du Soubeyran, 48100 **Marvejols,** Tel. 04 66 32 02 14, www.ville-marvejols.fr; 24, rue de la Ville, 48500 **La Canourgue,** Tel. 04 66 32 83 67, www.ot-lacanourgue.com.

Aubrac ▸ H/J 1–3

Große Einsamkeit erwartet den Reisenden, der von **La Canourgue** oder **Le Monastier** aus auf das Aubrac-Plateau, den äußersten nordwestlichen Zipfel des Département Lozère, hinauffährt. Beidseitig der D 52 dehnt sich endloses, sanft gewelltes Weide- und Heideland aus, durch das klare Bäche plätschern. Winzige Seen und kleine Baumgruppen setzen Akzente. Basaltblöcke, wie von Riesenhand verstreut, verleihen der Landschaft eine herbe Schönheit. Im Mai überzieht ein Teppich aus weißen und hellgelben Narzissen die Wiesen. Von Ende Mai bis Anfang Oktober grasen auf den saftigen Sommerweiden die karamellfarbenen Aubrac-Kühe.

Die **Tour des Monts d'Aubrac** (GR 6, GR 60) lädt dazu ein, die Region in mehreren Tagen auf Schusters Rappen zu erkunden. Im Winter, wenn die

Landschaft unter einer hohen Schneedecke verschwindet, werden rund 250 km Loipen für den Langlauf gespurt. Zwischen Aumont-Aubrac und Nasbinals durchwandern Pilger auf der **Via Podiensis** (GR 65), die einen Abschnitt des alten von Le Puy im Zentralmassiv ausgehenden Jakobswegs darstellt, das Aubrac.

Der Marktfleck **Nasbinals** im Herzen des Plateaus ebenso wie **Aumont-Aubrac** an seinem östlichen Rand wirken mit massiven Häusern aus Granit und Basalt wie für die Ewigkeit erbaut. Die Dorfkirche Ste-Marie von Nasbinals, mit ihrem kompakten achteckigen Glockenturm ein schönes Beispiel auvergnatischer Romanik, lohnt nicht nur für Jakobspilger einen Besuch.

Übernachten, Essen

Ein Koch mit Ambitionen – **Chez Camillou:** 10, rte. du Languedoc, Aumont-Aubrac, Tel. 04 66 42 80 22, www.camillou.com, DZ ab 72 €. Die 37 Zimmer sind modern und geräumig, doch entscheidend für die Wahl des Hotels sind die Kochkünste von Cyril Attrazic – Michelin vergibt einen Stern. Je nach Jahreszeit stehen Lamm, Aubrac-Rind oder Wild, dazu Spargel, Zucchini oder Waldpilze auf der Karte. Himmlische Desserts runden das Geschmackserlebnis ab (Di/Mi geschl., Juli/Aug. nur mittags, Menü 35–85 €, Brasserie tgl. geöffnet, *formule* ab 15 €).

Natur pur – **Le Relais de l'Aubrac:** Pont de Gournier, 4 km nördl. von Nasbinals (D 12), Tel. 04 66 32 52 06, www.relais-aubrac.com, DZ ab 58 €. Herzlicher Empfang in diesem Granithaus des Aubrac am Flüsschen Bès. 27 bequeme Zimmer. Gemütlicher Schankraum mit Kamin, großer Speisesaal und Terrasse. Solide *terroir*-Küche (So abends, Mo geschl., Menü ab 26 €).

Menschenleer – das Plateau des Aubrac

Aktiv

Wellness – **La Chaldette:** Brion, 14 km nördl. von Nasbinals, Tel. 04 66 31 68 00, www.lachaldette.com. Thermalbad mit Wellness-Zentrum am Bès.

Infos & Termine

OT: 48260 Nasbinals, Tel. 04 66 32 55 73, http://nasbinals.fr.
Fête de la Transhumance: Traditioneller Almauftrieb am So um den 25. Mai. Am **Col de Bonnecombe** finden eine Messfeier mit Segnung der Tiere und die Prämierung der schönsten Herde statt. Anschließend wird *aligot* serviert. Der Andrang ist riesig!

Margeride ▶ K/L 1–3

Vom Lot-Tal steigt gegen Norden das Granitmassiv der Margeride an, das bis ins Département Cantal hineinreicht. Von **Châteauneuf-de-Randon,** das weithin sichtbar auf einem Bergkegel thront, führt die D 985 durch die charakteristische sanfte Hügellandschaft der Margeride: Viehweiden und Heide im Wechsel mit Kiefern-, Tannen- und Birkenwäldern. Durchzogen von fischreichen Quellflüssen ist das Gebiet ein Paradies für Angler. Wanderwege, Radpisten und Loipen ziehen Aktivurlauber an. Zentraler Startpunkt für Montainbiker oder Skilangläufer ist **Baraque-de-Bouviers** westlich von Grandrieu.

Nur wenige Gehöfte und kleine Weiler unterbrechen die Einsamkeit in der weiten Natur. Mit Unterkunft und Verpflegungsmöglichkeit kann **St-Alban-sur-Limagnole** einige Touristen anlocken. Die romanische Dorfkirche, wie alle Gebäude hier aus massivem Granit erbaut, trägt den für die Region typischen Kammturm.

Mein Tipp

Buron de Born ▶ J 2
Im Seengebiet südlich von Nasbinals lädt der Buron de Born zu einer zünftigen Brotzeit ein, entweder am Kamin im urigen Schankraum oder auf der Terrasse mit Blick auf den Lac de Born. Spezialität ist selbstverständlich *aligot.* Die Stimmung ist besonders ausgelassen bei den Akkordeonabenden. Die robusten, aus Granit gebauten Sennhütten *(burons)* dienten den Viehhirten im Sommer als Unterkunft. Außerdem wurden sie als Käsereien genutzt. Rund zwanzig *burons* wurden rund um Nasbinals restauriert und zum Teil als Restaurant hergerichtet (D 52, Mai–Okt., Tel. 04 66 32 52 20, Menü ab 18 €).

Réserve des Bisons d'Europe ▶ K 1

Ste-Eulalie, www.bisoneurope.com, Mitte Juni–Mitte Sept. tgl. 10–18, sonst bis 17 Uhr, Museum 4 €, Kutschfahrt 13,50 €
Seit den 1990er-Jahren werden am Rande der Margeride in einem 200 ha großen Reservat auf 1350 m Höhe Wisente gezüchtet. Der Herde kann man sich per Kutsche oder bei Schnee im Schlitten nähern.

Übernachten, Essen

Romantisch – **Relais St-Roch:** Rue du Carreirou, St-Alban-sur-Limagnole, Tel. 04 66 31 55 48, http://relais-saint-roch.fr, DZ ab 106 €. Neun luxuriöse Zimmer in einem Schlösschen aus rosa Granit, das von einem kleinen Park umschlossen wird. Ein beheizter Pool ist auch vorhanden. Das angeschlossene Feinschmecker-Restaurant **La Petite Maison** serviert als Spezialität Fleischgerichte vom Bison. Als Dégestif wählt man zwischen über 400 Sorten Whisky (5, av. de Mende, www.la-petite-maison.fr, tgl. Mitte April–Okt., Menü 25–78 €).

Mende ▸ L 3

Das schmucke Städtchen (ca. 13 000 Einw.) in einem weiten, grünen Talkessel am Oberlauf des Lot teilt nicht die Hektik anderer Départementstädte. Den hübschen Altstadtkern rund um die mächtige Kathedrale umschließt ein von Platanen gesäumter Boulevard. Verwinkelte Gassen mit Kopfsteinpflaster und herausgeputzten alten Häusern laden zum Bummeln ein.

Rund um das Grab des christlichen Märtyrers St-Privat entwickelte sich Mende im frühen Mittelalter zu einem blühenden Handwerks- und Handelszentrum an der Grenze zwischen Languedoc und Auvergne. Wollhandel und -verarbeitung bildeten bis ins 19. Jh. die Grundlage für den Wohlstand der Stadt. Nachdem Mende zum Bischofssitz erhoben worden war, veranlasste 1369 Papst Urban V., ein Sohn der Region, als Symbol der bischöflichen Macht den Bau einer Kathedrale. Die Protestanten, angeführt von Mathieu Merle, eroberten am Weihnachtsabend 1579 das katholische Mende und beschädigten während ihrer zweijährigen Besatzung die Kathedrale und die ganze Stadt erheblich.

Notre-Dame-et-St-Privat

Die Kathedrale reckt sich hoch über das Rund der schiefergedeckten Häuser. Markant sind ihre ungleichen, erst 1512 fertiggestellten Türme. Zu ihren kostbarsten Ausstattungsstücken gehören eine aus Ebenholz gefertigte Schwarze Madonna (11. Jh.) sowie acht Wandteppiche aus Aubusson (1706). An die *Non-Pareille*, die seinerzeit größte Glocke der Christenheit, erinnert nur der unter der Orgel aufgehängte gewaltige Klöppel. Die Protestanten ließen die ›Unvergleichbare‹ zu Kanonenkugeln einschmelzen.

Altstadt

Den weiträumigen Platz vor dem Westportal der Kathedrale beherrscht die **Statue von Papst Urban V.** Von hier aus führt der vorbildlich ausgeschilderte *Circuit du Patrimoine* (Faltblatt im Office de Tourisme) in eineinhalb Stunden durch die Altstadt, vorbei an stattlichen Fachwerkhäusern und Palais aus Gotik und Renaissance mit kunstvoll ausgearbeiteten Portalen.

Die ehemalige **Synagoge** in der Rue Notre-Dame sowie der **Couvent des Carmes** in der Rue de l'Ange, beide aus dem 13. Jh., zählen zu den ältesten Gebäuden der Stadt. Von der mittelalterlichen Stadtbefestigung, die heute der Ringboulevard nachzeichnet, blieb einzig die **Tour des Pénitents** erhalten. Nördlich der Altstadt trotzt der steinerne **Pont Notre-Dame** seit 1229 allen Hochwassern des Lot.

Mont Mimat ▸ L 3

Abrupt steigen am südlichen Stadtrand die Felswände des **Causse de Mende** auf, der mit Picknickplätzen, Waldseilpark, Klettersteig, Wanderwegen und Mountainbike-Parcours ein beliebtes Ausflugsziel ist. Vom **Mont Mimat** (1068 m) reicht der Blick weit über die Stadt und das Tal des Lot. Unterhalb des Gipfelkreuzes befinden sich die **Chapelle St-Privat** und die **Grotte des Heiligen,** zu der ab der Place du Foirail der **Chemin de Croix de Mende**, ein Pilger- und Kreuzweg, führt (ca. 2 Std. hin und zurück).

Vallon du Villaret ▸ L 3

Bagnols-les-Bains, Tel. 04 66 47 63 76, www.levallon.fr, Juli/Aug. tgl. 10–18.45, Mitte April–Juni tgl. 10.30–18.45, Sept./Okt. Sa/So 11–18 Uhr, letzter Einlass 16.30 bzw. 16 Uhr, 10,50–12,50 €

Knapp 20 km westlich von Mende lädt der von Künstlern gestaltete Erlebnispfad Kinder und Erwachsene zu einem abwechslungsreichen Waldspaziergang ein, bei dem alle Sinne geschärft werden. Mindestens drei Stunden Zeit einplanen. Achtung, es gibt unwiderstehliche Wasserspiele!

Übernachten, Essen

Familiäre Gastlichkeit – **France:** 9, bd. Lucien-Arnault, Tel. 04 66 65 00 04, www.hoteldefrance-mende.com, DZ ab 95 €, Menü ab 31 €. 150 Jahre alte Poststation am Ringboulevard, 31 stilvolle Zimmer. Sehr gepflegtes Restaurant, schmackhafte Terroir-Küche, vorbildliche Weinkarte. Mit Garage.

Essen & Trinken

Ein wenig Zen – **La Safranière:** Chabrits, ca. 5 km westl. von Mende, D 42, Tel. 04 66 49 31 54, So abends, Mo, Mi mittags geschl., Menü ab 23 €, Reservierung empfohlen. Nach Lehr- und Wanderjahren eröffnete Sébastien Navetch das kleine erlesene Restaurant im elterlichen Bauernhof, der zuvor gekonnt restauriert worden war. Die harmonische Verbindung von Tradition und Moderne findet sich auch in den Menüs wieder.

Einkaufen

Käse – **Au Sourire de la Cremière:** 30, rue du Soubeyran. Gutes Sortiment an Bauernkäse wie Pélardon, Tomme, Salers oder Laguiole.

Lozère-Spezialitäten – **Saveur Gour Mende:** 1, rue de l'Ange. Gourmandisen der Region, sogar ein Steinpilzlikör.

Markt – **Place Chaptal:** Mi vor allem Textilien, Sa morgens Bauernmarkt.

Infos & Termine

OT: Pl. du Foirail, 48000 Mende, Tel. 04 66 94 00 23, www.ot-mende.fr.

Grandes Fêtes de Mende: Ende Aug., viertägiges Stadtfest mit Umzügen, Konzerten, Tanz, Feuerwerk.

Mont Lozère ▸ L–N 4

Die kahlen runden Granitkuppen des Mont Lozère gipfeln beim **Sommet de Finiels** (1699 m) und **Pic Cassini** (1685 m), unweit dessen der **Tarn** seinen Ursprung nimmt. Erodiertes Gestein übersät die mageren Weiden und Heideflächen, zu denen heute nur noch wenige Tausend Schafe auf den *drailles,* den Herdenwegen, im Sommer emporklettern. Im Juni überzieht der Ginster den Berg mit goldgelben Blüten und schwerem Duft. Kiefern, Tannen und Buchen wurden an den Südhängen des Sommet de Finiels wieder aufgeforstet. Der Mont Lozère ist noch heute berüchtigt wegen der Wetterwechsel mit plötzlichem Nebel, Schnee und eisigen Winden. In früheren Zeiten wies das Geläut der *clochers de tourmente* Reisenden den Weg bei Sturm und schlechter Sicht. Solche Glockentürme sieht man vor allem im Nordwesten des Massivs, in **La Fage, Les Sagnes, Serviès** und **Oulte.**

Durch die raue einsame Höhenlandschaft führen zahlreiche Wanderwege, die oftmals den alten *drailles* folgen. Auf dem **GR 68** kann man den Berg in sechs Tagen umrunden (110 km). Wintersportler finden bei **Chalet du Mont Lozère** Pisten für Alpinski sowie Loipen für Langlauf.

Régordane ▸ N 3/4

Am Osthang des Mont Lozère verläuft die Régordane (D 906), ein mittelalterlicher Handelsweg, der den Warenaustausch zwischen den Mittelmeerhäfen und dem Norden Frankreichs förderte. Auch Pilger zogen von Le Puy in der Auvergne über diese Strecke zum Wallfahrtsort St-Gilles in der Camargue. Burgen und Festungsdörfer entlang des Weges boten Kaufleuten und Pilgern Schutz vor Räuberbanden.

In **La Garde-Guérin** am Rand der wilden **Gorges de Chassezac** scheint die Zeit seitdem stillgestanden zu haben. Kein Souvenirshop stört das mittelalterliche Ensemble mit Bergfried und wuchtigen, großquadrigen Granithäusern, das in der Hochsaison Touristen vom nahen Villefort anzieht.

Beidseits der D 906 reihen sich die Bürgerhäuser von **Villefort,** das sich durch den Stausee am Altier zu einer beliebten Sommerfrische entwickelt hat. Auch der Weiler **Genolhac** weiter südlich ist ein typisches Straßendorf der Régordane. Doch erfreulicherweise wird der Verkehr heute am historischen Zentrum vorbeigeleitet.

Pont-de-Montvert ▸ M 4

http://ceven nes-montlozere.com
Am südlichen Abhang des Mont Lozère zwängt sich der geschichtsträchtige Ort (300 Einw.) ins enge Tal des Tarn. Verwitterte Granithäuser und eine alte Steinbrücke mit Uhrturm gruppieren sich zu einem pittoresken Bild. An diesem idyllischen Fleck nahm 1702 der blutige Kamisardenkrieg seinen Anfang, nachdem der mit inquisitorischer Brutalität auftretende Abbé du Chayla von revoltierenden Protestanten gelyncht worden war (s. auch Entdeckungstour S. 286). Mitte Juli schlagen beim **Festival des Métiers d'Art** über 70 Kunsthandwerker und Handwerker ihre Stände auf.

Musée du Mont Lozère ▸ M 4

Quartier de l'Estournal, www.ceven nes-parcnational.fr, Juni–Sept. tgl. 10.30–12.30, 15–18.30, April/Mai, Okt. tgl. 15–18, Nov.–März Sa 15–18 Uhr, 3,50 €; Infostelle Mas Camargue Juli/ Aug. tgl. 12–18 Uhr
Die Ausstellung, die Teil des **Ecomusée du Mont Lozère** ist, erzählt von der Entstehung des Lozère-Massivs, von seinen unterschiedlichen Naturräu-

Magische Eindrücke auf der Cham de Bondons

men und vom Leben in der rauen Bergwelt. Vertiefen kann man den so gewonnenen Eindruck auf den Lehrpfaden des Ökomuseums, etwa beim ca. 10 km nordöstlich gelegenen **Mas Camargues.** Dazu folgt man am nördlichen Dorfende von Le Pont-Monvert einem Sträßchen Richtung Le Mazel/ Villeneuve/L'Hôpital. Das Gehöft, das vom 15. Jh. bis 1922 bewohnt wurde, ist ein imposantes Beispiel der Granitbauweise am Mont Lozère. Drei ausgewiesene Wege *(sentiers)* von 300 m, 2900 m und 4050 m Länge verdeutlichen, wie die Bergbauern hier wirtschafteten. Ganz nah fließt der junge **Tarn,** an dessen rechtem Ufer man bis zu seiner Quelle hochsteigen kann (hin und zurück 8 km).

Cham des Bondons ▸ L 4

Nicht nur landschaftlich reizvoll ist der Abstecher über die D 35 zur Westflanke des Mont Lozère. Beim Weiler **Rûnes,** der ganz in Granit erbaut ist, verleitet ein Wasserfall zu einer kurzen Wanderung (45 Min. hin und zurück). Weiter nördlich, auf der **Cham des Bondons** *(cham* = kleine Causse), errichteten frühe Bewohner der Region vor mehr als 4000 Jahren etwa 150 Menhire, drei Dolmen und 30 Grabhügel. Auf dem markierten **Sentier des Menhirs** kann man einen Teil der steinernen Zeitzeugen erkunden (5 km, ca. 2 Std.; Parkplatz ca. 1 km hinter der Einmündung der D 135).

Warum findet sich ausgerechnet hier eine der größten Stätten der Megalithkultur in Europa? Besteht ein Zusammenhang zwischen den phallusartigen Steinen und den zwei busenförmigen Hügelkuppen, die das Plateau dominieren? Nach Volkes Glaube sind diese *puechs* oder *trucs* dadurch entstanden, dass der Riesenvater Gargantua hier seine Stiefel ausgeschüttelt habe.

Wanderung zu den Puechs ▶ L 4
Rundweg 14 km, ca. 4–5 Std., wenig Schatten; Karte IGN 2739 OT; Wasser, Proviant; Start in Malbosc (enge kurvenreiche Zufahrt von der D 135)
Malbosc, dessen Häuser sich um einen Felskegel scharen, zeigt mit Granitfassaden, Schieferdächern und Gauben die typische Architektur des Lozère. Man verlässt den Ort Richtung Norden entlang der **Girouse,** die oben im Tal ihren Ursprung hat. Am Weg liegt eine stillgelegte Uranmine. Der Weiler **Malaval** am Ende des Talkessels hütet eine **Höhle** mit wunderschönen, zarten Kristallgebilden, die allerdings nicht öffentlich zugänglich ist. Auf dem Fahrweg, der zum Ort führt, steigt man bergan und hält sich an der Weggabelung links. Eine unbefestigte Piste verläuft zwischen Wiesen hindurch, auf denen karamellfarbene Kühe weiden,

Wanderung zu den Puechs des Bondons

weiter leicht bergan auf die beiden Puechs zu. Rechts erspäht man kurz einen **Menhir.** Die Wanderroute zweigt links nach Westen ab, umrundet den **Puech Mariette** und **Puech d'Allègre** an ihrer nördlichen Flanke und schlängelt sich um den bewaldeten **Echine d'Aze.** Ein weniger interessantes Wegstück führt durch Tannenwald, vorbei an einem **Wasserloch.** Dann trifft die Route auf den **GR 43/GR 68,** dem man nach links folgt. Das Gehöft **Maison Neuve,** das sich komplett mit Solarstrom versorgt, wird passiert. Links im Feld taucht ein **Menhir** auf, ein Wanderschild weist links durch die Weide nach Malaval. Man bleibt geradeaus weiter auf dem GR bis zu einer großen Wegkreuzung. Hier wählt man links den schmalen Weg. Nach ca. 100 m führt links im spitzen Winkel ein Pfad bergab nach **Chadenet** (Gatter). Dort hält man sich auf der Straße links. In einer Rechtskurve geht man geradeaus unter Kastanienbäumen weiter (Gatter) und am Fluss entlang nach **Malbosc**. Man passiert ein altes Brückchen und klettert den Hang empor zum Ort.

Übernachten, Essen

Mittelalter-Romantik – **La Régordane:** La Garde-Guérin, Prevenchères, Tel. 04 66 46 82 88, www.regordane.com, Mitte April–Sept., DZ ab 63 €, *formule* 15 €, Menü ab 27 €. Herrenhaus aus dem 16. Jh. mit strenger Natursteinfassade. 15 stilechte Zimmer, Salon mit Kamin und altem Mobiliar sowie Innenhof. Gutes Restaurant.
Für Naturliebhaber – **Le Coupétadou:** Souteyrannes, Vialas, 15 km westl. von Genolhac, Tel. 04 66 41 05 49, www.chambre-hote-cevennes.fr, DZ 95 € inkl. Frühstück (erheblicher Nachlass ab 2 Übernachtungen), Gästetisch 27 €/Pers. Fünf hochwertige Gästezimmer, jedes mit eigenem Charme und

herrlichem Ausblick, in einem Gehöft in den Bergen. Gute *table d'hôte.*
Höher geht es kaum – **La Maison Victoire:** Finiels, Tel. 04 66 45 84 36, www.gites-mont-lozere.com, DZ mit Halbpension 110 €. Fünf komfortable *chambres d'hôte* in einem soliden Natursteinhaus in rauer Berglandschaft.

Aktiv

Wanderungen mit Esel – **Gentiâne:** Castagnols, Vialas, 15 km westl. von Genolhac (D 998), Tel. 04 66 41 04 16, www.ane-et-randonnee.fr. Christian Brochier vermietet Esel für eine Reise auf den Spuren von Stevenson. Auch Übernachtung und Verpflegung.

Florac ▸ L 5

Das Städtchen (ca. 2000 Einw.) am Fuß des Causse Méjean sowie am Zusammenfluss von Tarn, Tarnon und Mimente ist ein idealer Ausgangspunkt für die Erkundung des Mont Lozère, der Tarn-Schlucht und der Cevennen. Mitten durch die Altstadt von Florac plätschert das Wasser der **Source du Pêcher,** die im Park hinter dem **Château** entspringt. In dem stattlichen, von zwei Rundtürmen flankierten Gebäude (17. Jh.) residiert die Verwaltung des Cevennen-Nationalparks. Unter Platanen an der **Esplanade** und auf der sonnigen **Place Dides** laden Cafés und Restaurants zur Rast ein.

Übernachten, Essen

Eingespieltes Team – **Hôtel des Gorges du Tarn/Restaurant Adonis:** 48, rue du Pêcher, Tel. 04 66 45 00 63, www.hotel-gorgesdutarn.com, Ostern–Nov., DZ ab 65 €, Restaurant Mi geschl., *formule* 22 €, Menü ab 27 €. Martial Paulet hat das Hotel-Restaurant zu einem Gourmettreff gemacht. Ehefrau Mireille sorgt mit Charme für Empfang und Service. 23 moderne Zimmer in Haupt- und Nebenhaus.
Familiensache – **La Lozerette:** Cocurès, D 998, nordöstl. von Florac, Tel. 04 66 45 06 04, www.lalozerette.com, Ende März–Okt., DZ ab 63 €, Restaurant Di mittags, Mi mittags geschl., Menü mittags ab 18 €, abends ab 33,50 €. Das Haus wird in dritter Generation von Pierrette Agulhon geführt. Als Sommelière achtet sie auf den perfekten Einklang von Essen und Wein. Auf dem Teller raffiniert verfeinerte Gerichte des Lozère, im Keller über 300 Referenzen aus dem Midi. Die 21 Zimmer kommen modern und zugleich ländlich anheimelnd daher.
Authentisch – **Auberge Cévenole:** La Salle-Prunet, 2 km südl. von Florac, Tel. 04 66 45 11 80, www.auberge-cevenole.fr, März–Mitte Nov., DZ ab 45 €. Cevennenhaus im Tal der Mimente. Acht Wohlfühl-Zimmer. Gepflegter Speise-

Mein Tipp

Mit dem Esel durch die Cevennen
Getrieben von Liebeskummer unternahm der junge Schotte **Robert Louis Stevenson** 1878 eine Reise durch das seinerzeit unbekannte und unwirtliche Hinterland Frankreichs. In Begleitung der störrischen Eselin Modestine wanderte er in zwölf Tagen von Le Puy in der Auvergne bis ins 220 km entfernte St-Jean-du-Gard. Den Spuren des Romanciers, der durch »Die Schatzinsel« berühmt wurde, folgt der Fernwanderweg GR 70. Reisehinweise gibt die Stevenson-Gesellschaft in Le Pont-de-Monvert (Tel. 04 66 45 86 31, www.chemin-stevenson.org).

Von Florac auf die Causse Méjean

raum mit Kamin. Gartenterrasse. Regionalküche nach Familienrezepten (So abends, Mo geschl. außer Juli/Aug., *formule* 15 €, Menü ab 22 €).

Sentier des Couronnes

▶ L 5

Rundweg 14 km, ca. 5,5 Std., Karte IGN 2640 OT; Wasser, Proviant
Die Wanderung führt auf den Causse Méjean und zu den eindrucksvollen Felsformationen, die über Florac aufragen. Mit etwas Glück kann man unterwegs Geier beobachten. Von **Florac** steigt der Wanderweg geradewegs zum **Col de Pierre Plate** am Rand der Causse Méjean auf, wobei er die **D 16** mehrfach quert. Von dem **Dolmen** am Pass folgt man zunächst der Straße, dann dem Schild **Le Pradal,** und geht schließlich links auf eine **Antennenanlage** zu. Vom nahen **Aussichtspunkt** schaut man über die weite **Causse** und hinab nach Florac. Der Weg fällt etwas ab und folgt nun ca. 5 km der Abbruchkante an den **Falaises de Rochefort** vorbei – immer wieder ergeben sich berauschende Blicke. **Alternativ** wandert man auf dem gut markierten **GR de Pays** nach Le Pradal und weiter über die Causse an den Ruinen von La Bastide vorbei. Kurz vor zwei Menhiren verlässt man den GR nach links, um wieder auf den Hauptweg zu stoßen. Dieser windet sich im Zickzack hinab nach **Croupillac.** Vor dem Weiler hält man sich links. Der Weg führt am Fuß der Felsen vorbei durch den Wald hinab Richtung **Viala de Grimoald.** Nach Überquerung eines Baches geht es geradeaus weiter zur **D 16** und nach **Florac.**

Einkaufen

Regionale Spezialitäten – **Chez les Paysans**: 8, esplanade. Allerlei Leckereien aus den Cevennen.

Aktiv

Outdoor – **Cévennes Evasion:** 5, pl. Boyer, Tel. 04 66 45 18 31, www.cevennes-evasion.com. Organisation von mehrtägigen Touren, ob zu Fuß, mit Schneeschuhen, mit Esel oder Fahrrad.

Infos

OT: 33, av. Jean Monestier, 48400 Florac, Tel. 04 66 45 01 14, www.vacances-cevennes.com. **Maison du Parc de Florac:** Im Château, Tel. 04 66 49 53 00, www.cevennes-parcnational.fr.

Gorges du Tarn ! ▸ K 5

Der Tarn, der am Mont Lozère entspringt, hat eine tiefe Furche in den Kalkgrund zwischen Causse de Sauveterre und Causse Méjean gegraben. Am schmalen Ufersaum kauern unter den 500 m steil aufragenden Felswänden Burgen und kleine Dörfer. Vor wenigen Jahren noch dem Verfall preisgegeben, wurden viele Häuser inzwischen zu schmucken Ferienwohnsitzen restauriert. Seit Beginn des 20. Jh. folgt eine schmale, teils in die Felswand gesprengte Straße den Mäandern des Flusses. Turbulent geht es in der Hochsaison auf den gut 50 km zwischen Ispagnac und Le Rozier sowohl auf der Straße als auch auf dem Wasser zu.

Am Eingang der Gorges du Tarn liegen im weiten Flusstal zwischen Obstwiesen und Weinfeldern **Ispagnac** mit seiner sehenswerten romanischen Kirche sowie der alte Wallfahrtsort **Quezac,** zu dem eine gotische Brücke mit fünf eleganten Bögen führt.

Doch schon bald danach verengt sich das Tal. Tief unten am linken Ufer schmiegen sich unterhalb einer Burgruine die Häuser von **Castelbouc** an eine Felswand. Während seine Nachbarn auf Kreuzzug im Heiligen Land unterwegs waren, sah sich der Burgherr gezwungen, die daheim gebliebenen Frauen zu trösten. Als er in den Armen einer Schönen sein Leben aushauchte, soll ein riesiger Ziegenbock *(bouc)* über seiner Burg erschienen sein. So hieß sie fortan Castelbouc.

Vorbei am mittelalterlichen **Château de Prades** (13. Jh.) erreicht die Straße mit **Ste-Enimie** den Hauptort der Tarnschlucht. Schmale, von hübschen alten Häusern gesäumte Gassen erklimmen den steilen Hang hinauf zum Kloster, das der Legende zufolge im 6. Jh. von der hl. Enimie gegründet wurde. Das Wasser der hier entspringenden Burle soll die merowingische Prinzessin von der Lepra geheilt haben. Von Ste-Enimie schrauben sich in zahlreichen Spitzkehren enge Sträßchen hinauf auf den Causse de Sauveterre und den Causse Méjean.

In Ste-Enimie beginnt der romantischste Abschnitt des Canyons. Eine Steinbrücke gibt Zufahrt zu dem Bilderbuchdorf **St-Chély-du-Tarn,** hinter dem ein riesiger Felskessel aufragt. Das märchenhaft anmutende **Château de la Caze** (15. Jh.) auf der rechten Tarnseite beherbergt ein Hotel-Restaurant der Luxusklasse. Die kleine Ansiedlung **Haute-Rive** am linken Flussufer kann nur per Kahn oder zu Fuß über einen Eselsweg erreicht werden.

Das Burgdorf **La Malène** dient seit alters her als Bindeglied zwischen Causse Sauveterre und Causse Méjean. Der Herrensitz der Familie von Montesquiou (15. Jh.), die einst die wichtige Passage kontrollierte, beherbergt heute ein gediegenes Hotel. Halsbrecherisch mutet die Fahrt vom Flussufer zum Causse Méjean und dem Aussichtspunkt am **Roc des Hourtous** an.

Ab La Malène manövrieren die *bateliers* ihre flachen Passagierbarken durch die verwegensten Flussmeter, vorbei am Felsdurchbruch **Les Détroits** bis zu den zinnoberroten Wänden des **Cirque des Baumes**. Am **Pas de Soucy** verschwindet der Tarn auf einigen Metern unter riesigen Felsblöcken.

In **Les Vignes** empfiehlt sich ein Abstecher zum **Point Sublime,** der einen wirklich ›erhabenen‹ Blick auf den Canyon freigibt. Das Ende der Schlucht ist beim lebhaften Doppelstädtchen **Le Rozier/Peyreleau** erreicht, wo die Jonte in den Tarn mündet. Hier öffnet sich das Tarn-Tal, das bis nach Millau immer weitläufiger wird.

Als Ferienwohnsitz hergerichtet – Castelbouc in den Gorges du Tarn

Kanufahrt auf dem Tarn

Bootsverleih Ostern bis Allerheiligen, u. a. La Canophile, Ste-Enimie, Tel. 04 66 48 57 60, www.canoe-tarn.com; Canoë 2000, La Malène, Tel. 04 66 48 57 71, www.canoe2000.net/fr

Die Schönheit der Tarn-Schlucht erlebt man am besten vom Wasser aus. Insgesamt 36 Flusskilometer laden zwischen Montbrun und Le Rozier zu Touren von zwei Stunden bis zu zwei Tagen ein. Die am meisten befahrene Strecke liegt zwischen Ste-Enimie und La Malène. Unpassierbar ist der Tarn zwischen dem Pas de Soucy und Les Vignes. Von dort bis nach Rozier sind einige schwierigere Stromschnellen zu meistern. Im Frühjahr führt der Fluss zwar genügend Wasser, doch es ist noch kalt, falls die nicht sinkbaren Kanus doch einmal kentern sollten. Im Sommer ist die Schlucht meist überlaufen. Daher empfiehlt sich insbesondere der Frühherbst für eine Paddeltour. Bei Hochwasser, das nach starken Regenfällen sehr plötzlich auftritt, wird der Kanuverleih eingestellt.

Causse de Sauveterre ▸ J/K 4/5

Der von den Flüssen Lot und Tarn begrenzte Causse de Sauveterre ist der nördlichste und wasserreichste der vier Grands Causses, sodass hier in nennenswertem Maße Ackerbau betrieben werden kann. Seinen hügeligen südwestlichen Teil bedecken nach Aufforstungen wieder Nadel- und Eichenwälder, die der Erosion Einhalt gebieten sollen. Die Straßen hinauf auf den Causse, ob von Ste-Enimie, La Malène oder Les Vignes, sind alle gleichermaßen kurvenreich und grandios.

Typisch für die traditionelle Architekur des Kalkplateaus ist das namensgebende Dörfchen **Sauveterre.** Fernab der realen Welt haben Jo Pillet und seine Familie ein Reich der Utopien erschaffen. Rund um ein Wohnensemble aus steinernen Iglus sind Jos skurrile Skulpturen, im Innern seine surrealistischen Bilder zu bewundern. Besonders Kinder lieben einen Besuch in **Utopix** (bei La Périgouse, Tel. 04 66 48 59 07, www.utopix-lozere.fr, April–Okt. tgl. 10–20 Uhr, 7 €).

Causse Méjean ▸ K/L 5/6

Nahezu baum- und strauchlos überwältigt der Causse Méjean, der zwischen Tarn und Jonte auf über 1000 m ansteigt, durch seine endlose Weite. Die Sommer sind sengend heiß, die Winter eisig, wenn der Wind über die Steppenlandschaft peitscht. Kein Wunder, dass hier gerade mal 450 Menschen leben (1,4/km^2). Schafe gibt es hingegen reichlich, und auch den **Przewalski-Pferden** ist das Klima nicht zu hart. Diese vom Aussterben bedrohte mongolische Wildpferdart wird beim Weiler **Hures la Parade** gezüchtet und auf die Auswilderung in der asiatischen Steppe vorbereitet (Le Villaret, www.takh.org, Infozentrum Juli/Aug. So–Fr 10–13, 16–19 Uhr).

Wie die Bauern auf der höchsten, der trockendsten und der am dünnsten besiedelten ›mittleren‹ (okz. *méjean)* Causse lebten, erfährt man in der **Ferme Caussenarde d'Autrefois** (s. Lieblingsort S. 276) in **Hyelzas.** Dass der Weiler auch im 21. Jh. weiterlebt, dafür sorgt die Käserei Le Fédou. Nahebei liegt die Hauptattraktion der Causse Méjean, der **Aven Armand,**

Lieblingsort

Ferme Caussenarde d'Autrefois – eine Reise in die Vergangenheit ▶ K 6

Das aus dem 18. Jh. stammende Gehöft in Hyelzas ist ein sehr schönes Beispiel für die typische Architektur auf den Causses. 1946 aufgegeben, wurde der Hof authentisch restauriert und eingerichtet. Dazu wurden Mobiliar, Küchenutensilien, Werkzeuge, Geräte und Kleidung aus der ganzen Region zusammengetragen. Bei der Besichtigung der Küche, Stuben und Ställe hat man das Gefühl, die Bewohner müssten jeden Augenblick heimkehren (Causse Mejean, Hyelzas, http://ferme.caussenarde.free.fr, tgl. Juli/Aug. 11–19.30, 15.– 30. Juni, 1.–15. Sept. 11.30–18, April–Mitte Juni, Mitte Sept.–Anfang Nov. 12.30–18 Uhr, 6,20 €).

im Untergrund verborgen (s. Entdeckungstour S. 280).

Von Wind und Wasser bizarr geformte Felsen setzen markante Akzente im weiten Grasland. Aus der Ferne glaubt man die Ruinen einer Burg oder gar einer ganzen Stadt zu sehen, so beim Felsenmeer von **Nîmes-le-Vieux** am südöstlichen Rand der Causse (ab l'Hom 4,5 km langer, gelb markierter Rundweg).

Übernachten, Essen

Hochherrschaftlich – **Château de la Caze:** Rte. des Gorges du Tarn, La Malène, Tel. 04 66 48 51 01, www.chateaudelacaze.com, sieben DZ ab 134 €, sechs Suiten ab 200 €, Menü ab 38 €. Hier ist alles perfekt: das historische Gebäude mit nobler Ausstattung, die einmalige Lage am Tarn, der Park mit Pool, das exquisite Restaurant in einem herrlichen Saal.

Bei den Rittersleut – **Le Manoir de Montesquiou:** La Malène, Tel. 04 66 48 51 12, www.manoir-montesquiou.com, DZ ab 75 €. Menü ab 29 €. Romantische Zimmer mit Himmelbetten, einige im Turm. Klassische Küche. Am Mittag kann man auf der Terrasse unter dramatisch aufragenden Felswänden einen Imbiss einnehmen.

Familiäre Atmosphäre – **La Maison de Marius:** 8, rue du Pontet, Quézac, Tel. 04 66 44 25 05, www.maisondemarius.fr, DZ ab 65 € inkl. Frühstück. Fünf verspielt eingerichtete, sehr unterschiedliche Gästezimmer in einem einladenden Bruchsteinhaus am Ende der engen Dorfstraße (ausgeschildert). Am abendlichen Gästetisch speist man Hausmannskost mit Produkten aus dem eigenen Garten (Menü 25 €, nur auf Reservierung).

Kräftige Bauernküche – **Auberge du Chanet:** Nivoliers (D 63), Hures-la-Parade, Tel. 04 66 45 65 12, http://causses-cevennes.com/aubergeduchanet, DZ ab 58 € inkl. Frühstück, *formule* 14 €, Menü ab 18,50 €. Im Fünfseelendorf Nivoliers ist der Gasthof nicht zu verfehlen. Auf der Karte *charcuterie,* Lamm und Schafskäse. Auch vier schöne Gästezimmer.

Urtümlich – **Les Fleurines:** Almières, St-Rome-de-Dolan, ab Les Vignes D 995 und D 46, Tel. 04 66 48 81 01, www.lesfleurines.fr, April–Okt., DZ 38 €, Schlafsaal 15 €/Person. Mit sehr viel Liebe zum Detail haben Nathalie Chaytan und Bernard Camborde das uralte Gehöft oberhalb der Gorges du Tarn, unweit des Pont Sublime, restauriert und acht Gästezimmer sowie einen Schlafsaal unter dem steinernen Dachgewölbe eingerichtet. Abends lädt der Gästetisch zum gemeinsamen Mahl (21 € inkl. Wein). Küche für Selbstversorger.

Einkaufen

Kunsthandwerker- und Bauernmarkt – **Marché nocturne:** Am Donnerstagabend im Juli und August sorgt der Nachtmarkt für lebhafte Stimmung im Tarnstädtchen Ste-Enimie.

Käse – **Fromagerie Le Fédou:** Hyelzas, westl. vom Aven Armand, Tel. 04 66 45 66 74, www.fedou.com. Die Käserei verkauft alle Arten von Schafskäse. Am besten probiert man sie direkt an Ort und Stelle auf dem Picknickplatz mit einem Stück Steinofenbrot von der benachbarten Boulangerie.

Aktiv

Kahnfahrt – **Les Bateliers des Gorges du Tarn:** La Malène, Tel. 04 66 48 51 10, www.gorgesdutarn.com, max. 6 Pers./Boot, 22 €/Pers. Die einstündige Flusstour von La Malène zum Cirque des Baumes eröffnet einmalige Naturimpressionen. Rückfahrt im Minibus.

Bungeejumping – **Le 107:** Cirque des Baumes, Tel. 0687171212, www.elastic-natural-bungee.com, 90 €/Sprung. Sensationell! 107 m freier Fall von einer Plattform über der Tarnschlucht.

Infos

OT: Rte. de Mende, 48210 Ste-Enimie, Tel. 04 66 48 53 44, www.gorgesdutarn.net.

Meyrueis ▸ K 6

Meyrueis (ca. 1000 Einw.), was ›inmitten von Bächen‹ bedeutet, liegt am Zusammenfluss von Jonte, Brèze und Bétuzon. Und so plätschert ständig Wasser rund um den alten Uhrturm und bei den Caféterrassen unter alten Platanen am Quai Sully. Früher trieb das Wasser die Maschinen der Filzmacher, heute kurbelt es den Tourismus an. Denn die Bächlein verleihen dem Örtchen am Schnittpunkt von Cevennen und Causses ein einladendes, mediterranes Ambiente.

Die Jonte, die am nahen Mont Aigoual entspringt, hat ab Meyrueis einen tiefen Einschnitt zwischen Causse Méjean und Causse Noir gegraben. Die **Gorges de la Jonte** sind zwar weniger berühmt, mit gut 20 km auch wesentlich kürzer, doch nicht minder beeindruckend wie der berühmte Nachbarcanyon des Tarn. Bei Le Rozier vereinen sich beide Flüsse, um gemeinsam dem Atlantik entgegenzustreben.

Maison des Vautours ▸ J 6

Le Truel, www.vautours-lozere.com, tgl. Juli/Aug. 9.30–19, Di–So April, Okt. 10–18, Mai/Juni, Sept. 9.30–19 Uhr, letzter Einlass ca. 1 Std. vor Schließung, 6,70 €

Die Geier-Station ermöglicht u. a. mittels Videotechnik die Beobachtung der scheuen Aasfresser aus nächster Nähe. Noch bis Mitte des 20. Jh. waren Gänsegeier auf den Causses verbreitet. Mit dem Rückgang der Schafzucht verschwanden die Geier, da sie keine Nahrung mehr fanden. 1970 begann die Wiederansiedlung der Vögel. Heute ist die Geierkolonie auf 200 Tiere angewachsen. Dazu kommen einige Dutzend Mönchsgeier, die ab 1992 ausgewildert wurden. Mit etwas Glück sieht man die Segelkünstler über den Schluchten der Jonte und des Tarn oder über den Causses majestätisch dahinschweben. Kreist eine größere Anzahl von Vögeln über einem bestimmten Ort, so weist dies auf einen *charnier,* einen mit Tierkadavern bestückten Futterplatz, hin.

Grotte de Dargilan ▸ K 6

D 39, http://grotte-dargilan.com, tgl. Juli/Aug. 10–18, April–Juni, Sept. stdl. 10.30–12.30, 14–17, Okt. stdl. 14–16 Uhr, 9,30 €, Pullover nicht vergessen!

Die Tropfsteinhöhle auf der Causse Noir oberhalb der Gorges de la Jonte zählt zu den größten in Frankreich. Wegen ihres Farbenspiels wird sie als ›rosa Grotte‹ gerühmt. Martel erkundete die Höhle 1888, bereits 1890 wurde sie für Besucher hergerichtet.

Montpellier-le-Vieux ▸ J 6

D 110, www.montpellierlevieux.com, tgl. Juli/Aug. 9–19, April–Juni, Sept.–Okt. 9.30–17.30 Uhr, 6,80 €; Petit Train, letzte Abfahrt 1 Std. vor Schließung, 4,40 €; Via Ferrata 10, 14, (Juli/Aug.) 16.30 Uhr

Das Felsenlabyrinth an der südlichen Abbruchkante des Causse ▷ S. 282

Auf Entdeckungstour: Aven Armand – im Urwald der 400 Stalagmiten

»Es ist wie ein Traum aus Tausendundeiner Nacht«, schwärmte einst der erfahrene Höhlenforscher Edouard-Alfred Martel. Noch heute ist der Aven Armand eine der beeindruckendsten Karsthöhlen der Causses.

Reisekarte: ▶ K 6
Dauer: ca. 1 Std.; im Juli/Aug. Wartezeiten von 20 Min. einplanen
Aven Armand: Hures-la-Prade, D 996, Tel. 04 66 45 61 31, www.aven-armand.com
Öffnungszeiten: 45-minütige Führungen tgl. Juli/Aug. 9.30–18, April–Juni, Sept.–Okt. 10–12, 13.30–17 Uhr; zugänglich für Gehbehinderte; Temperatur 10–12 °C
Eintritt: 11,50 €
Hinweis: Im Sommer werden Konzerte im Untergrund veranstaltet.

Bevor es mit der Zahnradbahn geradewegs in den Bauch der Erde geht, stimmt ein Video auf die Unterwelt ein und verkürzt während der Hochsaison die Wartezeit. Dennoch verschlägt es jedem Höhlenbesucher zunächst einmal den Atem. Von einem **Balkon** schaut er in einen ovalen Saal von riesigen Ausmaßen – 100 m lang, 65 m breit und 45 m hoch. Notre-Dame de Paris fände hier leicht Platz. Die Assoziation mit Jules Vernes »Reise zum Mittelpunkt der Erde« liegt nahe: In einer neuen Licht-und-Tonschau wird der Science-Fiction-Autor zum imaginären Begleiter durch die unterirdische Kathedrale.

Ein riesiger Schweizer Käse

In Jahrmillionen hat das Regenwasser das Karstgestein der Causses wie Schweizer Käse durchlöchert. Es dringt durch zahllose Risse tief in den Fels ein, gräbt natürliche Schächte und Höhlen, die sich vergrößern und zu einem gigantischen Labyrinth verbinden können. Schließlich stoppt eine wasserundurchlässige Schicht den Vorgang.

Im Languedoc-Roussillon sind etwa 15 Höhlen – *avens* oder *grottes* – für den Tourismus erschlossen. Neben dem Aven Armand zählen der Aven d' Orgnac, die Grotte de Dargilan, die Grotte de Demoiselles und die Grotte de Clamouse zu den imposantesten.

Im Reich der Finsternis

Bei der Entdeckung des Aven Armand ist ausnahmsweise kein Hirtenjunge auf der Suche nach einem verirrten Schaf im Spiel. Louis Armand, der seit 1889 den berühmten Höhlenforscher Edouard-Alfred Martel auf seinen Expeditionen im Süden Frankreichs begleitete, bemerkte am 18. September 1897 ein vielversprechendes Loch auf dem Causse Méjean.

Gleich am nächsten Tag bricht er zusammen mit Edouard-Alfred Martel und Armand Viré zur Erkundung des trichterförmigen Schlunds auf. Als erster klettert Armand mit Hilfe von Leitern und Seilen hinab in die Finsternis. Er ist überwältigt von der Vielzahl der Tropfsteinsäulen und vom Ausmaß der Höhle, die nach ihm benannt wurde. Eine Videoprojektion rekapituliert die Entdeckung und zeigt, wie sich Armand am Seil 75 m senkrecht in die Tiefe lässt.

Steter Tropfen baut den Stein

Von der Aussichtsplattform steigt man über 200 Treppenstufen hinab in den steinernen Urwald, den **Forêt Vierge.** Im wechselnden Spiel des Lichts sieht man die kuriosen Kalkgebilde aus nächster Nähe. Man schreckt vor Monstern zurück, erkennt Palmen, Truthähne, Medusen, Kohlköpfe oder Orgelpfeifen. Der Fantasie sind keine Grenzen gesetzt.

Die Figuren entstanden in zigtausend Jahren aus den Ablagerungen des Tropfen für Tropfen auf den Boden fallenden Wassers. Im Aven Armand wächst so ein Stalagmit in 100 Jahren durchschnittlich nur um 1 cm in die Höhe. Am Gewölbe der Höhle haben sich hingegen keine bemerkenswerten Stalagtiten gebildet. Denn weil das Sickerwasser des Aven Armand besonders kalkhaltig und schwer ist, haften Wassertropfen nicht lange genug an der Höhlendecke, um solche von oben wachsenden Tropfsteine zu bilden.

Gesicherte Wege durchziehen den Wald aus Stalagmiten, von denen über 400 mehr als einen Meter hoch aufragen. Den weltweiten Rekord hält der **Grande Stalagmite** mit 30 m Höhe. Am unteren Ende der Höhle fällt der Blick in einen großen Schacht, der nach 87 m von Steinen und Lehm verschlossen ist.

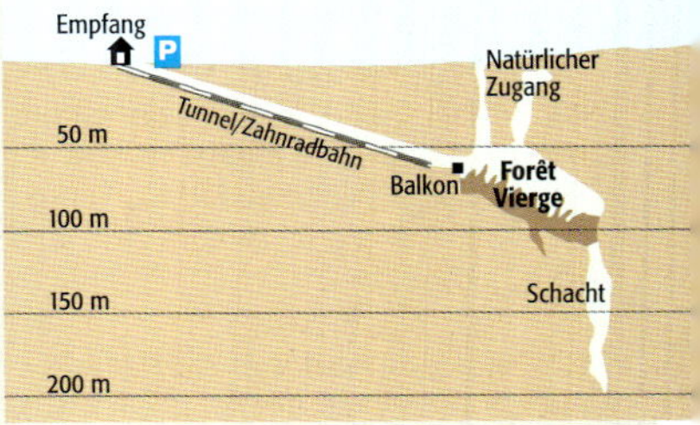

Noir war bis Ende des 19. Jh. von dichtem Wald umgeben und galt bei den Bauern als verwunschener Ort, in dem nachts der Teufel sein Unwesen trieb. Auf fünf ausgewiesenen Routen, von einer bis zu drei Stunden Dauer, kann man das Gelände erwandern oder sich bequem im Bimmelbähnchen kutschieren lassen.

Übernachten, Essen

Verwunschen – **Château d'Ayres:** Meyrueis, Tel. 04 66 45 60 10, http://hotel-restaurant-meyrueis.com, DZ ab 99 €, Menü ab 23 €. Efeuumrankter Herrensitz in einem weitläufigen Park mit Pool und Tennisplatz am Ortsrand. Hier logierten u. a. de Gaulle und Adenauer. Wertvolle Einrichtung mit Antiquitäten, Gemälden, Flügel und Bibliothek. Zimmer wie bei Dornröschen. Exquisites Restaurant.

Gut umsorgt – **Le Mont Aigoual:** 34, quai de la Barrière, Meyrueis, Tel. 04 66 45 65 61, www.hotel-mont-aigoual.fr, DZ ab 75 €, *formule* 18 €, Menü ab 24 €. Erst auf den zweiten Blick entpuppt sich das Hotel als Wohlfühl-Adresse, mit gepflegten Zimmern, Terrassen, Pool und Park am Hang sowie authentischer regionaler Küche. Nach dem Essen macht Chef Daniel Lagrange seine Aufwartung – eine rar gewordene Geste.

Aktiv

Outdoor – **Fremyc:** Pl. Sully, Meyrueis, Tel. 06 58 13 48 48, www.nature-cevennes.com. Von Gleitschirmfliegen über Rafting bis Reiten, mit Radverleih.

Infos

OT: Tour de l'Horloge, 48150 Meyrueis, Tel. 04 66 45 60 33, www.meyrueis-office-tourisme.com.

Mont Aigoual ▶ L 6

Der mit 1565 m höchste Gipfel der Südcevennen ist sehr oft von Winden umtost, die Regenwolken herantragen. Durchschnittlich 2200 mm Niederschlag fallen am Aigoual und machen ihn zu einem riesigen Wasserspeicher sowie zum Quellgebiet zahlreicher Flüsse. Hérault, Dourbie und Jonte, um nur die größeren zu nennen, streben von hier zum Atlantik oder Mittelmeer.

Seit 1887 trotzt auf dem Gipfel das festungsähnliche meteorologische **Observatoire** Sturm, Kälte, Regen und Schnee. Es beherbergt eine sehr informative Ausstellung von Météo France (www.aigoual.asso.fr, tgl. Juli/Aug. 10–19, Mai/Juni, Sept. 10–13, 14–18 Uhr). Von der Aussichtsterrasse der Wetterstation reicht der Blick bei klarer Sicht bis zu den Alpen und den Pyrenäen, zum Cantal und zum Mittelmeer.

Der Brennholzbedarf der Glasmacher sowie die Weidewirtschaft hatten den Aigoual kahlgeschoren, sodass die Erosion leichtes Spiel hatte. 1875 veranlasste der Forstbeamte Georges Fabre die Aufforstung des Bergs, der heute wieder ein dichtes Buchen- und Nadelholzgewand trägt. Während im Westen, in Richtung Atlantik, die Berghänge sanft abfallen, prägen tiefe Schluchten und zerklüftete Schieferkämme die dem Mittelmeer zugewandte Bergseite. Kurvenreiche, im Winter oft eingeschneite Straßen folgen den Gebirgsbächen talwärts nach Le Vigan und Pont-d'Hérault.

Les 4000 Marches ▶ L 6/7

Karte IGN 2641 ET, www.les4000marches.com

Zwei Fernwanderwege überqueren das Aigoual-Massiv, auf dem GR 65 umrundet man es in einer Woche. Der Klassiker aber ist der Aufstieg auf dem Weg der 4000 Schritte ab der Dorfkir-

Bei der Transhumance ziehen Tausende Schafe über den Mont Aigoual

che von Vallerauque. Um die 10 km und 1200 Höhenmeter zu bewältigen, bedarf es schon einer guten Kondition. Hin und zurück dauert die Tour ca. 6–7 Stunden. Beim traditionellen Trail Ende Juni benötigen die schnellsten Läufer etwa eine Stunde zum Gipfel.

Abîme Bramabiau ▸ K 6

Camprieu, www.abime-de-bramabiau.com, 90-minütige Führungen tgl. Juli/Aug. 9.30–18.30, April–Juni, Sept. 10–17.30, Okt.–Anfang Nov. 10.30–16.30 Uhr, 8,50 €, warme Jacke!
Von unterirdischen Flussläufen gespeiste Karstquellen sind ein typisches Phänomen in den Cevennen. Auch der Bonheur, der am Col de la Sereyrède entspringt, hat sich bei Camprieu auf 700 m Länge ein unterirdisches Bett gesucht. In einer hohen Felskluft stößt er wieder an die Oberfläche. Bei Hochwasser donnert die Kaskade wie das Brüllen *(bramer)* eines Ochsens *(biou)*. Auf Stegen dringt man durch die Bergspalte in das Höhlenlabyrinth mit dem unterirdischen Flusslauf vor.

Termine

Transhumance: Um den 15. Juni herum wird in L'Espérou der Weidewechsel der Schafherden gefeiert.

Le Vigan ▸ L 7

Mediterrane Atmosphäre kennzeichnet das kleine Verwaltungs- und Wirtschaftszentrum der Südcevennen (4500 Einw.). Le Vigan liegt zwischen Weinbergen und Olivenhainen im grünen Tal der Arre. An der zentralen **Place du Quai** plätschert unter Lindenbäumen ein hübscher Brunnen. Hier soll Isis, eine der Priesterinnen im Diane-Tempel in Nîmes, einst gebadet haben. In der ehemaligen Seidenspinnerei (18. Jh.) widmet sich das **Musée Cévenol** der Kultur und Geschichte der Cevennen und informiert über alte Handwerkskünste (1, rue des Calquières, Juli/Aug. Mi–Mo 10–13, 15–18.30, April–Juni, Sept./Okt. Mi–So, Nov.–März Mi–Fr 10–12, 14–17/18 Uhr, 5 €). Am Museum schlägt der **Vieux Pont** (12. Jh.) einen Bogen über die Arre.

Übernachten, Essen

Typisch Cevennen – **Auberge La Borie:** Mandagout, 10 km nördl. von Le Vigan, Tel. 04 67 81 06 03, www.auberge laborie.fr, DZ ab 61 €, Restaurant in der Nebensaison Di abends, Mi geschl., *formule* 16 €, Menü ab 20 €. Ein altes Mas am Ende der Welt mit umwerfendem Panorama über die grünen Cevennengipfel und einer Küche, die die Anfahrt lohnt. Dazu acht rustikale Zimmer und ein Pool.

Infos

Maison du Pays: Pl. du Marché, 30120 Le Vigan, Tel. 04 67 81 01 72, www.cevennes-meridionales.com.

Corniche des Cévennes ▸ L/M 6

Schon immer waren die abgelegenen Täler der Cevennen beliebte Zufluchtsorte. In den Religionskriegen boten sie den Protestanten Schutz, im Zweiten Weltkrieg waren sie Schlupfwinkel für die Mitglieder der Resistance. Die Abgeschiedenheit und Stille kann man im **Vallée Borgne** und **Vallée Française** nachvollziehen (s. auch S. 53).

Zwischen den beiden Tälern schlängelt sich die **Corniche des Cévennes** von Florac über mehrere Pässe hinunter nach St-Jean-du-Gard. Auf 53 km bietet die Kammstraße immer wieder neue fantastische Panoramen. Am späten Nachmittag modelliert die schräg stehende Sonne die gezackten Höhenrücken und schroffen Täler besonders eindrucksvoll. Im Kampf gegen die protestantischen Kamisarden ließ Ludwig XIV. Anfang des 18. Jh. die Straße in das unzugängliche Bergland brechen.

Vallée des Camisards ▸ N 6/7

St-Jean-du-Gard (2700 Einw.) war im Kamisardenkrieg das Zentrum des protestantischen Widerstands (s. Entdeckungstour S. 286). Sehenswert sind die sechsbogige Brücke aus dem 18. Jh. über den Gardon, die romanische Tour d'Horloge auf der Place du Marché sowie einige repräsentative Bürgerhäuser an der Grand'Rue. In der **Maison Rouge** (5, rue de l'Industrie), der letzten, noch bis 1965 betriebenen Seidenspinnerei in Frankreich, soll 2015 das **Musée des Vallées Cévenoles** neu eröffnen. Es zeigt die Bedeutung der Kastanie und der Seide für die Bevölkerung der Cevennen, informiert über die Transhumance und die Feldwirtschaft auf Terrassen.

Von St-Jean führt das Vallée des Camisards (D 50) im Tal de Gardon de Mialet hinab nach **Anduze** (3000 Einw.). Das Tor der Cevennen liegt eingeklemmt zwischen Gardon und den Kalkfelsen des Plateau de Peyremale. Als Hochburg des Protestantismus in Frankreich gilt es als das Genf der Cevennen. Vom Uhrturm, einem Überbleibsel der mittelalterlichen Befestigung, führen kleine Gassen zur überdachten Markthalle, zum pagodenförmigen Brunnen mit farbigen Ziegeln sowie zum protestantischen Tempel. Landesweit bekannt sind die großen gelb oder auch grün glasierten Tonvasen aus Anduze.

Bambouseraie de Prafrance ▸ N 7

552, rue de Montsauve, Générargues (D 50), www.bambouseraie.fr, tgl. April–Sept. 9.30–19, März, Okt.–Mitte Nov. 9.30–17/18 Uhr, 9,70 €

Der 1855 angelegte Park, in dem auf 20 ha etwa 200 Bambusarten und andere exotische Hölzer gedeihen, entführt den Besucher nach Asien. Kinder dürfen im Bambuslabyrinth toben. In der Gärtnerei kann man Bambussprösslinge für daheim erwerben.

Grotte de Trabuc ▶ N 6

Oberhalb von Mialet (D 50), www.grotte-de-trabuc.com, einstündige Führungen tgl. Juli/Aug. 10.15–18, April–Juni, Sept., Mitte Febr.–März, Okt.–Mitte Nov. 14–16.30 Uhr, 9,90 €, warme Jacke!; auch Höhlen-Safaris

Die Höhle diente sowohl den Kamisarden als auch Räuberbanden als Versteck. Ihren Namen soll sie der typischen Pistole der Räuber *(trabuc)* verdanken. Auf dem 1200 m langen unterirdischen Spaziergang entdeckt man die **100 000 Soldaten,** eine Ansammlung dicht an dicht stehender, nur wenige Zentimeter hoher Tropfsteine. Der **Mitternachtssee** bezaubert mit grünlich schimmerndem Wasser.

Übernachten, Essen

Charmant – **Le Mas de Prades:** Thoiras, 10 km nördl. von Anduze (D 907/D 57 Rtg. Lasalle), Tel. 04 66 85 09 00, www.masdeprades.com, DZ ab 90 € inkl. Frühstück. Uriges Cevennengehöft (17. Jh.) mit fünf gemütlichen Gästezimmern. Vom großen Garten mit Pool hat man eine wunderbare Aussicht auf die Corniche. Sophies Gerichte an der abendlichen Gästetafel schmecken nach Midi (Menü 30 €).

Chez Leni – **Le Tilleul:** Place du Tilleul, Générargues, Tel. 04 66 61 72 32, www.letilleulrestaurant.com, April–Sept., DZ 52 €, Restaurant abends Mo–Sa, So mittags geöffnet, Menü 28 €. Das alte Dorfhaus hat seine Authentizität bewahrt. Auf der Terrasse hinter Weinranken, im gemütlichen Gastraum oder den vier originellen Zimmern fühlt man sich geborgen. Leni verwöhnt ihre Gäste mit frisch zubereiteter Bio-Landküche.

Mein Tipp

Train à vapeur ▶ N 6/7
Gemütlich, aber mit viel Getöse verkehrt der TVC von April bis Oktober zwischen Anduze und St-Jean-du-Gard. 40 Minuten benötigt die alte Cevennen-Dampfbahn für die 13 km lange Strecke. Unterwegs kann man die Fahrt im Bambusgarten von Prafrance unterbrechen. Wer ein Fahrrad dabei hat, sollte es in St-Jean abstellen, dann von Anduze bergauf mit dem Zug fahren und zurück durch das Vallée des Camisards radeln (Fahrplan: Tel. 04 66 60 59 00, www.trainavapeur.com, hin und zurück 15 €).

Einkaufen

Keramik – **Les Enfants de Boisset:** Rte. de St-Jean-du-Gard, Anduze, www.poterie-anduze.fr. Töpferwerkstatt und Verkauf der typischen grün glasierten Anduze-Keramik.

Direkt vom Produzenten – **Terroir Cévennes:** La Châtaigneraie, Thoiras, Di–So 9.30–13, 15–19 Uhr. Regionale Spezialitäten, Kunsthandwerk.

Infos

OT: Pl. Rabaut-St-Etienne, 30270 **St-Jean-du-Gard,** Tel. 04 66 85 32 11, www.tourisme-saintjeandugard.fr; plan de Brie, 30140 **Anduze,** Tel. 04 66 61 98 17, www.anduze-tourisme.com.

Auf Entdeckungstour: Musée du Désert – glaubensstark in den Cevennen

Die Lehre Calvins hatte im Languedoc vor allem auf dem Land zahlreiche Anhänger gefunden. Unter dem absolutistischen Regime Ludwig XIV. verloren die Protestanten ihre Religionsfreiheit und wurden verfolgt. In den Tälern der Cevennen formierte sich der Widerstand der Kamisarden.

Reisekarte: ▶ N 6
Dauer: 1–1,5 Std.
Musée du Désert: Mas Soubeyran, Mialet, Tel. 04 66 85 02 72, www.museedudesert.com
Öffnungszeiten: Juli/Aug. tgl. 9.30–18.30, März–Juni, Sept–Nov. 9.30–12, 14–18 Uhr, 6 €, Dokumentation in Deutsch

In einem Seitental des **Gardon de Mialet** liegt weltabgeschieden das **Mas Soubeyran.** Die Hofanlage aus grauem Schiefergestein mit ihren ineinander verschachtelten Gebäuden ist typisch für die Cevennen. Hier war Pierre Laporte zu Hause, der unter dem Namen Roland die Kamisarden gegen die königlichen Truppen führte. Die Hintergründe ihres Aufstands dokumentiert anschaulich das **Musée du Désert.**

Das Ende der Religionsfreiheit

Knapp 90 Jahre lang hatten die Protestanten in Frankreich ihren Glauben mehr oder weniger frei ausüben können. Der absolutistische Monarch Ludwig XIV. jedoch duldete neben dem katholischen Glauben keine zweite Religion in seinem Sonnenreich. Als er deshalb 1685 mit dem Edikt von Nantes die Glaubensfreiheit aufhob, setzte ein massiver Exodus der protestantischen Bevölkerung in die Schweiz sowie nach Holland und Preußen ein. Die Reformierten in den Cevennen aber waren vor allem Handwerker und Bauern und an die Scholle gebunden. Ihnen blieb nichts anderes übrig, als zu konvertieren oder ihren Glauben in aller Heimlichkeit auszuüben.

Beten in der Wüste

Es begann die Zeit des *désert* – eine Zeit der Entbehrungen und der Prüfungen. Das Wort *désert* (Wüste) bedeutet hierbei so viel wie versteckt und abgeschieden von der Welt. Denn in abgelegenen Tälern unter freiem Himmel oder in Höhlen trafen sich die verfolgten Protestanten zum gemeinsamen Gebet. Die von ihnen verwendeten sakralen Utensilien, wie z.B. Gebetbücher und Kelche, mussten versteckt oder getarnt werden. Bereits der Besitz und die Lektüre der Bibel waren strafbar.

Eine sehr umfangreiche Sammlung originaler Psalmbücher ist im Mas Soubeyran ebenso zu sehen wie ein als Weinfass gestalteter Predigtstuhl. Die beklemmende Atmosphäre jener Tage lässt eine anhand von Wachsfiguren nachgestellte Bibelstunde im Kreise der Familie spürbar werden.

Trotz aller Vorsichtsmaßnahmen flogen die heimlichen Versammlungen immer wieder auf. Die Gläubigen erhielten drakonische Strafen, zum Teil wurden sie zur Arbeit auf Galeeren verdammt. Im Museum erinnert hieran die Salle des Galériens.

Revolte im Hemd

Zur Ausrottung des falschen Glaubens schickte Ludwig XIV. 30 000 Soldaten in die Cevennen. Durch Bespitzelung, Verhaftungen und Bestrafungen fühlte sich die Bevölkerung zunehmend terrorisiert. Unter Roland und Cavalier formierte sich der Widerstand der Protestanten. Als junge Aufständische am 24. Juli 1702 den verhassten Abbé in Le Pont-de-Montvert ermordeten, brachen die Kämpfe schließlich offen aus.

2500 bis 3000 aufständische Bauern und Handwerker führten einen aussichtslosen Kampf gegen die königlichen Truppen. Im Gegensatz zu den Soldaten trugen sie nur ein einfaches Hemd (okzit. *camiso*) und wurden daher als Kamisarden bezeichnet. Als der Aufstand 1704 zusammenbrach, hatte sich die Lage der Protestanten keineswegs verbessert. Erst 1787, zwei Jahre vor Ausbruch der Französischen Revolution, erließ Ludwig XVI. ein neues Toleranzedikt.

Alljährlich am ersten Sonntag im September treffen sich am Mas Soubeyran mehrere Tausend Protestanten aus aller Welt, um im gemeinsamen Gebet ihrer verfolgten Vorfahren zu gedenken.

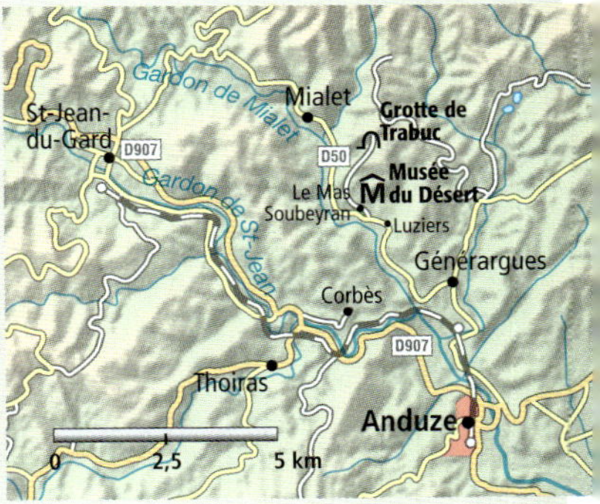

Allgemeines

Guten Morgen/Tag	bonjour
Guten Abend	bonsoir
Gute Nacht	bonne nuit
Auf Wiedersehen	au revoir
Entschuldigung	pardon
Hallo/Grüß dich	salut
bitte	de rien/ s'il vous plaît
danke	merci
ja/nein	oui/non
Einverstanden	d'accord
Bis später	à plus tard
Wie bitte?	Pardon?
Wann?	Quand?

Unterwegs

rechts	à droite
links	à gauche
geradeaus	tout droit
alle Richtungen	toutes les directions
hier	ici
dort	là-bas
geöffnet	ouvert/-e
geschlossen	fermé/-e
Ausfahrt/-gang	la sortie
Eingang	l'entrée
Stadtplan	le plan de ville
Auskunft	l'information
Postamt	la poste
Kirche	l'église
Museum	le musée
Hafen	le port
Strand	la plage
Brücke	le pont
Platz	la place
Bus	le bus/le car
Haltestelle	l'arrêt
Bahn, Zug	le train
Bahnhof	la gare
Flughafen	l'aéroport
Auto	la voiture
Tankstelle	la station-service
Benzin	l'essence
Einbahnstraße	la rue à sens unique

Zeit

Stunde	l'heure
Tag	le jour
Woche	la semaine
Monat	le mois
Jahr	l'année
heute	aujourd'hui
gestern	hier
morgen	demain
morgens	le matin
mittags	le midi
nachmittags	l'après-midi
abends	le soir
früh	tôt
spät	tard
vor	avant
nach	après
Montag	lundi
Dienstag	mardi
Mittwoch	mercredi
Donnerstag	jeudi
Freitag	vendredi
Samstag	samedi
Sonntag	dimanche
Feiertag	le jour de fête
Winter	l'hiver
Frühling	le printemps
Sommer	l'été
Herbst	l'automne

Notfall

Hilfe!	Au secours!
Unfall	l'accident
Panne	la panne
Polizei	la police
Arzt	le médecin
Zahnarzt	le dentiste
Apotheke	la pharmacie
Krankenhaus	l'hôpital
Schmerzen	la douleur
Zahnschmerzen	le mal aux dents

Übernachten

Hotel	l'hôtel
Pension	la pension

Doppel-/ Einzelzimmer	la chambre double-individuelle
Doppelbett	le grand lit
mit/ohne Bad	avec/sans salle de bains
Toilette	le cabinet
Dusche	la douche
mit Frühstück	avec petit-déjeuner
Halbpension	demi-pension
Rechnung	l'addition
Preis	le prix
Gepäck	les bagages

Einkaufen

teuer	cher/chère
billig	bon marché
bezahlen	payer
Geld	l'argent
Kreditkarte	la carte de crédit
Geldautomat	le guichet automatique
Geschäft	le magasin
Markt	le marché
Bäckerei	la boulangerie
Lebensmittel	les aliments
Größe	la taille

Zahlen

1	un	17	dix-sept
2	deux	18	dix-huit
3	trois	19	dix-neuf
4	quatre	20	vingt
5	cinq	21	vingt et un
6	six	30	trente
7	sept	40	quarante
8	huit	50	cinquante
9	neuf	60	soixante
10	dix	70	soixante-dix
11	onze	80	quatre-vingt
12	douze	90	quatre-vingt-dix
13	treize	100	cent
14	quatorze	150	cent cinquante
15	quinze	200	deux cent(s)
16	seize	1000	mille

Die wichtigsten Sätze

Allgemeines

Sprechen Sie Deutsch/Englisch?	Parlez-vous allemand/anglais?
Ich verstehe nicht.	Je ne comprends pas.
Ich spreche kein Französisch.	Je ne parle pas français.
Ich heiße …	Je m'appelle …
Wie heißt du/ heißen Sie?	Comment t'appelles-tu/ vous appellez-vous?
Wie geht's?	Ça va?
Danke, gut.	Merci, bien.
Wie viel Uhr ist es?	Il est quelle heure?

Unterwegs

Wie komme ich zu/nach …?	Comment est-ce que j'arrive à …?
Wo ist bitte …?	Pardon, où est …?
Könnten Sie mir bitte … zeigen?	Pourriez-vous me montrer … ?

Notfall

Können Sie mir bitte helfen?	Pourriez-vous m'aider?
Ich brauche einen Arzt.	J'ai besoin d'un médecin.
Hier tut es weh.	Ça me fait mal ici.

Übernachten

Haben Sie ein freies Zimmer?	Avez-vous une chambre de libre?
Wie viel kostet das Zimmer pro Nacht?	Quel est le prix de la chambre par nuit?
Ich habe ein Zimmer bestellt.	J'ai réservé une chambre.

Einkaufen

Wie viel kostet das?	Ça coûte combien?
Ich brauche …	J'ai besoin de …
Wann öffnet/ schließt …?	Quand ouvre/ ferme …?

Kulinarisches Lexikon

Zubereitung/Spezialitäten

à la nage de …	in einem Sud von …
à l'huile d'olive	in Olivenöl
au pistou	mit Basilikumpaste
à point	medium gebraten
bien cuit/-e	gut durchgebraten
bourride	Fischstücke in Suppe oder heller Sauce
braisé/-e	geschmort
chaud/-e	heiß
civet de …	Ragout von …
confit de …	Eingelegtes/ Eingekochtes von …
cru/-e	roh
emincé de	Geschnetzeltes
en croûte (de sel)	im (Salz-)Mantel
escabèche	saurer Sud
farci/-e	gefüllt
glacé/-e	gefroren, geeist
grillé/-e	gegrillt
nature	in Salzwasser gekocht, ohne Gewürze
petits farcis	verschiedene junge Gemüse mit Füllung
rouille	Knoblauchmayonnaise mit Peperoni und Chili
saignant	blutig/roh
taboulé	nordafrikanischer Salat aus Grieß

Fisch und Meeresfrüchte

anchois	Sardellenfilet
anchoïade	Sardellenpaste
coquillage	Schalentier
daurade	Dorade, Goldbrasse
encornet/calmar	Kalmar
espadon	Schwertfisch
gamba	Garnele
homard	Hummer
huître	Auster
langouste	Languste
langoustine	Langustine
lotte/baudroie	Seeteufel
loup de mer	Seewolf
morue	Stockfisch
moule	Miesmuschel
palourde	Venusmuschel
poulpe	Oktopus/Krake
rascasse	Drachenkopf
rouget	Rotbarbe
saint-pierre	Petersfisch
sardine	Sardine
saumon	Lachs
seiche	Tintenfisch/Sepia
telline	Herzmuschel
thon	Thunfisch

Fleisch

agneau	Lamm
boeuf	Rind
brochette	Spießchen
cabri	Zicklein
carré (d'agneau)	(Lamm-)Rücken
côte de …	Rippenstück vom …
entrecôte	Zwischenrippenstück
escargot	Schnecke
escalope	Schnitzel/Schneibe
gigot (d'agneau)	(Lamm-)Keule
porc	Schwein
veau	Kalb
tripes	Kutteln

Geflügel und Wild

caille	Wachtel
dinde	Pute
foie gras	Stopfleber
gésier	Geflügelmagen
lapin/lapereau	Kaninchen
lièvre	Hase
magret de canard	Entenbrust
pigon	Taube
pintade	Perlhuhn
poule/poulet	Huhn/Hähnchen
sanglier	Wildschwein

Gemüse und Kräuter

ail	Knoblauch
asperge	Spargel
artichaut	Artischocke

avocat	Avocado
basilic	Basilikum
câpres	Kapern
cèpe	Steinpilz
courgette	Zucchini
fenouil	Fenchel
fleur de courgette	Zucchiniblüte
haricots verts	grüne Bohnen
oignon	Zwiebel
poireau	Lauch
poivron	Paprika
thym	Thymian
truffe	Trüffel

Obst

abricot	Aprikose
cerise	Kirsche
figue	Feige
fraise (de forêt)	(Wald-)Erdbeere
framboise	Himbeere
marron	Esskastanie
melon	Honigmelone
pêche	Pfirsich
poire	Birne
pomme	Apfel

Käse

bleu	Blauschimmelkäse
brebis	Schafskäse
chèvre	Ziegenkäse
fromage blanc	Quark, Frischkäse
pélardon	kleiner Ziegenkäse

Nachspeisen und Gebäck

baba au rhum	Gebäck mit Rum
brioche	süßes Hefebrot
crème anglaise	Vanillecreme
crème chantilly	Schlagsahne
crêpe	dünner Pfannkuchen
fouace/fougasse	Hefebrot mit eingebackenen Kräutern und Oliven
fruits confits	kandierte Früchte
gâteau	Kuchen
glace	Eis
île flottante	Dessert aus Eischnee in Vanillecreme
meringue	weiches Baiser
millefeuille	Blätterteigpastete
profiterolles	mit Eis oder Creme gefüllte Windbeutel
tarte aux pommes	Apfeltorte

Getränke

bière (pression)	Bier (frisch gezapft)
café	Kaffee
eau de vie	Schnaps, Obstbrand
eau gazeuse/plate	Mineralwasser mit/ohne Kohlensäure
jus	Saft
lait	Milch
thé	Tee
tisane/infusion	Kräutertee
vin blanc/rouge	Weiß-/Rotwein
vin mousseux	Sekt

Im Restaurant

Ich möchte einen Tisch reservieren.	Je voudrais réserver une table.
Die Speisekarte, bitte.	La carte, s. v. p.
Weinkarte	la carte des vins
Tagesgericht	le plat du jour
kleines Mittagsmenü	la formule
Die Rechnung, bitte.	L'addition, s. v. p.
Appetithappen	l'amuse-bouche
Vorspeise	le hors d'œuvre
Hauptgericht	le plat principal
Nachspeise	le dessert
Beilagen	la garniture
Gedeck	le couvert
Messer	le couteau
Gabel	la fourchette
Löffel	la cuillère
Glas	le verre
Flasche	la bouteille
Salz/Pfeffer	le sel/le poivre
Zucker/Süßstoff	le sucre/la saccharine
Kellner/Kellnerin	le serveur/la serveuse

Register

Die Autorin: Während eines Auslandssemesters hat Marianne Bongartz ihre Liebe zu Frankreich entdeckt. Seit mehr als 20 Jahren bereist sie regelmäßig das Languedoc & Roussillon – für sie eine der abwechslungsreichsten Regionen am französischen Mittelmeer. Nach einer mehrjährigen Tätigkeit im Verlagsbereich arbeitet sie seit 2005 freiberuflich als Reisejournalistin, Fotografin und Lektorin, wobei sie mehrere Monate im Jahr in ihrer Wahlheimat lebt. Bei DuMont hat sie mehrere Reiseführer veröffentlicht.

Abbildungsnachweis
akg-images, Berlin: S. 75 (Lessing)
Aven Armand, Meyrueis/Frankreich: S. 280
Marianne Bongartz, Köln: S. 6, 7, 8, 10, 11, 12 o. re.,12 u. beide, 13 o. re, 13 u. beide, 21, 25, 28, 30/31, 36, 54, 62, 72/73, 79, 80/81, 84/85, 86 re., 87 li., 96/97, 116, 122/123, 126 re., 132, 139, 142, 153, 158, 160, 170/171, 175, 178, 189 li., 203, 214, 220 li., 236/237, 240, 246, 252, 256/257, 258 re., 274/275, 276/277, 286, 296
DuMont Bildarchiv, Ostfildern: S. 57, 162 li., 194/195 (Riehle)
f1-online, Frankfurt a. M.: S. 76 (Grandadam/AGE)
Getty Images, München: S. 106 (Bradley)
Björn Göttlicher, Barcelona: S. 12 o. li., 13 o. li.,16/17, 86 li., 110, 126 li., 127 li., 130/131, 155, 165, 183, 206/207, 209, 220 re., 224, 228, 234, 259 li., 261
laif, Köln: Titelbild (Gonzalez); 70, 119, 120, 221 li., 232/233, 244, 264 (hemis.fr); 258 li., 283 (hemis.fr/Boisberranger); 146 (hemis.fr/Felix); 188 li., 219 (hemis.fr/Guiziou); 91 (Jaeger); S. 50/51 (Krinitz); 59 (REA); Umschlagklappe vorn (Siemers), 64 (Steinhilber); 268/269 (Hoa-Qui)
Look, München: S. 83, 188 re., 191, 198 (age fotostock); 99 (Johaentges)
picture-alliance, Frankfurt a. M.: S. 66 (akg-images/British Library); 126 li., 163 li., 186 (Huber-Images/Simeone); 144 (MAXPPP/Bartoli); 42/43 (Okapia/Wanecek); 162 re., 176 (united-archives/mcphoto)
S. 75: Collioure, Henri Matisse, © Succession H. Matisse/VG Bild-Kunst, Bonn 2015

Kartografie
DuMont Reisekartografie, Fürstenfeldbruck
© DuMont Reiseverlag, Ostfildern

Umschlagfotos
Titelbild: Katalanische Barken an der Mole in Collioure zu Füßen des Château Royal
Umschlagklappe vorn: Stadtviertel Polygone in Montpellier

Hinweis: Autorin und Verlag haben alle Informationen mit größtmöglicher Sorgfalt geprüft. Gleichwohl erfolgen alle Angaben ohne Gewähr. Bitte schreiben Sie uns! Über Ihre Rückmeldung und Ihre Verbesserungsvorschläge freuen wir uns: **DuMont Reiseverlag,** Postfach 3151, 73751 Ostfildern, info@dumontreise.de, www.dumontreise.de

4., vollständig überarbeitete Auflage 2015

Grafisches Konzept: Groschwitz/Blachnierek, Hamburg
Printed in China